TRIESTE
VENEZIA
PORTOROŽ
NOVIGRAD
RIJEKA
Fiume Po
PULA
JUGOSLAWIEN
KAP KAMANJAK
GENUA
RAVENNA
SUSAK
ZADAR
PIROVAČ
RIMINI
DUGI OTOK
KORNAT
ŠIBENIK
NRAMINA
SPLIT
ANCONA
ITALIEN
VIŠ
(LISSA)
KORČULA
DUBROVNIK
PALAGRUŽA
PESCARA
ROMA
VIESTE
BARI
NAPOLI
BRINDISI
CAPRI
OTRANTO
KAP SANTA MARIA
DI LEUCA
PALERMO
REGGIO
MESSINA
TAORMINA
SIZILIEN
KAP BON
SIRACUSA
TUNIS
PANTELLERIA
GOZO
MALTA
Valletta

Vettermann

BARAWITZKA –
Lauter Kapitäne, keine Matrosen

VETTERMANN

Barawitzka

LAUTER KAPITÄNE – KEINE MATROSEN

DELIUS KLASING VERLAG

ISBN 3-7688-0674-X

Umschlagillustration und Textzeichnungen:
Karl Vettermann
Printed in Germany 1990
Gesamtherstellung: Mohndruck, Gütersloh

Inhalt

Vorsicht, Schulschiffe!

Die Marx Brothers im Kaufhaus – oder wie man Schiffsproviant auch stauen kann · Luciano Pavarottis Ausbildungsmethode · Die Kunst, eine Yacht aus dem Hafen zu bringen · Kursdreiecke, Rollreffs und andere heimtückische Fallen

Ich räumte gerade meinen Seesack in der Achterkajüte aus und versuchte, die sorgfältig für einen mehrwöchigen Segeltörn zusammengelegten Wäschestapel so unzerknüllt wie nur möglich in dem Schwalbennest über meiner Koje zu stauen, als ich zufällig folgendes nicht uninteressante Cockpitgespräch durchs offene Seitenluk mithörte:

„Wie sind denn diese Segelprüfer eigentlich so, Laszlo?" fragte eine Stimme. „Du bist ja mit den meisten schon mal gesegelt. Ich meine, sind das rechte Arschlöcher oder halbwegs vernünftige Burschen? Der eine, der Dicke mit dem schwarzen Bart, der aussieht wie Luciano Pavarotti als Falstaff, der scheint ja noch ganz gemütlich zu sein. Wenn man dem nur genügend auftischt und immer schaut, daß sein Glas gut gefüllt ist, wird der kein Problem sein. Aber der andere, der Blonde mit der Glatze und der Brille, der wie der Revisor von Gogol aussieht, der gefällt mir gar nicht. Der hat so einen sadistischen Zug um die Mundwinkel . . ."

Ich spitzte die Ohren. Diese herbe Kritik trieb mir aber doch den Pulsschlag leicht in die Höhe. Um die Schönheit ging's mir weniger, ich hatte ja nie behauptet, ständig mit Robert Redford verwechselt zu werden; aber daß ich eine sadistische Physiognomie hätte . . . Nein! Das war etwas Neues!

„Hahaha!" lachte eine andere Stimme, die ich einwandfrei als die Laszlo Rosensteins identifizierte. „Der Vergleich zwischen Pavarotti und Barawitzka gefällt mir! Aber in deiner Einschätzung liegst du ganz schief! Der Barawitzka ist alles andere als ein gemütlicher

Kumpel, der ist ein gerissener Heimtücker, ein rechthaberischer Angeber. Und der viel gefährlichere von den beiden. Der Blonde ist der Karl Vettermann, unser ehemaliger Navigator von der Maltafahrt, das ist ein . . . He! Kannst du nicht aufpassen, wo du hintrittst, du Nilpferd?“

Irgend jemand polterte mit schrecklichem Getöse an Bord und unterbrach die Charakterbeschreibung, die Laszlo gerade von mir geben wollte. Ich lauschte weiter, denn ich wollte schon wissen, wie andere Leute von mir dachten, aber das Nilpferd ließ mit einem verblüfften Aufschrei etwas Schweres fallen, das mit knirschendem Reißen platzte, und dann kollerte eine Ladung Kartoffeln ins Cockpit; einige sprangen durchs Luk bis zu mir herunter.

Jetzt ging das Gezeter oben erst richtig los!

Ich machte mich seufzend daran, die erdigen Kartoffeln von meinen blütenweißen Unterhosen zu schütteln. Schade, so schnell würde das Gespräch an Deck nicht wieder auf die Psychogramme der Segelscheinprüfer zurückkommen. Außerdem wurde mir hier unten langsam sehr warm. Es war zwar schon Ende Oktober, aber die Sonne brannte an der istrischen Küste noch immer kräftig. Ich stopfte Seestiefel, Schwerwetterzeug und den leeren Seesack in das Schapp unter meiner Matratze, steckte Geld ein und machte, daß ich an die frische Luft kam.

Am Navigationstisch saß unser Hofrat, Dr. Viktor Trauttmannsdorff, inmitten einiger Stapel noch verschnürter Seehandbücher und Kartenrollen und las seelenruhig in einer Illustrierten, als ginge ihn der ganze Wirbel rundum überhaupt nichts an und als warte er nur darauf, daß hier jemand aufräumen kam, damit er endlich die Zeitung ausbreiten und das Kreuzworträtsel lösen könnte. Er schien gar nicht zu der Ausbildungscrew zu gehören, die unsere 48-Fuß-Segelslup zum Auslaufen vorbereiten sollte. Ohne vorhin zufällig meine Charakterschilderung gehört zu haben, hätte ich ihn vielleicht unbehelligt sitzen lassen; so aber fiel mir ein, daß man von mir ja sadistisches Gehabe à la Captain Bligh erwartete.

„Haben Exzellenz vielleicht die Anordnungen des Schiffsführers vergessen?" fragte ich mit aller mir zur Verfügung stehenden falschen Freundlichkeit.

„Wie?" Der Hofrat legte die Hand hinter das Ohr, auf dem er schlecht hörte. „Die Schiffsführer gehen essen? Gute Idee! Ich komme mit." Er faltete die Illustrierte zusammen.

„Du sollst die Navigationsecke klarmachen!" brüllte ich ihn an. „Wir wollen in einer Stunde auslaufen. Wie willst du denn Kurse zeichnen in diesem Sauhaufen?"

Er hob eine rügende Augenbraue. „Deshalb braucht man mich ja nicht anzuschreien. Ich höre sehr gut. Aber wenn mir keiner einen konkreten Auftrag gibt, wie soll ich dann ahnen, was man von mir erwartet? Ich habe mich schon über die Diskriminierung gewundert, die mir zuteil wurde. Alle anderen dürfen mithelfen – nur mich läßt man hier vor Langeweile Daumen drehen . . ."

Ich verzichtete darauf, dem Beamten in Erinnerung zu rufen, daß ihn Laszlo Rosenstein, der Schiffsführer des Tages, schon vor Stunden ersucht hatte, die Navigation auf Vordermann zu bringen. Statt dessen kletterte ich aufs Kajütdach, umging die Kartoffelhalde im Cockpit, riet Willi Poppenwimmer, auch die Knollen in der Kajüte aufzuklauben, gab Laszlo den guten Rat, dem Hofrat besser auf die Finger zu sehen und seine Leute überhaupt ein wenig anzutreiben. Dann turnte ich über die Reling auf den Steg und beobachtete das Treiben auf den anderen drei Yachten. Da ging es ebenfalls zu, als studierten die Clowns vom Zirkus Krone eine neue, besonders witzige Nummer ein.

Ich spazierte über den Kai der Marina Portoroz zur markisenbeschatteten Cafeteria, auf deren Terrasse unser Flottenadmiral B. A. Barawitzka und die anderen Kollegen der Schulschiff-Stammcrew beim kühlen Bier saßen und das hektische Lustspiel an Bord der vier

Ausbildungsyachten teils schadenfroh, teils finster verfolgten – wie Bundesligatrainer das erste Auslandsspiel ihrer Mannschaft. Manchmal entschlüpften ihnen Flüche, dann wieder schüttelten sie traurig die Köpfe oder ballten die Fäuste grimmig gen Himmel.

Luciano Pavarotti alias B. A. Barawitzka thronte breit und massiv, in schneeweißem, mit gelben Racingstreifen und sinnlosen Reißverschlüssen, Schlaufen und Ösen verzierten nagelneuen Segeloverall auf seinem viel zu zierlichen Caféhausstuhl, den Lederschirm seiner Tegetthoffmütze des grellen Lichts wegen tief in die Stirn gezogen. Seine flinken Rabenaugen aber sahen alles, und er notierte sich fortwährend etwas in ein kleines Notizbuch.

Neben ihm saß Simon Rebitschek, den er seiner rauhen Art wegen zum Flaggleutnant berufen hatte, um etwaige Dispute, Händel oder Meutereien nicht mit der eigenen Faust schlichten zu müssen. Simon kaute grimmig an einem erkalteten Zigarillostummel, in der Hüftscheide am Gürtel sein bereits legendär gewordenes, bösartig scharf geschliffenes Segelmesser.

Er war mit der Leistung des Sauhaufens da unten überhaupt nicht zufrieden.

Er war die klare, exakte, alles umfassende Organisation eines Käptn Barawitzka gewöhnt, und die höfliche bis unsichere Art, in der die Prüflinge Nummer eins bis vier versuchten, die ihnen zugeteilte Mannschaft zu leiten, mißfiel ihm außerordentlich.

„Der fällt gleich in den Bach!“ bemerkte er, als ich an den Tisch kam, und zeigte hinüber zum Hafen. „Der geht unter Garantie baden, wenn er noch lange mit einem Fuß am Steg und mit dem anderen an der Relingsleiste balanciert! Hoffentlich hat ihm dann jemand schon das Gemüse abge . . . Platsch! Na? Hab' ich's nicht gesagt? Wie heißt denn der Trottel, der da jetzt versucht, mit Karotten und Kürbissen um die Wette zu schwimmen?"

„Das ist Willi Poppenwimmer", klärte ich ihn auf.

B. A. machte eine entsprechende Eintragung in sein Notizbuch.

Als Ausbilder und Prüfungsbeisitzer Nummer zwei hatte sich Ingenieur Giselher Westermayer zur Verfügung gestellt. Tiroler nußbraun, sportlich schlank und im eleganten Weiß eines P. & O.-Deckoffiziers auf der Australienroute lehnte er mit verspiegelter Sonnenbrille in einem Sessel und achtete darauf, daß sich niemand auf seine auf dem Nachbarstuhl deponierte goldbetreßte Mütze setzte. Er war der scheinreichste unter uns. Ich spreche natürlich von Segelscheinen. Er hatte davon so viele, wie reisende Geschäftsleute Kreditkarten mit sich führen. Wenn er nicht gerade auf seine Mütze achtete, spielte er mit seinem neuen Digital-PC-Kompaß herum und peilte vorbeischlendernde Mädchen mit zusammengekniffenem Kennerauge an.

Der sehr stille junge Mann neben ihm war unser dritter Ausbilder. Sein Kopf schimmerte frisch rasiert wie der eines buddhistischen Mönchs, und der gelbe Jogginganzug hing wie eine Kutte von seinen schmalen Schultern. Er wurde von allen „Kung Fu" genannt, weil er nicht wie die anderen seine Kondition mit Hopfen, Malz und Räucherspeck aufbaute, sondern frühmorgens an Deck auf chinesische Art mit Schatten boxte. Ich hatte bei den vorbereitenden Crewtreffen den Eindruck gewonnen, daß er zwar eine Menge vom Segeln und von Navigation verstand, aber die meiste Zeit geistig nicht anwesend war, weil seine Gedanken vermutlich irgendwo in Tibet spazieren gingen.

Neben Simon hockte der vierte Mann der Stammcrew, Janos Gludowatz, ein ehemaliger Jollenkreuzerchampion vom Neusiedlersee. Mit seiner Adlernase, dem dunklen Teint, den gezwirbelten Schnurrbartspitzen und den silbernen Schläfen wirkte er wie ein pensionierter Räuberhauptmann aus den Schluchten des Balkan. An der Rückseite seines Sessels hingen Krücken, derer er sich bedienen mußte, seit ihn ein schwerer Unfall aus seiner aktiven Seglerlaufbahn gerissen hatte. Wie es Barawitzka gelungen war, den alten Adler mit den gelähmten Schwingen trotz seiner Behinderung als Ausbilder auf diesen Seetörn zu locken, wußte ich nicht. An Bord hatte er noch eine Spezialkrücke mit einem weißen Gummistopper, Fangschnur und Teleskopmechanik, die sich einhändig per Knopfdruck den verschiedenen Bootskrängungen anpassen ließ.

„Na, jetzt wird's mir aber zu bunt!" stieß Janos hervor. „Der glaubt wohl, er ist daheim auf seinem Bauernhof? Da wirft mir einer auf meinem Boot die Erdäpfel und das Gemüse als Schüttgut einfach ins Achterschapp, als wär's ein Silo! Da muß ich wohl mal energisch dazwischenhumpeln." Er griff nach seinen Krücken und stemmte sich vom Stuhl hoch.

„Bleib sitzen, Janos!" sagte Barawitzka. „So sehr es dich auch juckt – bitte kein direktes Eingreifen in die Schiffsführung! Wir hatten doch ausgemacht, die jeweiligen Skipperlehrlinge vorerst ganz allein schalten, walten und wursteln zu lassen, falls nicht unmittelbare Gefahr für Mannschaft oder Schiff droht."

„Bom di boga!" ärgerte sich Janos Gludowatz. „Soll das heißen, ich muß ruhig mit ansehen, wie da in dem Schapp ein stinkender Komposthaufen entsteht? Der nächste füllt dann Zucker und Mehl in den Kettenkasten oder hängt Schinken und Würste als Klubstander an die Saling!"

„Und ich darf wohl jetzt auch nicht hinuntergehen und diesem Unglücksraben in den Hintern treten", mischte sich Simon erregt ein, „der völlig sinnlos die Dirk loswarf und den Baum an Deck knallen ließ? Barawitzka, deine Erfahrung bei Betriebsseminaren und Managementschulungen in allen Ehren, aber wie sollen diese Landratten segeln lernen, wenn wir ihnen nicht mit scharfer Zunge und einem gelegentlichen Tritt als Denkanstoß zeigen, wo's langgeht? So ist das in der christlichen Seefahrt seit Jahrhunderten Tradition! Hol's der Teufel, ich verlier' die Nerven, wenn ich noch lange untätig zusehen muß, wie diese Pfeifen das totale Chaos anrichten!"

B. A. grinste überlegen. „Wenn du nicht hinschauen kannst, dann geh spazieren! Ich bin mit der Entwicklung recht zufrieden. Unsere Schüler haben offensichtlich schon kapiert, was ich von ihnen erwarte. Aber ihr, meine Herren Ausbilder, habt das anscheinend noch immer nicht. Zu allen meinen Ausführungen bei den Vorbesprechungen habt ihr zwar ja und Amen gesagt, aber ich merke jetzt, daß es mir offensichtlich nicht gelungen ist, euch die Grundidee meiner Ausbildungsmethode zu verkaufen. Ich versuch's noch mal mit einfachen, kurzen Sätzen, paßt auf: Wir wollen Skipper ausbilden, Schiffsmanager, Kapitäne, die selbständig und verantwortungsbewußt denken, planen,

organisieren und entscheiden können. Jetzt haben wir einen bunten Haufen Binnenländer aus allen möglichen Berufen, denen nur eines gemeinsam ist: das Interesse am Seesegeln und der Wunsch, während dieses Törns die praktische Prüfung für den B-Schein abzulegen und als frischgebackene Skipper mit dem Küstenpatent zurückzukommen. Sind wir uns wenigstens darin einig, daß diese Leutchen bis zu den Ohren mit theoretischem Wissen vollgestopft sind und daß einige von ihnen das Handbuch ‚Seemannschaft' wahrscheinlich auswendig gelernt haben?" Er sah sich in der Runde um.

„Schon möglich", brummte Simon. „Um so mehr müßte man ihnen die Ohren langziehen."

„Damit sie sofort wieder das selbständige Denken einstellen und sich darauf verlassen, daß wir ihnen schon die richtigen Anordnungen geben werden? Zum Donnerwetter! Seht ihr das nicht ein? Dieser Haufen besteht wahrscheinlich in der Hauptsache aus Befehlsempfängern und Ehemännern, die es gewöhnt sind, daß jemand anderer für sie denkt." Barawitzka schlug mit der Faust auf den Tisch, daß die Gläser hüpften. „Wenn einer Flaggleine und Dirk verwechselt, ist mir das vorerst völlig egal, ich kreide das dem jeweiligen Tagesskipper an. Der soll ja lernen, seine Augen überall zu haben. Und da jeder der Kandidaten einmal als Mannschaft und einmal als Skipper eingeteilt ist, vervielfacht sich der Lerneffekt durch die Fehlschläge. Nehmt euch ein Beispiel an Giselher! Der ist locker und gelassen wie ein gesetzter Champion in Wimbledon und schont seine Nerven."

„Kein Wunder", murmelte Simon mit einem Seitenblick auf den fleckenlosen Ingenieur. „Er darf sich ja gar nicht aufregen, weil sich sonst seine Bügelfalten verbiegen."

„Apropos Kleidung: Meinst du, daß auch Tankausbau und Reinigung aller Treibstoffleitungen zum Lehrprogramm gehören?" unterbrach ich rasch seinen Vortrag.

„Wieso? Warum?"

„Nun, weil mein Tagesskipper seine Augen überall, nur nicht an Deck hat. Seit Minuten zieht er im Geiste die langbeinige Signorina auf der Nachbarketsch aus und sieht nicht, daß einer seiner Knaben schon den Wasserschlauch in der Hand hat, während der andere den Dieseleinfüllstutzen aufschraubt. Das wird ein prächtiges Gemisch . . ."

„Herrje!" schrie Barawitzka erschrocken. „Zu realistisch wollen wir es doch nicht haben. Simon, mach mir den Rosenstein darauf aufmerksam und hol ihn dann her!" Simon Rebitschek beugte sich über das Terrassengeländer und brüllte durch die hohlen Hände: „Weg mit dem Schlauch, ihr Affen dort! Laszlo zum Rapport hierher!"

B. A. verzog angewidert das Gesicht. „Himmel! Vulgär quer über die ganze Marina zu brüllen, das hätte ich auch gekonnt. Ich erwarte natürlich, daß du hingehst und auf vornehme und leise Art . . ." Er seufzte. „Wir hätten vielleicht vorher noch einen Ausbildungstörn für Ausbilder veranstalten sollen. Unsere Flotte fällt schon allein durch ihre so geschmackvoll bunt bemalten Schiffe auf. Ich möchte aber keineswegs, daß wir auch noch als Gebirgsmarine bekannt werden, die nur aus Krakeelern und Schreihälsen besteht. Bemüht euch bitte, wie unerschütterliche Indianerhäuptlinge auch im größten Chaos die Nerven zu behalten und lieber mit Handzeichen oder halblauten Befehlen auszukommen als mit Kasernenhofgebrüll."

Bunt war unsere Flotte in der Tat. Dem Vercharterer Kettering hatten die stumpfgrauen Aluminiumflanken seiner neuen Flottille so mißfallen, daß er sie der Industrie als Werbefläche anbot. Verschiedene österreichische Brauereien hatten, internationalem Vorbild folgend, einen Sponsorvertrag unterschrieben und die Yachten als schwimmende Litfaßsäulen für diverse Biersorten gestaltet. Daß ich deshalb auf einer braun-goldenen GOLDFASSL segeln sollte, war etwas, an das ich mich erst gewöhnen mußte. Westermayer hatte die schwarzsilberne KLOSTERBOCK gewählt, Janos die rot-weiße HOPFENPERLE und Kung Fu die grün-weiße KAISERPILS.

Laszlo Rosenstein tauchte neben dem Tisch auf, salutierte spöttisch grinsend mit übertrieben abgewinkelter Hand und schnarrte: „Käptn?"

Barawitzka seufzte tief. „Erstens bin ich auf diesem Törn weder Käptn noch Schiffsführer, sondern Flottenchef, Ausbildungsleiter und später Beisitzer, wenn die Prüfungskommission an Bord kommt. Zweitens ist das gar nicht komisch, wenn du hier eine Parodie auf schneidige Marineoffiziere abziehst, während sich die Leute unter deiner Leitung da drüben aufführen wie die Marx Brothers im Kaufhaus. Du müßtest doch wissen, daß Kartoffeln nicht in die Bilge gehören und daß man den Treibstofftank nicht mit Wasser füllt."

Laszlo verlor etwas von seiner Überheblichkeit und erklärte, er könne nicht überall gleichzeitig nach dem Rechten sehen. Ihren eigenen Angaben nach wären das alles erfahrene Segler, er verstehe nicht, warum sie sich jetzt anstellten wie die ersten Menschen. „Es ist eben von einem Einzelnen zuviel verlangt", rief er anklagend, „diese irre lange Ausrüstungsliste Löffelchen für Löffelchen, Schäkel für Schäkel genau zu kontrollieren, ständig tausend Fragen seiner Leute zu beantworten, die wissen wollen, wo sie ihr Zeug verstauen und welche Koje sie belegen sollen, wie das Pumpklo und das Echolot funktionieren, wo man das Radio andreht und ob sie noch schnell mal Ansichtskarten kaufen oder nach Hause telefonieren gehen dürfen. Ich kann schließlich nicht allen sechs dauernd hinterherlaufen und nacharbeiten . . ." Er holte Luft und fauchte uns an: „Und ihr sitzt hier auf euren breiten Hintern genüßlich im Schatten beim Bier und laßt mich alleine rackern, statt daß mir einer mit seiner Erfahrung zur Hand geht!"

Barawitzka lachte gut gelaunt auf. „Wer war denn so gierig darauf, ein Küstenpatent zu erwerben? Du! Ein angehender Skipper muß eben in der Lage sein, eine Yacht seefertig zu machen, auch mit einem Haufen linkshändiger Anfänger. Wenn du deine Mitsegler nach dem beurteilst, was sie dir von langjähriger Erfahrung vorflunkern, wirst du noch herbe Überraschungen erleben. Du kannst dir die Crew nicht immer aussuchen. Als Schiffsführer mußt du lernen, deine Pappenheimer nach kurzer Beobachtung ihren tatsächlichen Fähigkeiten entsprechend für die anfallenden Arbeiten einzuteilen – und vor allem mußt du dabei immer die totale Übersicht behalten. Wenn du allerdings meinst, du schaffst es nicht, kannst du gern das Kommando an einen der anderen Prüflinge abgeben."

Laszlo sah einen Moment drein, als wolle er Barawitzka an den Kragen. Dann rief er: „Das würde dir wohl Spaß machen, du zynischer Teufel! Du Sadist! Aber eher beiß ich mir die Zunge ab und mache alles allein!" Er drehte auf dem Absatz um und stürmte davon.

„He!" rief ihm B. A. grinsend nach. „Ich möchte endlich eine ungefähre Auslaufzeit von dir wissen. Sag das bitte auch deinen Skipperkollegen!"

„Und für Sadismus an Bord bin *ich* zuständig!" erinnerte ich ihn.

Laszlo drehte sich halb um, machte mit beiden Händen das Zeichen gegen den bösen Blick zu uns herüber, eilte an Bord und versammelte seine Crew, offensichtlich um eine geänderte Vorgangsweise zu besprechen.

Ich hatte mir auf B.A.s Rat ebenfalls ein kleines Notizbuch zugelegt, um die Punktebewertung der Prüfungskandidaten festzuhalten. Das zog ich jetzt hervor und blätterte es zum xten Mal durch, in der Hoffnung, daß sich mir die verschiedenen Namen durch häufige Wiederholung endlich einprägen würden. Ich habe nämlich ein sehr schlechtes Namensgedächtnis. Gesichter merke ich mir recht gut, aber zu meinem großen Kummer fällt mir nie ein, wie der Besitzer einer bestimmten Nase heißt. Besonders bei Bootsmanövern ist das recht lästig, wenn ich rufe: Gustav, fieren!, und ein ganz anderer als der Gemeinte läßt das Fall oder die Schot sausen.

In meinem Notizbuch war für jeden Mitsegler eine Doppelseite reserviert. Der Erste meiner GOLDFASSL-Crew war Wolpertinger, Sepp.

Daneben hatte ich mir zum Privatgebrauch notiert: „Motorbootfahrer, der aus Umweltrücksichten zu den Seglern wechseln möchte. Netter Kerl, Speditionsgewerbe. Leider keine besonderen Merkmale, außer daß Kandidatin Strolz anscheinend seine Freundin ist.“

Dann weiter: „Monika Strolz, schwarzhaariger Wuschelkopf. Angenehmes Äußeres, warme Stimme. Eifrig und lernbegierig. Tendiert dazu, mit Wolpertinger innige Blicke zu tauschen und Händchen zu halten, sowie sie sich unbeobachtet wähnt. Ob es eine gute Idee war, beide zur selben Wache einzuteilen, wird sich herausstellen. Allerdings werden die beiden unbedingt gleichzeitig Freiwache haben wollen, damit sie miteinander schlafen können.“

Laszlo Rosenstein, Textilkaufmann, kannte ich schon von einem früheren Törn her.

Der nächste Kandidat war leicht zu identifizieren: Schubert, Theodor, Reisebüromanager. Sein Kopf war oben glatt und kahl wie eine Billardkugel, und damit man ihn nicht mit Theo Kojak-Savallas verwechselte, trug er einen rötlichen Vollbart, der seine untere Gesichtshälfte verdeckte.

Auch mit Dr. Trauttmannsdorff, Viktor, Hofrat, war ich schon gesegelt, also blätterte ich weiter zu Poppenwimmer, Willi, Krankenpfleger. „Bodybuilder“ lautete meine private Notiz auf seinem Blatt. Willis Schultern waren breiter als Barawitzkas Bauch, seine Bizeps hatten mehr Umfang als meine Oberschenkel, und sein muskulöses Genick hätte jedem Stier zur Ehre gereicht. Es war kein Gramm Fett an ihm, jeder Muskel zeichnete sich wie aus Bronze gegossen unter seiner Haut ab, und damit man das auch gehörig bewundern konnte, rannte er nur in engen Trikothosen und ärmellosen Athletenleibchen herum. Er sah aus, als könnte er selbst die schwerstleibigen Patienten mit nur einer Hand umbetten. Einen prächtigen Hauptdarsteller für Rambo- oder Herkulesfilme hätte er abgegeben, wäre er nur um zwei Köpfe größer gewesen. Denn Willi Poppenwimmer war für seine Schulterbreite und Gorillaarme leider zu kurz geraten: ein abgesägter Herkules, ein Sitzriese. Wenn er in einem Lokal am Tisch saß, wirkte er imposant und hünenhaft und zog alle Blicke auf sich, die neidischen der Männer und die bewundernden der Damenwelt – aber nur, solange er nicht aufstand. Wenn er dann von seinem Sessel hopste, sah es aus, als wäre er hingefallen und versuche nun, auf Knien wegzurutschen. Dazu hatte er ein frommes Engelsgesicht und unschuldig blaue Knopfaugen.

Eingedenk B. A.s Ermahnung machte ich jetzt eine Zusatzeintragung auf Willis Notizbuchseite: „Ist zwar willig und fleißig, hat aber zwei linke Hände und Füße."

Ich blickte befriedigt auf meine Aufzeichnungen. Das war also die Crew, die mit mir auf der GOLDFASSL nach Tunesien segeln sollte. Für die Crews der anderen Yachten hatte ich ebenfalls Seiten reserviert, aber da fehlten mir größtenteils noch die persönlichen Anmerkungen, die ich im Verlauf des Törns zu sammeln hoffte.

Yacht KLOSTERBOCK: Ausbilder Giselher Westermayer.
B-Schein-Kandidaten:
Casarolli, Max, Taucher, segelte mit mir in der Ägäis.
Hajduk, Georg, Tischler, Bordcasanova und alter Segelkamerad.
Hirsch, Charly, laut eigener Angabe von Beruf „grüner Chaot" (?).
Al Chalibi, Jussuf, Zeitschriftenhändler.
Babenberger, Alexander, segelte mit mir im Indischen Ozean.
Lautermann, Babsie, wie oben.

Yacht KAISERPILS: Ausbilder Kung Fu.
B-Schein-Kandidaten:
Hufnagel, Felix, Dieselmechaniker, alter Bordgenosse.
Weinmann, Hugo, Abwasserspezialist.
Cleopatra, Oberschwester, blondes Busenwunder, war im Indischen Ozean auch mit dabei.

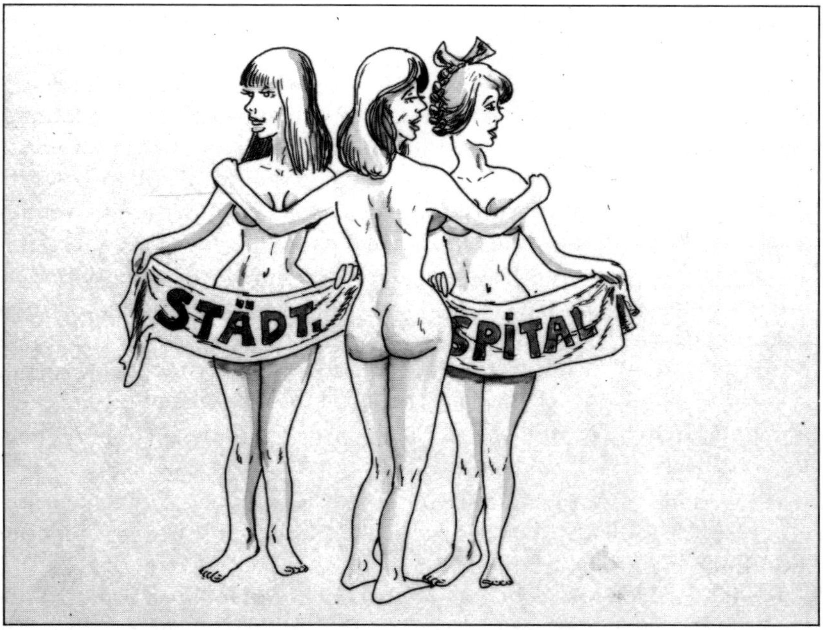

Die drei Grazien von der KAISERPILS

Lorelei, Busenfreundin von Cleo. Sieht auch so aus!
Calypso, die dritte der Spitalsgrazien.
Boltzmann, Berndt, Facharzt, Krankenhaus St. Pölten.

Yacht HOPFENPERLE: Ausbilder Janos Gludowatz.
B-Schein-Kandidaten:
Brösel, Oskar und Karla, Yachtpensionisten.
Lacroix, Wendelin, Vertreter.
Ohnesorg, Eugen, Segler aus Stuttgart.
Schmitz, Uwe, (?).
Jessernig, J., Gastwirt.

Wer zählt die Völker, nennt die Namen? Da fiel mir plötzlich ein, daß ich ein ziemlicher Tepp war.

Wozu hatte Barawitzka eine Polaroidkamera mit? Die würde ich mir ausborgen, jeden aus diesem bunten Haufen knipsen, die Fotos zu Paßbildchen zurechtschneiden und in mein Notizbuch kleben. Das war die Lösung!

Ich blickte zum Hafen hinüber. Die Proviantstapel waren vom Steg verschwunden, und die Yachten sahen zumindest aus der Entfernung seeklar aus. Da kam auch schon Willi Poppenwimmer angewetzt und meldete: „Laszlo meint, er wäre soweit fertig zum Auslaufen. Geht's jetzt los? Ist das nicht wahnsinnig aufregend?"

Barawitzka erhob sich lachend. „Das wird sich gleich herausstellen. Es gibt Skipper, die können ein simples Ablegemanöver in einen nervenzerfetzenden Alptraum verwandeln. Meine Herren, es ist Zeit, an Bord zu gehen. Zieht eure Gürtel stramm, wappnet euch mit Gleichmut, beißt die Zähne zusammen und laßt uns allen Schrecknissen tapfer ins Auge blicken!"

„Gleichschritt, vorwärts, marsch!" kommandierte Simon grinsend und schwenkte neben mir auf die Treppe ein.

„Wo wirst du mitsegeln, B. A.?" fragte Janos, auf seinen Krücken dahinklappernd.

„Ich steige gleich bei Rosenstein ein, Janos-Baci, und schaue mir an, ob er meine Ratschläge beherzigt hat. Wir sehen uns wieder in Umag. Gute Fahrt!"

Laszlo Rosenstein hatte seine gute Laune anscheinend wiedergefunden, denn als wir über die Heckreling kletterten, ließ er den Hofrat Seite pfeifen und Sepp ein blaues Stoffband als Kommodorewimpel an der Backbordsaling setzen.

„Danke, Skipper!" sagte Barawitzka. „Sie können ablegen lassen."

B. A., sein Flaggleutnant Rebitschek und ich, wir hockten uns aufs Kajütdach, um die Mannschaft ja nicht bei der Arbeit zu behindern. So durfte uns keiner nachher mit der Ausrede kommen, er hätte diese oder jene Leine nicht bedienen können, weil so ein Klotz von Prüfer darauf gesessen oder gestanden, ihm die Sicht genommen hätte und so weiter.

Laszlo stellte sich hinter das Steuerrad, griff zur Motorschalttafel, startete die Maschine, blickte auf den Kompaß, auf die Cockpitinstrumente, leckte sich die Lippen und rief: „Leinen los!"

„Stopp! Kommando belegt!" sagte B. A. ruhig, aber bestimmt. „Welche Leinen? Alle auf einmal?"

Laszlo grinste. „Das haben wir alles vorher im Detail besprochen. Jeder weiß, was er zu tun hat."

„Ausgezeichnet! Aber ich möchte das hören. Im Detail."

Laszlo drehte ungehalten die Augen nach oben, als wolle er den Himmel zum Zeugen für die Sturheit aller Prüfer anrufen, und ratschte seine Befehle mit jener mitleidigen Ungeduld herunter, wie sie heute junge Leute im Verkehr mit älteren Semestern oft an den Tag legen: „Theo, Achterleine an Backbord auf Slip – Monika, du machst dasselbe an Steuerbord! Heinz, du stehst mir mit einem Prellfender parat! Viktor, den Bootshaken für alle Fälle! Willi, du gehst an die Muringleine und pullst, wenn ich . . ."

„Kommando belegt! Du willst offensichtlich alle Leinen gleichzeitig lösen und unter Maschine lostuckern. Viel Platz hast du nicht. Was machst du, wenn dich ein Seitenwind erwischt und dich breitseits ins Ankergeschirr dieser Ketsch dort drückt?"

„Es gibt aber keinen Seitenwind. Der herrschende Hauch ist prachtvoll ablandig. Wir könnten sogar unter Segeln ablegen."

Simon knurrte: „Soll ich hingehen und dem aufsässigen Kandidaten einen Seitenwind blasen, daß er taumelt?"

„Nur mit der Ruhe!" beschwichtigte ihn Barawitzka. „Laszlo ist der Skipper, er trägt die Verantwortung. Er hat sich für dieses Manöver entschieden, also soll er es auch fahren. Monsier Rosenstein, *à vous!*" Großzügig winkte er Laszlo zu und flüsterte dann so leise, daß nur Simon und ich es hören konnten: „Wenn einer von euch eine Hasenpfote hat, soll er sie jetzt drücken. Herrgott, wäre das schön, wenn eine kräftige Bö aus heiterem Himmel diesem Trotzkopf das Manöver vermasseln und ihn das Fürchten lehren würde!"

Laszlo hatte das Manöver aber anscheinend gut vorbereitet. Die Leinen klatschten ins Wasser, Willi zog an der Muringleine, als wolle er sie aus dem Hafengrund reißen, und warf sie dann über Bord. Wir waren mit Schwung unterwegs. Auf den umliegenden Schiffen und auf den Yachten an der anderen Kaiseite erhoben sich die Leute, um besser sehen zu können, wie das in einer Marina so üblich ist, wenn eine Yacht aus- oder einläuft. Denn dabei gibt's öfter was zu lachen, und besonders die Manöver einer größeren Yacht interessieren jeden.

Mit einem triumphierenden Grinsen schob Laszlo den Gashebel ganz zart auf Schleichfahrt und drehte die Yacht sanft in Richtung Hafenmitte.

Ich hörte Barawitzka ergeben seufzen. Ja, so war das nun mal mit dem Wind. Wenn man ihn brauchte, kam er nie.

Laszlo fuhr allerdings ein wenig übervorsichtig. Wir schwammen –

nein, wir trieben – an den Reihen der anderen Yachten vorbei, so sachte ließ er die Propellerwelle drehen, aber er rammte nichts, niemand mußte mit Fendern herbeilaufen, um seine Reling zu schützen, keiner mit Bootshaken nachhelfen. Unser Bug zeigte schon durch die Hafeneinfahrt aufs weite blaue Meer. Die Spannung ließ nach. Rosenstein kommandierte seine Leute herum, trug ihnen auf, die Fender wegzuräumen, an Deck aufzuklaren, verlangte ein Fernglas, die genaue Zeit, einen Kurs und einen Kaugummi. Nur schlug er meiner Meinung nach einen unnötig weiten Bogen zum gegenüberliegenden Ufer. Aber das war seine Sache.

„So weit, so gut", brummte Barawitzka enttäuscht und zog sein Notizbüchlein. „Dann muß ich ihm wohl einen Pluspunkt geben."

In diesem Moment bewegte sich das Deck der GOLDFASSL auf so komische Weise unter mir. Es war nur ein ganz zartes Wackeln, das von den meisten an Bord gar nicht registriert wurde. Ich kannte das, es war das erste Anzeichen dafür, daß der Kiel Bodenkontakt hatte, leicht nur, wahrscheinlich in weichem Schlamm. Ich stieß B. A. an und flüsterte ihm zu, mit dem Pluspunkt noch ein wenig zu warten.

„Warum?"

„Weil ich meine, daß wir gleich aufsitzen. Schau dich um, wir sind nicht mehr in der Fahrrinne. Ich weiß nicht, warum Laszlo solch eine ausholende Ehrenrunde durch den Hafen dreht, und das mit einem Viertelknoten Fahrt. Wir sind dabei viel zu weit aufs Flach gekommen."

„In der Tat!" B. A. drehte sich um und visierte den Molenkopf an. Wieder bewegte sich das Deck unter uns wie ein schlafender Wal, der im Traum zuckt. Auch B. A. merkte es jetzt und grinste. „Ja, da kommt wieder Freude auf. Jetzt bin ich gespannt, wann die Kerle kapieren, daß sie auf Schiet sitzen!"

Laszlo spähte nun zum Ufer, sah, daß er abgetrieben worden war, gab etwas mehr Gas, drehte am Ruder und widmete seine Aufmerksamkeit wieder den Leinen, die seine Mannen gerade aufschossen. Die Yacht stand allerdings wie angeklebt auf derselben Stelle.

„Hat es eigentlich was zu bedeuten, daß der Tiefenmesser auf Null steht?" wollte Sepp Wolpertinger plötzlich wissen.

Laszlo blickte kurz auf das Instrument, zuckte zusammen, warf einen raschen Blick zu B. A. hinüber, der damit beschäftigt war, über die Reling zu spucken und der Spucke nachzusehen, und rief dann halblaut: „Spring runter zu Viktor und sag der verdammten Schlafmütze, er soll endlich die Instrumente einschalten! Weder das Echolot noch das Speedometer zeigen etwas an. Alle Zeiger stehen auf Null! So mach doch endlich!“

„Ob das vielleicht der Grund für die von Rosenstein verkündete Windstille ist?“ ätzte Simon.

„So schaltet doch endlich ein . . .“

„Das war das Hecklicht!“ – „Und das die Salingbeleuchtung“, kamen prompt Rückmeldungen von Deck.

„Aaah! Endlich! Wassertiefe ein Meter, Fahrt null Knoten . . .“

„Blödsinn! Wir haben über zwei Meter Tiefgang und donnern mit 2000 Touren dahin!“ schrie Laszlo.

„Donnern dahin? Mann, die Spucke überholt uns!“

Die Wellen eines vorbeizischenden Motorboots klatschten gegen die Flanken der GOLDFASSL. Jetzt erzitterte der Rumpf plötzlich unter einigen kurzen, dumpfen Stößen ganz tief unten. Alles taumelte, hielt sich erschrocken irgendwo fest, Laszlo wurde so weiß wie eine neue Genua und griff nach dem Gashebel.

Vollgas!

Der Motor heulte auf. Das Deck begann zu vibrieren. Oben in der Takelage klingelten irgendwelche lockeren Teile. Schwarzer Rauch breitete sich achtern auf dem Wasser aus, stieg in die Höhe. Laszlo blickte sich verzweifelt um. Das Schiff rührte sich nicht. Drüben in der Marina sammelte sich allerhand Seglervolk und starrte herüber. B. A. zog sich die Kapuze seines Overalls über den Kopf, barg das Gesicht in den Händen und seufzte: „Hoffentlich ist bei den Zuschauern keiner von meinem Klub dabei!“

Laszlo trat so wild auf den Fahrthebel, als wäre er das Gaspedal eines Sportwagens. Da hielt es Simon nicht mehr aus, er war mit zwei Sätzen am Steuer, stieß Laszlo weg und nahm das Gas zurück. „Bist du vollkommen verrückt geworden, Fetzenhändler? Willst du die Maschine ruinieren?“

„Komisch!“ rief Theo Schubert von achtern. „Unterm Heck ist das Wasser völlig glatt. Da tut sich überhaupt nix, als wäre der Propeller abgefallen. Sagt, habt ihr eigentlich eingekuppelt?“

Es wurde schlagartig so still, als hielten Mannschaft und Dieselmaschine erschrocken den Atem an. Aller Augen hingen an Simons Hand, die jetzt den Gashebel auf Neutral stellte.

„Klick!“ Mit einem unschuldigen halblauten Schnalzen sprang der Kupplungsknopf in Arbeitsposition. Simon warf Rosenstein einen ver-

Kam es mir nur so vor, oder war Laszlo am Steuerrad geschrumpft?

nichtenden Blick zu und schob den Hebel nach vorn. „Jetzt gurgelt es kräftig unter dem Heck!“ meldete Theo.

Die GOLDFASSL bockte und rüttelte, das Hafenwasser wurde dick und braun wie Einbrennsuppe, dann nahmen wir endlich Fahrt auf.

Ich blinzelte. Kam es mir nur so vor, oder war Laszlo unter den Blicken von Prüfern und Crew geschrumpft? Vorher hatte er bequem über das große Steuerrad hinweggesehen, jetzt spähte er unten zwischen den Speichen durch. Außerdem schien er um Jahre gealtert zu sein, sein Hemdkragen war ihm plötzlich viel zu weit, und die Mütze begann ihm über die Ohren zu rutschen.

„Es wundert mich, daß er mit dem Schwung überhaupt so weit gekommen ist“, meinte Barawitzka und schrieb in sein Büchlein.

„Der Kandidat hat jedenfalls Phantasie bewiesen“, meinte ich, meiner Rolle als Bordsadist entsprechend. „Er kann ein simples

Manöver auch ohne Seitenwind verpatzen. Dafür gebührt ihm ein spezieller Vermerk."

Der textilhandelnde Schrumpfzwerg mit dem uralten Gesicht steuerte die Yacht verbissen schweigend aus dem Hafen. Wir passierten das Molenfeuer. Laszlo behielt seinen ursprünglichen Kurs bei, die GOLDFASSL glitt, von den 55 Kilowatt ihres Dieselmotors getrieben, durch die Bucht von Piran mit Kurs auf den Leuchtturm von Savudrija, wo wir die Kurve kratzen und nach Süden segeln wollten.

Mich kribbelte es, dem Skipperaspiranten zuzubrüllen, zur Abwechslung einmal seine Leute herumzuhetzen. Schon tat er mir ein bißchen leid, weil die anderen Einfaltspinsel an Bord ihre Schadenfreude so offen zeigten. Das gefiel mir überhaupt nicht. Es war nicht die Art von Teamgeist, wie ich sie von unseren früheren Törns her gewohnt war. Warum war das so? Darüber mußte ich nachdenken und überlegen, was dagegen zu tun war.

Die besten Ideen kommen mir immer bei einem kalten Bierchen, deshalb stand ich auf und kletterte in die Pantry hinunter. Da zupfte mich der Hofrat am Ärmel. Er schüttelte sich nur so vor Lachen, Tränen standen in seinen Augenwinkeln. „Hast du das gesehen, Karl? Ho-ho-ho-ho! Fährt der doch tatsächlich mit ausgekuppelter Maschine los! Ich hab's natürlich sofort bemerkt, aber nichts gesagt ..."

„Natürlich, natürlich", murmelte ich nachdenklich. Das war ja ein famoser Teamgeist, den Laszlo da mit seiner antiautoritären Schiffsführung geweckt hatte. Ich fand es an der Zeit, ihm eine Lektion in angewandter Führungstechnik zu geben. Ein guter Skipper muß bei aller Freundlichkeit auch mal dreinfahren können wie Conan der Zerstörer. Aber wie sollte ich ihn dazu bringen? Momentan war er nur deprimiert und niedergeschlagen, und zum Dreinfahren braucht man ein gewisses Maß an aggressiver Energie.

Da fiel mein Blick auf Logbuch und Seekarte. Sofort wußte ich, wie ich meinen Tagesskipper aufbauen konnte. Grimm und Groll hatte er bestimmt genug – wenn auch momentan nur auf sich selbst, wegen der Blamage mit der Kupplung. Und wie wird man Groll und Ärger am besten los? Ganz einfach, indem man einen Rangniedrigeren zusammenstaucht. Das ist ein probates Mittel.

Ich schlich an Laszlos Seite wie Mephisto zu Dr. Faustus. Er zuckte vor mir zurück. „Keine Angst", flüsterte ich. „Ich komme als beratender Freund. Ich werde dir jetzt das Ruder halten, damit du hinuntergehen und nachsehen kannst, wer sich da unten am Kartentisch vor Schadenfreude über dein Manöver schier zerreißt, obwohl er weder Logstand, noch Motorstunden oder Uhrzeit eingetragen hat, vor einer leeren Seekarte sitzt und nicht einmal Kursdreieck, Zirkel und Bleistift bereitgelegt hat."

Mit Laszlo ging eine überraschende Veränderung vor. Er blähte sich auf wie eine mit Preßluft angeblasene Rettungsinsel. Die Schrumpffalten verschwanden aus seinem Gesicht, es wurde erst glatt und jugendlich, dann dunkelrot. Er überließ mir das Steuerrad und stürmte den Niedergang hinunter, um den saumseligen Hofrat zu zermalmen wie Moses das Goldene Kalb.

„Beim Henker! Was ist denn da unten los?" fragte Simon. „Das hört sich ja an, als wären sich Rosenstein und sein Navigator plötzlich in die Haare geraten!"

Ich erklärte es ihm und fügte hinzu: „Langsam dämmert mir, wie Barawitzka das mit seiner Lehrmethode durch böse Erfahrung meint. Wenn sich jemand mal die Finger verbrannt hat, dann ist er äußerst aufnahmebereit für gute Ratschläge über den Umgang mit heißen Pfannen. Erinnere dich: Wie hast du auf Laszlo eingeredet, damit er aufhört, die Crew so freundlich wie seine Kunden zu behandeln. Nichts hat es genützt. Jetzt aber ... Ha! Hör nur, wie er den Hofrat in der Luft zerreißt."

Aus dem Niedergang drangen erst zwei erregte Stimmen, dann hörte man nur mehr Rosensteins scharfes Organ. Kurz darauf kam er wieder an Deck, recht befriedigt dreinsehend.

„So!" sagte er, als er mir das Rad wieder aus der Hand nahm. „Das kann sich Viktor hinter die Ohren schreiben. Stell dir vor, der Kerl hat da unten Kreuzworträtsel gelöst, statt mir den Kompaßkurs nach Umag zu berechnen. Dem hab' ich aber kräftig Bescheid gestoßen."

„Brav!" sagte Simon. „Guter Junge."

Die Zeit der heiteren Einlagen war aber noch nicht vorbei. Jetzt zeigte uns Viktor Trauttmannsdorff, wie ein schusseliger Navigator arbeitet. Er kam mit dem Handpeilkompaß an Deck und rief: „Kurs auf Kap Savudrija 95°. Wenn ihr den Turm querab habt, neuer Kurs nach Umag 354°!" Dann fing er an, den Piraner Kirchturm anzupeilen.

„95°?" fragte Laszlo ungläubig und starrte auf seinen Steuerkompaß.

„Fahr ruhig nach Viktors Anweisung!" riet ich, und Simon meinte:

„Wir werden ja sehen, wie unser Rechenschieber darauf reagiert."

Laszlo grinste, drehte die GOLDFASSL in einem großen Bogen und ging auf Gegenkurs. „360° geht durch ... 20° ... 40° ... 60° ... 95° liegt an!" Wir dieselten wieder zurück zur Hafeneinfahrt von Portoroz. Alle warfen sich vielsagende Blicke zu.

Viktor war durch die Drehung des Schiffes natürlich sein Peilobjekt davongelaufen. Er sah sich jetzt um. Niemand sagte ein Wort, jeder starrte mit unbewegtem Gesicht geradeaus auf die wieder näherkommende Hafeneinfahrt.

„He! Was treibt ihr?" schrie der Hofrat. „95° wollen wir fahren, nicht zurück zum Hafen! Seid ihr blind? Kannst du nicht mal einen angegebenen Kurs steuern, Rosenstein? Dann laß jemand anderen ans Steuer!"

Ich löste Laszlo spaßeshalber ab und hielt weiter Kurs.

Der Navigator kratzte sich jetzt am Kopf. „Was soll das? Haben wir was vergessen? Müssen wir noch mal zurück?"

„Überhaupt nicht", antwortete ich. „Wir fahren nach Savudrija."

„Aber das liegt doch dort!" Er deutete übers Heck.

Ich zuckte mit den Achseln. „Ich halte den Kurs, den du uns gegeben hast."

„Bei allen heulenden Nebeltonnen von St. Malo!" brüllte jetzt Simon los. „Da platzt einem doch der Kragen, wenn der Navigator nicht mal vom Kursdreieck ablesen kann. Dann gehört er geteert, gefedert, kielgeholt und als Möwenfutter an die Saling geknüpft! Viktor, du kopfloses Huhn, wo ist Süden, wo ist Westen, wo ist Norden und Osten?"

Der Hofrat stellte sich an die Reling, streifte den linken Ärmel zurück und visierte die Sonne über seine Armbanduhr an. Es war zum Weinen! Da hatte der Kerl einen Peilkompaß in der Hand und versuchte sich nach der Pfadfindermethode zu orientieren!

Ein hohler Klageschrei entrang sich unwillkürlich meiner Kehle: „Viktoooooor! Biiiitte! Schalt endlich dein Gehirn ein und gib uns den Kurs, der uns nach Savudrija bringt!"

Mit einem ärgerlichen Seitenblick auf mich kletterte der Hofrat zum Kartentisch hinunter.

Eine Minute später waren wir endlich in der gewünschten Richtung unterwegs. Entweder hatte Viktor seinen Fehler schließlich eingesehen, oder ein guter Kollege hatte stillschweigend eingegriffen und ihm das Kurslineal umgedreht. Leider herrschte noch immer absolute

Flaute. Ein leichter Dunst kam auf, und die Silhouette der Burgruine von Piran wurde unscharf. Die 55 Kilowatt unserer „eisernen Genua" trieben die GOLDFASSL über ein ölglattes Meer. Unsere Bug- und Heckwellen verliefen sich V-förmig im Ungewissen. Ab und zu hob sich das seidene Blau der See wie eine Bettdecke, unter der sich ein Schläfer im Traum umdreht. Dann veränderte sich das monotone Brummen des Motors ein wenig, wenn er sich anstrengen mußte, den Schiffsrumpf die leichte Steigung im Meer hochzuschieben.

B.A. setzte sich nun ins Cockpit, zündete sich eine Zigarre an und schaute Laszlo direkt an. Längere Zeit. Rosenstein grinste erst zuversichtlich, aber nach einer Weile begann er sich unter dem starren Blick unbehaglich zu fühlen. Er rieb sich das Kinn, zupfte an seiner Nase und an seinen Ohrläppchen; er kratzte sich den Hals, rückte seine Seglermütze zurecht, er vermied B.A.s Blick, sah vom Horizont zum Kompaß und zurück und summte ein Liedchen. Schließlich hielt er es nicht länger aus.

„Du siehst mich so erwartungsvoll an, Chef?"

„Kein Wunder, ich möchte doch deine nächsten Anordnungen nicht versäumen."

„Anordnungen?" Laszlo zog die Stirn kraus, verdrehte die Augen und blinzelte. Obwohl der Vergleich sehr weit hergeholt war, erinnerte er mich jetzt stark an meinen Computer, wenn der bildschirmblinzelnd seine Speicher durchläuft, um danach lakonisch zu melden: „Kein applizierbares Programm gefunden!"

Auch Rosenstein fand anscheinend kein anwendbares Programm. „Hm, es ist so heiß", lenkte er ab. „Vielleicht sollte man eine Runde Getränke ausgeben?"

„Prächtig! Ausgezeichnet!" lachte B.A. auf. „Es ist eine helle Freude für einen Segelausbilder, letztlich feststellen zu müssen, daß er die Perlen seiner Erfahrung völlig sinnlos unter unbelehrbare Landratten gestreut hat. Beim Henker! Gibt es denn nicht ein paar Manöver, die ein ordentlicher Skipper vor Beginn einer längeren Seereise mit seiner Mannschaft üben sollte?"

Laszlo überlegte laut: „Man könnte natürlich probeweise die Schwimmwesten anlegen, die Notsignale überprüfen, ein Mann-über-Bord-Manöver fahren …"

„Man könnte nicht nur, sondern man sollte! Damit aber ein wenig Fröhlichkeit aufkommt, werden wir vorher Rasmus ein Schlückchen opfern und uns selber auch eins gönnen. Der Teufel soll dich holen,

Rosenstein! Das hättest du schon längst anordnen sollen. Das trägt dir einen fetten Minuspunkt ein.“

„Oh!“ Simon beugte sich zu mir und flüsterte: „Ich fürchte, da hinter dem Kap kommt ein Hauch auf.“

„Ist doch nicht schlecht. Was fürchtest du daran?“

„Daß der Rosenstein Segel setzen läßt und uns mit seinem vielgerühmten Flautensegeln beeindrucken will. Er ist doch der absolute Champion bei null bis ein Beaufort. Dann dauert es viermal so lange bis Umag!“

„Na, vielleicht merkt er's nicht, weil er so damit beschäftigt ist, mit einem Auge Kurs zu halten und mit dem anderen seine Leute vorwurfsvoll anzusehen, die sich immer mehr in die Schwimmwestenleinen verstricken wie Laokoon und seine Söhne in die Schlangen aus dem Meer.“

Aber ich hoffte vergebens. Leichtwindsegeln war Laszlos Metier, und das beherrschte er besser als Hafenmanöver. Diesmal gab es keine Panne. Als unsere Stander und Flaggen zum ersten Mal ihre schlaffe „Nasse-Socken“-Haltung aufgaben und Anzeichen von Leben zeigten, kommandierte der Textilhändler ein perfektes Segelsetzmanöver. Was allerdings bei unserer modernen Ausrüstung mit Vor- und Großrollreff ein Kinderspiel und eine Sache von wenigen Augenblicken war. Der Motor verblubberte, das Plätschern der Bugwelle wurde leiser und leiser, der Speedometerzeiger sank herab bis auf zwei Knoten. Dort blieb er stehen.

„C'est la vie voilier!“ philosophierte Simon. „Das ist das Seglerleben!“

„Hört mal!“ rief Willi Poppenwimmer vom Niedergang her. „Da telefonieren zwei Schiffe miteinander. Ist das nicht wahnsinnig aufregend? Ich dreh's mal lauter, damit ihr zuhören könnt.“

„Stopp!“ fuhr B.A. dazwischen. „Das ist nicht aufregend, das ist ein Verstoß gegen das Funkgeheimnis. Man hört keine Gespräche anderer auf UKW ab, darüber wurde im Kurs oft genug geredet. Hört bitte trotzdem einmal alle her! Ich möchte nicht, daß jeder zur Privatunterhaltung am UKW-Gerät herumspielt, als wär's eine Wurlitzer-Musikbox. Das Radiotelefon wird nur vom jeweiligen Skipper oder seinem Navigator bedient. Und nach den Bestimmungen der V.O.-Funk!“

Willi steckte seinen Kopf aus der Luke. „Aha! Aber ich glaube, der ruft uns. Wir sind doch die GOLDFASSL, oder?“

„Gut, Willi", seufzte der Ausbildungsleiter. „Aber dann gedulde dich bitte, bis Viktor sich meldet."

„Ich werd's mir merken", meinte der kleinlaut. „Aber was, wenn Viktor am Klo sitzt?"

„Himmelherrgott!" B.A. wollte sich schon selber durch den Niedergang stürzen, da erinnerte er sich offenbar an seine eigenen Regeln. Grimmig setzte er sich wieder hin und seinem Gesicht eine erhabene Maske auf. „Skipper, laß dich am Ruder ablösen, saus runter und nimm das Gespräch entgegen!"

Laszlo tat wie geheißen und meldete dann: „Anruf von der HOPFENPERLE: Käptn Gludowatz kommt mit dem neumodischen Rollreffklumpert, wie er sagt, nicht zu Rande und kann die Segel nicht setzen. Ob jemand zu ihm an Bord kommen und den Mist erklären könnte?"

B.A. blickte plötzlich recht fröhlich drein. „Mit dem größten Vergnügen helfen wir aus. Karl, du gehst hinüber! Das wird eine prächtige Treffpunktaufgabe. Laszlo, laß dir von Janos Position, Kurs und Fahrt geben, und wenn Viktor wieder im Einsatz ist, soll er das berechnen. Ich möchte Länge und Breite des Treffpunktes und den voraussichtlichen Zeitpunkt wissen. Ein ausgezeichnetes Training!"

Der Auftrag wurde wieder zu einer Kraftprobe zwischen Rosenstein und dem Hofrat. Der wollte nicht einsehen, warum er unnütze Berechnungen anstellen sollte, statt die andere Yacht direkt auf Sicht anzusteuern. Erst als der Skipper einen Vorschlaghammer aus der Werkzeugkiste holte und drohend gegen den renitenten Navigator schwang, ließ sich dieser vom Wert der Übung überzeugen.

Eine halbe Stunde später turnte ich an Bord der rot-weißen Yacht.

„Ich hab' so eine Konstruktion noch nie gesehen", knurrte Gludowatz und deutete mit der Krücke zum Mast. „Läßt sich nicht ums Verrecken bedienen. Immer nur eine halbe Umdrehung, dann blockiert alles."

Eine weitere halbe Stunde später war ich sehr froh, nicht mit einem großschnäuzigen: „Laßt mich mal ran, das haben wir gleich!" an die Arbeit gegangen zu sein. Die Seiltrommeln am Vorstag und die Seilschnecken am Mast sahen ganz in Ordnung aus, aber die Segel ließen sich nicht ausfahren. Egal, wo man zog, irgend etwas verhakte, blokkierte oder verhedderte sich dauernd. Mit Schot und Reffleine über die Winschen ging nichts, da knackten nur die Leinen und die Umlenkblöcke, als wollten sie brechen. Drehten wir die Trommeln mit der Hand, entstanden Überläufer ...

„Kazunga!" Plötzlich fiel es mir wie Schuppen von den Augen. „Da ist alles verkehrt herum eingeschoren!"

„Wie meinst du das?" fragte Janos.

„Na, wenn man sonst damit refft, holt man die Reffleine von der Trommel. Das heißt, sie muß dann aufgewickelt sein, wenn das Segel steht. Jetzt aber ist gerefft, und die Trommeln sind voll! Beim Segelsetzen sollte sich die Reffleine automatisch aufrollen. Wohin? Es ist kein Platz! Das müssen besondere Fachleute eingeschoren haben."

„Was machen wir nun?"

„Ich fürchte, es gibt keine andere Möglichkeit, als die Leine Runde für Runde von Hand rauszuzupfen und auszufädeln. Das ist zwar eine mühsame und langwierige Sache, bleibt uns aber nicht erspart."

Janos lachte: „Neumodischer Kram! Aber schön, gehen wir's an! Oskar, teil deine Crew ein und überwach die Arbeit. Ich setze mich inzwischen ans Steuer. He, Jumbo, wie wär's mit einem Bierchen für unseren Gast?"

Ein Walroß von Mensch mit einem riesigen Hängeschnurrbart steckte den Kugelkopf aus dem Niedergang und entblößte gelbe Walroßzähne. „Möchten die Herren nicht ein paar winzige Appetithäppchen dazu?"

Als Janos nickte, tauchte das Walroß wieder unter. „Das ist Jumbo Jessernig", erklärte er, „der Wirt vom ‚Goldenen Schwan' in Mondsee. Der kann kochen …" Er küßte seine Fingerspitzen. „Ganz große Klasse! Sechs-Sterne-Restaurant! Du wirst dich wundern!"

Das war der geeignete Moment, meine Neugier über sein Wiederauftauchen in der Mannschaft zu befriedigen. Gludowatz war auf unseren ersten gemeinsamen Törns nach Malta und in die Kykladen dabei gewesen. Nach einem Streit mit seinen „Untermietern" – einem auf dem Dach seines Bauernhauses in Oggau am Neusiedlersee nistenden Storchenpaar – war er, von Schnabelhieben getroffen, von der Leiter gestürzt und hatte sich dabei seine knöchernen Spanten und Stringer so gebrochen, daß er ohne Krücken nicht mehr gehen konnte. Mit seiner aktiven Laufbahn im Soling war es danach vorbei. Die übertriebene und zumeist unaufrichtige Rücksichtnahme der Kollegen, die ihn spüren ließen, daß er nur gnadenhalber Funktionärstätigkeiten am Bootssteg oder im Rennkomitee ausüben durfte, hatte ihn so verbittert, daß er dem Wassersport den Rücken kehrte, mit dem Schicksal haderte und sogar seine besten Freunde gallig vergraulte.

„Sag, Janos, was mich sehr interessiert: Wie hat es B. A. eigentlich angestellt, dich aus deinem Einsiedlerexil, aus deiner strohgedeckten Datscha zu locken?"

Er lachte. „Ganz einfach! Er kam zu mir, beschimpfte mich, nannte mich einen erbärmlichen Schwächling, einen wehleidigen Selbstbemitleider, einen Widerling, Kinderschreck, versoffenen Weltverdruß, trotzigen Egoisten – und noch mehr in dieser Tonart; auch verstehe er nicht, warum meine Frau mich nicht endlich vergifte und sich einen neuen, fröhlicheren Genossen suche. Schließlich jagte ich ihn mit den Krücken zweimal ums Haus. Als mir die Luft ausging, fand ich, daß er gar nicht so unrecht hatte, und rappelte mich auf, um ihm aus alter Freundschaft bei seiner schweren Aufgabe zu helfen."

„Aha!" Ich wußte genug. Barawitzka hatte sich also nicht geniert, den halbgelähmten Seeadler für seine Pläne einzuspannen ... Oder sollte es doch eine Art Lebenshilfe für den alten Freund gewesen sein? Janos Gludowatz sah jedenfalls bedeutend lebensfreudiger, ja direkt verjüngt aus, viel vitaler und gesünder als damals im Rollstuhl bei meinem letzten Besuch. „Was anderes", fragte Janos, „wie hat Barawitzka den Sprung zum Admiral geschafft? Ich weiß, einer von vielen Skippern zu sein, war ihm schon lange nicht genug. Aber wie hat er das eingefädelt?"

„Das ist eine komplizierte und lange Geschichte, Janos ..."

„Karl, es ist noch weit bis Umag. Leg los! Ah, da kommt Jumbo mit dem Bier und den Spezialhäppchen!" Die Crew murkste noch immer an den Refftrommeln herum. Bis die Leinen in Ordnung gebracht waren, konnten wir sowieso keine anderen Übungen veranstalten, also begann ich meine Erzählung bei dem Crewabend damals im August, an dem die Sache mit dem Prüfungstörn begonnen hatte ...

Wie Barawitzka Admiral wurde

Wenn die Prüfungskommission ans Ufer schwimmen muß, sind alle durchgefallen · Eine Flautenregatta mit überraschendem Ausgang · Das Österreichische Institut für Navigation · Schenkt dem Prüfer nur tüchtig ein, dann sieht er nichts mehr

Wir trafen uns im „Klabautermann" und verkosteten die Sangria, die der Chef auf unseren Wunsch speziell angesetzt hatte. Ich zog mich mit Papier und Bleistift in eine stille Ecke des Lokals zurück, um ein paar launige Reime für unsere von der Küstenschifferprüfung zurückkehrende Mannschaft zu dichten. Zu ihrem Empfang hatte Barawitzka das Fest veranstaltet.

Hofrat Viktor Trauttmannsdorff, Felix Hufnagel und Laszlo Rosenstein sollten an diesem Abend mit ihren nagelneuen Segelscheinen von einem Prüfungstörn in der Adria zurückkehren. Ohne witzige Ansprache hätten sie sicher das Gefühl gehabt, um etwas betrogen zu werden. Leider war es nicht gerade mein bester Tag. Der erste Satz floß ja leicht genug aufs Papier: „Freunde, die ihr heimkehrt im Triumph ..." Aber dann wurde es schon kompliziert. Alles, was sich auf „Triumph" reimte, war Sumpf, Strumpf, dumpf ... Damit brachte ich keine zweite Zeile zustande. Ich versuchte es mit einem anderen Beginn: „Die Prüfung habt ihr bestanden ..." Doch darauf paßten nur branden, stranden, versanden, zuschanden ...

Kazunga! Ich hatte nicht gedacht, daß Dichten so schwierig war. Wie hatte der alte Schiller es nur angestellt, daß er je über die erste Zeile der „Bürgschaft" hinauskam?

Drei Mann im Segeldreß betraten die Kneipe: Hofrat Dr. Viktor Trauttmannsdorff, bebrillt und hager; Felix Hufnagel, braungebrannt, mit einem Pflaster auf der Stirn; und Laszlo Rosenstein, mit salzsträhnigem Langhaar, die Lippen dick mit Herpescreme beschmiert. Allgemeiner Applaus, Zurufe und Gelächter. Kapitän Barawitzka stellte sich in Positur, zog einen Zettel hervor und begann mit seiner Ansprache.

„Gott sei Dank!" dachte ich. „Die reimt sich zwar nicht, hat aber hoffentlich mehr als nur eine Zeile ..."

„Spar dir das, B.A.!" unterbrach ihn auf einmal Rosenstein mit rauher Stimme und einer resignierten Handbewegung. Jetzt bemerkten alle die stumpfen Augen der Seefahrer und die hängenden Schultern. Es wurde einen Moment still. Und in diese Stille hinein sagte Rosenstein: „Es ist nett, daß ihr euch alle soviel Mühe gemacht habt. Wir haben leider vergeblich versucht, von unterwegs anzurufen. Es gibt nichts zu feiern. Wir sind alle durchgefallen!"

„*Was?*" brüllte Barawitzka und beugte sich vor, als habe er schlecht verstanden.

Felix grinste müde: „Wir haben das Prüfungsschiff mitten in der Hafeneinfahrt von Pula versenkt. Die Kommission hat samt Aktentaschen zum Kai schwimmen müssen."

„Kein Kommentar!" rief der Hofrat bitter. „Zeigt mir den Weg zur Bar, damit ich mich besaufen kann!"

„Versenkt?" donnerte Barawitzka. „Versenkt? Durchgefallen – ihr? Die ihr mit mir tausende Seemeilen gesegelt seid? Ihr, meine besten Bootsleute, besteht so eine einfache Prüfung nicht und versenkt auch noch das Trainingsschiff?" Er starrte die Unglücksraben so grimmig an wie König Herodes die ungehorsamen Knechte, als er überlegte, welchen er wohin nageln lassen sollte. Dann schnaufte er, bedeckte das Gesicht mit dem Unterarm und taumelte an die Theke. „Geht mir aus den Augen!" brummte er noch. „Alle!" Matt winkte er dem Barkeeper und deutete wortlos auf die Rumflasche.

Dieser Auftritt der Schiffbrüchigen ließ sich nicht mehr überbieten, und somit war der offizielle Teil gelaufen. Ohne daß jemand das Kommando dazu gegeben hätte, bewegten sich die Versammelten automatisch in Richtung Bar, wobei jeder nach seiner Art versuchte, die niedergeschlagenen Schifferlversenker aufzuheitern oder zu trösten.

Ruth schmiegte sich an ihren Rosenstein und flüsterte ihm leise ins Ohr. Er erzählte mir später, daß sie ihn beschworen hatte, der christlichen Seefahrt wegen dieser Blamage endlich den Rücken zu kehren oder die Schiffahrtsprüfung – wenn es denn unbedingt sein mußte – lieber bei ihrem Onkel, dem Hafenkapitän von Haifa, abzulegen.

„Mach dir nix draus, Hofrat, alte taube Nuß!“ lachte Simon Rebitschek und schlug Viktor aufmunternd auf die Schulter. „Sieh mich an! Ich bin einer der wenigen Österreicher, die seit zwanzig Jahren zur See fahren, und ich habe weder Schein noch Klubabzeichen noch Patent. Aber wenn's um einen harten Törn geht, wen bittet man dann, daß er mitfährt? Mich, den guten alten Simon Rebitschek, weil man weiß, daß ich zwar nicht lizensiert bin, aber immer noch Segel reffen oder am Steuer hocken kann, wenn sich all die Herren B-Kapitäne bereits die Seele aus dem Leib kotzen!“

„Was habt ihr denn nun wirklich angestellt?“ fragte Fritzi Hufnagel ihren Mann.

„Ja, das möchte ich auch wissen, wie man in Pula ein Boot versenkt“, mischte sich Westermayer lautstark ein. „In diesem Hafen ist doch soviel Platz, daß ganze Flotten im Verband manövrieren können.“

Felix verzog die Mundwinkel, und seine Schultern zuckten, als lache er inwendig über einen Witz. „Na gut“, sagte er dann. „Ich werde versuchen, euch das zu erklären.“ Er schob einige Flaschen weg, um Platz zu bekommen, legte dann eine längliche Zigarrendose auf den Tisch und erläuterte: „Das ist die Mole in der Südostecke des Hafens. Dahinter parkt das Tragflügelboot ...“ Er legte den Korkenzieher hinter die Schachtel. „Aber das konnten wir natürlich nicht ahnen. Es war von der hohen Mole gut verdeckt. Unser Schiff war mit zwanzig Prüflingen an Deck leicht überfüllt, und so war die Sicht für Steuermann und Wachführer ständig von jemand verstellt. Wir sollten an dieser Mole Anlegemanöver fahren. Also, wir kommen da so angedieselt“, er nahm eine Zündholzschachtel und fuhr damit auf dem Tisch um die Zigarrenmole, „da tutet's irgendwo dreimal. Der Chefprüfer, der unten in der Kajüte irgendwelche Papiere abstempelt, ruft herauf: ‚Sagen Sie, Herr Kandidat, was bedeutet dieses Signal?‘ Und der Kerl, der gerade Wachführer ist, antwortet prompt: ‚Dieses Schallsignal bedeutet, daß es eine Aufforderung ist, daß ich meinen Kurs sofort nach Steuerbord zu ändern habe‘ ...“

Ein paar Umstehende stöhnten erschrocken auf.

Felix grinste und fuhr fort: „Ja, aber da war's schon viel zu spät! Wir standen uns gegenseitig im Weg, keiner konnte eingreifen, der Tepp am Ruder drehte, gab auch noch Vollgas, wir donnerten um die Ecke und – *bumsti* !“ Felix fuhr recht anschaulich mit dem Korkenzieher rückwärts und bohrte dessen Spitze in die Zündholzschachtel, die

„Ihr seid alle durchgefallen!"

knirschend zersplitterte. „Als wir nämlich auf die Molenkante zudrehten, war plötzlich die Schwanzflosse von dem Tragflügler neben uns, weil der mit Rückwärtsfahrt aus seinem Liegeplatz dampfte. Ich weiß nicht, was Tragflügler da hinten für spitze Dinger wegstehen haben, jedenfalls hat es fürchterlich gekracht, und wir waren aufgespießt wie ein Gabelbissen. Ich wurde durch den Stoß über die niedere Reling geschleudert, und als ich wieder auftauchte, drehte sich unser Boot gerade auf die Seite wie ein toter Fisch und ging blub-blub-blub unter. Überall waren Köpfe im Wasser, aber der Tragflügler hat zum Glück sofort seine Propeller abgestellt, und so sind wir alle zum Ufer geschwommen."

„Himmelherrgott!" stieß Westermayer hervor. „Das hätte aber ins Auge gehen können!"

„Na, ins Auge gerade nicht", fuhr Felix fort. „Aber als wir über die moosglitschige, rostige Eisenleiter auf die Mole geklettert sind, da hat der Prüfungskommodore seine Kappe ausgewunden und geschrien: ‚Jetzt könnt ihr mich alle am Arsch lecken! Ihr seid alle durchgefallen. Alle! Alle! Die Prüfung ist beendet!' Damit hat er sich umgedreht und ist heimgefahren. Wir drei hatten gar keine Chance mehr, noch zur Prüfung anzutreten."

„So eine Gemeinheit!" empörte sich Judith. „Wo kann man sich da beschweren? Ich habe einen Onkel, der kennt den Justizminister!"

Barawitzka drehte sich um und räusperte sich. Er wirkte sehr entschlossen und sah so aus, als wolle er etwas Wichtiges verkünden. Tatsächlich drängte er sich durch die Menge bis vor unsere unglücklichen Küstenscheinaspiranten, verschränkte die Arme vor dem Bauch, fixierte sie ein paar Sekunden mit scharfem Blick und bellte dann: „Was wollt ihr jetzt unternehmen? Euch nochmals auf die Schulbank setzen, Kursverwandlungen und Lichterführung studieren und im nächsten Jahr wieder zur Prüfung antreten? Ich frage euch!"

Felix sah Laszlo an und der Viktor.

„Natürlich!" sagte der Hofrat. „So leicht geben wir nicht auf. Wir werden uns eben eine bessere Schule suchen."

B.A. bellte ihn an: „Und ich muß im nächsten Jahr wieder auf die Hälfte meiner Mannschaft verzichten und mit ungeeignetem Hilfspersonal auf Törn gehen, wie? Daraus wird nichts! Ich werde euch persönlich ausbilden, und wir werden gemeinsam zum Prüfungstörn antreten. So, das wäre damit erledigt! Und nun schenkt ein, der heutige Abend war ja schließlich nicht als Trauerfeier, sondern als Lustbarkeit gedacht! Barkeeper, steck die ‚Los-tres-Paraguayos'-Kassette in den Rekorder. Jetzt widmen wir uns ausschließlich der hervorragenden Sangria."

Ich lehnte neben Simon an der Theke, deshalb bemerkte ich seine Sorgenfalten. „Nanu, *mon vieux* ? Was ist los? Magst du keine Rotweinbowle?"

Er schüttelte bekümmert den Kopf. „Es will mir nicht gefallen, daß wir jetzt aktiv bei diesem Segelscheinunwesen mitmachen sollen. Denk an meine Worte, Karl! Das ist das Ende der gemütlichen Stammtischrunden und der schönen Törns mit unserer alten Crew. Denk an meine Worte, Karl!"

Vorerst geschah nicht viel. Denn es ist eine Sache, etwas großsprecherisch anzukündigen, aber eine ganz andere, so eine Schulung zu organisieren. So wie B. A. sich das anscheinend vorgestellt hatte – an den Stammtischabenden unseren Freunden zwischen Bier und Schnaps ein paar Lektionen zu geben –, so einfach ging das natürlich nicht. Segelkurse mußten offiziell beim Segelverband angemeldet werden, denn dem standen dafür gewisse Abgaben zu. Das ganze Schulunternehmen mußte außerdem unter einem offiziellen Klubstander segeln, weil auch die Sportvereine für ihre Nachwuchsförderung ein gewisses Taschengeld erwarteten – wie konzessionierte Baumeister privaten Häuschenbauern ihre Firmenschilder gegen Gebühr vermieten, obwohl dafür keiner ihrer Leute einen Ziegelstein zur Hand genommen oder eine Kelle Mörtel geschwungen hat. Alle wollen eben kassieren.

Barawitzka tat sich anfangs schwer, weil er nicht glauben konnte, daß auch die freiwillige Ausbildung von Hobbyseglern bis ins winzigste Detail und bis zur letzten Stempelmarke bereits von Ministerien reglementiert, von Beamten verwaltet und von Hofräten begutachtet und gegengezeichnet werden mußte.

B.A. empörte sich über die Beschneidung der alten Freiheiten. „Wenn früher ein paar von unserem Klub einen Segelschein haben wollten, dann hat sie der alte Kommodore abends zu sich in sein Kellerstüberl eingeladen und ihnen die nötige Theorie eingebleut. Mit handfesten Beispielen, saftigen Ausdrücken und – wenn's besondere Esel waren – auch mit ätzendem Hohn, beißendem Spott und angedrohter mittelalterlicher Tortur. Brauchte er Prüfer, ernannte er kurzerhand welche aus dem Seglervolk, so wie Wyatt Earp von Tombstone Hilfsheriffs in der Kneipe anheuerte, wenn eine größere Schießerei bevorstand. Aber heute haben sich in diese einfache, wirkungsvolle Grundausbildung jede Menge Vereinsmeier, Paragraphenreiter und Ministerialhengste eingemischt und alles schrecklich kompliziert. Mir bleibt wohl keine Wahl, als zum Segelsekretariat zu pilgern und mir den neumodischen Amtsweg zum B-Schein erklären zu lassen. Es muß doch auch im Segelsport möglich sein, als Privatmann – so mit einer Art ‚L'-Plakette wie bei den Autofahrern – seine Freunde oder Familienangehörigen selber auszubilden."

Von diesem Besuch kam er in entsetzlicher Stimmung zurück. Als ich ihn erblickte, erschrak ich. So mußten Spartakus, Michael Kohlhaas und Wilhelm Tell ausgesehen haben, bevor sie drangingen, auf ihre Art das Unrecht dieser Welt auszurotten und den allgemeinen Aufruhr zu starten.

„Das gibt's doch nicht!" fauchte B.A., sichtbar noch unter schwerem Adrenalinstoß stehend. „Das darf doch nicht wahr sein! Weißt du, an wen ich geraten bin? Mit wem ich mich plötzlich konfrontiert sah?" Dabei boxte er mich wie einen Zigarettenautomaten, der weder Ware noch eingeworfenes Geld herausgibt.

„D-d-du w-w-wirst es mir g-g-gleich e-e-erzählen, nehme ich a-a-an!" brachte ich gerade noch heraus, so schlug er mir die Luft aus den Rippen.

„Und ob – ha!" Er legte sein Gesicht in scheinheilige Falten und säuselte mit hoher, verstellter Stimme: „Ach, Herr Barawitzka, wenn Sie Auskünfte über Prüfungen haben wollen, wenden Sie sich bitte an unseren vom Verband akkreditierten Ausbildungsreferenten. Dieser Vertrauensposten wurde als Service geschaffen, um jedem Mitglied direkte Betreuung zukommen zu lassen." Sein Gesicht verzerrte sich wieder zur alten Grimasse. Offensichtlich hatte er mir nur vorspielen wollen, wie ihn das Fräulein im Segelsekretariat angeflötet hatte. Jetzt packte er mich gewalttätig am Hemdkragen. „Und weißt du, wer diesen Vertrauensposten innehat? ... Dr. Krobatschek!" Er preßte diesen Namen so voll abgrundtiefem Haß hervor, als wäre er die Verkörperung alles Bösen dieser Welt.

Ein Schauer durchlief mich. Warum nur, bei allen Göttern und Glücksmünzen, mußten sich unter -zigtausend Segelenthusiasten ausgerechnet B. A. Barawitzka und Dr. Krobatschek über den Weg laufen? Sie waren schon seit der Schulzeit so eingefleischte Erzfeinde wie Kain und Abel, Siegfried und Hagen, Asterix und Caesar, Robin Hood und der Sheriff von Nottingham, Mickymaus und Kater Karlo, Bayern und Preußen, Briefträger und Hofhunde, Sunniten und Schiiten, Segler und Motorbootfahrer!

B. A. ließ von mir ab und verkündete: „Jetzt ist das Kriegsbeil ausgegraben! Daß mein Klubvorstand diesem Intriganten und Verleumder gestattete, sich solch einen Druckposten zu erschwindeln, das vergesse ich denen nie!"

Ich versuchte ihn zu beruhigen: „Man kann doch auch Prüfungen direkt beim Segelverband anmelden . . ."

B. A. lächelte süffisant. „Natürlich kann man. Das hat man mir auch vorgeschlagen, als ich völlig unbewußt dieses kleine Sparschiffchen von der Gesellschaft zur Rettung Schiffbrüchiger zermalmte. Man kann anmelden, bezahlt die Gebühren und bekommt dann Prüfer zugewiesen. Aber wer garantiert mir, daß ich nicht wieder diesen Krobatschek geschickt bekomme? Ha? Nichts da! Jetzt mag ich keine Halbheiten mehr. Jetzt möchte ich selber Chefprüfer werden. Und wenn ich einen eigenen Segelklub und einen Kontrasegelverband gründen muß! Revolution ist angesagt!" Er sinnierte eine Weile vor sich hin. „Wie hört sich das an: ‚Leuchtende Fock – revolutionäre Zelle antivereinsmeierischer Segler'? Oder P.R.O.S.T.? Das ist die Abkürzung für Parteiunabhängige Revolutionär Organisierte Segeltrainer." Ergriffen und visionär starrte er vor sich hin.

Ich hatte genug. „Das hört sich an wie prost Mahlzeit! Und das wünsche ich dir auch. Mir ist nämlich eingefallen, daß ich noch ein Rendezvous habe. *Ciao*, Parzival! Alles Gute für deinen Kampf um den Gral der reinen Prüfungsordnung!"

Damit ließ ich ihn allein.

Später hörte ich, daß er sich als erstes zirka 27 Kilo Unterlagen besorgte: die Ausbildungsvorschriften des Segelverbandes, den Fragenkatalog des Yachtklubs für den Befähigungsnachweis Fahrtbereich 2, den Schiffsführer-Prüfungs-Leitfaden des Verkehrsministeriums, das Handbuch für die Dampfkesselwärterprüfung, die Geschichte der österreichischen Kriegsmarine von 1382 bis 1918, den Wälzer „Abriß der Entwicklung des österreichischen Seerechts vom Mittelalter bis zur Neuzeit", den „Psychologischen Ratgeber für die Benützer von überfüllten Transportmitteln wie U-Bahnen, Seilbahngondeln und Segelyachten" von Prof. Dr. E. Ringelreiher, Müller-Kraus' „Schiffsführung" Band 1 und 2, Bowditchs „American Practical Navigator" sowie das Österreichische Seeschiffahrtsgesetz (174. Bundesgesetz vom 7. 4. 1981, 65. Stück) und die Seeschiffahrts-Verordnung (198. Verordnung vom 13. 4. 1981, 71. Stück).

Damit zog sich Barawitzka für eine Woche in eine einsame Gebirgshütte zurück.

Ich sah ihn erst wieder bei der Absegelregatta des Segelklubs Altenwörth am Traunsee, zu der wir beide von seinem Freund Kettering eingeladen waren.

Sehr früh am ersten Sonntag im September standen wir, in unseren leichten Segelanzügen fröstelnd, leicht deplaziert in 1592 m über Meereshöhe auf der Aussichtsterrasse der Feuerkogel-Bergstation. Die mit uns auf den Berg gekommenen Touristen in dicken Walkjankern, festen Lederhosen, Stutzen, Bergschuhen und Hüten, mit Rucksäcken und Steigeisen betrachteten uns kopfschüttelnd, als wir in

„Wirf eine neue Münze ein!“ befahl Barawitzka.

unseren dünnen Overalls und Seglermützen am Fernrohr standen und zum See hinunterstarrten.

„Wirf eine neue Münze ein!“ befahl Barawitzka. „Der Apparat ist schon wieder eingeschnappt.“

„Heinerle, Heinerle, i hob ka Geld!“ sang ich. „Ich hab’ ihm schon alle meine Münzen gegeben. Dieser Automat ist gefräßiger als ein Parkometer. Wie lange willst du noch von hier oben die Regattabahn studieren?“

„Dann geh wechseln!“ herrschte mich Barawitzka an. „Ich bin mit meiner Untersuchung noch nicht fertig.“

Achselzuckend marschierte ich zurück in die Bergstation. Dort war es wenigstens windstill.

Der bärtige Yeti in dem kleinen Andenkenkiosk grinste mich an: „Na, Käptn, was soll’s denn sein? Kautabak, eine Buddel Rum oder gar ein Bergstock?“ Er kam sich wahrscheinlich unheimlich witzig vor. „Vielleicht sogar dieser prächtige Gamsbock in der Plastikkugel? Wenn man die schüttelt, dann schneit's . . .“

„Sehr interessant. Ich brauche aber nur Kleingeld für das Fernrohr da draußen. Können Sie 500 Schilling wechseln?“

„Sollen Sie haben, Käptn, sollen Sie haben! Prächtige Aussicht von da heroben, gelt? Hab' ich aufstellen lassen, das Fernrohr. Tolle Vergrößerung, was? Damit können's den Gästen vom Löwenwirt in die Teller schauen und den feschen Weibern in den Ausschnitt . . .“

Es stellte sich heraus, daß er doch nicht so viele Münzen hatte, wie meinem Geldschein entsprachen. Für den Restbetrag gab er mir eine Buddel Enzian, ein blechernes Edelweiß zum Anstecken und die Kugel mit der Gams und den Haarschuppen oder was sonst darin herabschneite. Der Yeti war ein guter Geschäftsmann.

Ich kehrte auf die Terrasse zurück, und das alte Spiel begann von neuem.

„Wenn wir jetzt nicht die nächste Seilbahn ins Tal nehmen“, warnte ich meinen Kapitän, „dann kannst du dir auch den Start gleich von oben ansehen.“

„Irregulär, vollkommen irregulär!“ murmelte er und löste sich nur widerstrebend vom Okular.

Während wir endlich wieder in einer Gondel dem See entgegenschwebten, erklärte er mir, was er auf dem Feuerkogel hatte überprüfen wollen. „Sieh dir das an, Karl!“ Wir standen an der Stirnseite der Gondel am Fenster, und das Panorama des himmelblauen Sees und der gezackten Berge rundum breitete sich vor uns aus. „Der See ist über 400 m tief, etwa 13 km lang, recht schmal und liegt genau in Nord-Süd-Richtung: eine tiefe Rille zwischen hohen Bergen, wahrscheinlich in der Eiszeit von einem Gletscher ausgeschliffen, die sich dann mit Wasser gefüllt hat. Da im Norden, diese Hügel, die sind typisch für so einen diluvialen Moränenwall. Im Osten türmt sich der Grünberg, dann ragt der Traunstein zirka 1700 m hoch auf, und das geht so weiter: Rötelstein, Erlakogel, Spitzlstein. Da gibt es keinen regulären Ostwind, höchstens Fallwind; im Süden wird der See nicht nur durch den Eibenberg, sondern überhaupt durch das ganze Tote Gebirge abgedeckt. Auch der Westwind hat verdammt wenig Chancen, bis auf die tiefliegende Seeoberfläche hinab zu wehen. Er müßte sich erst einmal über das Höllengebirge quälen. Allein nördlichen Winden gebe ich eine gewisse Chance, das Regattageschehen zu beeinflussen. Nur ist Nordwind höchst selten in dieser Gegend. Es ist also verdammt schwer, für den Traunsee eine Windprognose zu geben und darauf seine Regattataktik aufzubauen . . ."

Jetzt wurde ich aber grantig. „Sag mal, hast du mich auf den Berg da geschleppt, um zu dieser Erkenntnis zu kommen? Das hättest du auch billiger haben können. Das hätt' ich dir gleich sagen können, daß es auf dem Traunsee keine regulären Winde gibt. Ich bin hier schon öfter gesegelt und weiß, daß man windmäßig seine blauen Wunder erlebt. Da siehst du ganze Flotten unter prallem Spinnaker einander auf Gegenkurs passieren. Wenn überhaupt ein Lüftchen weht, dann kreiselt es und dreht sich und kommt aus allen Richtungen gleichzeitig. Himmel! Mit dir mach' ich was mit! Außerdem bist du nicht Schiffsführer oder Taktiker auf Ketterings Boot, sondern nur ein Gast, der Schoten zupfen und Winschen kurbeln darf."

Barawitzka sah auf die Tannenwipfel und Felsschründe, an denen wir vorbeischwebten, und spann seinen Faden weiter, als hätte ich gar nicht geredet. „Hast du schon von den Langerschen Windtafeln gehört?"

„Ich kenne die Langerhanselschen Inseln, die liegen in der Bauchspeicheldrüse . . ."

„Unsinn! Dr. Langer war einer der Segelpioniere hier am Traunsee. Er hat seinerzeit noch mit dem berühmten Dr. Manfred Curry die ersten aerodynamischen Versuche an Segeln, Masten und so weiter angestellt. Dieser Langer war auch ein begeisterter Bergsteiger und Fotograf. Viele Jahre lang schleppte er seine schwere Stativkamera auf den Feuerkogel hinauf und fotografierte die Seeoberfläche. Diese Fotos archivierte er zusammen mit den jeweiligen Wetterberichten, und so entstand im Lauf seines Lebens eine phänomenale Faktensammlung über die Winde am Traunsee. Im Krieg war er Aufklärungsflieger und konnte seine Sammlung noch vervollständigen. Bei Regatten verwertete er seine Berechnungen und segelte immer ganz anders als die Lokalmatadore. Es klappte natürlich nicht immer, aber wenn, dann gewann er haushoch, weil alle Konkurrenten in Flauten liegen blieben. Von diesen Windtafeln spreche ich. Wer die besitzt, ist der König des Traunsees."

„Na, falls der gute Dr. Langer heute mitsegelt, brauchen wir uns ja nur dicht hinter seinem Heck zu halten. Dann werden wir zumindest Zweite, nicht?"

Barawitzka machte eine unwillige Gebärde. „Himmeldonnerwetter, ich hasse es, wenn Leute, die mir nahestehen, so gedankenlos daherplappern! Das war doch der Erste Weltkrieg, in dem Langer Flieger war! Wie alt, glaubst du, werden Leute? Das kann man sich doch an den Fingern abzählen, daß jemand, der 1918 bei den Fliegern war, jetzt nicht mehr lebt. Er ist schon in den sechziger Jahren gestorben. Und nun kommt das Problem: Er ist leider nicht mehr dazu gekommen, die Tabellen zu veröffentlichen oder seinen Erben zu übergeben. In seine Villa wurde eingebrochen, und seither sind diese geheimnisvollen Tabellen verschwunden – spurlos. Sie sind bis heute verschwunden geblieben. Nur Betrüger und Witzbolde bieten immer wieder Fälschungen zum Verkauf an."

Jetzt erinnerte ich mich an diese Geschichte. Irgendwo hatte ich sie schon gelesen. „Geheimnisvolle Sache. Hört sich direkt so spannend an wie ‚Die Suche nach dem verlorenen Schatz'. Vielleicht sollte man Indiana Jones kommen lassen, der findet die Tabellen, auch wenn sie im Höhlensystem des Toten Gebirges versteckt sind."

„Bitte, Vettermann!" stöhnte B. A. beschwörend. „Kannst du nicht eine Minute ernst beiben?"

Ich zuckte mit den Schultern und sagte nichts mehr. Sein Ausflug auf den Feuerkogel, um das Geheimnis der Windstriche im Fernrohr zu erkunden, war auch nicht viel gescheiter gewesen als mein Vorschlag.

Die Sonne glitzerte auf dem See, als wir mit Ketterings HIPPODACKL III, einer First 39, zum Start in die Gmundner Bucht segelten. Kurt Kettering hielt die Pinne lässig in einer Hand und in der anderen ein Champagnerglas. Barawitzka hatte den Sektkübel zwischen die Knie geklemmt, und dann gab es noch einen vierten Mann an Bord, den wir erst am Bootssteg kennengelernt hatten. Das war ein Hüne mit einem rotblonden Vollbart, Lachfältchen und wasserblauen Wikingeraugen in einem von Wind und Sonne ziegelrot gebrannten Gesicht. Er hatte Grübchen in den Wangen und sah stets so fröhlich in die Welt, als erwarte er, im nächsten Moment einen Schnaps serviert zu bekommen. Er steckte in einem wasserfleckigen, ausgebleichten Overall und trug eine Mütze, wie ich sie noch nirgends gesehen hatte. Sie weckte natürlich sofort B. A.s größtes Interesse, der ja in Sachen Marinemützen einsame Kapazität ist. Darüber kamen die beiden auch sehr schnell ins Gespräch. Es war angeblich eine Original-Marinemütze aus dem 19. Jahrhundert, wie schon die Barawitzkamütze. Sie sah aber ganz anders aus und hatte vor allem keinen Teller, sondern der Deckel schien genauso groß wie der Mützenrand zu sein. Mich erinnerte sie an die ungewohnt geraden Kappen der alten Monarchie oder die der Schweizer Grenzer und Schlafwagenschaffner.

Der Mann hieß übrigens Richard Feuerbill und war irgendwo im Salzburgischen zu Hause.

Als wir uns der Startlinie vor der Gmundner Seepromenade näherten, erschrak ich. Jeder Quadratmeter Seeoberfläche war mit irgendeinem schwimmenden Untersatz bedeckt. Hunderte Boote und Schiffe drängten sich so dicht unter Land zusammen wie die chinesischen Dschunken in Hongkongs Hurrikanhafen. Sie bildeten praktisch eine feste Masse.

„Mein Gott!" rief ich. „Die Veranstalter hätten wenigstens ein bißchen Freiraum zwischen den startenden Booten und der Zuschauerflotte schaffen können."

„Oh, hab' ich das nicht erwähnt?" fragte Kettering. „Diese Klubregatta ist so eine Saisonschluß-Wettfahrt. Da nehmen alle Klassen und auch die Ausgleicher dran teil. Das, was ihr hier seht, sind alles Starter."

Barawitzka sog überrascht die Luft ein und machte große Augen. „Auch die kleinen Jollen?"

„Alle", lachte Kettering.

Dann kamen gleich ein paar haarsträubende Minuten. Unsere HIPPODACKL III war natürlich die größte Kielyacht am Platz. Ich hatte Kettering im Verdacht, daß er mehr darauf aus war, mit dem Dickschiff Eindruck zu schinden, als einen sportlichen Erfolg zu erringen. Kaum hatten wir das Feld erreicht, als uns auch schon von allen Seiten winziges Kroppzeug attackierte. Von Lee schaukelte eine ganze Armada buntbesegelter Optimisten heran, und ein vielstimmiger Kinderchor schrie: „Rauuum!"

Von Luv preschten aber schnelle Katamarane herunter, die selbst wieder von einem Pulk Solings bedrängt wurden – für uns blieb gar kein Platz zum Ausweichen oder Wenden.

Es war Feuerbill, der eine Massenkarambolage verhinderte und damit unsere sofortige Disqualifizierung. „Großsegel runter!" brüllte er in meine Richtung. Mit Händen und Füßen gleichzeitig arbeitend, startete er die Maschine, gab Vollgas zurück und packte mit eisernen Fäusten die bockende Pinne. Ich warf das Fall los und zerrte das Tuch in so wahnsinniger Hast herunter, wie eine Hausfrau die Wäsche von der Leine reißt, wenn der Donner schon über den Berg rollt. Dann lag ich keuchend auf dem ebenfalls zusammengerafften Vorsegel und sah auf Armlänge Kinder in ihren Waschtrögen vorbeiziehen und mir mit den kleinen Fäusten drohen.

„Es wäre besser, wenn du mit diesem Ozeandampfer ein wenig vom übrigen Starterfeld wegbliebst, Kurt“, schlug Feuerbill vor und nahm das Gas wieder zurück.

Kettering klaubte die Splitter des Sektglases aus dem Cockpit und nickte kleinlaut. So blieben wir bis zum Start auf Distanz von der Kleinbootzusammenrottung, was außer uns noch ein paar Dickschiffe und die schnellen Katamarane taten. Aber auch als das Feld endlich gestartet war, konnte Kettering die Schoten noch immer nicht dichtholen und seiner HIPPODACKL III die Sporen geben, denn das Kuddelmuddel hatte auch von den kleinen Booten seinen Tribut gefordert. Lecke, gekenterte und sinkende Jollen, Holztrümmer, Paddel und viele treibende Köpfe über Schwimmwesten bedeckten das aufgewühlte Wasser: ein Bild des Grauens und der Vernichtung, das mich weniger an eine sportliche Regatta erinnerte als an Bilder von alten Seeschlachten. Nur unter Vorsegel tasteten wir uns vorsichtig durch das tote und lebende Treibgut und gingen mit gut zehn Minuten Verspätung über die Startlinie.

Wie üblich war die frische Brise, die das Feld so durchgebeutelt hatte, mit dem Startschuß wieder eingeschlafen. So glitten wir nur mit einem Hauch hinaus auf die spiegelglatte, sonnenglitzernde Seemitte. Vor uns waren an beiden Ufern viele bunte Segel zu sehen.

Kurt Kettering hatte Barawitzka an die Pinne gelassen und studierte nun Aufzeichnungen in einem Heftchen, sah kopfschüttelnd auf seine Uhr und berichtete dann mißmutig, daß uns der späte Start um alle Chancen, den Strandbadwind noch zu erwischen, gebracht hätte.

B. A. warf mir einen triumphierenden Blick zu. „Was sind das für Notizen, Kurt? Ist das ein Auszug aus den Langerschen Windtabellen?“

„Ah, du hast also auch davon gehört? Nun, die kompletten Unterlagen sind es nicht, aber so eine Art Zusammenfassung der Standardwerte.“

B. A. hob die Augenbrauen und sah mich an, als wolle er damit sagen: „Siehst du, du unverbesserlicher Skeptiker und Spaßettlreißer!“ Und zu Kettering gewandt: „Das würde mich wahnsinnig interessieren, Kurt. Wo hast du diese Unterlagen her?“

Kettering setzte eine geheimnisvolle Miene auf. „Die hat mir ein

Altwarenhändler zugespielt, der mir zu einer Gefälligkeit verpflichtet war. Er hat sie unter dem Nachlaß des Gröbner Michel gefunden, eines Uraltchampions vom See hier, von dem man sagte, daß er einen unwahrscheinlichen Riecher für die Windverhältnisse hatte. Hat mich ein Schweinegeld gekostet, das alte Heftchen, und ganz kann ich die Kurrentschrift Michels nicht entziffern. Aber geholfen haben mir die Hinweise schon ein paar Mal."

Diesmal warf ich B. A. einen bezeichnenden Blick zu, um ihn an seinen eigenen Ausspruch von den Betrügern und Witzbolden zu erinnern, aber er schaute gar nicht zu mir her.

Kettering studierte das Ufer vor Altmünster durch sein Fernglas und brummte: „Die Unterlagen stimmen, aber leider hilft uns das nichts mehr. Da drüben in der Strandbadbucht ist der Wind schon eingeschlafen, ich sehe die Soling vom Billinger Sepp in der Flaute dümpeln. Er ist der Solingmeister vom See. Prächtig, den und seine Gefolgschaft sind wir los, der kommt dort nicht wieder weg. Jetzt können wir nur hoffen, daß wir den Rosenwind in Mühlort erwischen. Der setzt in etwa einer halben Stunde ein."

„Schön", meinte Barawitzka. „Dann bleiben wir einstweilen auf Direktkurs quer über den See, nicht wahr?"

Kettering war damit einverstanden und widmete sich einer neuen Flasche Veuve Clicquot Brut. Ich holte mir eine Dose Zipferbier aus dem Kühlschrank und legte mich in den Schatten des Großsegels, um B. A. den Stand der Fäden an der Genua weitersagen zu können.

Aber auch der Rosenwind ließ uns trotz Gröbner Michels eigenhändiger Notizen im Stich. Kettering verglich Uhr, Angaben im Heftchen, starrte lange durch sein Glas und verkündete dann seufzend: „Wir haben den Rückstand nicht aufgeholt. Der Rosenwind ist auch gerade schlafen gegangen. Dicht unter Land stehen ein Dutzend Jollenkreuzer mit herunterhängenden Segeln. Der See vor Mühlort ist glatt wie ein Spiegel."

„Wieso heißt er eigentlich Rosenwind?" fragte Feuerbill. „Ich sehe keine Rosengärten."

„Der Wind ist nach dem Gasthaus ‚Zur Goldenen Rose' benannt. Man erwischt ihn am besten, wenn man auf der Linie zwischen dem Schankgarten und der Traunkirchner Kapelle segelt."

„Es hat also keinen Sinn, nach Steuerbord näher ans Ufer zu gehen", meinte Barawitzka. „Dann bleiben wir weiter in der Seemitte."

Zwei Stunden später konnte ich im Sonnenglast die Ebenseer Wendeboje vor dem leicht dunstigen Ufer erkennen. Um es kurz zu machen: Wir hatten auch den Löwenwind, den Bartelkreuzwind und den Rötelseewind nicht erwischt und waren so gezwungenermaßen immer schön langsam in der Seemitte langgefahren. Wenigstens trösteten wir uns damit, daß in jeder der berühmten Windbuchten Boote in der Flaute wie vor Anker festlagen. Dann erhielten wir plötzlich einen Windstrich von achtern. Nicht umwerfend kräftig, aber der Rauch unserer Zigaretten zog merklich bugwärts.

„Spinnaker, Spinnaker!" brüllte Barawitzka. „Auch wenn's nur für fünf Minuten ist."

Kettering mußte Gläser und Sektkübel halten, und Feuerbill war ein wahrer Teufel in raschen Segelmanövern. Den Spibaum handhabte er, als wäre es ein leichter Besenstiel. Während ich nach achtern an die Schoten sprang, riß er das Segel mit einigen kräftigen Rucken am Fall hinter der Genua hoch, rollte diese weg – und schon ging die Post ab. Beflügelt von der großen regenbogenbunten Tuchblase, gurgelte die HIPPODACKL III schneller dahin. Eine gute Viertelstunde rauschten wir mit einer an diesem Tag noch nie erlebten Geschwindigkeit von vier Knoten dahin, vor Begeisterung lachend, und der Champagner, das Bier und die Langerschen Geheimtabellen waren vergessen.

An der großen roten Plastikboje kommandierte Barawitzka ein perfektes Wendemanöver. In dem Moment, als wir in der eigenen Welle plätschernd drehten, wartete ich unter dem Großsegel auf den Befehl, den Spi mit jener Hast zu bergen, die ein Netzfischer in gewissen tropischen Meeresgewässern an den Tag legen muß, wenn er das Netz im Boot haben möchte, bevor ihm die Haie den Fang wegfressen. Wir drehten weiter, die Boje blieb zurück – ich wartete. Aber das Kommando kam nicht.

„Barawitzka!" brüllte ich. „Was ist mit'm Spi?"

„Laß ihn oben! Nicht bergen, er steht noch voll. Der Wind muß um 180 Grad gedreht haben. Roll weg die Genua!"

Das hörte sich wie ein Wunder an, aber es stimmte. Wir zogen unter Spinnaker von der Boje weg, auf die wir gerade mit Spinnaker zugesegelt waren! Vor uns stand ebenfalls eine Menge bunter Spinnaker auf dem See, aber soviel ich sehen konnte, kamen uns die alle entgegen.

„Hat eigentlich jemand eine Ahnung, wo das Feld geblieben ist?"

Feuerbill und Kettering suchten den See ab. Es dauerte eine Weile, bis uns langsam dämmerte, daß es die HIPPODACKL III war, die die Spitze

Der Wind mußte um 180 Grad gedreht haben . . .

des Regattafeldes hielt! In dem Glauben, ohnehin chancenlos weit hinten zu sein, hatten wir auf unserem von keinem Privat- oder Spezialwind beeinflußten Geradeauskurs auf der geometrisch kürzesten Strecke zur Wendemarke all die Champions überholt, die auf der Suche nach Spezialwinden Umwege gesegelt waren. Toll! An Bord brach nun erst recht blutrünstige Siegesgier aus.

„Wir schaffen das, wir schaffen das!“ kreischte Kettering und tanzte im Cockpit herum. „Auf dem Vorwindkurs holt uns keiner ein, da sind sogar die Katamarane im Arsch . . .“

„Setz dich sofort ruhig hin, Kurt!“ schnauzte Barawitzka den Yachteigner an. „Sonst hau’ ich dich nieder. Du bringst mir Unruhe ins Boot und störst den Wasserablauf am Heck. Jetzt will ich auch gewinnen!“

Aha! Er hatte also beschlossen, rücksichtslos das Oberkommando zu übernehmen, egal, ob ihm die First 39 gehörte oder nicht. Kettering setzte sich aber brav hin und blickte fiebernd achteraus auf die ersten Verfolger, die jetzt die Ebenseer Wendemarke rundeten. Ich bemerkte das wissende Schmunzeln um Feuerbills Mundwinkel. Der rotbärtige Seeriese hatte offensichtlich B. A. durchschaut, und es amüsierte ihn, wie der so gutmütig aussehende Werbedirektor sich jetzt in einen zähnefletschenden Segel-Werwolf verwandelte.

„Vettermann, leg dich aufs Vorschiff! Ich brauche dort mehr Gewicht!" bellte der neue Chef grob. „Keiner bewegt sich ohne meine Erlaubnis! Richard, du spielst mir jetzt mit den Spischoten wie ein Meisterjockey mit den Zügeln seines Arabers in der Zielgeraden. Und bitte keine Fehler! Die können wir uns jetzt nicht leisten!"

Erst viel später, als die Regatta schon lange vorbei war, kam mir zu Bewußtsein, wie seltsam gefügig wir Barawitzkas barsche Anordnungen befolgt hatten, ihnen sogar mit beinahe heiligem Eifer nachgekommen waren, denn schließlich ging es eigentlich um nichts. Selbst wenn wir die HIPPODACKL III als erstes Boot über die Ziellinie prügelten, konnten wir höchstens mit Anerkennungsapplaus der versammelten Zuschauer rechnen. Denn nach dem Yardstick, dem bei solchen Wettfahrten angelegten Handicap, würden wir unter Garantie rechnerisch so benachteiligt, daß wir weiß Gott wohin kamen.

Wir hätten also alles viel lockerer nehmen können. Warum taten wir es nicht? Warum lagen oder hockten wir verkrampft irgendwo an Deck und fieberten dem Ziel entgegen? Fragen Sie mich nicht, ich weiß es nicht, welche Drüse in unserem Körper in solchen Momenten ein Hormon ausschüttet, das auf Segler wie Rauschgift wirkt, so daß sie ohne zu essen und zu trinken stundenlang in unbequemen Positionen verharren können und nur eines im Sinn haben: zu siegen oder zu sterben. Ich hätte gern gewußt, ob es irgend etwas gibt, das Regattasegler von ihrer konzentrierten Zielentschlossenheit ablenken kann. Ein Schiff voll nackter Weiber? Ich muß aber bezweifeln, daß wir damals am Traunsee deshalb beigedreht hätten. Eher nehme ich an, daß wir uns wie Odysseus Wachs in die Ohren gestopft und Scheuklappen an die Schläfen gebunden hätten.

Ob Stunden oder nur Minuten vergangen waren, bis sich vor dem Bug der HIPPODACKL III die Seepromenade von Gmunden wieder aus dem Dunst des Nachmittags schälte, weiß ich nicht mehr. Wir waren jedenfalls berauscht und von einer überschäumenden Hochstimmung erfüllt, die man normalerweise nur durch das Schlucken gewisser nicht in Apotheken erhältlicher Drogen bekommt.

Barawitzka schaute sich um. Erst ganz weit hinten waren andere Segel zu sehen. „Hier, Kurt!" rief er und deutete auf die Pinne. „Steure dein Schiff selber zum Sieg!" Er rutschte zur Seite und zog sein quetschfestes und wasserdichtes Zigarrenetui aus dem Segelanzug. Wir lachten und scherzten und gaben an wie Schmuggler, die den Zöllnern mit einer besonders wertvollen Ladung davongesegelt waren. Wenn wir da vorn die Huk rundeten, würde der Applaus aufbranden, würden die Zuseher jubeln und winken, würde der Klubpräsident die Signalpistole heben und mit einem hallenden Schuß die Möwen aufschrecken. Das hieß dann, daß wir als Erste über die Linie gesegelt waren, daß all der Triumph an diesem Tag uns gehörte, daß wir uns von den Töchtern des Landes die schönste zum Tanz holen durften, daß man uns den gewonnenen Pokal mit Sekt füllen mußte, so oft . . .

Wir rundeten die Huk und segelten gemächlich und siegesbewußt die Seepromenade entlang. Da waren Schwäne, die über das glatte Wasser glitten, da waren Ruderboote mit Anglern, da waren Tretboote – aber da war keine Ziellinie, keine Boje, kein Zielschiff, da fehlte absolut alles, was zu einem Zieleinlauf gehörte.

„Nanu?" Kettering schaute sich verblüfft um.

Barawitzka schwenkte das Fernglas über die Bucht. „Fixlaudon, wo ist denn die Zielboje?"

„Komisch! Ich habe mir eingebildet, daß der Zieleinlauf natürlich dort ist, wo gestartet wurde . . ."

Barawitzka setzte das Glas ab und wandte den Kopf mit drohenden Augen so langsam Kettering zu, wie ein Panzer seinen Turm mit der Kanone auf jemanden zudreht. „Soll das heißen, du nimmst nur an, wo das Ziel ist? Du weißt es nicht?"

„Nun . . ." Kettering zuckte hilflos mit den Schultern.

„Himmeldonnerwetter!" brüllte B. A. „Hast du denn die Regattabestimmungen nicht durchgelesen? Wo sind sie?"

„Vielleicht da unten irgendwo", meinte Kettering etwas kleinlaut.

B. A. stieß ganz gegen seine Gewohnheit einen ordinären Fluch aus und winkte mir. Ich stürzte ihm nach in die Kajüte. Wir suchten alles ab, öffneten jede Schublade, stöberten in allen Schapps. Keine Regattaausschreibung. Nur Werftrechnungen und Playboymagazine.

Barawitzka stürzte ins Cockpit und brüllte Kettering an: „Sieh selbst nach! Wir finden nix!"

Kettering übergab ihm die Pinne und kramte unten in der Kajüte herum. Wir segelten inzwischen die Seepromenade entlang und winkten den Sommergästen am Ufer zu. Dann war der See aus, ich barg den Spinnaker mit Feuerbills Hilfe, und B. A. kreuzte an der Seepromenade entlang wieder zurück. Er sah aus wie eine Bombe kurz vor dem Explodieren. Dann endlich tauchte Kettering mit ganz langem Gesicht aus dem Niedergang und starrte auf ein vielfach gefaltetes Stück Papier in seiner Hand. Dreimal setzte er zum Sprechen an, aber jedesmal brachte er nur ein fast unhörbares Hüsteln zustande. Schließlich krächzte er: „Das ist schrecklich! Das habe ich nicht vermutet! Der Zieleinlauf ist beim Steg des Altenwörther Yachtklubs. Da sind wir vor einer halben Stunde dran vorbeigesegelt . . .“ Er preßte die Augen zusammen, und ein trockenes Schluchzen erschütterte seine hagere Figur.

Wie auf Kommando sahen wir anderen drei zum Altenwörther Ufer weit hinten zurück. Jetzt erkannte man deutlich, wie aus der Flotte der Verfolger Schiff um Schiff an einem bestimmten Punkt nach Backbord abfiel und dicht unter Land segelte. Ein weißes Wölkchen platzte am Ufer, dann hörten wir den fernen Knall.

„Die erste Yacht ist über die Ziellinie!“ bemerkte Feuerbill. „Das muß uns aber erst mal jemand nachmachen! Herrlich! Traumhaft! Das ist einsame Spitze. Das geht in die Geschichte der Seefahrt ein!“ Erst schüttelte er sich stumm vor Heiterkeit, dann platzte er heraus, dann röhrte er regelrecht vor Vergnügen, daß ihm die Tränen über sein ziegelrotes Gesicht liefen. Er patschte in die Hände, schlug sich auf die Schenkel und lachte wie zehn Männer. Homerisches Gelächter war normalerweise Barawitzkas Vorrecht, also stimmte er mit ein. Dann lachte auch ich, und siehe da, zuletzt wieherte sogar Kettering wie ein Kutschpferd, das einen Eimer Bier getrunken hat. Was hätte der arme Tepp auch sonst tun sollen? Sich wegen einer verlorenen Regatta im See ertränken?

Abends bei der Siegerehrung im Klubhaus fehlten wir. Das wäre zu bitter gewesen. Schon der kurze Gang vom Steg zum Ufer glich einem Spießrutenlauf. Jeder rief Kurt Kettering etwas zu oder stellte ihm überaus witzige, schadenfrohe Fragen, die ihm die Tränen und Barawitzka die blanke Mordlust in die Augen trieben.

„Laßt uns ganz schnell verschwinden!“ keuchte B. A. mit verhaltenem Grimm. „Wenn noch mal einer fragt, ob Kurt seine Crew im Blindenheim angeheuert hat, dann kann ich für nichts mehr garantieren. Gehen wir irgendwo in ein nettes einsames Gasthaus, bevor ich unter diesen Kichererbsen ein Blutbad anrichte, wie man es seit der Niedermetzelung der Nibelungen nicht mehr gesehen hat."

„Da wäre ich ebenfalls sehr dafür", meinte Feuerbill mit einer steilen Falte auf der Stirn. „Auch mein Langmut hat Grenzen. Ich weiß da was, kommt mit!"

In dem abgelegenen Waldgasthof, zu dem Feuerbill uns lotste, waren wir die einzigen Gäste. Wir saßen rund um einen weißgescheuerten Holztisch, unter einer altmodischen Messinglampe mit grünem Porzellanschirm und waren recht zufrieden mit dem Menüvorschlag des Wirts: Hirschschlögel mit Eierschwammerln gebraten, dazu Semmelknödel, Rotkraut und Preiselbeermarmelade. Und dann erlebte ich wieder einmal, daß es im Leben nicht genügt, gut auszusehen, gesund, kräftig und intelligent zu sein, eine solide berufliche Ausbildung, entsprechenden Fleiß und Einsatzwillen mitzubringen – denn über all dies verfügte ich meiner Meinung nach auch –, nein, man muß auch noch ein geborener Glückspilz sein, ein Liebling der Götter wie Barawitzka, dem auch die unwahrscheinlichsten Dinge einfach zufliegen. Ich wage sogar die Behauptung, daß die Blamage im Altenwörther Segelklub notwendig war, denn bei einem Sieg hätten wir wahrscheinlich nie die Ruhe für das entscheidende Gespräch gehabt.

Barawitzka schnitt seinen Braten mit großem Appetit an, und um das Gespräch ja nicht auf die Regatta zu bringen, philosophierte er über die totale Bürokratisierung unseres Lebens und daß ein Skipper nicht mal seinen Mitseglern das notwendige Wissen beibringen konnte, ohne sich in Paragraphen und Vorschriften zu verwickeln.

„Das hat schon seine Richtigkeit", meinte Feuerbill. „Diese Vorschriften sollen uns behördlich lizensierte, steuerzahlende Segelschulen vor privater Billigkonkurrenz schützen, damit uns nicht jeder Dahergelaufene ins Handwerk pfuschen kann."

B. A. klirrte irritiert mit dem Besteck. „Ich bin kein Dahergelaufener, fixlaudon! Und was heißt ‚uns Segelschulen'? Was hast du damit zu tun, Richard?"

„Meine Freunde nennen mich Dick", erinnerte ihn der Salzburger Wikinger. „Hast du noch nie von der Pinzgauer Segel- und Seefahrtschule am Zeller See gehört? Diese Schule bin ich!"

B. A. legte Messer und Gabel weg, tupfte sich Mund und Bart mit der Serviette ab und sah so erstaunt drein wie jemand, der ein Lotterielos gekauft und aufgerissen hat, aber noch nicht glauben kann, daß er den vielstelligen Betrag wirklich gewonnen hat.

„*Dieser* legendäre Feuerbill bist du?" murmelte er ergriffen.

Der rotblonde Hüne lächelte bescheiden und sprach die rätselhaften Worte: „Matthäus 14, Vers 27!" Als B. A. ihn groß ansah, fügte er grinsend hinzu: „Also sprach der Herr: ‚Fürchtet euch nicht, ich bin es'. Aber Scherz beiseite, ich spiele schon eine ganze Weile mit dem Gedanken, meine Lehrtätigkeit auf andere Bundesländer auszuweiten, etwa in Wien oder Niederösterreich Theoriekurse für Segler zu veranstalten. Aber es ist schwer, gute Vortragende und geeignete Prüfer zu finden. Da muß jemand am Ort sein. Bis jetzt fehlt mir noch ein kongenialer Partner . . ."

„Schon gefunden!" rief Barawitzka großzügig und winkte dem Wirt um Getränkenachschub.

„Da kann ich vielleicht auch mit ins Geschäft kommen", mischte sich Kettering ein. „Ich habe eine neue Flottille von 48-Fuß-Aluyachten. Für Schulungszwecke wären die hervorragend geeignet, weil sie vollkommen gleich eingerichtet und ausgerüstet sind und besonders kratzfeste Scheuerleisten haben. Wenn ich von der Werbung profitieren kann, würde ich euch natürlich mit dem Preis entgegenkommen . . ."

Ich beobachtete B. A. jetzt scharf, aber die unwahrscheinlichen Angebote schienen ihn gar nicht zu erschüttern. Ja, es kam mir geradezu vor, als hätte er eigentlich fest damit gerechnet, früher oder später die Mittel für seinen Segelkurs in den Schoß geworfen zu bekommen.

Bis wir zu mitternächtlicher Stunde vom Waldgasthof aufbrachen, war die Gründung einer Arbeitsgemeinschaft mit dem zwar recht nüchtern, jedoch sehr effizient klingenden Namen „Österreichisches Institut für Navigation" eine beschlossene Sache. Barawitzka wollte seine berufliche Erfahrung in Werbung, Betriebsberatung und Seminarveranstaltungen sowie seine langjährige Segelpraxis in diese Arge einbringen; Feuerbill seine Schullizenz, die Prüferstempel, den Schulstander und etwa dreißig schon vorhandene Interessenten aus dem Wiener Raum, und Kettering seine neue Charterflotte. In Vogelbeerschnaps-Euphorie war auch gleich ein praktischer Ausbildungstörn für den Herbst verabredet worden, auf besonderen Wunsch Barawitzkas mindestens bis Lampedusa.

Was er sich von dieser Insel erwartete, hatte ich noch nie enträtselt. Aber sie war seit vielen Jahren sein geheimes Törnziel. Wenn er davon sprach, begannen seine Augen zu glänzen, und seine Stimme wurde so träumerisch, als wäre Lampedusa das geheimnisvolle Dorado, das in

Vergessenheit geratene Shangri-la, schöner als Tahiti, Hawaii und Capri zusammen.

Kaum daß wir wieder in Wien waren, stürzte sich Barawitzka mit gewohntem Elan auf die Organisation einer Filiale des Navigationsinstituts und stellte einen Vorbereitungskurs für die – wie es amtlich so schön heißt – „Theorieprüfung für den Befähigungsnachweis Küstenfahrt und küstennahe Fahrt" zusammen. Auf seine Anzeigen in Yacht- und Tageszeitungen meldeten sich prompt dreißig weitere Interessenten, was natürlich den ursprünglich geplanten Ausbildungsrahmen unserer B-Schein-Kandidaten mit Privatinstruktion am gemütlichen Stammtisch sprengte. B. A. mietete sich im Schulungszentrum einer Computerfirma in Wien-Penzing ein, wo modern eingerichtete Seminarräume mit Flipcharts, Overhead-, Dia- und Filmprojektoren und mit Bildschirmterminals zur Verfügung standen.

Hiermit ging der erste Teil von Simons Prophezeiung in Erfüllung. Auch die restlichen Stammtischfreunde beschlossen, einen Segelschein zu erwerben, und besuchten die Abendkurse. Ich saß mit Simon Rebitschek allein an „Klabautermanns" Bar.

Er wäre nicht Barawitzka gewesen, wenn er sich jetzt selbst wochenlang jeden Abend hingestellt hätte, um seine Schüler in die hohe Kunst der Navigation einzuführen. Nein, er engagierte Spitzenleute als Vortragende: einen Ingenieur der Schiffbautechnischen Anstalt für das Fach Bootsbau; den Takelmeister der Klosterneuburger Schiffswerft für „Seemännische Arbeiten mit Tauwerk, Segeltuch, Garn und Nadel"; er fand Yachtausrüster und Hersteller nautischer Geräte, die freudig die Gelegenheit ergriffen, vor zukünftigen Kunden ihre Motoren, Instrumente und Meßgeräte anhand von Modellen, Diashows und Videofilmen vorzuführen. Er lud einen segelbegeisterten Geometer ein, einmal vor interessiertem Publikum über die Kunst der Kartenherstellung, Projektion und Landvermessung zu sprechen; der Trainer der ungarischen Olympiasegler trug über Yachtbedienung, -führung und Regattatechnik vor; ein Assistent der Versuchsanstalt für Hydro- und Aerodynamik sprach über die Theorie des Segelns, ein Hofrat der Obersten Schiffahrtsbehörde behandelte Gesetzeskunde, und ein gewisser Oberleutnant Drexler, der Wetterfrosch vom Fliegerhorst Langenlebarn, unternahm den Versuch, Laien in die angewandte Meteorologie einzuführen.

Als ich Janos davon erzählte, lachte er auf. „Bei diesem Aufgebot an

Vortragenden müßten wir theoretisch über den bestausgebildeten Seglernachwuchs verfügen. Das hört sich ja an wie das Vorlesungsverzeichnis einer Segeluniversität!"

„Theoretisch, lieber Janos-Baci, wirklich nur theoretisch." Ich war vor zwei Wochen Beisitzer bei der schriftlichen Abschlußprüfung gewesen, und mit dem haarsträubenden, praxisfernen Unsinn, den manche verzapften, hätte Mike Peyton ein Witzbuch füllen können.

Verflixt, jetzt regnete es plötzlich! Wo kamen denn auf einmal all die grauen Wolken her? Und mein Ölzeug war natürlich drüben auf der anderen Yacht. „Habt ihr irgendwelches Regenzeug für mich übrig?" fragte ich.

Janos angelte nach seiner Seekrücke und rutschte zum Niedergang hin. „Ich meine, die Prüflinge sollten sich ruhig mal ein wenig an feuchtes Seeklima gewöhnen, während wir Ausbilder ihnen vom gemütlich trockenen Salonsofa aus zusehen. Wir haben schließlich zu unserer Zeit oft genug nächtelang am Ruder gestanden, wo uns das Wasser oben beim Kragen reinrann und sich in den Stiefeln sammelte. Damals gab's noch keine Trockenanzüge. Komm!" Er turnte so geschickt wie ein Baumaffe zur Polsterecke in der Kajüte.

„Charly Quebec, Charly Quebec, Charly Quebec! An alle Schiffe der Schulflotte", quäkte das UKW-Gerät in der Navigation. „Delta Echo Flaggschiff GOLDFASSL!"

Jetzt war ich neugierig, wie sich Janos' Leute beim Funken machten. Aber Karla Brösel, die Navigatorin vom Dienst, nahm den Anruf Barawitzkas geradezu vorschriftsmäßig entgegen. Die Brösels segelten schon seit vielen Jahren auf eigener Yacht mit einem *Mornar motorist*, dem amtlichen jugoslawischen Küstenschein, im Mittelmeer herum. Jetzt im Rentenalter hatte beide der Ehrgeiz gepackt, auch das österreichische Patent zu erwerben.

Admiral Barawitzka, weit voraus an der regenverwaschenen Kimm, hatte offensichtlich keine Lust, wie ursprünglich vorgesehen im Regen am Kai in Umag hundertfachen Anlegemanövern zuzusehen, sondern ordnete an, daß die Flotte vorläufig an der istrischen Küste weiter nach Süden segeln sollte. Wahrscheinlich hoffte er auf besseres Wetter und einen so günstig angelegten Hafen, daß er das Training von einer nahegelegenen Cafeteria aus beobachten konnte.

Janos stemmte sich hoch und blickte durchs Seitenfenster. „Die Umager Zementfabrik ist voraus schon zu erkennen." Er rief an Deck hoch, wo sich bunte Leichtwetteroveralls ums Steuer drängten: „Oskar, deine Wache sollte bis Umag navigieren. Die Hafeneinfahrt ist faktisch querab. Betrachten wir also deinen Auftrag als erfüllt. Übergib Schiff und Kommando an die nächste Wache, an Eugen und Wendelin! Ich möchte jede Menge von Navigationsaktivität sehen, Kreuz-, Vierstrich-, Abstands- und versegelte Peilungen. Es kann sein, daß ich euch alle paar Minuten nach der genauen Position frage, und wehe euch, wenn die nicht stimmt. Ich kenne hier in Istrien jedes Haus am Ufer und erwische euch sofort beim Schwindeln!"

Jumbo, das Walroß, servierte eine neue Platte Appetithappen: kleine Salzkekse, belegt mit Räucherlachs, Matjesherigen, Sardellen und Sardinen, künstlerisch garniert mit pikanter Kräuterbuttercreme. Dazu stellte er eiskaltes Bier auf den Tisch. Ich langte ungeniert zu. Ein paar Freiheiten konnte man sich als Prüfer schon gönnen.

„Welche Kursch häscht gerne, Wendelin?" rief Eugen, der Schwabe, vom Ruder herunter.

„Gleich, gleich!" Der neue Navigator schien irgendwelche Schwierigkeiten mit der Seekarte zu haben. Er schwang sie, er versuchte sie neu zu falten, er drehte und wendete sie wie ein modernes Kunstwerk, stellte sich seitlich neben den Kartentisch und verdrehte den Hals, daß die Wirbel knackten. Dennoch knurrte er unzufrieden, griff zum Handpeiler und visierte sonderbarerweise das Achterstag an. Mit noch saurerer Miene kniete er sich auf die Kajütbank, beugte sich über das die Navigationsecke trennende Halbschott und begann wieder an der Karte herumzudrehen.

„Was ischt nu mit de neue Kursch, du dauber Seckel?" tönte es von oben.

„Gleich, gleich, ich bin noch nicht soweit!" Wendelin schien ungewöhnlich ärgerlich.

„Sag, was treibst du eigentlich?" fragte nun Janos, durch die seltsamen akrobatischen Verrenkungen des Navigators neugierig geworden. „Oskar hat dir doch gerade einen Superort in die Karte eingetragen. Du brauchst nur von dieser Position aus weiterzunavigieren."

„Alles mögliche haben sie uns beigebracht, Kursverwandlungen vorwärts und rückwärts, Stromdreiecke und Kartennetze zeichnen und Lotstreifen anlegen, aber niemand hat uns erklärt, wie man eine Karte ordentlich einnordet!" beschwerte sich Wendelin unmutig. „Auf so einem Schiff ist einfach kein Platz dafür."

Janos sah Wendelin groß an. „Was willst du da einnorden, *Basam manelka?* Nord ist auf einer Karte immer oben."

„Ja, eben", schrie Wendelin, „auch der Kartentisch ist zum Bug hin ausgerichtet. Aber wir segeln nach Süden! Daher ist Norden im Süden und die Küste auf der falschen Seite. Bei den Pfadfindern haben sie uns beigebracht, daß es das Wichtigste bei der Orientierung ist, die Karte vor Gebrauch richtig einzunorden."

„O Gott!" murmelte Janos Gludowatz und schaute hilfesuchend zur Kajütdecke empor. „Ein Pfadfinder!"

„Das muß der Waldläufer gewesen sein", flüsterte ich ihm zu, „der bei der schriftlichen Prüfung behauptet hat, daß der Landwind für die Seefahrt wichtiger sei als der Seewind, weil er durch den mitgebrachten Lagerfeuerrauch den Seemann vor der nahen Küste warne! Er hat auch behauptet, daß man nie Luv und Lee verwechseln könne, weil doch der Moosbewuchs der Masten auf der windabgekehrten Seite sicher stärker sei. Siehst du, das meinte ich vorhin mit ‚theoretisch gebildet'. Bisher waren noch die erfahrensten unserer Kandidaten an der Reihe. Jetzt werden die Waldläufer und Landratten das Steuer ergreifen. Mach dich auf was gefaßt, Janos! Die sind mit nautischem Wissen vollgestopft wie Onkel Dagoberts Geldspeicher mit Banknoten, aber was herauskommt, ist ungewiß."

Janos seufzte und versuchte unserem Baden-Powell zu erklären, daß das Ausrichten von Seekarten nach der Nordrichtung nicht notwendig sei, da man ohnehin nicht über die Karte nach Objekten peilen müsse. Wendelin meinte nach einer Weile unwirsch: „Okay, okay, ich hab's kapiert!" Aber so richtig überzeugt sah er dabei nicht aus.

Auf welchen unwahrscheinlich krummen und umständlichen Gedankenwegen die Prüflinge das ihnen eingetrichterte Wissen anwendeten, hatte sich schon bei der schriftlichen Prüfung im Institut für Navigation gezeigt. Die fand an einem Samstag im Oktober im größten Saal des Seminarzentrums statt. B. A. hatte die Kandidaten einzeln an Tische gesetzt, um das Abschreiben in vernünftigen Grenzen zu halten. Die Prüflinge spielten nervös mit ihren Kugelschreibern, Zirkeln, Radiergummis und Dreiecken. Das Prüferkollegium, bestehend aus Feuerbill, Barawitzka, Westermayer und mir, sah in blauen Blazern und Klubabzeichen höchst offiziell und entsprechend ernst drein.

Dick Feuerbill, der sich in einem krawattenzugebundenen Hemdkragen offensichtlich ebenso unwohl fühlte wie seinerzeit Huckleberry Finn im Sonntagsanzug, stellte das Prüfungskomitee vor. Er erklärte die Spielregeln, ersuchte alle, lieber dreimal zu fragen, wenn sie eine gestellte Frage nicht verstanden, bevor sie Blödsinn hinschrieben, und verteilte dann die Fragenkataloge. Dreißig Köpfe beugten sich über ihre Arbeit, Papier raschelte, die ersten wisperten hilfeheischend ihrem Nachbarn zu, und die Prüfung war im Gang.

Wir Prüfer teilten uns in zwei Wachen, die abwechselnd zwischen den Tischreihen auf und ab patrouillierten, um allzu auffällige Schwindelversuche zu unterbinden. Trotzdem kam ich mir vor wie der Lehrer einer Taferlklasse während einer Schularbeit. Papierflieger zogen ihre Bahn von einem Ende des Saals zum anderen, Papierkügelchen wurden auf dem Boden herumgekickt, und kaum drehte ich mich um, fing hinter meinem Rücken das Tuscheln an.

Da wir die Kandidaten ja nicht kannten, hatte B. A. Namensschildchen auf den Tischen aufstellen lassen. So konnte ich mich freundlich über eine besonders sorgenvoll zuckende Schulter beugen und Herrn Wendelin Lacroix freundlich fragen, wie es denn so ginge.

„Die Fragen sind alle in einem fürchterlichen Fachchinesisch gestellt!“ beschwerte er sich. „Was soll zum Beispiel das bedeuten: ‚Zählen Sie mindestens sechs verschiedene Bug- und Heckformen von Yachten auf‘? Es gibt doch nur zwei: Bug, das ist die Schnauze vorn beim Schiff, und Heck, das ist das breite Hinterteil.“

„Sehr gut beobachtet. Aber dabei ist Ihnen doch sicherlich aufgefallen, daß sich Schiffe wie die diversen Automarken durch ihre Form unterscheiden. Die einen haben scharfe gerade – nun ja – Schnauzen, die anderen stumpfe, runde, gewölbte, mit einem Bugspriet versehene, nicht wahr? Dasselbe gilt auch für die Hecks, sie sind von der Wasserlinie weit zurückgezogen oder umgekehrt abgeschrägt, rund, platt, spitz, haben Kanu- oder andere Formen. Dafür gibt es Fachausdrücke, und die sollen Sie aufzählen.“

„O je, o je, o je!“ jammerte Wendelin und vergrub das Gesicht in den Händen.

Sein Nachbar warf ihm einen hämischen Blick zu und zeichnete hinter vorgehaltener Hand winzige Schiffsformen, die er sauber beschriftete. Der hatte also im Unterricht besser aufgepaßt, dachte ich – bis ich das aufgeschlagene Handbuch der Seefahrt auf seinen Knien entdeckte. Als ich mir das zum Ansehen ausborgte, begann er sich die Haare zu raufen.

Jetzt fing der allgemeine Bildungsstand an, mich zu interessieren.

Ich ging die Reihen entlang und las ein wenig mit, was die Skipperlehrlinge gelernt hatten.

„Ein Rundtörn mit zwei halben Schlägen dient zum Bergen einer Mann-über-Bord-Boje“, schrieb einer. „Man segelt dazu einen Rundtörn, auch Halse genannt, und dann zwei kleine Schläge zurück zum Beinaheaufschießer . . .“

„Hm“, machte ich den Mann aufmerksam, „sind Sie sicher, daß Sie diese Frage richtig beantworten?“

Er sah mich von unten her an und kaute an seinem Bleistift. Also brauchte er noch einen Hinweis. „Alle Fragen sind nach Kapiteln geordnet, soviel Hilfe kann ich Ihnen geben. Wie lautet denn die Frage vorher?“

„Mit welchem Knoten verbindet man zwei ungleich dicke Enden? – Mit einem Schotstek?“ – „Sehr gut! Und was ist die nächste Frage?“ – „Wozu dient ein Palstek? – Um ein festes Auge in einen Tampen . . . Oooooh! Vielen Dank.“ Er strich den eben geschriebenen Satz energisch durch.

Der Nebenmann beantwortete gerade die Frage: Wie ist ein Überholmanöver durchzuführen? – „Unter ständigem Tuten“, schrieb er hin.

Ich tippte ihm auf die Schulter. „Das würde ich mir an Ihrer Stelle noch mal überlegen.“

Die Frage, warum bei geringer Wassertiefe mit der Geschwindigkeit heruntergegangen werden müsse, begründete einer damit, „daß dann ein eventueller Aufprall auf Riffe nicht so kräftig ausfällt“. Ich empfahl ihm ebenfalls, die Frage nochmals zu überdenken. Er starrte hilflos vor sich hin. Also mußte ich ihn zum Knalleffekt hinführen.

„Haben Sie schon mal eine Yacht durch eine Engstelle gesteuert? Was passierte?“

„Ich war noch nie an Bord eines Schiffes.“

Himmel! Wozu wollten solche Leute ein Schifferpatent haben?

„Aha. Aber Sie sahen doch sicher schon einen Donaudampfer nahe am Ufer entlangfahren. Was bemerkten Sie dabei?“

Er überlegte. „Die Leute am Ufer winkten dem Dampfer zu.“

Ich unterdrückte einen Anfall von Ungeduld und versuchte es anders. „Können Sie mit Vollgas an ganz nahe am Ufer vertäuten Booten vorbeibrausen?“

Seine Augen leuchteten auf. „Ah, das ist das mit der Wasserski-Schutzzone, nicht wahr?“

„Macht nix“, ich klopfte ihm auf die Schulter, „es gibt ja noch genug andere Fragen.“

Ein bärtiger Glatzkopf skizzierte, wie er unter Vorspring einzudampfen gedachte. „Sind Sie sicher, daß das die Vorspring ist, die Sie da eingezeichnet haben? Ich meine, daß Sie jetzt der vor Ihnen liegenden Yacht voll ins Heck knallen werden.“

Der nächste Gebirgsmatrose addierte gerade 55 und 58 Minuten und erhielt 1°13′. „Wie haben Sie denn das gerechnet?“ erkundigte ich mich.

„Na, mit dem Taschenrechner.“

„Schmeißen Sie ihn weg und rechnen Sie's mit der Hand, oder zählen Sie's an Ihrer Uhr aus!“

Ich sammelte weiter die erstaunlichsten Antworten: „Die Ursache der Mißweisung ist ein beim Steuerkompaß aufgehängter Radiorecorder.“ – „Doppelwinkelpeilungen macht man mit dem Dopplergerät.“ – „Funkelfeuer bedeutet S.O.S.“ – „Die Wiederkehr eines Leuchtfeuers ist von der Genauigkeit der Stoppuhr abhängig“ (womit der Knabe ja eigentlich gar nicht so unrecht hatte).

Köstlich fand ich auch folgende Aussage: „Eine Kollision nach der SeeStrO führt man herbei, indem man die Peilung zum anderen Fahrzeug stehen läßt.“ Oder: „Eine Yawl hat zwei Masten. Einer davon ist größer, und der andere steht außerhalb der Reling.“ Eine gewisse Wahrheit lag auch in: „Der Tidenhub ist der Unterschied zwischen Aufsitzen und Flottkommen“, und in: „Ein Benzinmotor hat dem Ottomotor gegenüber den Vorteil, daß er leichter explodiert.“

Ich schmunzelte noch über: „Ein negativer Decksprung kommt vom Austrocknen der Sonne und muß kalfatert werden“, und über den Hinweis: „Man soll einen Tank nie ganz leer fahren, weil er sonst entlüftet werden muß.“

„Ja, es ist entsetzlich“, sagte B. A., als ich ihm davon erzählte. „Leider gibt es keine Bestimmung, die absoluten Grünhörner, die Segelschiffe höchstens von Wandkalendern kennen, verbietet, am Unterricht teilzunehmen. Ich fürchte mich schon vor dem Verbessern der Arbeiten.“

Wir klaubten noch genügend ähnliche Kuriositäten aus den Arbeiten der Prüflinge, als wir uns mit den bereits abgegebenen Testbögen in die nahegelegene Gasthausbrauerei zurückzogen, um ungestört arbeiten zu können. Es wurde ein heiter-trauriger Prüferstammtisch.

„Hört mal, was der vorschlägt, falls Wetter und Sicht schlechter werden: ‚Der Navigator hat dann nichts mehr zu tun, er kann sich schlafen legen oder Kaffee und Brötchen für die anderen machen'", lachte Westermayer.

„Großer Gott!" murmelte B. A. „Wißt ihr, was entsteht, wenn die Batterien überladen werden und gasen? Lachgas! In der Tat! Er hat gar nicht so unrecht!"

„Da muß einer beim Lernen eine etwas ältere Ausgabe des Skipperhandbuchs erwischt haben", kicherte Feuerbill. „Wahrscheinlich das von der Kaiserlichen Marine. Als Seenotsignal schlägt er vor, an Deck Fässer mit Teer zu entzünden und in regelmäßigen Abständen Kanonenschüsse abzufeuern!"

„Haben wir Kanonen an Bord, B.A.?"

Er schnitt mir eine Grimasse, um gleich danach aufzulachen: „Ein gewisser Wendelin Lacroix schleppt sein Beiboot an einer Leine, deren Länge der drei- bis fünffachen Wassertiefe entspricht. Es ist zum Schießen! Diese Kerle haben von allem etwas aufgeschnappt, können es aber nicht in vernünftige Relation bringen. Sie werfen alles durcheinander. Dieser Wendelin richtet sich zum Beispiel selbstverständlich mit der Flaggenparade nach dem im Hafen liegenden Kriegsschiff, fügt aber in seiner Pfadfinderweisheit hinzu, daß man besser keine feindliche Flagge setzen sollte, damit das Kriegsschiff nicht Feuer eröffnet! Stellt euch das vor!"

„Erster Korintherbrief 1, Vers 20", zitierte Feuerbill wieder die Bibel und schob eine Prüfungsarbeit in die Tischmitte. „Wo sind die Schriftgelehrten? Das sieht wie Hebräisch aus. Stammt von Dr. Boltzmann."

„O je, der Arzt. Vielleicht sollte einer in die Apotheke hinüberlaufen, der Magister dort kann's eventuell lesen", schlug ich vor. „Und was tue ich mit dem? Auf die – wie ich zugebe – nicht besonders geschickt gestellte Frage: ‚Wissen Sie, was es bedeutet, wenn die Abgase eines Dieselmotors a) weiß, b) blau und c) schwarz sind?' antwortet er mit einem trockenen dreifachen ‚Ja, ja, ja'. Ich würde ihm die Punkte geben, denn ich finde eine so blöde Frage damit gebührend beantwortet."

Dick fühlte die Ehre seiner Schule angegriffen. „Ich habe die Aufgaben vorher nicht prüfen können, sie wurden mir in einem versiegelten Umschlag erst gestern vom Ausbildungsreferenten des Segelsekretariats zugesandt."

„Krobatschek“, knurrte B. A. „Das sieht ihm ähnlich! Gib dem Schlagfertigen die drei Punkte, Karl.“

„Ich habe hier noch zwei Gute“, meldete sich Westermayer. „,Funkstille wird aus Trauer angesagt, wenn an Bord jemand gestorben ist‘. Und da ist einer, der braucht zum Einlaufen in einen fremden Hafen folgende Papiere: einen Meeresbrief, einen Versicherungszettel, eine Fahnenkarte und einen Wasserpaß. Für einen legasthenischen Absolventen einer Baumschule ist das gar nicht so weit danebengeraten bei Bootsbrief, Police, Standerschein und Küstenpatent.“

„Wir sollten uns weniger erheitern“, brummte B. A., „sondern uns lieber fragen, warum diese doch offenbar mit Fleiß dem Unterricht folgenden Skippernovizen so hartnäckig Luv und Lee, Kutter und Ketsch, Krimpen und Kentern verwechseln und Begriffe wie Breitenparallele und Großkreise, Isobaren und Isobathen, laterale und kardinale Seezeichen, Cirrus und Stratus durcheinanderwerfen. Das verstehe ich nicht. Es haben sich doch alle Vortragenden soviel Mühe gegeben und alles tausendmal erklärt!“

„Es sieht so aus, als ob einige Kandidaten das vermittelte Wissen wie Schüttgut wegstauten und es nun nicht verarbeiten und vernünftig anwenden können“, bemerkte ich. „Etwas Ähnliches ist mir mit meinem Computer passiert, als ich ihn als Bibliothekskartei verwenden wollte. Wochenlang fütterte ich ihn mit Titeln, Autoren und Inhaltsstichworten, bekam aber beim ersten Probelauf nur ungereimtes Zeug zurück. Karl Marx: Das Kapital reihte er mir unter Indianergeschichten ein und den Hornblower unter Musikgeschichte. Erst als ich mehr Erfahrung mit dem Blechtrottel hatte, kam ich darauf, daß man ihn für so eine Aufgabe auch entsprechend programmieren muß.“

„Das ist es!“ donnerte Barawitzka. „Fehlende Erfahrung! Es sind zu viele absolute Nichtsegler dabei. Die drei Krankenschwestern . . .“

„Halt, halt!“ unterbrach ihn Feuerbill und griff nach seinen Unterlagen. „Römer 16, Vers 1: ‚Ich empfehle euch unsere Schwestern, sie sind die Klassenbesten‘. Wie überhaupt die Frauen viel schneller mit ihren Arbeiten fertig waren. Schwester Cleopatra erreichte gleich nach Karla Brösel 78 von 80 möglichen Punkten. Das ist außerordentlich gut!“

„Sonderbar“, brummte B. A. „Wie sehen wir denn überhaupt mit den Ergebnissen bis jetzt aus?“

„Nicht so schlecht. Bisher sind nur vier Arbeiten unter dem Limit.

Bei zwei Kursteilnehmern habe ich das erwartet. Herr Bolt und Frau Farn waren ja fast nie anwesend. Meistens fehlten sie beide. Bei den anderen zwei ist es zwar enttäuschend, aber eindeutig, da sind ganze Wissensgebiete komplett unbeantwortet geblieben. Die beiden Herren glaubten wohl, sie würden aufgrund ihrer gesellschaftlichen Position den Schein aufgedrängt bekommen wie gewisse Aufsichtsratsposten. Die anderen 26 Kandidaten schafften mehr oder weniger brillant die erforderliche Mindestanzahl von 66 richtig beantworteten Fragen. Der beste Mann liegt bei 75 punktegleich mit Schwester Calypso, der schwächste Teilnehmer ist ein gewisser Lacroix mit genau 66,5 Punkten, aber da habe ich schon alle Augen zugedrückt. Das ist ein recht gutes Ergebnis, meine Herren! Gehen wir uns jetzt ansehen, wie unsere Skipperlehrlinge in der Seekarte arbeiten können?“

Im Prüfungssaal schaute ich mir die gestellte Kartenaufgabe an. Alle mußten mit einer fiktiven Yacht KOMET, deren Größenangaben, Tiefgang, Deviationstabelle und Abdriftverhalten vorhanden waren, aus dem Hafen von Mali Losinj auf der gleichnamigen Insel im Kvarner Golf auslaufen und nach angeführten Schlägen, Peilungen und Kursänderungen, unter Einrechnung aller Stromversetzungen, den Hafen von Hramina auf der Insel Murter erreichen. Die Aufgabe sah nicht schwierig aus. Wenn die Prüflinge genau zeichneten, kein Stromdreieck vergaßen und die gelaufenen Meilen und Zeiten richtig addierten, mußten alle ihre Aufgabe lösen können.

Ich patrouillierte wieder zwischen den Reihen auf und ab. Einer hatte ein wahres Riesending von Radiergummi. Als ich ihn neugierig anhob, entdeckte ich auf seiner Rückseite eine komplette nautische Formelsammlung.

„Den kann ich mir doch sicher ausborgen, nicht wahr?“

Der bärtige Mann nickte düster.

Einen großangelegten Versuch, die Chancen zu verbessern, deckte Giselher auf. Es machte ihn stutzig, daß in einer Ecke ein Trio unwahrscheinlich schwungvoll radierte und dann die Seekarten so heftig wegen der Gummiwutzelchen ausschüttelte, daß sie öfter gleichzeitig auf den Boden fielen. Als sich wieder einmal alle drei nach den Karten bückten, mischte er sich ein und bemängelte, daß keine der Karten mit Namen beschriftet war.

„Das machen wir nachher“, meinte einer. Westermayer grinste nur wissend, bestand auf sofortiger Markierung und paßte dann auf, daß jeder auch wirklich seine eigene Karte aufhob. Das Trio hörte nun komischerweise auf, so schwungvoll zu radieren und mit den Karten herumzujonglieren.

„Ein neuer Trick“, behauptete B. A. „Den kannte nicht einmal ich. Sie haben ihn Kartenspielern abgeschaut. Schau ihnen weiter auf die Finger, Giselher.“

„Karla, die Klassenbeste, meldete sich dann: „Ich habe alle Rechnungen nun schon fünfmal überprüft, aber ich ankere nicht in Hramina, sondern im Vranasee bei Pakostane!“

„Das gibt es nicht“, lachte Feuerbill. „Dieser See ist nur durch einen für Segelyachten unpassierbaren Kanal mit dem Meer verbunden. Das ist ein Binnensee. Kontrollieren Sie alles noch mal. Sie werden den Fehler schon finden.“

Frau Brösel machte sich kopfschüttelnd wieder an die Arbeit.

Kurz darauf hob Loreley den Finger: „Bitte, ich bin auch im Vranasee gelandet.“

„Da kann an Ihrer Rechnung etwas nicht stimmen“, meinte B. A. gönnerhaft. „Die Angaben sind klar. Suchen Sie nur den Fehler. Sie haben noch massenhaft Zeit.“

Als aber weitere fünf Kandidaten steif und fest behaupteten, nach den Angaben im Binnensee zu landen, wurde Feuerbill mißtrauisch. Das Prüferkollegium zog sich mit einer Reservekarte und Navigationsbesteck in ein Nebenzimmer zurück, um die Aufgabe eigenhändig durchzurechnen. Alle Rechnungen wurden dreimal gemacht und mit Westermayers nautisch programmiertem Taschencomputer kontrolliert. Dick zeichnete die Kurse und Peilungen mit der Akribie eines Miniaturenmalers, hauchfeine Bleistiftstriche entlang bombenfest von drei Leuten niedergehaltener Dreiecke.

„Apostelgeschichte 13, Vers 10!“ fauchte er dann, den Bleistift hinschmetternd. „O du Kind des Teufels, voll arger List! Auch ich lande im Vranasee! Die Aufgabe ist fehlerhaft. Eine feine Blamage!“

„Daran erkenne ich meinen Krobatschek!“ grollte B. A. „Es bleibt uns nur eins: den Fehler zuzugeben.“ Er marschierte nach nebenan und verkündete den aufatmenden Prüflingen, daß alle Kartenarbeiten als richtig anerkannt würden, deren Komet-Yacht nach der letzten Kurskorrektur im Binnensee ankerte.

„Puh!“ rief Karla und räumte ihre Zeichengeräte zusammen. „Jetzt brauch’ ich aber einen kräftigen Schnaps! Das hat mich ganz schön verunsichert!“

„Eine prächtige Idee, meine Liebe“, stimmte ihr B. A. zu. „Den

Schnaps wird der Referent für das Schulungswesen bezahlen, der uns diesen Streich gespielt hat. Ich darf alle schon fertigen Kandidaten bitten, sich in das Braugasthaus auf der anderen Straßenseite zu begeben – es ist dort ein Stüberl für uns reserviert – und sich einstweilen von den Strapazen der Prüfung zu erholen, bis alle Kollegen mit dem Zeichnen fertig sind und wir die Arbeiten verbessert haben. Wir wollen die Ergebnisse noch heute abend bekannt geben, damit Sie nun alle wieder ruhig schlafen können ..."

Er wurde von einem Tumult unterbrochen. Loreley, die sich weit über ihre Karte gebeugt hatte, fuhr plötzlich mit einem schrillen Schrei herum, schmiß dem am Tisch hinter ihr sitzenden bärtigen Herrn die nautischen Tafeln an den Kopf und attackierte ihn mit einem ausgezogenen Stöckelschuh. Westermayer und Feuerbill fuhren dazwischen.

„Wenn dieser kindische Affe mich noch einmal mit dem Zirkel in den Po sticht", fauchte das blonde Gift, „dann landet er in der Intensivstation!"

Barawitzka forderte den Kandidaten Hirsch auf, mit Ali Baba den Platz zu tauschen. Das erschien ihm sicherer, da dieser sich unter den Augen seiner Braut Babsi wahrscheinlich nicht von den verlockenden Gillungen der Krankenschwester hinreißen lassen würde.

Um 17 Uhr gab Wendelin Lacroix als letzter Zeichner seine Seekarte ab und deutete dabei stolz auf einen im Vranasee eingezeichneten, durchgestrichenen Anker.

„Das ist zwar das Zeichen für Ankerverbot", seufzte Feuerbill, „aber auch wenn wir jetzt wie Jeremia 15, Vers 16, des Erbarmens müde sind, wollen wir noch einmal Gnade vor Recht ergehen lassen. Kommt, Brüder, ich bin geschafft wie nach einer harten Nachtfahrt im Schirokko gegenan. Laßt uns ins Braustüberl gehen!"

Das war dann der Abend, an dem B. A. Barawitzka sich selbst zum Admiral ernannte. Da alle bis auf die Kandidaten Bolt, Fern, Peterhof und Wessely die Kartenaufgabe geschafft hatten, floß das Bier in Strömen, und die von der Nervenbeanspruchung befreiten Prüflinge schäumten vor Heiterkeit und Lebenslust über wie geschüttelte Champagnerflaschen.

„Eines verspreche ich euch!" erklärte Barawitzka an der langen Tafel. „Bei der praktischen Prüfung kommt ihr mir nicht so leicht davon. Da wird jeder so lange geprüft, bis er alles aus dem Effeff beherrscht und wir ihm mit gutem Gewissen den Berechtigungsschein für eigenverantwortliche Perfektionstörns in die Hand drücken können. Wir veranstalten noch Ende Oktober einen Ausbildungstörn nach Afrika. Nach Tunesien. Wer kommt mit?"

Fast alle hoben die Hand, und Käptn Barawitzka sagte befriedigt zu Kurt Kettering, der auch gekommen war: „So, jetzt brauchen wir einen Großteil deiner Charterflotte und vier gute Ausbildungsskipper. Denn ich werde als Admiral mitsegeln..."

In diesem Moment stürzte ein wild blickender Mann mit einem Revolver ins Stüberl und brüllte: „Wo ist der elende Hund? Der Verbrecher! Wo versteckt er sich? Es nützt ihm nichts! Ich habe alles herausbekommen!"

B. A. faßte den ungeladenen Eindringling ins Auge. „Darf ich fragen, wer Sie sind, mein Herr, und warum Sie meine Rede unterbrechen? Das ist eine geschlossene Veranstaltung."

„Einer Segelschule, was?" fragte der Bewaffnete mit dem wissenden Grinsen eines Mannes, dem man nichts verheimlichen konnte. Dann stellte er sich in Positur und blickte sich suchend um. „Ich bin Sebastian Fern!" verkündete er mit unheilschwangerer Stimme. „Ferry Bolt, komm heraus! Steh auf, wenn du ein Mann bist. Ich weiß jetzt, warum Marianne immer so spät aus dem Kurs kam. Steh auf, Bolt, und empfange den gerechten Lohn für die sechs Wochen, die du es mit meiner Frau getrieben hast, während ich sie im Segelunterricht glaubte..."

„Machen Sie sich nicht lächerlich, Herr Fern!" donnerte ihn Barawitzka an. „Stecken Sie Ihren Colt ein und stören Sie unsere Veranstaltung nicht weiter. Herr Bolt und Frau Fern sind schon zu Mittag bei der schriftlichen Prüfung durchgefallen und zur Kartenarbeit nachmittags gar nicht mehr angetreten. Wo sie sich hinbegeben haben, weiß ich nicht, und es interessiert mich auch nicht. Schauen Sie, daß Sie weiterkommen!"

Der betrogene Herr Fern setzte seinen Revolver an die eigene Schläfe und rief: „Dann bleibt mir wohl kein anderer Ausweg als..."

„Klick!" machte der auf leere Patronenkammern schlagende Bolzen. Und nochmals: „Klick, klick!"

„Rebitschek!" sagte B. A. „Schmeiß den Trottel raus! Er hat sogar vergessen, Patronen in das alte Schießeisen zu stecken."

So einen Auftrag ließ sich Simon natürlich nicht entgehen. Herr Fern flog eben durch die Tür in den Garten, als schon wieder ein ungebetener Besucher eintrat. Ein hagerer, mir seltsam bekannt vorkommender Kapitän in einer vor Orden und Lametta glitzernden Uniform. Er schrie: „Halt, Barawitzka! Im Namen des Segelsekretariats erkläre ich die heutige Prüfung für ungültig, weil ich dabei hinterhältig übergangen wurde..."

„Krobatschek!" knirschte B. A., und sein Gesicht wurde wie durch Zauber tiefschwarz. Wirre Locken umstanden sein Haupt, und von seinen Ohren baumelten goldene Ringe. Er trug auf einmal so ein altertümliches Wams und Kniehosen. Fürchterlich dröhnte seine Stimme, als er auf den Ausbildungsreferenten zuging und seine nun ebenfalls schwarzen Finger um dessen goldgelitzten Stehkragen krallte. „Hast du zur Nacht gebetet, Krobatschek..."

„Moment, bitte!" ersuchte ich. „Wartet! Sind wir noch im richtigen Film? Das kommt mir doch alles ein wenig übertrieben vor..."

Vor mir tauchte ein bärtiger Mensch in blechernem Anzug auf, hieb mir ein Schwert über den Scheitel und donnerte mich an: „Laß meinen Schwan in Ruhe!"

Jetzt wußte ich, daß ich träumte, aber rundumher drehte sich alles. Mit schrecklichem Gerassel stürzten die schweren Lüster von der Decke...

Herrje! Verwirrt rappelte ich mich auf. Ich war von der Salonbank gerutscht und gegen das Bücherbord gepoltert. Mir gegenüber schnarchte Gludowatz zwischen leeren Bierdosen auf seinen Armen am Tisch. Oben an Deck trampelten viele Stiefel herum. Jetzt wußte ich, was da so gerasselt hatte. Wir ankerten irgendwo.

Ich rüttelte Janos wach.

„Schnell, Janos-Baci! Dein hervorragender Koch und die trickreiche Crew haben uns mit salzigen Kanapees durstig gemacht und dann mit Bier außer Gefecht gesetzt. Wir sind in einem Hafen oder einer Bucht. Reiß dich zusammen! Wir müssen so tun, als ob wir die ganze Zeit munter gewesen wären. Solche Mistkerle, die Prüfer zu betäuben!"

Ich half dem noch immer benommenen Gludowatz an Deck. Wir näherten uns tatsächlich unter ruckweise ausrauschendem Buganker mit dem Heck einer regennassen Steinmole, wo schon Yachten lagen und einige Leute in Ölzeug uns kritisch entgegensahen. Der rotlackierte Leuchtmast kam mir bekannt vor, ich drehte mich um. Ein hoher venezianischer Kirchturm über dunklen Pinien auf einer Halbinsel – wir waren eindeutig in Novigrad. Ich flüsterte das Janos ins Ohr. Er nickte und versuchte, seinen Kopf klarzuschütteln.

Eugen zog die HOPFENPERLE recht geschickt achteraus in die Lücke zwischen der KLOSTERBOCK und der KAISERPILS hinein. Einen Meter vor der Steinwand gab er resolut Gegenschub. „Leinen über!“ schrie er.

Aber da war’s um das bisher untadelige Manöver geschehen. Wendelin schwenkte den ganzen Tauwerksbunsch der Achterleine hoch und ließ ihn ins Hafenwasser fallen. Jumbo tat es ihm gleich. Weil er kräftiger war als der Waldläufer, erreichte sein Bunsch zwar noch die Molenkante, rutschte aber ab, bevor jemand sich danach bücken konnte.

„Flink, holt des Leindle widde ausm Wasser, ihr Granatedackele!“ brüllte Eugen. „I ko koi Maschin’ verwende! Mir treibe sonscht widde oo!“

Die beiden holten die triefenden Bündel an Bord und schmissen sie ohne zu zögern wieder in Richtung Kai. Mit demselben Ergebnis. Alles platschte zum zweiten Mal ins Wasser.

Janos stöhnte auf. Barawitzkas Stimme hallte aus der Menge am Kai: „Sepp, pack die Want von den Unglücksraben und halt sie fest, bis sie ihre Leinen klariert haben. Janos, du schickst deine Leute zur Leinenwurfolympiade, die wir nachher veranstalten. Alles am Kai antreten, damit ihr einmal seht, wie man eine Leine wirft! Ein Glück, daß uns hier keiner beobachtet hat.“

„Was ist eine Leinenwurfolympiade?“ fragte mich Gludowatz und blies sich Regentropfen von den Lippen.

„Ein Wettbewerb im Leinenweitwerfen. Den veranstaltet B. A. immer, wenn er sieht, daß die Leute mit Festmachern umgehen wie in dem Witz: ‚Weißt du, wie Burgenländer Spaghetti essen?‘“

Janos knirschte mit den Zähnen und musterte seine Crew unfreundlich. Er war nämlich Burgenländer.

Ich aber konnte endlich an Bord der GOLDFASSL klettern und meinen Südwester und Overall aus dem Schapp holen. Als ich wasserfest verpackt auf dem Kai stand, wo Simon Rebitschek den Damen zeigte, wie man eine zu werfende Leine aufschoß und auf beide Hände verteilte, nahm mich der Admiral zur Seite. „Die Großwetterlage verspricht hier oben in der Adria keine rasche Besserung. Eigentlich sollten wir schauen, daß wir so weit wie möglich nach Süden kommen, und dort weitertrainieren. Aber ich schwanke noch, wenn ich ans Abendessen denke. Da drüben in der Stadt wäre das ‚Tabasco‘ mit herrlichen Meeresfrüchten, zart gebratenen Fischfilets und traumhaften Sirloinsteaks, während mich an Bord die Vollwertkost Poppenwimmers erwartet. Weißt du, was er zu Mittag auftischte?“ B. A. schwang die

Arme. „Vogelfutter! Ich muß bald fliegen können oder krähen. Hafersuppe, Dinkelkornlaibchen in Gerstenpüree und als Nachspeise so Körnchen, wie man sie den Wellensittichen gibt, damit sie schön singen! Es war gräßlich!“

Da hatte ich eine Tausend-Schilling-Idee, wie ich mein Schiff, meine Koje, mein Kommando zurück und den Admiral von Bord kriegen konnte. „Höre!“ flüsterte ich wie ein gutmeinender Freund in sein Ohr. „Da sind ein paar kluge Burschen dabei. Wenn das einer merkt, daß wir hier nur übernachten, damit die Prüfer fein dinieren gehen können, macht das böses Blut. Eine Nachtfahrt im Regen wäre den Neulingen auch als psychologische Übung wärmstens zu empfehlen. Denk nach, wie du Janos' Schiff, ohne Verdacht zu erregen, zum Flaggschiff ernennen kannst. Sein Walroß, der Wirt vom Mondsee, ist nämlich ein gottbegnadeter Koch...“ Ich spitzte die Lippen mit der internationalen Geste und küßte meine Fingerspitzen. „Mmmm! Mindestens sechs Häubchen nach Gault-Milleau! Ich darf diese Soufflés, Pasteten, Terrinen und Muschelspezialitäten wegen meiner Diät ohnehin nicht essen. Vogelfutter wäre für mich das Gesündeste. Wenn drüben nicht genug Platz ist, schick mir meinetwegen den Schwaben herüber...“

Mein Freund und Admiral drückte mir den Arm. „Danke für den Tip! Aber ich entscheide über das weitere Vorgehen natürlich nicht nach kulinarischen Erwägungen, sondern nur nach ausbildungstechnischen Erfordernissen.“

„Natürlich, natürlich!“ beeilte ich mich zu bestätigen.

„Wauu! Habt ihr das gesehen?“ heulte Willi hinter unserem Rücken begeistert auf. „Klara hat die Leine acht Meter weit geworfen!“ Aber Wolpertinger gewann die Konkurrenz mit zwölf Metern vor Simon, Felix Hufnagel und Georg Hajduk, was bei den feuchten Festmachern und der Behinderung durch das Ölzeug eine reife Leistung war. Der Admiral lud die Leinen-Olympioniken auf eine Runde Schnaps zum Aufwärmen in eine nahe Kneipe ein und ließ die Skipper der nächsten Wache ihre Schiffe fürs Auslaufen zu einer Nachtfahrt vor dem Abendessen vorbereiten.

„Wißt ihr, wo B. A.s Zigarrendose liegt?“ fragte Simon. „Wir übersiedeln auf die HOPFENPERLE. Ach ja, übrigens, Karl, ihr müßt für den Schwaben noch eine Koje freimachen. Der steigt zu euch über.“

Da wußte ich, daß die GOLDFASSL wieder mir gehörte, und richtete mich auf eine gemütliche Weiterfahrt ein.

Fast wie der Postdampfer

Wer mag gesunde Vollwertkost? · Willis Kabellänge · Groll und Ärger · Hygienetüchlein und das Bord-WC · Die verdammte Palmeninsel · Nachtgewitter · Barawitzkas Führungskrise

Nachts auf See. Allein am Steuer eines bis auf die Navigationslichter abgedunkelten Schiffes. Hinter mir die Küste, vor mir nur Wind und Ferne, unter mir das Meer und über mir die Sterne . . . Hei, das hörte sich ja fast an wie ein Fernwehlied aus der Vordiskozeit, als Schlager noch einen singbaren Text besaßen und nicht nur zu eintönigem Maschinenrhythmus gekeuchte Aufforderungen zum Beischlaf waren. Es nieselte noch immer. Europa bereitete sich aufs naßkalte Novemberwetter vor. Höchste Zeit, den Störchen nach Afrika zu folgen. Trotz Regen hielt die leichte Brise durch, die für das vielversprechende Gurgeln und Plätschern am Bug sorgte.

Ich lehnte wasserdicht und warm verpackt lässig auf der Cockpitbank, die Beine gegen zwei Radspeichen gestemmt. So hielt ich den Steuerstrich ungefähr in der Mitte zwischen den nicht allzu deutlich lesbaren Ziffern 170 und 180 auf der schwankenden, rubinrot glimmenden Kompaßrose vor mir. Die Hände brauchte ich nämlich, um meine Pfeife vor dem Regen zu schützen. Wenn ich sie ungeschützt im Mundwinkel hängen ließ, begann sie bald vor Feuchtigkeit zu gurgeln und schmeckte dann scheußlich. Das Schiff unter mir schlief. Aber nicht ganz. Die Ruhe war nur scheinbar, ein Zeichen selbstsicherer Kraft, die das laute Imponiergehabe der Motorboote nicht nötig hatte. Wir glitten lautlos dahin, naturgetrieben und umweltfreundlich. In der Kajüte gedämpftes Licht, dort wachte der Navigator, zeichnete in seiner Karte, blätterte in Handbüchern, überprüfte den Kurs. Alle paar Minuten sah ich seinen Schatten an Deck erscheinen und mit ausgestreckter Peilhand gewisse für uns Seefahrer wichtige Blinksignale in der glitzernden Lichterkulisse der Küste suchen. Ich hätte den Kurs auch ohne ihn halten können, denn hier kannte ich fast jede Leuchtreklame und Straßenlaterne. Aber es war schön zu wissen, daß sich noch jemand Sorgen machte, ob wir wirklich waren, wo wir zu sein glaubten.

Die Mannschaft lag in ihren Kojen, eine enorm kräftige Einsatzreserve, die auf Pfiff für Manöver aktiviert werden konnte. Das gab mir am Ruder ein schwindelerregendes Machtgefühl. Auf meinen Ruf hin würde etwa eine halbe Tonne Muskeln und eifriger Gehorsam herbeistürzen, um Segel zu wechseln, an Winschen zu kurbeln, mir ein Bier zu holen oder Brötchen zu streichen. Auf Knopfdruck konnte ich überdies noch 55 Kilowatt schlummerndes Gußeisen und 200 Liter raffiniertes Erdöl zum Leben erwecken und der Yacht eine Geschwindigkeit von sieben Knoten verleihen. Dieses herrliche Gefühl der Allmacht hatte ich noch nie so unmittelbar gespürt wie jetzt hier auf der GOLDFASSL. Auf meinem Schiff. Es war die absolute Gewißheit, daß meine Mannschaft mir überall hin folgen würde, die mich berauschte. Denn es war nicht nur das Wohlwollen des Skippers, das sie gewinnen wollten, sondern auch das eines späteren Mitgliedes der Prüfungskommission. Eigentlich sollte ich diese einmalige Konstellation mal ausnützen, dachte ich. Wer weiß, wann ich wieder so willige Gefolgsleute haben würde? Wenn es mich gelüstete, konnte ich selbstherrlich den Kurs ändern, wie Sindbad der Seefahrer der Nase nach segeln. Vielleicht eine unbekannte Insel entdecken, erobern, mit meinen Gefolgsleuten besiedeln und eine Seeräuberrepublik gründen. Mit dem Proviant würden wir eine ganze Weile auskommen. Außerdem befand sich an Bord die Flottenreserve an Bier und Schnaps, die wir zur Vorsicht zollfrei eingelagert hatten, falls es drüben in Nordafrika bei den Muselmanen Schwierigkeiten mit dem alkoholischen Nachschub geben sollte. Das war schon eine solide Grundlage für ein gemütliches Piratennest . . . Halt! Wir hatten nicht genügend Weiber an Bord! Und wie man im zweiten Buch der Bounty-Meuterei nachlesen konnte, gab es immer ein Gemetzel, wenn sich die Männer um Frauen zu raufen begannen. Ein guter Piratenkapitän mußte auch an so etwas denken. Wir würden uns also die fehlenden Sabinerinnen unterwegs klauen. Ein rascher Überfall, am klügsten an einem FKK-Strand bei vollem Tageslicht ausgeführt. Da lagen die Mädchen schon ausgepackt in der Sonne, und man konnte schneller seine Wahl treffen. Bei Nacht und Nebel bestand immer die Gefahr, daß da einer sozusagen die Braut im Sack raubte und mir dann mit Umtauschwünschen kam! Wie wäre es, wenn . . .

„Gott sei Dank! Ich bin endlich mit dem Abwasch fertig!“ Willi kletterte aus dem Niedergang, und die schillernden Seifenblasen meiner Phantasie platzten. Der Schiffsalltag hatte mich wieder.

„So ein kaltes Abendessen braucht mehr Geschirr und Besteck als ein ordentliches warmes Mahl mit drei Gängen", beschwerte er sich. „Die waren ja auch so anspruchsvoll, mußten Schneidbrettchen haben, einen Teller für die Butter, einen für die Essiggurken, für die eingelegten Zwiebelchen, die Wurst, den Schinken, die Sardinen, den Thunfisch, Speck und Käse. Sie haben alles angefangen und angeschnitten und einen unheimlichen Aufwand getrieben!" Er sinnierte eine Weile vor sich hin und stellte dann die Frage, die ich schon lange erwartet hatte: „Entschuldige, Karl, was habe ich eigentlich falsch gemacht, daß es wegen dem Nachtmahl zu so einem Aufstand gekommen ist? Meinst du, daß ihnen meine Kocherei nicht paßt?"

„Nicht deine Kocherei, Willi, nur deine Speisenkarte. Die ist zu gesund!"

„Wieso? Ich habe ihnen doch erklärt, was ich zu kochen gedenke, und dann war plötzlich die Meuterei da, und sie haben sich selber kalten Aufschnitt geholt . . ."

„Kein Wunder! Allein schon deine Ankündigung, daß es etwas besonders Gesundes geben würde, hat alle zusammenzucken lassen. Mit gesundem Essen ist jeder von uns schon als Kind gequält worden. Aber dann schonungslos Haferschleimsuppe und gedämpften Naturreis mit Ersatzfleischtunke nach der berühmten Magendiät des Wilhelminen-Spitals als Köstlichkeit zu offerieren, das heißt wirklich, die Volkswut herausfordern. Willi, gewöhn' dir bitte ab, beim Essen ständig von gesättigten und ungesättigten Fettsäuren, von dickdarmreinigenden Ballaststoffen, die Darmflora beeinflussenden Enzymen, harnsäurebildenden Purinen, von cholesterinarmem pflanzlichem Eiweiß und weiß Gott noch was zu reden. Sei mir nicht böse, aber das hört sich absolut nicht appetitfördernd an. Wo hast du dieses Zeug her? Aus dem Reformhaus?"

„Nein, das mache ich selber. Ich wollte eben ehrlich sein." Er seufzte. „Zürcher Rahmgeschnetzeltes aus Sojawürfelchen ist meine Spezialität. Niemand merkt, daß ich dazu kein frisches Kalbfleisch nehme, so gut wird das . . ."

„Willi! Ein ehrlicher Koch hat auf einem Schiff nichts verloren. Wenn du Sojaschnipsel so zubereiten kannst, daß sie wie Kalbfleisch in feiner Rahmsauce schmecken, dann behalte das für dich, serviere dein falsches Geschnetzeltes und freu' dich über die Komplimente. Aber verrate der Crew nie, was du wirklich zusammengerührt hast. Man ißt nicht nur mit Zunge und Augen, sondern auch mit den Ohren. Warum, meinst du, geben gewiegte Köche ihren Erfindungen französische Phantasienamen? Weil die Leute auch einen Papp mit Genuß essen, wenn sie nur glauben, etwas ganz Vornehmes vorgesetzt zu bekommen. Sojaschnipsel – sind die das harte Zeug, das wie getrocknetes Hundefutter aussieht?"

Willi holte tief Luft. „Tierisches Eiweiß ist besonders reich an ungesättigten Fettsäuren, die den Körper mit Cholesterin überschwemmen, außerdem an Purin, davon bekommt man erhöhte Harnsäurewerte und später die Gicht. Die edle Sojabohne enthält ebensoviel Eiweiß wie die meisten Fleischsorten, aber gesundes Eiweiß und mehrfach ungesättigte Fette ..."

„Nicht schon wieder einen Diätvortrag! Da vergeht einem ja der Appetit! Paß auf, ich erzähle dir auch eine Kalbfleischgeschichte. Das war drüben in der Karibik. Ich bin da mit einer amerikanischen Crew vor vielen Jahren zwischen den Inselchen der Grenadinen herumgekreuzt. Eines Tages sichteten wir eine ziemlich große Schildkröte. Um den mitsegelnden Mädchen zu imponieren, sprangen der Skipper und noch zwei Mann ins Schlauchboot und machten Jagd auf das Tier. Sie hatten einen kräftigen Außenborder und feste Taue mit, und es gelang ihnen tatsächlich, die Kröte wie mit dem Lasso einzufangen, abzuschleppen und an Bord zu hieven. Nachdem sie von allen Seiten ausgiebig fotografiert worden war, stellte sich die Frage: Was mit ihr anfangen? Worauf eines der Mädchen, das aussah wie Marilyn Monroe, vorschlug, Suppe daraus zu kochen. Als aber dann das Blut über die Decksplanken rann, hättest du die Anstifterin sehen sollen. ‚Mörder! Brutaler Mörder!' schrie sie mich an und flüchtete in ihre Koje. Auch alle anderen wurden bleich, versicherten einstimmig, daß sie nichts von diesem armen Tier anrühren würden, und ließen mich allein mit dem toten Vieh am Achterdeck. Ich kann dir sagen, ich war ganz schön zornig. Umsonst wollte ich die Kröte nicht umgebracht haben. Also zerlegte ich sie, so gut ich konnte, putzte das erstaunlich wenige Fleisch sauber, packte es in Plastik ganz unten in den Tiefkühler und machte mich dann ans Aufwaschen."

„Was hast du mit dem Schildkrötenfleisch angefangen?" fragte Willi neugierig.

„Ganz einfach: Ein paar Tage später verwendete ich es für Kalbsgulasch mit Nudeln. Marilyn Monroe war davon so begeistert, daß sie das Rezept haben wollte. Ich habe ihr nie verraten, was sie wirklich gegessen hat, und sie schrieb mir später, daß das Gericht mit den im Supermarkt erhältlichen *veal cutlets* nicht halb so gut schmecke wie damals mit der karibischen Kalbshaxe."

„Aha!" Willi Poppenwimmer machte im Schein der Kompaßlaterne ein pfiffiges Gesicht. „Ich glaube, ich habe die Moral der Geschichte verstanden. Du meinst also, ich sollte . . ."

„Pst! Kein Wort! Ich werde keine Miene verziehen, wenn du eines Tages Zürcher Geschnetzeltes servierst. Wenn's aber nach Hundefutter schmeckt, werfe ich damit nach dir! Paß also auf beim Würzen . . . He! Was willst du nun auch hier oben? Ihr sollt in eurer Freiwache schlafen, nicht ständig an Bord herumkrabbeln!"

Ein neuer Schatten stieg an Deck, Theo Schubert. „Ich kann nicht einschlafen. Mir geht das mit der Prüfung im Kopf herum. Ich hab' einen Mordsschiß vor den Anlegemanövern. Barawitzka war so fuchsteufelswild in Novigrad, als Wolpertinger beim Rückwärtseinparken in der falschen Richtung Vollgas gab und die Mauer rammte. Weil es auf Yachten keinen Rückspiegel gibt, mußte er sich verkehrt herum ans Steuerrad stellen und reagierte deshalb falsch. Ich fürchte auch, ich verlier' dabei völlig den Kopf und vergesse, was wir über Schraubenwirkung und Ruderführung beim Rückwärtsfahren gelernt haben. Dann verwechsle ich auch noch die Hebel, links und rechts und überhaupt alles!"

„Man kriegt ja kaum Gelegenheit, Anlegen zu üben", ließ sich nun auch Laszlo vom Niedergang her vernehmen. „Wo immer ich inzwischen mitgesegelt bin, hat der Eigner jedesmal das Ruder übernommen, wenn wir in einen Hafen eingelaufen sind. Wahrscheinlich aus Angst, daß wir ihm seine Bordwand zerkratzen."

„Vermutlich nicht zu unrecht", überlegte ich laut. „Ich sehe das Problem. Aber solange ihr noch vom Einparken redet, einen Rückspiegel und eine Bremse vermißt, solange wird das nie richtig klappen. Anlegen ist aber das A und O der Schiffahrt. Da könnt ihr draußen auf See wie Admiral's Cupper segeln, wenn ihr im Hafen die Mole mitnehmt oder stundenlang mit Vor- und Rückwärtsgas hin und her rangiert, bis alles schwarz ist vor Dieselqualm, wird euch niemand für voll nehmen. Das Wechselspiel zwischen Ruderstellung und Gashebel muß euch in Fleisch und Blut übergehen, da dürft ihr nicht mehr nachdenken." Darüber fiel mir wieder ein, daß ich ja eigentlich mein eigener Chef war und hinsegeln konnte, wohin es mich gelüstete. Der

Admiral hatte nur die allgemeine Richtung nach Süden festgelegt. Welche Umwege ich dabei machte, lag bei mir. Außerdem wußte ich, daß es sinnlos war, die Leute in ihre Kojen zu schicken. Es war das alte Lied bei der ersten Nachtfahrt: Keiner wollte etwas versäumen, alle blieben die ganze Nacht auf, und am nächsten Morgen mußte gewöhnlich ein Ruhetag eingelegt werden, weil keiner mehr die Augen offenhalten konnte. Wir hatten aber keine Zeit für Ruhetage, wir mußten in langen Etmalen nach Süden. Was blieb mir also übrig, als die Kerle irgendwie zu beschäftigen und zu sehen, daß wenigstens ich genug Schlaf bekam, um das Totenschiff am nächsten Tag allein weiterzusteuern? Also faßte ich einen Enschluß.

„Tja, Kinder, um Hafenmanöver kommen wir nicht herum. Ich fürchte, ihr werdet ein wenig von eurem Schönheitsschlaf opfern müssen. Wir werden von nun an zur Übung überall auf der Route anlegen, wo das nur möglich ist. Da vorne der Lichterhaufen ist Poreč, schaut es euch im Hafenhandbuch an. Theo legt kurz an der Dampfermole an, Laszlo gegenüber in der Marina. Und dann geht's auf zum nächsten Kai, wo die nächste Wache dran ist. Ich bringe euch das Anlegen bei, und wenn wir wie ein Postdampfer jeden Hafen dieser Küste anlaufen müssen. Warum sollten wir nicht bei der Prüfung als die beste Yacht der Flotte abschneiden?"

„Prima!" schrie Laszlo. „Wir üben wie die Irren, damit der verdammte B. A. platt ist, wenn er uns zusieht. He, Sepp!"

„Bin schon da!" Der kam nun ebenfalls noch hoch. „Monika ist auch gleich hier, sie zieht sich nur das Ölzeug über. Kann Viktor auch mitmachen? Der sitzt schon die ganze Zeit angezogen auf seiner Koje. Karl, das finde ich ganz phantastisch von dir. Du bist ein Superskipper, ehrlich!"

„So arg ist es nicht", sagte ich und überließ ihnen das Ruder. „Ich weiß halt genau, wann ich ‚schnips' sagen muß. Das ist nun wiederum das A und O der Schiffsführung. Also, macht klar zum Anlegen und auf nach Poreč!"

Zum Erfahrungsammeln war das sicherlich gar nicht so schlecht, wie wir da in stockfinsterer Nacht und bei Nieselregen einen den meisten an Bord unbekannten Hafen anliefen und übungsweise zwischen zwei großen Fischerbooten längsseits gingen. Alle verfügbaren Fender ausgebracht, hockte ich mich hinter den jeweiligen Steuermann als Souffleur auf die Heckreling und redete beruhigend auf ihn ein, wenn seine Gashand zu nervös wurde. Warum alle angehenden Steuerleute so hektisch mit dem Gashebel herumfuhrwerken, ist mir stets ein Rätsel gewesen. Ich wünschte nur, ich könnte sie mit dem alten englischen Lister-Einzylinderdiesel anlegen lassen, mit dem mich ein gutmütiger Fährmann in der Bridgetowner Careenage meine ersten Hafenmanöver probieren ließ. Der hatte kein Getriebe. Um die Fahrt aus der Barkasse zu bringen, mußte der Dieselgroßvater komplett gestoppt und die Ventile mit einer kleinen Kurbel umgesteuert werden, bevor man den Motor für die Rückwärtsbremsfahrt wieder anwerfen konnte. Das verlangte ein gutes Schätzvermögen, sonst erreichte man die Mauer mit zuviel Fahrt oder gar nicht. Nach dieser Tortur kam ich später nie in Versuchung, die Fahrt eines Bootes durch Dutzende Vollgasschübe vor und zurück zu korrigieren, wie das Motorbootleute mit ihren Zweischraubendampfern in Häfen gerne praktizieren, um den windigen Seglern auf ihren niederbordigen Kähnen ein wenig Abgasqualm aus richtig potenten Maschinen in die Nasenlöcher zu pusten.

Dank der wirklich kräftigen Hartgummi-Scheuerleisten schafften wir das Manöver, ohne allzuviel von unserer Reklamebemalung an den Molensteinen zurückzulassen. Laszlo brachte uns dann mit einem schon recht gut bemessenen Anlaufwinkel an den freien Stegkopf der Marina, wo es ihm sogar gelang, mit einem einzigen Gegenschub fast alle Fahrt aus dem Boot zu nehmen.

„Nicht festmachen, Sepp!“ rief ich, als dieser mit den Leinen loslaufen wollte. „Wir gehen wieder raus. Die nächsten beiden suchen den nächsten Hafen aus dem Handbuch. Das wird Vrsar sein. Da könnt ihr auch gleich Nachtnavigation üben und das Marmi-Feuer vor der dazugehörigen Bank suchen. Gut gemacht, Theo und Laszlo! Das ist einen Manöverschluck wert. Aber nur einen ganz kleinen, wir haben noch viel vor uns.“

„Was hast du eigentlich vorhin damit gemeint?“ fragte Laszlo, als ich mit ihm unten in die Seekarte schaute. „Mit dem Schnipser, den man zur rechten Zeit machen muß?“

„Wenn wir schon beim Anekdotenerzählen sind, sollst du auch das erfahren. Barawitzka hat ja allerhand Tricks auf Lager. Mit einem verblüfft er in seinem Wagen Mitfahrende immer wieder: Wenn er an einer Kreuzung steht und die Verkehrsampel zu lange rot bleibt, dann greift er selber mit Psikräften ein, indem er einfach mit den Fingern schnipst und dazu ruft: ‚Es werde grün!‘ Und schon schaltet die Ampel um. Wenn das andere probieren, funktioniert es nie. Er kann offensichtlich zaubern.“

„Blödsinn! Niemand kann zaubern, auch Barawitzka nicht. Also was hat er für einen Trick? Irgendein japanisches Wunderding der Elektronik?“

Ich lachte: „Viel einfacher. Er hat nur gelernt, den Schaltrhythmus so einer Anlage richtig zu berechnen und in dieser Sekunde ‚schnips‘ zu machen. Das ist alles.“

Rosenstein blickte mich mit krauser Stirn an. „Was hat das mit der Kunst der Schiffsführung zu tun? Das sind doch zwei vollkommen verschiedene Paar Hosen.“

„Nicht so sehr, wie du denkst. Es ist nur einer der Tricks aus B. A.s Geheimkiste, den ich ihm abschaute. Als ich merkte, daß der Großteil der Mannschaft brennend gern Hafenmanöver geübt hätte, kam ich ihrem Wunsch zuvor, indem ich ‚schnips‘ machte und euch das Anlegen anschaffte. So bleibt man als Kapitän immer eine Nasenlänge vorneweg. Weißt du nun, was ich meine?“

„Hol mich der Gezwirnte!“ schimpfte der Textilhändler. „Ihr seid ein verschlagenes, durchtriebenes Pack, Barawitzka und du und überhaupt alle Skipper, Ausbilder und Prüfer! Ihr seid ja ärger als levantinische Seidenhändler! Immer am Betrügen, immer am Schönfärben und Aufbügeln von Gemeinheiten . . .“

Ich klopfte ihm auf die Schulter. „Dann paß nur gut auf, damit du auch lernst, ein abgefeimter Schiffsführer zu werden. Ich lege mich jetzt ein wenig aufs Ohr. Weckt mich, wenn Leuchtfeuer Marmi in Sicht ist. Und lauft mir ja nicht alleine ein! Ich zeige euch sonst, wie man aus B-Schein-Kandidaten Putzfetzen macht.“

Rosenstein machte mir das Zeichen gegen den bösen Blick, und ich trollte mich in meine Koje. Denn das würde eine lange Nacht werden: eine Stunde bis Vrsar, eine Stunde bis Rovinj, dann ein Drei-Stunden-Schlag bis Pula. Morgen waren die Kerle sicher zum Umfallen müde, und dann mußte ich einspringen.

Als mich ein lästiger Bursche hartnäckig rüttelte und schüttelte, wurde ich recht grantig, denn es schien mir erst wenige Minuten her zu sein, daß ich mich nach Pula hingelegt hatte. „Was ist denn jetzt los? Habt ihr schon wieder die Kennung einer Leuchttonne erst identifiziert, als ihr an der falschen Seite vorbeiwart?“ grunzte ich unwillig. „Könnt ihr nichts allein entscheiden? Müßt ihr mich alle zwei Sekunden wecken?“

„Entschuldige, Karl“, vernahm ich Theos verzagte Stimme, „aber es ist kurz vor acht, und du hast uns aufgetragen, dich zum Wachwechsel zu wecken. Ich hätte dich ja schlafen lassen, aber Laszlo bestand darauf."

Himmelfix, ich und meine Anordnungen! Der niederträchtige Fetzenhändler ließ sich natürlich die Gelegenheit, mich mit meinen eigenen Weisungen zu schikanieren, nicht entgehen. „Schon gut, vielen Dank, Theo. Ich bin gleich munter." Ich setzte mich ruckartig auf und bumste natürlich schmerzhaft mit dem Kopf gegen das niedrige Schwalbennest über meiner Koje. Das verbesserte zwar meine Stimmung nicht, aber die Tränen schwemmten wenigstens meine Augen halbwegs klar.

Im grauen Morgenlicht rannen Regentropfen über die Scheibe des Seitenluks. Es regnete also noch immer. Langsam registrierte ich weitere Details: Die Maschine lief nicht, also hatten wir noch Wind; es roch nach frisch gebrühtem Kaffee, also hatte sich ein Frühstückskoch gefunden; im Radio wechselten die Sender wie verrückt, also versuchte jemand, einen Wetterbericht zu bekommen. Ich schlüpfte in die Bordschuhe, stülpte mir eine Mütze auf, um mir das Frisieren zu ersparen, und arbeitete mich ächzend aus der engen Kabine.

Eugen hantierte in der Kombüse. „Magscht 'n Muntermacher, Karlemann?"

„Wasch hascht . . . Was hast du denn zu offerieren?"

„A kalt's Tomatensäftle mit'm Schpritz Wodka, Zitron' und Tabaschco. Dr weckt Dode uf!"

„Her damit! Ich bin tot. Wo sind wir denn?"

Vom Kartentisch gegenüber meldete sich Willi: „Am Südzipfel von Istrien. Bevor es hell wurde, hat Theo noch die Feuer von Hrid Porer und Albanez gepeilt. Die müssen ziemlich dicht vor uns sein. Die Sicht ist leider nicht besonders, wegen dem Regen. Sag, Karl, kann man zwischen den beiden Leuchttürmen durchsegeln?"

„Wie du dich vielleicht erinnerst, ist das eine Prüfungsfahrt. Deshalb gebe ich dir die Frage zurück: Kann man durchsegeln? Du sitzt an der Karte und bist heute Navigator. Also?"

Er nahm eine Lupe aus der Tischlade und begann, die Gegend von Kap Kamenjak offensichtlich nach Fingerabdrücken zu untersuchen.

„Du brauchst mir das nicht zu melden, Willi. Wenn die Passage frei von Untiefen ist, segel einfach durch, wo du magst. Halte aber zur Sicherheit eine Kabellänge Abstand vom Leuchtturm." Ich hielt Eugen das leere Glas hin und bat um eine neue Füllung. Dann steckte ich den Kopf kurz aus dem Niedergang in den Regen, um mir das Waschen zu ersparen. Laszlo grinste mich vom Steuer her an. „Na, gut geschlafen, Skipper?“

„Danke, bestens, wie ein Engel. Wie fühlst du dich?“

„Wie Abraham am Morgen nach seiner zweihundertfünfzigsten Geburtstagsfeier. Aber ich werde gleich nach dem Frühstück auf meine Matratze sinken und bis Mittag durchschnarchen. Fragst du mal in der Küche nach, ob vielleicht schon Kaffee fertig ist? Dann halte ich noch ein paar Minuten durch.“

Meine Nase war feucht, das reichte als Morgentoilette, also zog ich mich in eine gepolsterte Ecke der Salonbank zurück. Eugen deckte den Tisch, verteilte Tassen, Teller und Besteck. „Magscht Eier, Karlemann? Gekocht, gebraten, gerührt, auf Speck oder Schinken? Oder ä Schüssele von Willis Vogelfutter? Der Kerle hent a Bottich davon zusammeg'mischt, ohne daß ihm des wer ang'schaffe het.“

Es konnte nicht schaden, auch einmal die Gesundheitspartei des armen Willi zu ergreifen. Wenn ich als Prüfer so tat, als ob es mir schmeckte, ließen sich vielleicht auch die anderen zu einem Versuch verleiten. Mutig entschied ich mich für ein cholesterinfreies, vollwertiges, ballaststoffreiches Kraftfrühstück.

Eugen stellte mir kopfschüttelnd die Schüssel mit einem Brei hin, der in der Hauptsache aus Joghurt, Haferflocken, diversen Körnern, Nüssen und Trockenfrüchten zu bestehen schien. Willi stieß ein triumphierendes Schnauben aus und turnte mit dem Peilkompaß an Deck. Das Zeug schmeckte gar nicht mal so übel . . . Da blieb mir das Herz stehen: Durch die Seitenfenster starrte ich auf nasse, bemooste Felsen!

„Seid ihr verrückt?“ Die Breischüssel flog irgendwohin, als ich in Panik an Deck schoß. Wir waren ganz dicht am Albanezriff, der Leuchtturm war zum Greifen nahe, ich konnte blühenden Rost unter aufgeplatzter Farbe auf dem Eisengeländer erkennen. Ich hielt den Atem an und stand wie versteinert da. Im von den Steinen zurückbrandenden Schwell zogen gierig nach unserer Flanke greifende Felszacken rasch vorbei. Dann wurde das helle Wasser wieder dunkel, und die erschreckend hoch über uns aufragende Leuchtfeuerkonstruktion blieb achteraus zurück.

„Pffff!“ Erleichtert ließ ich den angestauten Atem entweichen.

„War das nicht wahnsinnig spannend?“ rief Willi. „Das ist ein W. O., was? Auf den Meter genau. Genauer geht's nicht mehr! Die Zeit hab' ich auch gestoppt . . .“

Ich fuhr herum, um ihn zu erwürgen. „Sag, bist du von allen guten Geistern verlassen, du Wahnsinnsknabe? Habe ich dir nicht gesagt, halte mindestens eine Kabellänge Abstand von den Felsen?"

„Na, hab' ich doch!" Er wies stolz auf unser Kielwasser, das sich jetzt mit der Brandung am Riff mischte. „Wie lang ist denn so ein Kabel? Die längsten Elektrokabel, die wir im Spital haben, sind fünf Meter lang. Na, und ich war sogar doppelt so weit vom Leuchtturm entfernt, weil mir deine Kabellänge etwas knapp vorkam. Das war gekonnt gemacht, wie?"

Verzweifelt und kraftlos sank ich auf die Bank, weinte in meine Mütze und schluchzte: „Laszlo, bitte erklär' du ihm, wie lang die Kabel sind, die wir in der Seefahrt meinen. Ich kann nicht mehr! Dieser Poppenwimmer macht mich fertig!"

Nach diesem dramatischen Auftakt verlief der Rest des Frühstücks gemütlicher, wenn auch sehr ruhig, denn die anderen Messegäste hatten faltige und ständig zufallende Augen wie alte Schildkröten und schaufelten ihre Portionen blicklos in sich hinein, um nur schnell in die Kojen zu kommen. Wir hatten freie See vor uns bis zur Insel Susak und konnten sogar den Autopiloten einschalten. Es reichte, wenn ein Mann der Wache ab und zu für einen Rundblick an Deck huschte, um nach eventuell unseren Kurs kreuzenden Dampfern auszuschauen, die nach Rijeka wollten oder von dort kamen.

Nachdem die Freiwache in ihre Schlafsäcke gekrochen war, blieb ich mit Eugen und Viktor zurück. Laszlo, der behauptete, für diese Wache eingeteilt zu sein, hatte ich auch schlafen geschickt, weil ihm der Kopf alle paar Minuten kraftlos vor- oder zurückkippte und ich ihm eine Halswirbelverletzung ersparen wollte.

Es gab nicht viel zu tun. Wettermeldungen waren keine empfangen worden. Eine Nachricht von Admiral Barawitzka, gesendet gegen Mitternacht, schrieb als nächsten Flottentreffpunkt den Hafen der Insel Susak vor. Der lag noch weit voraus. Wir waren offensichtlich durch unsere vielfachen Hafenmanöver zur Nachhut des Geschwaders geworden. Eine Logbucheintragung von Sepp besagte, daß die meisten Decksluken tropften und nicht mehr fest zu schließen waren. Ich sah mir das an. Keine Chance auf Reparatur. Die meisten Verschraubungen waren abgebrochen. In den Kabinen hatten sie schon Handtücher in die Fugen gestopft, aber viel half das nicht. Um wenigstens den Salon trocken zu halten, pumpte ich mit Eugen das Schlauchboot auf und stülpte es als Regenschutz über die beiden Kajütluken. Das erwies sich sogar als recht gute Erfindung, denn jetzt konnten wir sie offen lassen und erhielten frische Luft unter Deck.

Während Eugen das Frühstücksgeschirr spülte, bastelte ich am Navigationstisch eine neuartige Wachwechselscheibe. Bei der zahlreichen Crew konnte ich eine Langfahrteinteilung mit drei Wachen zu je zwei Mann und einem Springer treffen, wie sie sich seinerzeit im Indischen Ozean auf dem Taiwanklipper so bewährt hatte. Damit ich für dieses komplizierte System nicht jeden Tag die Einteilung neu austüfteln und schreiben mußte, schnitt ich eine tellergroße Kartonscheibe aus einer alten Bierschachtel und teilte sie mit dem Winkelmesser in sieben Felder zu je zirka 51° ein. Dann schnitt ich eine zweite, kleinere Scheibe, teilte sie ebenfalls nach demselben System in Felder auf, bohrte mit dem Stechzirkel in der Mitte ein Loch und steckte die beiden Teller mit einem Splint drehbar zusammen. In die außen vorstehenden Felder der großen Scheibe trug ich die Namen der Mannschaft ein und auf je zwei der Felder der kleineren Scheibe die verschiedenen Wachzeiten: 24 bis 4 Uhr, 4 bis 8, 8 bis 12 und so weiter. Das übrig bleibende siebte Feld strich ich rot an und schrieb quer darüber „Smut".

„Hano, was baschtelst denn, Karlemann? Was soll desch werde?" fragte Eugen neugierig.

„Ein ewiger Wachkalender für drei Wachen mit Springer. Langsam müssen wir ja in Langfahrtroutine kommen und mehrere Tage vierundzwanzig Stunden segeln, ohne daß es nach jeder Nacht bei uns aussieht wie auf dem Dampfer DORNRÖSCHEN. Wenn ich hier die kleine Scheibe verdrehe, sind automatisch sechs Mann für drei Wachen rund um die Uhr eingeteilt. Der siebte ist Smutje für diesen Tag. Zu Mitternacht drehe ich um ein Feld weiter, und der Smut ist in der nächsten Wache. Dafür bleibt von der letzten Wache einer übrig, der jetzt die Mahlzeiten zubereitet, sonst aber den ganzen Tag Freiwache hat und sich erholen kann. Ich stelle jetzt deinen Namen auf Smutje ein, also kannst du dich nach dem Abwaschen hinlegen. Viktor, ich und er einarmige Bandit da oben, der Autopilot, wir steuern euch schon sicher nach Susak." Ich sah zu ihm hinüber und fragte erstaunt: „Und was machst du da? Was soll der Schaumberg?"

Eugen rührte etwas ratlos in schon brusthoch aus den Abwaschwannen hochgestiegenem Spülmittelschaum herum. Er sah so verblüfft drein wie ein Junge mit einem Chemiekasten, dem ein Experiment danebengegangen ist. „Dieses verdammte Zeug will nicht abrinnen. Das schäumt ja ärger als Haarshampoo!“ Die Flocken flogen ihm schon über die Schulter, und je mehr er mit dem Schwamm darin herumdrückte, um so ärger wurde es.

„Du hast zuviel Spülmittel hineingegeben. Alter Fehler von Anfängern an Bord. Hör auf, das noch umzurühren. Laß es in Ruhe, bis es zusammengesunken ist, und spül es dann später mit Seewasser weg. Leg dich jetzt endlich schlafen!“

Aber er war angeblich putzmunter und wollte uns Gesellschaft leisten. Wir erzählten ein paar Witze, aber dann wurde der Wachdienst langweilig. Seesegeln im Nieselregen ist ebenso nervtötend, wie bei Schlechtwetter in einer Berghütte auf bessere Zeiten zu warten.

„Wie wärsch mit 'm Kartespielche?“ schlug Eugen vor. „Kennt ihr Groll und Ärger?“

„Das schon, allerdings in Verbindung mit gedankenlosen Manövern angehender Yachtskipper. Aber von mir aus, spielen wir was, damit die Zeit vergeht. Wenn du mir erklärst, wie es geht? Ich mag allerdings nur die französischen Karten, bei den deutschen mit Eichel, Blatt und so kenne ich mich nicht aus.“

„Ä ganz gewöhnliches Paketle Patiencekarte brauche mer dazu. Da in der Tischlade ischt eins. Also, Karlemann, paß uff! Desch is a Grschoppespielche – ein Kinderspiel.“

Das war mir nur recht, denn ich bin kein berühmter Kartenspieler. Ich kann mir nie merken, welche Karten ich schon ausgespielt habe, welche Farbe Trumpf ist und daß Buben einen geringeren Stichwert haben als Könige.

Eugen mischte, zählte mir vier Karten verdeckt und eine fünfte aufgeschlagen auf den Tisch, dann noch fünf, die ich in die Hand nehmen sollte. Sich und Viktor teilte er die gleiche Menge aus und legte den restlichen Packen mit dem Rücken nach oben hin. „Hano, los geht's! Wer ä As hat, kann anfange un es am Tisch auflege. Dann legt ihr wie bei Patience weiter in der richtigen Farbe ab, einen Zweier, Dreier und so weiter. Dasch geht bis zur Dame, dann kannscht du die Reih' zusammeschiebe und ablege. Der Könich ischt Joker, den könnt ihr verwende, wo ihr wollt. Ihr müßt als erschtes versuche, die aufg'schlagene Kart' loszuwerde, indem ihr euch ä Reih' aufbaut, bis 'r se dranlege könnt. Gewonne hat, wer koi Kart' mehr hat! Ihr müscht allerdings jedsmal ei' Kart' ablege un soviel vom Paketle da aufnehme, damit'r imme fünfe in de Hand hent! Verstande?“

Mir war das absolut nicht klar, aber um ihm eine Freude zu machen, spielte ich mit. Auch Viktor griff nach den Karten, obwohl er sicher kein Wort verstanden hatte. Aber er war ein alter Ministeriums-Café-Kartenklopfer und erfaßte schnell, was die Groll-und-Ärger-Regeln vorschrieben. Auch ich merkte bald, wie's gemeint war. Er legte ein Treff-As ab. Ich hatte als aufgeschlagene Karte einen Treff-Buben. Also mußte ich versuchen, die Treffreihe aufzubauen, mit gezogenen Karten und Königen als Jokern, bis ich den Buben dazulegen konnte. Das ging ziemlich rasch. Eugen legte noch ein Pik-As ab, Viktor ein Karo-As. Ich hatte zwei Herz-Asse, hob immer die richtigen Karten ab, brachte den Buben an, drehte die nächste verdeckte auf, eine Herz-Zwei . . . Traumhaft! Weg war sie und auch die nächste und die nächste.

„Gewonnen!" verkündete ich stolz. „Das ist ja ganz lustig, aber nicht aufregender als Patience. Wo bleibt der Groll und der Ärger?"

Eugen grinste. „Desch war nur a Probeg'schpielche! Ich het de Karte g'habt, um dir d' aufgebaute Reihe für d' Treff-Bube zuzumache un zusammenzuschiebe. Dann wärscht dag'stande mit deine Karte wie Bürgermeischter Hempel mit d' vollg'schissene Hos'! Des kommt beim zweite Schpiel! Jetzt werd' gemein un boschhaft g'schpielet!"

Ich mischte, teilte die Karten aus und erfuhr nun, wie man sich ärgern und grollen kann, wenn man schon den Sieg vor Augen hat und einem ein hundsgemeiner Hundsfott mit satanischem Grinsen seine eigenen Karten unterjubelt, die Reihe selber benützt, fertig legt und zusammenschiebt.

Meistens fluchte ich, und Eugen grinste. Aber ein paar Mal erwischte ich ihn doch mit teuflischer Genugtuung, blockierte hinterlistig seine Aufbaureihen und lernte so auf diese Weise eine Menge schwäbischer Schimpfwörter. Es waren die von der ordinäreren Sorte, denn das Spiel, das er uns da beigebracht hatte, weckte wirklich in jedem Menschen die niedrigsten und gemeinsten Instinkte.

(Um dem erbosten Leserbrief eines Segelpuristen zuvorzukommen, daß wir leichtfertig die Sicherheit auf See durch ausguckloses Autopilotieren während des Kartenspiels gefährdet hätten: Wir spielten am Kartentisch, und einer steckte nach jeder Runde den Kopf zum Rundblick aus dem Niedergang. Wir sahen nie etwas anderes als graues Meer, niedrige, graue Wolken und ein nasses Deck.)

Als wir gegen Mittag und nach viel Groll und Ärger die regentrüben Weinterrassen von Susak querab hatten, schlug ich vor, ohne die noch Schlafenden anzulegen. Wir rollten die Segel weg und motorten in den kleinen Hafen. Eine einzige Yacht lag einsam an der Mole, die KAISERPILS. Viktor brachte uns sauber längsseits, stoppte mit Gegenschub geschickt einen halben Meter neben der Mauerkrone, ich lief mit der Vorspring, und Eugen hielt den großen Kugelfender zwischen Bug und Mole. Kaum war das Ende an einem Poller belegt, dampfte der Hofrat ganz sachte ein, und ich spazierte gemächlich herzu, um seine Achterleine entgegenzunehmen.

„Gratulation! Wenn du das der Prüfungskommission übernächste Woche so gekonnt vorführst, wirst du bestimmt nicht ausgepfiffen werden. Das war sauber und umsichtig gemacht. Reich mal den Manöverschluck herum, und danach wollen wir uns informieren gehen, wo der Admiral steckt."

Das war einfacher gesagt als getan. Die KAISERPILS lag mit geschlossenen Luken wie ein Geisterschiff an der Mole. Auf unsere Rufe antwortete niemand.

„Wart emol!" Eugen beugte sich vor, kletterte an Deck und hielt sein Ohr an die Kajütwand, wie ein Indianer an einem Schienenstrang in der Prärie lauscht, um zu hören, ob ein Dampfroß kommt. „Da schnarcht so en Seckel, als müscht' er einen ganzen Wald umsägen!" meldete er. „Nee, da schnarche zwoi!"

Wo es schnarcht, da sind auch Leute, als zogen wir die Türbretter aus dem Niedergang und stiegen in die Kajüte. In der Lotsenkoje sägte ein kahlköpfiger Buddhistenmönch Bambusstangen zu Scheiben, zumindest hörte sich das so an. Ich rüttelte ihn. Keine Reaktion. Ich stieß ihn. Nichts. Ich kitzelte seine nackten Fußsohlen mit einem Strohhalm aus der Kombüse. Kung Fu rührte sich nicht. Wie bei einem Yogi war sein Körper gegen alles abgehärtet. Sein Karma – oder wie sie im Fernen Osten den inneren Schweinehund nennen – ging wahrscheinlich irgendwo am Himalaya spazieren.

„Ich fürchte, ich muß zu stärkeren Torturen greifen", sagte ich zu Eugen. „Füll den Kaffeefilter mit Wasser und reich ihn mir. Die chinesische Tropfenmarter soll ganz fürchterlich sein."

Ich hielt den Filter über Kung Fus Stirn und ließ die Tropfen auf seine Nasenwurzel fallen. „Angeblich wird man verrückt, wenn man diese Marter längere Zeit ertragen muß", teilte ich dem Schwaben mit, der mir neugierig zusah.

„Dann hilft desch net", grinste der. „Denn dr Buddhistenkerle is' bereits total verrückt!"

Eugen hatte recht. Auch die chinesische Marter beeindruckte den

Skipper der Kaiserpils nicht. Er lag seelenruhig auf seinem immer nasser werdenden Aufblaspolster … Aufblaspolster, das war's! „Jetzt paß auf, ich zeig' dir eine todsichere Weckmethode!" Ich zog den Stöpsel aus dem Ventil. Mit erst kräftigem, dann immer leiser werdendem Zischen entwich die Luft, und Kung Fus Kopf sank mit dem dünner werdenden Polster herunter. Als er flach lag, riß er urplötzlich die Augen auf, rieb sich das Gesicht und setzte sich verwirrt auf.

„Tollesch Ding!" sagte Eugen anerkennend. „Das funktioniert ja besser als die Posaunen des Jüngschten Tages."

Kung Fu hatte eine verbale Order der Admiralität für uns: B. A. war gleich weitergefahren, weil die Lichtmaschine der Hopfenperle ihre Ladetätigkeit aufgegeben hatte und weder durch Reparaturversuche noch gutes Zureden zu bewegen war, sie wieder aufzunehmen.

„Barawitzka will schauen, ob er in Mali Losinj eine Werkstatt findet", berichtete Kung Fu und verbog seine Arme nach allen Richtungen in einer Art chinesischer Gymnastik. „Eventuell muß er bis Zadar laufen, aber ohne Lichtmaschine will er nicht weitersegeln. Heute morgen hatte er bereits leere Batterien. Westermayer ist mit ihm gesegelt. Sie haben kein Wasser und kein Gas mehr. Das heißt, sie haben gar keines gehabt. Das ist irgendwie in Portoröz übersehen worden. Außerdem hat ihr Autopilot den Geist aufgegeben, und auf Langstrecken möchte Giselher nicht ohne fahren." Kung Fu stöhnte leise auf, weil er die linke Hand so weit auf den Rücken verdreht hatte, daß es in allen Gelenken knackte. Als ob es völlig normal sei, daß sich jemand während einer Unterhaltung die eigenen Knochen bis zum Brechen verbog, fuhr er gelassen in seinem sanften Priesterton fort: „Um uns nicht bei unserer Ausbildung zu behindern, möchte B. A. nicht, daß wir ihm folgen, sondern wie geplant weitermachen und ihn in zwei Tagen in der Marina Kremnik treffen. Das ist eine Bucht in der Nähe von Primösten …"

„Danke, kenn' ich, war schon dort. Segeln wir gemeinsam los?"

„Ausgeschlossen!" Der buddhistische Skipper zeigte zum ersten Mal Anzeichen von Gemütsbewegung. „Meine Leute sind total fertig von der letzten Nacht. Schwester Cleopatra hat uns allen einen Ruhetag verordnet und Schlaftabletten verteilt. Vor heute nacht laufen wir auf keinen Fall aus. Denn wir haben da oben in dem ersten Restaurant ein spezielles Fischessen bestellt. Wollt ihr nicht auch bleiben, euch ausschlafen und mit uns anständig essen? Ich kann hinauflaufen und noch ein paar Gedecke dazu bestellen."

„Danke, wir sind alle wohlauf und recht zufrieden mit der Bordküche. Wir segeln einstweilen weiter." Ich nahm ihn bei der Schulter und sah ihm forschend ins Auge. „Du läßt dich doch nicht von dem Trio der drei Krankenhausgrazien unterbuttern, nicht wahr? Hat dich Cleopatra schon Escamillo genannt?"

Er machte große Augen. „Nein. Warum fragst du?"

Ich boxte ihn freundschaftlich in die Rippen. „Weil das der Moment ist, ab wann es für dich sehr gefährlich wird. Dann hat sie's auf dich abgesehen. Und sie ist imstande, einen Mann mit Haut und Haaren von sich abhängig zu machen, als wäre sie Rauschgift. Sie war die schönste, aber auch die gefährlichste See-Amazone, mit der ich je segelte. Halt die Ohren steif, Shaolin-Mönch!"

„Mach dir keine Sorgen, Karl", sagte er und begleitete uns an Deck zurück. „Wer Yoga so wie ich beherrscht, den kann nichts aus der Ruhe bringen. Auch nicht, wenn diese Cleopatra ..." Er verschluckte sich kurz. „Wenn sie nichts dabei findet, zum Zähneputzen splitterfasernackt durch den Salon zu laufen."

Als Eugen die GOLDFASSL wieder aus dem Hafen steuerte und ich die Leinen versorgte, schaute ich dahin zurück, wo die schmale gelbe Gestalt uns nachwinkte. Du paß nur auf mit deinem Yoga, dachte ich mir. Cleo sammelte gerade leicht verdrehte oder absonderliche Typen mit Vorliebe.

Auch ich hatte mal auf ihrem Einkaufszettel gestanden und kannte ihre Unart, ihren prachtvollen Körper bedenkenlos zur Erfüllung ihrer Wünsche einzusetzen. Ich hatte schon knochenhart abgebrühte Seefahrer einfach das Bewußtsein verlieren gesehen, wenn Cleo ihre Naturschätze einölte und nahtlos zum Sonnenbad an Deck ausbreitete.

„Sag, das mit dem Luftablassen hat ja bestens gewirkt", meinte Eugen Ohnesorg. „Wo hast du den Trick her?"

„Aus der Zeit, als wir Buben noch mit Paddelboot und Zelt die Donau unsicher machten. Da schliefen wir nur auf Gummimatratzen und haben einander so geweckt. Frag mich nicht, wieso das funktioniert. Wenn man einem hartnäckigen Schläfer das Kissen wegzieht, ist es nicht dasselbe. Es wirkt nur, wenn man die Luft abläßt. Aber wie wär's mit einem Käsebrot und einer Dose Bier?"

„Was sagt'r zum Teller Käsespätzle auf schwäb'sche Art?" fragte er zurück. „Ich bin nach deiner Wachscheibe Smut. Vielleicht wachen auch 'n paar von dene Schlafseckel uff, wenn ich Zwiebel röschte und mit ’m Geschirr klappere. Ein Bier serviere ich euch schon vorneweg. He, Hofrat! Magscht du au ä Bierle?“

„Nein, nein, vielen Dank!“ wehrte der ab. „Aber wenn du mir ein schönes Bierchen reichen könntest, wäre das sehr freundlich.“

In Eugens blauen Augen flimmerten Fragezeichen, als er in die Kombüse hinunterstieg.

Am nächsten Morgen hatte die GOLDFASSL bereits voll zur Langfahrtroutine gefunden. Schiff und Mannschaft waren eine funktionstüchtige Einheit geworden, die ihrem Kurs folgte, unabhängig und nur auf sich gestellt wie ein Raumschiff auf seiner Bahn durchs Weltall. Die Wachen hatten sich an den Vier-Stunden-Schlafrhythmus gewöhnt, standen ohne Murren auf, verrichteten die anfallenden Arbeiten und übergaben Schiff und Kurs an die nächsten, bevor sie wieder in ihre Kojen stiegen. Wir hatten diverse Checklisten in der Navigationsecke an die Wand geklebt: Frequenzen und Sendezeiten der Wetterberichte, bereits in Schiffszeit umgerechnet, damit es keine Mißverständnisse gab; regelmäßig von jeder Wache auszuführende Überprüfungen des Bilgenwasser- und Barometerstandes; eine Reparatur- und Neuanschaffungsliste für jene Bootsteile und Ausrüstungsgegenstände, die wir entweder schon zerbrochen, abgedreht, verloren oder noch gar nicht gefunden hatten. Diese Liste wurde allerdings immer länger, denn es war Willi mit seiner Bärenkraft gewesen, der im Übereifer die Lukenverschlüsse angeknallt hatte, bis das Material nachgab. Und er brachte uns nach wie vor WC-Pumpenhebel, Lichtschalter, Türgriffe, Schappverschlüsse und ähnliche Möbelbeschläge, die ihm in den Fingern geblieben waren, als er sie falsch herum bediente.

„Schau nur“, sagte er zu Viktor Trauttmannsdorff, der die Schadensliste führte, „mit welch dünnen Winzigschrauben der Handtuchhalter angeschraubt war. Der mußte ja abbrechen, wenn man ihn anfaßte!“

Der Hofrat warf ihm einen vernichtenden Blick zu. „Yachten sind für normale Menschen konstruiert und nicht für Obelixe und andere Kraftmeier, die an Handtuchhaltern Aufschwünge üben. Geh den Admiralitätsanker stemmen oder schrubb das Deck, wenn du überschüssige Kräfte hast … Halt!“, unterbrach er sich hastig. „Lieber nicht, denn eine Decksbürste hast du schon abgebrochen. Wenn ich in einem Duty-free-Shop so ein Standfahrrad sehe, kaufe ich dir das, und dazu ein paar Dynamos, dann kannst du deine PS nutzbringend einsetzen, und wir kriegen ein famoses E-Werk.“

„Meinst du, daß mein Elektrorasierer dann funktioniert?“ Sepp schaute aus der Baderaumtür. „Und Monikas Haarfön? Den haben wir anscheinend umsonst mitgenommen.“

Laszlo lachte auf. „Das habt ihr tatsächlich. Habt ihr noch nie gehört, daß es auf einem Schiff nur Gleichstromenergie mit 12 oder maximal 24 Volt gibt? Warte, Sepp, ich borge dir mein Naßrasierzeug. Monika muß halt den Kopf ins warme Backrohr stecken, hihi!“

Theo versuchte sich in der Kombüse als Frühstückskoch und fragte ständig, ob jemand wüßte, wo der Kaffeefilter versteckt wäre, das Filterpapier, wo der Zucker, die Milch – er schien mit der Materie gar nicht vertraut.

Wir befanden uns etwa auf der Breite von Zadar im Svednjikanal zwischen den Inselchen Iz und Ugljan, und ich war recht stolz auf unsere nächtliche Leistung. „Wir waren fleißig gestern“, informierte ich die Mannschaft. „Die Logbucheintragungen hören sich an wie der Fahrplan eines Postdampfers: an Ilovik 1700h, ab Ilovik 1745h. An Silba-West 1930h, ab Silba 2015h. An Olib 2230h, ab Olib 2300h. An Ist Sirocka 0030h, ab Ist 0100h. An Pier Veli Rat 0200h, ab 0230h. An Molat 0300h, ab 0330h. An Bozava 0445h, ab 0500h, na, und so weiter: Savar, Iz Veli, Iz Mali, und voraus liegt Sali. Wir haben bisher“, ich nahm die Schadensliste zur Hand, „erst zwei Fender verloren, das Ankergeschirr verbogen, die Backbord-Navigationsleuchte zerditscht und ...“ Ich legte den Zettel wieder weg. „Nein, den in Veli Rat umgefahrenen Duckdalben rechnen wir nicht, der war ohnehin schon morsch. Das ist kein schlechtes Resultat für die zweite Nachtübung. Wie wär's, Freunde, wollen wir in dieser verrückten Postdampfermanier weitermachen, oder habt ihr schon genug Anlegen geübt?“

„Weitermachen!“ rief Theo. „Ich habe erst viermal angelegt und habe das Gefühl, daß ich jetzt dicht vor dem entscheidenden Durchbruch stehe, wenn ihr wißt, wie ich das meine. Vorausgesetzt, daß die anderen auch einverstanden sind, würde ich gern weiterüben. Ich fühle mich jetzt schon viel sicherer, auch bei Nacht und Nebel. Weiß jemand, wo die Butter stecken könnte?“

„Unter de Bodebretter sicher nicht, du Dussel!“ lachte Eugen. „Guck emol in'd Eisschrank! Also, mr macht des Poschtdampferschpiele ä Granatespaß! Jetscht verlier' ich langsam dr Zagheit und getrau' mr scho, zügig und flott anzulege. I bin fürs Weitermache!“

„Aaaah! Pfui Teufel! Was ist denn das? Pfui, scheußlich!“ sprudelte Willi in schrillem Diskant in der Toilette und stürzte mit Schaum vorm

Mund und vorwurfsvoll vorgestreckter Zahnbürste heraus, eine grün-weiß gestreifte Tube schwenkend. „Wem gehört denn diese Zahnpasta? Was ist denn das für ein Zeug? Das schmeckt ja grauenhaft."

Laszlo warf nur einen Blick darauf und lachte schadenfroh. „Das ist meine Rasiercreme. Hat dieselbe Farbe wie meine Antikariespasta, weil beide von derselben exklusiven Herrenkosmetikserie sind. Geschieht dir recht, Willi! Man nimmt nicht ungestraft anderer Leute Tuben ..."

„Oh, pfui!" Willi stürzte an die Waschmuschel zurück und gurgelte kräftig im Wasserstrahl.

„Bin neugierig, ob er das nächste Mal meine Schuhcreme erwischt und mit schwarzen Zähnen zum Frühstück kommt ... Gott der Gerechte! Feuer an Bord! Theo, was treibst du?"

Das war zunächst nicht genau festzustellen, denn in der Kombüse flackerten auf einmal Flammen hoch. Es zischte und prasselte gewaltig, und dicke Qualmwolken breiteten sich schneller aus, als wir an Deck flüchten konnten. In dem Durcheinander gelang es mir im letzten Augenblick, Willi zu umklammern und daran zu hindern, den von der Wand gerissenen Schaumlöscher in Betrieb zu setzen. „Laß das, Willi!" brüllte ich. „Dreh das Ding um Gottes willen nicht auf! Leg's weg! Die Küche ist sonst auf Tage hinaus unbenützbar!"

In den Rauchwolken sah ich über Willis Schulter einen Schemen mit Putzfetzen die Flammen am Herd ausschlagen. „Theo ist nur die Pfanne umgekippt und das heiße Öl in den Kocher geschwappt!" brüllte Sepp. „Keine Panik, ist schon wieder alles gelöscht."

„Willi!" schrie ich nochmals. „Leg den Löscher weg!"

„Schon gut!" sagte er. „Aber ich getraue mich nicht, ihn loszulassen. Ich hab' den Knopf schon gedrückt ..."

„O Gott! Dann geh bitte damit vorsichtig an Deck und halt ihn über die Reling. Wir werden untersuchen, ob wir das rückgängig machen können oder ob wir ihn lieber versenken."

Willi trug den rotlackierten Behälter mit weit vorgestreckten Armen und steifen Schritten nach oben, wie ein Spezialist vom Sprengstoffdezernat eine Terroristenbombe trägt. Zum Glück stellte sich heraus, daß gar nichts passiert war, weil Poppenwimmer ohnehin an der falschen Stelle gedrückt hatte. Als wir damit wieder in die Kajüte zurückkehrten, wischte Theo gerade mit einem Berg Küchentücher eine glibbrige Schweinerei mit Eierschalen vom Boden.

„Koine Eier zum Frühstück", meldete Eugen grinsend. „Dr Leimsieder hent dr Eierbehälter kopfuntr aufg'macht un de Deckele net g'hebbt – und siehste wohl! Da lieget sie all'!"

Das Frühstück wurde ein Triumph für Willi. Denn außer splittrig hartem Weißbrot und einigen schon ganz unansehlich gewordenen Wurstblättchen und glasigen Käsescheibchen – Resten des gestrigen Gelages – gab es nichts mehr aufzutischen außer seinem Vogelfutter.

„Also gut", entschied ich. „Wer absolut nicht die vollwertige Kraftnahrung Marke Vogel Roch futtern möchte ... Ich mache euch aber darauf aufmerksam, daß man davon schön und stark wird. Ich bin ein lebender Beweis dafür, seit ich gestern eine Schüssel verputzt ..."

„Schwindler!" rief Monika. „Ich hab' alles von der Polsterbank gekratzt. Viel kannst du davon nicht gegessen haben."

„Schon gut, wir wollen da nicht so pingelig sein ... Also, wer nicht stark werden will, muß sich gedulden, bis die nächste Wache in Sali auf Dugi Otok anlegt und einen berittenen Boten zum nächsten *pecarna* – zum Bäcker – und zum *mesapromet* – zum Fleischer – schickt. Vielleicht kann man bei der Gelegenheit auch unseren Eierbestand wieder ergänzen. Mir darfst du jedenfalls so einen Napf füllen, Willi. Ich hab' unchristlichen Hunger."

Viktor, Theo und Monika schlossen sich mir an, die anderen stellten sich um den Kartentisch, um die noch zu segelnde Strecke nachzumessen und eine ungefähre ETA (Estimated Time of Arrival) für die cholesterinreichere Brotzeit auszurechnen.

Kurz darauf beschwerte sich Theo, daß die Toilette im Vorschiff verstopft sei. So total, daß sich der Pumpenhebel überhaupt nicht mehr bewegen ließe. Der Hofrat, ein Yacht-WC-Spezialist, untersuchte das WC und bestätigte, daß es ohne Demontage und Reinigung der Schläuche nicht zu reparieren sei. Nun beging ich einen katastrophalen Führungsfehler, der mir mit meiner Erfahrung nicht hätte passieren dürfen: Ich schlug vor, bis Sali „Groll und Ärger" zu spielen, und der Verlierer sollte dann Pumpe, Ventile und Schläuche reinigen müssen.

Muß ich noch erwähnen, daß ich es war, der kein einziges Spiel gewonnen hatte, als uns in Lee der Fischfabrik in der Hafeneinfahrt von Sali ein umwerfendes Odeur anwehte und erbleichen ließ?

Ich glaube, ich wurde auch bleich, als ich die Abwesenheit der Mannschaft, die sich am Einkauf beteiligen oder die Beine vertreten wollte, zur Reparatur des verstopften Klosetts nutzte. Es war nur gut, daß ich Segeln nicht in einem Kurs, sondern von der Pike auf und dadurch jede Art von Drecksarbeit kennengelernt hatte. Dann aber wurde ich rot vor Wut, als ich im Spüleimer das zähe, unzerstörbare Material untersuchte, das ich mit zurechtgebogenen Drahthaken aus dem Schlauch gezogen und aus den Pumpenventilen gekratzt hatte.

„Guck, wasch mr alles bekomme habe!" lachte Eugen eine halbe Stunde später und stellte Papiersäcke und Einkaufstaschen am Salontisch ab.

„Und guck mal, was ich gefunden habe!" Ich deutete auf eine niedliche Plastikdose am Tisch. „Wem von euch gehört dieser letzte Schrei der Hygieneindustrie?" Ich las vor: „Hakle feucht, das immerfeuchte Hygienetüchlein. Sanfter und pflegender als übliches Kreppapier, das Nonplusultra moderner Sanitärforschung." Ich musterte die zurückgekehrte Mannschaft mit meinem finstersten Blick.

„Ach, hast du's ausprobiert?" fragte Willi unschuldig. „Ist das nicht wahnsinnig sanft und toll? Um Häuser besser als Papier, weil's nicht reißt oder aufweicht ..."

Ich hoffte, genügend bösartig zu klingen, als ich ihn daraufhin angrollte: „Ich hab's nicht ausprobiert, ich hab's Stück für Stück aus dem zerlegten Pumpklo gezerrt! Unzerrissen und unaufgeweicht, in ganzen Stücken, weil es alle Ventile verstopfte. Sag selbst, Poppenwimmer, was sollen wir mit dir machen? Kielholen, an die Rah knüpfen, teeren und federn oder den Inhalt dieser Schachtel auffressen lassen?"

Es dauerte eine Weile, bis er begriff, was er da angerichtet hatte. Dann fiel er in sich zusammen und biß sich auf die Lippen. „Ich werd's putzen ..."

„Das hab' ich leider schon getan. Aber wenn du noch mal so ein feuchtes Hygienewunder ins WC stopfst, du hirnloser Gockel, dann ..." Ich beendete den Satz nicht, ließ die angestaute Luft ab und wandte mich an den Navigator der nächsten Wache: „Wenn wir jetzt weiter die Ostküste der Insel Kornat entlangfahren, werden die Häfen seltener. Ich schlage deshalb vor, daß wir unseren Kurs auf Südost ändern, der Wind hat ohnehin zurückgedreht, und zur Festlandküste hinüber laufen. Da gibt es Kais und Molen im Überfluß. Also los, ihr Burschen! Der Postdampfer kann nicht überall so lange liegen bleiben."

Sie nickten, und ich fuhr fort: „Nachdem der Regen aufgehört hat, werden wir außerdem unterwegs Boje-über-Bord-Manöver üben. Und zwar so lange, bis jeder von euch eine Wende von einer Halse unterscheiden kann. Denn da sind einige noch nicht ganz sattelfest, wie ich vorhin beim Reinsegeln in die Bucht bemerkt habe."

Der Postdampfer war wieder unterwegs, diesmal unter dem Kommando Viktors, der die Gelegenheit wahrnahm, zur Abwechslung einmal seinen Navigator Laszlo zu schikanieren.

„Wo hast du eigentlich segeln gelernt, Karl?" fragte Wolpertinger, als wir in einer auffrischenden Raumbrise durch das unübersichtliche Inselgewirr zwischen Lavrada, Sit und Zut gurgelten. Eine Seegegend, die mich stark an die schwedischen Schären erinnerte, auch wenn hier die Seekiefern und eigentlich jede Art von Vegetation fehlten.

„In Westindien, in Barbados, wohin mich meine Exportfirma als jungen Spund versetzte. Ein freundlicher Nachbar stellte mir seinen 16-Fuß-Kimmkieler zur Verfügung, natürlich ohne Maschine, Instrumente oder ähnliches. Aber ich konnte darauf schlafen und an den Wochenenden Riffe, Küste und Buchten der Insel erkunden. So lernte ich auf die unbekümmerte Art segeln, ohne Schule oder reichbebilderte Fachliteratur. So nach der Naturmethode: ‚Wenn's schiefgeht – noch mal anders probieren'. Ich machte im Lauf eines Jahres jeden Fehler, den man nur machen kann. Der kleine Kimmkieler war zum Glück so kompakt und fest gebaut, daß er Dutzende Strandungen, Kollisionen mit Korallenblöcken, Molen, Bootsstegen und alten Wracks ohne Schaden überstand. Das sind natürlich unschätzbare Erfahrungen, die man dabei sammelt. Weißt du, wie gut man sich das merkt, wenn man einen Anker verliert und dann lange sparen muß, um wieder einen zu kaufen? Irgendwie bedaure ich euch, es ist heute alles viel zu sehr kommerzialisiert, geregelt und abgesichert. Für die Engländer im Royal Barbadian Yacht Club war es zwar die Standardwette abends an der Bar, ob ich den Klubsteg mit Boot erreichen oder wieder triefend den Strand entlanggewatet kommen würde, aber sie behandelten mich wie ein vollwertiges Mitglied, ohne eine Miene zu verziehen. Da gab es kein Kichern, schadenfrohes Gelächter oder belehrende Vorwürfe, wenn ich von navigatorischen Katastrophen berichtete. Sie warfen höchstens typisch britische Bemerkungen ein, etwa daß die Brandung an der Luvküste eben nicht unkräftig oder der Ebbstrom vor Sam Lord's Castle nicht untückisch wäre. Für diese Sportsmänner war jeder Segler ein Gentleman – auch ein zugelaufener Alpenländer –, der ganz nach Belieben kentern, untergehen oder stranden konnte, ohne seine Würde zu verlieren."

„Das ist aber bei uns ganz anders“, sagte Sepp kopfwackelnd. „Da stellen die Besserwisser und Klugscheißer den Großteil der Klubmitglieder. Jetzt verstehe ich auch, warum du mit Willi soviel Geduld hast. Das muß für dich eine schöne Zeit gewesen sein, da in der Karibik. Hast du auch die Navigation auf diese Art gelernt?“

Ich lachte. „Da hab' ich Glück gehabt. Im Klub lernte ich einen sehr erfahrenen deutschen Seesegler kennen, einen gewissen Claus Peter Schilsky, der mich dann auf seiner prächtigen KINYA, einer richtigen Hochseeyacht, zu den anderen Inseln der Kleinen Antillen mitnahm. Er lehrte mich Küsten- und Astronavigation, so daß ich später sogar eine Zeitlang als Navigator auf Fischerbooten fahren konnte …“ Ich unterbrach mich. „Moment, wartet mal! Ich muß sehen, was da los ist. Viktor und Laszlo scheinen sich schon wieder kräftig in die Haare geraten zu sein.“ Aus der Kajüte drangen erregte Stimmen.

„Na, meine Herren, worüber könnt ihr euch denn nicht einigen?“ Ich schaute durchs Niedergangsluk hinunter.

„Der Herr Kommerzialrat sollte bei seinen Hosen und Hemden bleiben“, ärgerte sich Viktor. „Er will mir einreden, er könne keinen exakten Standpunkt errechnen, weil ich beim Steuern Serpentinen fahre. So eine dumme Ausrede!“

„Der Herr Hofrat sollte lieber bei seinen Akten bleiben, als ein Steuer in die Hand zu nehmen!“ rief Rosenstein aufgeregt. „Es muß an seinem Schlingel-schlangel-Steuern liegen, daß sich die Schnittpunkte meiner Peilungen meist an Land befinden!“

„Na, dann tauscht doch für ein paar Minuten eure Posten“, schlug ich salomonisch vor. Laszlo übernahm zynisch lachend das Ruder, und Viktor griff zum Peilkompaß. Ich konnte mir schon denken, was los war, denn ich hatte den Peilkompaß spaßeshalber mit dem Steuerkompaß verglichen.

Viktor peilte, zeichnete und kratzte sich die silbernen Schläfen. „Nun, wo bist du?“ fragte ich ihn.

„Da stimmt was nicht. Wir können nicht jenseits der Insel Gagarol segeln. Wir sind hier auf dieser Seite.“

„Da gebe ich dir recht. Ein Vorschlag: Huks und markante Landzungen hast du hier zum Schweinefüttern. Mach eine Doppelwinkelpeilung, die ist genauer als eine Kreuzpeilung.“

„Gute Idee.“ Der Hofrat holte sich den Plastikoktanten und begann, ihn waagrecht haltend, mit der Alhidade herumzuschwenken und daran zu schrauben. Der von der Sommersonne ausgeglühte und von der Winterbora kahlgefegte Buckel von Gargarol blieb achteraus zurück.

Nach einer Viertelstunde schrie Laszlo: „Wohin soll ich also steuern, verflixt noch mal! Wie lange brauchst du denn für so eine blöde Winkelpeilung? Wenn alle Beamten in deinem Ministerium so flink sind wie du, dann wundert's mich nicht, daß bei uns in Österreich die Uhren langsamer gehen als sonst in Europa!"

Viktor fuhr mit gebleckten Zähnen herum. „Halt, halt!" bremste ich ihn. „Erst kommt die Navigation, dann das anregende Gespräch unter Freunden ..."

Er schüttelte den Oktanten grimmig. „Das ist ein Mistzeug! Zwei Landmarken sind einfach nicht zur Spiegelung zu bringen ..."

„Hm! Wer hat dir denn diese Meßmethode beigebracht?"

„Niemand. Im Skriptum steht's. So wie in den Büchern, daß man einfach zwei Kirch- oder Leuchttürme zusammenspiegelt ..."

„Ich weiß, daß das in den Büchern steht, seit vielen Jahrhunderten wahrscheinlich. Das schreibt immer einer vom anderen ab. Vom hohen stabilen Deck eines Dreimasters aus lasse ich mir das vielleicht noch gefallen. Aber auf einer Yacht wackelt es zuviel."

Viktor starrte stirnrunzelnd auf das Winkelinstrument. „Aber wie mißt man dann diese Winkel? Wozu bringen sie uns Doppelwinkelpeilungen bei, wenn man sie nicht messen kann?"

Jetzt hörten auch die anderen an Deck interessiert zu. „Ich schlage dir eine andere Methode vor. Nimm den Peilkompaß, notier' die Peilzahlen und rechne die Winkelunterschiede aus. Das ist eine einfache rasche Subtraktion. Dabei müssen doch die richtigen Winkelgrößen herauskommen, oder?"

Der Hofrat überlegte kurz, nickte dann und bestellte sich Monika als Schreibkraft. Ich sah ihm zu, wie er an die Seekarte ging, Zirkel und Dreieck griff und eine komplizierte geometrische Aufgabe zu zeichnen begann. Ich stoppte ihn: „Viktor, es ist wunderschön, daß du dir gemerkt hast, wie man das Pothenotsche Problem, die Aufgabe der vier Punkte, löst. Aber wir haben jetzt keine Zeit, durch Komplementärwinkelkonstruktion die Mittelpunkte jener Kreise zu ermitteln, deren Umfang dann der berühmte geometrische Ort aller Punkte ist, von dem aus die Orte A und B unter demselben Winkel gesehen werden. In der Praxis kann man so nicht arbeiten, wir brauchen ganz rasch ein Ergebnis. Welche Mittel stehen dir noch zur Verfügung?"

„Die Zeichnung der Winkel auf Butterbrotpapier, das man dann so lange herumschiebt, bis die Peilstrahlen passen", platzte Theo mit seinem Wissen heraus.

„Dieser Kandidat erhält einen Punkt und ein Paket jugoslawische Kekse", lachte ich. „Aber ich zeige euch eine intelligentere Methode, mit einer Dreifachwinkelmeßscheibe aus Plastik. Die steckt da hinter dem Leuchtfeuerverzeichnis, Viktor. Da stellst du den einen Arm links und den anderen rechts vom festen Mittelarm auf den Wert deiner errechneten Winkel ein. Und dann verschiebst du das Ganze auf der Karte wie bei der Butterbrotpapiermethode. Passen die Peilstrahlen, dann machst du mit dem Bleistift durch das Loch in der Mitte der Scheibe einen Punkt auf der Seekarte. *Voilà*, dein W.O.!"

Der Hofrat griff nach der besagten Scheibe und beugte sich über die Seekarte, umringt von neugierigen Zuschauern.

„Jetzt ramm' ich gleich den Keks da vorn", knurrte Laszlo, „aber der ist nicht aus Butterteig, sondern aus solidem Fels ..."

„Volltreffer!" jubelte Viktor unten. „Sauberer Punkt. Kursänderung auf 145°, Steuermann!"

Laszlo drehte das Ruder mißtrauisch und sah dann verblüfft drein, als der Bug der GOLDFASSL tatsächlich auf freies Wasser zeigte. Viktor kam nach oben und drehte die Scheibe bewundernd in der Hand. „Was ist das für ein Wunderding, Karl? Wo hast du das her? Das funktioniert ja prima!"

„Es ist ein Dreiarm-Transporteur. Im Englischen treffender *station pointer* genannt. Ich habe ihn seltsamerweise noch nie in einem Yachtzubehörgeschäft gesehen. Den verwendet offenbar nur die Großschifffahrt. Diesen da hab' ich aus Newport. Aber hast du auch kapiert, warum deine Messung vorhin falsch war?"

Der Hofrat kratzte sich nachdenklich.

„Na, dann vergleich mal deinen Peilkompaß mit dem Steuerkompaß. Das Ding zeigt gut zehn Grad daneben. Bei der Doppelwinkelmessung spielt das aber keine Rolle, denn die Winkeldifferenzen zwischen fehlweisenden Peilungen bleiben trotzdem immer gleich groß. Deshalb ziehe ich diese Doppelwinkelmethode jeder Magnetpeilung vor. Denn im engen Fahrwasser kann's dann schon passieren, daß du dich zeichnerisch eigentlich an Land befindest. Was mir persönlich zu ungenau ist."

„Also von wegen, ich könnte nicht Kurs halten, Herr Kommerzialrat!" schnauzte Viktor seinen Navigator grinsend an.

Der lachte zurück: „Bist ja selber im Nirgendwo gelandet, Herr

Hofrat! Nimm das Steuer wieder und gib mir diese Scheibe. Ich möcht' das auch mal probieren."

„Platz nehmen zum ersten Mittagessen!" rief Theo von unten. Worauf sich das Deck so schnell leerte, als hätte es schon wieder zu regnen angefangen. Ich war noch nicht hungrig, das heißt, ich machte mir nicht viel aus aufgewärmten Dosengerichten und wollte mir meinen Appetit für den Abend aufheben. Deshalb löste ich Viktor am Steuer ab und schickte ihn zu den anderen.

Aus den an Deck dringenden Fetzen des Tischgesprächs entnahm ich, daß Theo sich offensichtlich bemüht hatte, aber ohne durchschlagenden Erfolg.

„Was ist denn das für eine Suppe?" fragte einer.

„Genau weiß ich's nicht", gab Theo bereitwillig schon wieder eine ehrliche Auskunft. Er hatte mein Gespräch mit Willi über Küchengeheimnisse nicht mitbekommen. „Die Säckchen trugen eine serbokroatische Aufschrift. Aber dem Bild nach muß es Tomatensuppe sein."

„Das kann nicht sein. Tomatensuppe ist rot und eingedickt. Die Schlabberbrühe da ist dünn, schmeckt nach nichts und sieht aus wie Wasser aus alten rostigen Leitungen."

„Vielleicht habe ich ein wenig zuviel Wasser genommen."

„Welche Menge war denn auf der Packung angegeben?"

„Aber das konnte ich doch nicht lesen!"

„Na, dann gib wenigstens Maggi her!" schlug eine andere Stimme vor.

„Haben wir nicht. Auch keine Suppenwürfel, sonst hätte ich die Suppe schon aufgebessert. Aber ich habe Butter reingetan."

„Danke, heißes Wasser mit Fettaugen ist nicht mein Fall. Was gibt's als Hauptspeise?"

„So eine Art Pichelsteiner mit Makkaroni."

„Au fein!" frohlockte Eugen. „Moi Leibspeis'! Her damit ... Hano! Wasch is' denn das für ä Papp?"

„Nun ja", Theos Stimme klang unsicher, „nach der Abbildung auf den Dosen hat's wie Pichelsteiner ausgesehen ..."

Es war Laszlo, der nun ätzte: „Reisklumpen kann ich in dem Gasch ausmachen ..."

Ein Löffel klapperte in einem Topf. „Dazu violette Haut von Melanzani, rote von Tomaten, braune Zwiebelschalen. Sieht mir eher nach einer Art Djuvec aus, lieblos für ungebetene Gäste zubereitet. Der Geschmack ist – kräftig angebrannt wie bei Muttern. Nun, wer's

Laszlo putzte den Inhalt seines Tellers über die Reling ins Meer.

mag? Ich nicht. Gib mir nur vom dazugehörenden Fleisch und den Makkaroni."

„Fleisch?" fragte Theo ganz verzagt. „Ich hab' kein Fleisch. Nach dem Bild dachte ich, das ist schon drin, weil beim Pichelsteiner immer …"

„Aber das ist kein Pichelsteiner!" fauchte Laszlo. „Das Gericht kommt mir überhaupt nicht koscher vor. Eß ich halt nur Makkaroni."

Ein Topfdeckel klapperte, und Laszlo schrie auf: „Himmel, was hast du denn mit den Nudeln gemacht? Das sind ja nur Teigfetzen!"

Theo redete sich auf den Fabrikanten heraus. „Ja, die Nähte der Nudelrollen müssen schlecht verleimt gewesen sein."

„Wie lang hast du sie denn gekocht?" fragte Monika.

„Na, eine Stunde ungefähr …"

„Gott der Gerechte! Die Kochzeit steht doch auf jeder Packung!"

„Aber ich hab' doch schon gesagt, ich kann nicht Serbo…“ Die Stimme des Smutje erstarb. Laszlo erschien mit finsterem Gesicht an Deck und putzte den Inhalt seines Tellers demonstrativ über die Reling ins Meer. Nun klapperte unten Geschirr, und dann kam Theo mit verbissenem Gesicht hoch und schüttete den Topfinhalt ebenfalls zu den Fischen.

Ich überlegte, was Barawitzka wohl jetzt an meiner Stelle getan hätte. Aus dem Hafenhandbuch die nächste Insel mit Restaurant herausgesucht und unter Vollgas angelaufen?

„Skipper, wie weit ist es bis zur nächsten Insel, wo's ein halbwegs vernünftiges Restaurant gibt?“ fragte mich in diesem Augenblick auch schon Laszlo.

Da wehrte sich etwas in mir. Ich hatte einfach keine Lust, als Barawitzka-Epigone angesehen zu werden. Außerdem fiel mir ein, daß man mich ja für einen Zyniker hielt. Also antwortete ich mit unbewegtem Gesicht: „Na, so ungefähr noch 1200 Seemeilen. Vor Donnerstag nächster Woche werden wir kaum Land sehen.“

Laszlo blickte einen Moment betroffen drein, dann wandte er sich grinsend an die hinter ihm stehende Crew: „Unser Chef und Gönner beliebt Scherze zu machen. Er will uns zu verstehen geben, daß dies ein Prüfungstörn ist und wir von ihm keine Auskünfte bekommen, weil wir selber in der Karte nachschauen sollen. Also …“

„Du kannst dir die Mühe sparen, Rosenstein!“ rief ich ihm nach. „Das war kein Witz. Nimm bitte zur Kenntnis, daß ich nicht daran denke, jetzt irgendwo anzulegen. Was bildest du dir eigentlich ein? Du bringst den Smutje mit deinem Lästermaul dazu, nahrhaftes – wenn vielleicht auch nicht gerade besonders wohlschmeckendes Essen für acht Personen über Bord zu schmeißen, und forderst nun die Crew zur Meuterei auf? Du möchtest Dutzende von Anlegemanövern üben, willst aber Theo keine Chance geben, noch einen zweiten Kochversuch zu machen? Pfui! Obwohl Kochen nicht auf dem offiziellen B-Schein-Lehrplan steht, gehören doch Grundkenntnisse darin sicherlich auch zur Küstenschifferausbildung. Wer noch ein Wort über einen Gasthausbesuch verliert, erhält einen Minuspunkt. Mann-über-Bord-Manöver waren angesagt. Und die werden wir jetzt üben, während Theo sich nochmals an den Herd stellt. Also los, Eugen, du gehst als erster ans Ruder, und ich werfe dir eine Boje. Alle Mann auf die Plätze! Aber ein bißchen flinker, wenn ich bitten darf! Das ist eine Prüfungsfahrt und kein Vergnügungstörn.“

Jetzt bewegten sie sich. Viktor grinste im Vorbeigehen den wie begossen dastehenden Rosenstein schadenfroh an und meinte zu mir: „Höchste Zeit, Skipper, daß du diesen aufgeblasenen Textilhändler einmal auf seine Originalgröße zurückgestaucht hast. Der Herr Kommerzialrat benimmt sich nämlich die ganze Zeit schon so, als wären wir seine Ladenschwengel. So schlecht war dieser Reispilaf gar nicht. Nur ein wenig pikanter würzen hätte ihn Theo können. Ich habe ihm gerade erklärt, daß wir früher auf der HIPPODACKL Dosen nie nur so einfach aufgewärmt haben, sondern immer erst Zwiebel anrösteten und die Fertiggerichte dann mit zerdrückten Knoblauchzehen, Paprika und anderen Gewürzen raffiniert abschmeckten ... Oh, was sehe ich da über die Reling fliegen? Maaaaann über Booooord!“ brüllte er und folgte mit richtungweisend ausgestrecktem Arm dem im Kielwasser zurückbleibenden Fender.

„Auf die Schoten für halben Wind!“ kommandierte Eugen. „Viktor, behalt mr d' Boje im Aug'! Sepp, klar bei d' Bootshake! Dr ander machet sich fertig für ä Halse!“

Die GOLDFASSL und ihre Mannschaft waren wieder zur Ausbildungsroutine zurückgekehrt.

Eineinhalb Stunden später hatten die meisten erfaßt, warum sie von ihren Bordkameraden ausgelacht wurden, wenn sie eine Halse ansagten und dann mit dem Bug durch den Wind gingen, und wie man das berühmte Manöverdreieck zurück zum Fender absegelt. Ich hielt sehr viel von diesen Übungen, nicht nur weil sie im Notfall klappen mußten, sondern weil sie auch ein sehr gutes Gefühl für die Handhabung einer großen Yacht unter Segeln vermittelten.

Dann meldete Theo, daß er gar nicht so üble Spaghetti Bolognese zusammengebracht hatte, und wir brachen die Manöver ab, um zum zweiten Mittagessen Platz zu nehmen. Die Nudeln waren diesmal bißfest, dafür hatte er leider beim Würzen übertrieben. Seine Soße war so scharf papriziert, daß sie auf Zunge und Gaumen brannte und uns die Tränen in die Augen trieb. Aber keiner äußerte sich abfällig. Brav würgten alle ihre Portion hinunter, einige überwanden sich sogar zu einem lobenden Brummen oder anerkennenden Augenbrauenheben, und ein glückstrahlender Theo verteilte dann Bierdosen an überaus dankbare Abnehmer.

„Für die Nachmittagswache hab' ich ein navigatorisches Gustostück!“ verkündete ich bei der Verdauungszigarette. „Nämlich die GOLDFASSL heil durch die trickreichen Untiefen zwischen den Murter vorgelagerten Inselchen und Felsen in den Pirovackifjord zu bringen. Seht euch das auf der Detailkarte gut an und setzt einen Beobachter ans Echolot. Nicht alle der scheinbar offenen Passagen durch diesen Archipel sind befahrbar. Wenn wir durchkommen, führe ich euch abends zur Belohnung in ein ganz spezielles Restaurant in Pirovac. Bei meinem Freund Zrinski gibt es eine reiche Auswahl an Krebsen, Muscheln, Oktopus, Fisch und Fleisch vom Grill und dazu Löwenbräu vom Faß. Ach ja, an die Mole dieses Städtchens müßt ihr uns natürlich auch bringen. Einverstanden, Leute?"

Es gab keine Gegenstimmen.

Sepp und Monika, das diensthabende Skipperduo, bereiteten sich auf ihre Aufgabe recht geschickt vor. Sie überprüften alle Durchfahrten in der Karte mit der Lupe auf eingezeichnete Untiefen oder Hindernisse und wählten dann eine, wo sie mit dem Echolot nur einer durchgehenden Tiefenlinie zu folgen brauchten, um die andere Seite zu erreichen. Das war gut überlegt und ersparte ihnen viel Arbeit mit vorberechneten Kursen, durch x-fache Peilungen zu überprüfenden Wendemarken, Abstandsmessungen und so weiter.

„Wir werden durchsegeln", erklärte Sepp, als er sich zwischen dem Steinhaufen Prisnjak Mali und dem 66 Meter hohen, kiefernbestandenen Mugel von Radelj an die Sechs-Meter-Linie herantastete. „Allerdings lasse ich vorsichtshalber die Maschine mitlaufen, denn der Wind könnte in der schmalen Rinne da drin weniger oder stark abgelenkt werden. Wir halten uns an die Tiefenlinie von Radelj. Ich muß also den Kurs nur nach Backbord ändern, wenn's seichter wird, und nach Steuerbord, wenn's viel tiefer wird. *Nema problema,* wie die Jugoslawen sagen – kein Problem!"

Das hätte er nicht laut sagen sollen. Gerade wenn alles so einfach aussieht, schlägt auf See gerne das Schicksal zu.

„Siehst du den Felsenkeks da vorn, Sepp?" fragte Willi und deutete über den Bug.

„Da gibt's keinen Keks!" lächelte Sepp überlegen. „Vollkommen freie Durchfahrt, ich hab' mir die Karte genau angesehen."

„Aber da ist ein winziges Inselchen. Es steht sogar eine Palme drauf."

„Eine Palmeninsel? Setzt euch bitte hin! Ich seh' nichts." Sepp reckte sich, versuchte links und rechts am Segel vorbeizusehen, stieg dann auf die Cockpitbank und beugte sich weit über die Reling. „Wo ist der Keks?"

„Na, genau da, wo die Rinne eng wird. Da bleibt nicht viel Platz. Du hälst genau darauf zu!"

„Monika!" brüllte Sepp. „Da ist tatsächlich ein Felsbrocken mit einer Palme. Schau in die Karte. Da stimmt was nicht. Wir müssen in der falschen Durchfahrt sein . . . Himmelfix! Jetzt fällt auch noch die Fock ein und verdeckt mir die Sicht!"

„Auf der Karte is' nix! Ihr müßt euch täuschen!" rief Fräulein Navigator von unten. „Sechs Meter, fünf Meter gleichbleibend . . ."

„Oberg'scheidele!" schrie der Schwabe auf. „Mr knalle gleich druff . . ."

„Segel runter, Segel runter!"

Im nächsten Moment herrschte Panik und ein fürchterliches Durcheinander. Ein paar Mann zerrten an den Reffleinen, die Maschine heulte im Leerlauf auf, bis Sepp draufkam, daß er den Kupplungsknopf vergessen hatte, dann erzitterte der Rumpf der GOLDFASSL unter rückwärts arbeitender Schraube.

„Achtung! Die Insel ist ganz knapp an Backbord . . ." Laszlo war auf eine Relingstütze gestiegen und hielt sich an den Wanten fest. „Steuerbord, du Esel! Steuerbord ist rechts . . ." Plötzlich verstummte er und starrte offenen Mundes das Hindernis an, das es eigentlich nicht geben durfte. Aber auch ich riß die Augen auf wie jeder an Bord. Das etwa eineinhalb Meter große, runde braune Eiland, an dem wir nun mit schlagenden, halbgerefften Segeln vorbeitrieben, war aus Plastik und aufgeblasen, ebenso die schwankende, mannshohe grüne Plastikpalme in seiner Mitte. Ein Robinson mit Kopfhörern lag auf dieser modernen Freizeitidylle um den Kunststamm geringelt, die Hand am Steuer seines Elektroaußenborders, und hob nun fröhlich winkend die Hand.

„Bei Jerobeam, ich traue meinen Augen nicht! Das darf doch nicht wahr sein . . ." stieß Rosenstein verblüfft hervor, wollte sich mit biblischer Gebärde die Haare raufen, und in der nächsten Sekunde war die Reling leer. Nur eine aufklatschende Wasserfontäne zeigte an, wohin der Kommerzialrat verschwunden war.

„Mann über Bord!"

Als ich mich blitzschnell nach dem Fahrthebel bückte, um die Schiffsschraube auszukuppeln, sah ich aus dem Augenwinkel einen anderen Kopf ebenso hastig in die gleiche Richtung fahren – und dann nur mehr Sterne. Vor Schmerz knurrend rollte ich mit an die Stirn gepreßten Händen von der Bank, wobei ich seltsamerweise noch

Das Eiland war aus Plastik und aufgeblasen . . .

Zeit hatte, mich über die Konsumfieberblüten zu wundern, die die Freizeitindustrie trieb. So ein Wahnsinn! Jedem seine eigene Aufblasinsel mit Palme!

„Da taucht er auf!“ schrie jemand. „He, Laszlo, hierher! Achtung! Er krault wie wild auf die Insel zu. Er will sie versenken!“

Mit Schuhen, Jeanshose und Windjacke war der Textilhändler aber nicht wendig genug, um das flott davonziehende Kunstriff einzuholen. Nach einer Weile gab er’s auf und schwamm zur Goldfassl zurück. Willi half ihm die Badeleiter hoch.

„Der Kanake auf seiner geschmacklosen Palmeninsel hat Glück gehabt“, keuchend zog sich Rosenstein das nasse Gewand über den Kopf, „daß es schon eine Weile her ist, seit ich noch der gefürchtetste Schnellschwimmer der Wasserballmannschaft von Agudas Biber war. Ich hätte das gottverdammte Aufblasfloß mit bloßen Zähnen zerrissen wie der weiße Hai die Luftmatratze! Gebt mir bitte ein Handtuch her!"

„Nächstens bringen sie aufblasbare Bohrinseln auf den Markt!" empörte sich der Hofrat. „Damit noch mehr Hindernisse auf dem Wasser herumschwimmen. Als ob die Küstennavigation nicht schon gefährlich genug wäre! So ein Wahnsinn, ein motorgetriebenes, täuschend echt aussehendes Palmenriff!"

Eine Stunde später legten wir im letzten Abendlicht am leeren Kai des Dörfchens Pirovac an.

„Das sieht ja aus wie am Ende der Welt", konstatierte Laszlo, als er die abbröckelnden Fassaden und verschlossenen Fensterläden der Häuser bemerkte.

„Dafür werdet ihr um so größere Augen machen, wenn ihr das Restaurant und die Speisenkarte seht. Es geht gleich hier rechts lang. Nur ein paar Schritte."

Ich führte sie vom Kai zwischen die alten Fischerhäuser – und verstummte geschockt! Der kleine Platz gähnte öd' und leer, die Tische waren ungedeckt, die Sessel zusammengestapelt, die Holzläden vor Fenstern und Türen verriegelt. Kein Lampenschein, kein Leben. Der in meiner Erinnerung so einladend gastliche, mit geschäftigen Kellnerinnen, Bratenduft und dem Geklapper von Geschirr und Besteck erfüllte Hof wirkte unbewohnt wie eine verlassene Ruine. Natürlich, die Touristensaison war vorbei. Jetzt gingen die Gastwirte auf Urlaub. Da stand ich aber schön da! Wenn ich Freunden ein Restaurant empfahl, dann empfand ich es immer als persönliche Niederlage, wenn das Essen nicht so gut wie angepriesen war oder wenn das Lokal gar – wie jetzt – geschlossen hatte.

„Traumhaft! Welch gemütliche Taverne! Und die überreiche Speisenkarte, enorm!" höhnte Laszlo. „Fürwahr ein prächtiger Platz. Das wäre wirklich schade gewesen, wenn wir uns den nicht angesehen hätten. Die Adresse muß ich mir merken."

Ich biß mir auf die Lippen.

„So ein Pech! Gibt's hier noch ein anderes Restaurant?" fragte Sepp.

Im Sommer war Zrinski noch das einzige empfehlenswerte Lokal in Pirovac gewesen, ich ging aber trotzdem los in der kindischen Hoffnung, daß in der Zwischenzeit ein zweites Wunderrestaurant aufgemacht hätte. Wir schlichen durch die stillen Gassen, und ab und zu hörte es sich an, als knurre ein Wolf zwischen uns. An den vorwurfsvollen Gesichtern der Mannschaft merkte ich, daß sie mich für die hohlen Mägen verantwortlich machten; aus ihren halblauten Bemerkungen hörte ich eine gewisse Kritik heraus, weil ich stur an so vielen anderen, größeren Häfen vorbeigesegelt sei, wo es sicher offene Restaurants gegeben hätte.

Auf einem kleinen Platz bei der Kirche saßen ein paar Einheimische an einem Tisch vor einem Kaffeehaus. Das sah aber gar nicht nach großer Speisenkarte aus.

„Dobro veče, kapetan!“ Ein unrasierter Mann legte die Spielkarten weg und winkte mir zu.

„Gospodin Zrinski! Da sitzt der Tagedieb beim Tarock! Na, kein Wunder, daß deine Gäste mit knurrenden Mägen vor verschlossenen Türen stehen, wenn du Karten spielst, statt am Herd zu kochen. *Bom di Boga!* Ich habe eine Schiffsladung Freunde mitgebracht und ihnen ein großartiges Abendessen bei dir versprochen, aber du sperrst deinen Laden einfach ab und gehst ins Kaffeehaus. Ist das die vielgerühmte jugoslawische Gastfreundschaft?“

Der Wirt schnitt ein Gesicht und schaute über meine Schulter auf die näherschlendernden Mitsegler. „Jetzt keine Touristen mehr. Frau und Tochter auf Urlaub. Ich allein. Schlimm. Küche kalt. Nichts vorbereitet. *Budala lud!* Was kann man da tun?“ Er kratzte sich seine unrasierten Wangen. „Ihr seid hungrig, wie?“

„Wie ein Rudel Bergwölfe vom Velebit. Gibt's hier in diesem *Kava* was zu essen?“

„Stanko hat nur Getränk. Bier, Wein, Limonade . . . Höchstens Wurstbrot hat er.“ Zrinski kratzte sich wieder die borstigen Wangen. „Hm, kalten Aufschnitt könnte ich euch machen, so Platte mit luftgetrocknete Schinken, Käse, Oliven, Pfefferoni . . . Wenn Bäcker hat noch Brot – hei, Branco . . .“ Zrinski erhob sich, schritt zur Bar und unterhielt sich kurz mit den Männern dort. Als er sich umdrehte und vielversprechend grinste, wurde ich plötzlich wieder zuversichtlich. Aus dem Abend konnte unter Umständen doch noch etwas werden!

Zrinski lachte. „Fisch könnten wir haben, frischer Fang von heute nachmittag. Aber muß ich erst Grill anheizen, Kartoffel schälen, Salat waschen . . .“

Jetzt konnte ich meinen Trumpf ausspielen. *„Dobro!* Hier hast du ein halbes Dutzend Hilfsköche, Kellner und Heizer, die darauf brennen, die Küchentricks der lokalen Gastronomie zu erlernen. Wir sind nämlich auf einem Ausbildungstörn. Fische schuppen und putzen gehört durchaus zu den traditionellen Seemannsarbeiten, so wie Kartoffeln schälen, Zwiebeln hacken und Knoblauch pressen.

Oder", ich drehte mich zu meinen Leuten um, „oder wollen wir lieber weitersegeln und uns von Theo Tomatensuppe kochen lassen?"

Vielstimmiges Protestgeheul! Eifrig schob einer den anderen in Richtung Restaurant, wobei sich alle in Beteuerungen überboten, was sie für exzellente Feuermacher und Hobbyköche wären.

„Ist das nicht wahnsinnig spannend?" jubelte Willi. „Ich wollte immer schon lernen, wie man Fische ausnimmt!"

Ein paar Minuten später gingen am kleinen Platz die Lichter wie auf einer Bühne an, und eine romantische Operettenhandlung setzte ein.

Erster Akt, erstes Bild: Man sieht eine malerische Häuserecke in einem südlichen Hafen. Die Türen der Kneipe gehen auf, Köche tanzen in den Vordergrund, Töpfe, Pfannen und andere Küchengeräte jonglierend; Knechte schichten Schwemmholz und Reisig auf eine Feuerstelle und erzeugen dichten Theaterrauch, der bis in die Logen zieht. Aus dem Hintergrund nähert sich der Chor der Fischer, in Lattenkisten den Fang herbeischleppend. Sie singen ein altes Fischerlied. Eine schürzenschwingende Kellnerin steppt auf der Treppe und beklagt sich beim soeben mit Brotkorb auf einem Moped heranbrausenden Bäckergesellen in F-Moll: „Ich bin die Monika von Pirovac und habe in der Liebe Knatsch, du mein *ljubavnik* Sepp, bist ein *kaputnik* Tepp . . ."

Auftritt des *Gospodin gostionicar* (Baß): „*Zdravlj!* Prost, ihr Matrosen! Hoch die Liebe, hoch die Gläser, tralala . . . Vorsicht, Willi, die Stufe . . ."

Mit Tschinellen- und Beckentusch stolpert ein kurzer breiter Clown aus der Tür und wirft dem Küchenballett ein Tablett voller Slibovitzgläser vor die Füße.

„Das war ein traumhaftes Abenteuer!" brabbelte Theo, als wir weit nach Mitternacht, sehr satt und voll des guten Landweins wieder an Bord der GOLDFASSL kletterten. „Waren das nicht die besten Tintenfische, die du je gegessen hast, Laszlo? Die Kalamari, die ich mit Knoblauch und Kräutern gestopft habe? Und waren das nicht gottvolle Krebse in der Soße? Wie hießen die noch, Schgambi bassa, bussi oder wie?"

„*Scampi puzara!* Zrinski hat dir doch das Hausrezept aufgeschrieben, du Weindrossel!" knurrte Rosenstein, der dem angeheiterten Hilfskoch über die Reling half. „Laß doch endlich das Want los, beim alten Noah, sonst fliegen wir noch beide ins kalte Hafenwasser!"

„Ist das nicht eine Wahnsinnsnacht?" rief Willi. „Seht euch mal den Mond an! Wie der auf den Wellen glitzert! Jetzt müßte man eine romantische Mondscheinfahrt unternehmen!"

„So eine klare Nacht ist zu schade zum Schlafen", pflichtete ihm Monika bei. „Seht euch die funkelnden Sterne an! Hunderttausende sieht man. Nein, Millionen! Und die Milchstraße. Welcher ist der Polarstern? Jetzt könnten wir nach den Sternen navigieren, nicht wahr? Wollen wir nicht ablegen, Karl?"

Eigentlich hatte ich vorgehabt, den Rest der Nacht am Kai zu bleiben und die Crew ausschlafen zu lassen. Besonders da wir alle Zrinskis Slibovitz während der längeren Grillvorbereitungen kräftig zugesprochen hatten. Aber ich wollte jetzt, da mein Ruf als profunder Wirtshauskenner wieder hergestellt war, kein Spaßverderber sein. Also meinte ich, die Entscheidung läge beim Nachtskipper. „Wer hat denn Wache?"

„Ich!" triumphierte Poppenwimmer und stellte sich ans Ruder. „Laszlo, du bist mein Navigator. Schiff klar zum Ablegen! Maschine an . . ."

„Hö hö, langsam, Krankenpfleger!" Laszlo schnupperte nach dem Landwind. „Der Hauch kommt genau aus der richtigen Richtung. Das wird ein klassisches Ablegemanöver unter Segeln. Ich mach' das, so was ist meine Spezialität. Wer geht an die Leinen?" Er bückte sich nach den Schoten.

Ich freute mich über die Begeisterung, mit der alle Rosensteins Anweisungen befolgten. Sanft und lautlos löste sich die GOLDFASSL vom Kai und folgte unter vollen Segeln der Silberspur des Mondes in die Bucht hinaus. Es war wirklich eine Tausendguldennacht, eine von jenen Nächten, in denen man einfach nicht schlafen gehen darf. Theo brachte seinen Kassettenrecorder an Deck und Bänder, die er beim ORF-Mitternachtsprogramm „Musik zum Träumen" aufgenommen hatte, und die Stimmung an Bord wurde so romantisch, daß es ohne Bier nicht zum Aushalten war. Wir glitten wie Rimbauds Trunkenes Schiff über ein verzaubertes Märchenmeer und ließen uns im Mondlicht von sanften Sphärenklängen einlullen – bis ich mich zufällig umschaute und sah, daß etwas Dunkles wie ein gigantischer Schwamm bereits die Hälfte der funkelnden Sterne von der Himmelstafel gewischt hatte, nur drohende Schwärze zurücklassend.

Das war kein gutes Zeichen! Natürlich standen wir kurz vor der engen Passage durch den Murter Archipel, wo wir schlechte oder verringerte Sicht überhaupt nicht brauchen konnten. Aber auf eines kann man sich ja auf See immer verlassen: Wenn etwas Unvorhergesehenes passiert, dann zum denkbar schlechtesten Zeitpunkt. An Backbord glitzerten die Lichter des Hafens Hramina, voraus im Mondlicht schwammen die Buckel der Inseln, der hohe von Otocic Radelj war deutlich von seinen Kollegen zu unterscheiden. Einen Moment fragte ich mich, ob ich nicht leichtsinnig gehandelt hatte, die Mondsüchtigen einfach lossegeln zu lassen. Dann wischte ich mein Gewissen blank mit der Ausrede, daß das ja ein Ausbildungstörn war und es den angehenden Skippern nicht schaden konnte, wenn's mal ordentlich rundging. Den gesunden Respekt vor See und Wetter kann man nicht im Schulzimmer vermitteln.

So lässig, als wolle ich nur kurz das Klo aufsuchen, stieg ich nach unten, zog mich im Finsteren aus und schlüpfte in Faserpelz und Overall. Mich interessierte, wann jemand merkte, was sich da lautlos in unserem Rücken zusammenbraute. Ich brauchte gar nicht lange zu warten.

„Nanu? Wo ist denn auf einmal der Mond hin verschwunden?" Aber Monika bekam keine Antwort mehr, so rasch war es total finster geworden. Und da kam es auch schon! Aus der drohenden Schwärze fiel mit einem kalten, unheimlichen Hauch eine kompakt herunterprasselnde Wasserwand über die GOLDFASSL her. Mit einem fürchterlichen, fortrollenden Donnerschlag riß ein quer über den ganzen Himmel zuckender Blitz die Gegend in grellviolettem Licht wie eine Momentaufnahme aus dem Dunkel und ließ die Welt erbeben.

Wie aufgescheuchte Wildhühner flatterten die Mondanbeter laut gackernd in wilder Flucht durchs Luk herunter, nur der eiserne Wilhelm blieb ungerührt tapfer am Ruder stehen. Erst beim nächsten Blitz sah ich, daß er nicht mit entschlossener Miene den tobenden Elementen trotzte, sondern sich eher mit offenem Mund und aufgerissenen Augen schreckgelähmt ans Rad krallte. Ich stürzte an Deck. „Lächeln, Willi, lächeln! Du wirst fotografiert!" brüllte ich den versteinerten Skipper an. „Und halt vor allem Kurs . . ." Den Rest meiner Worte schwemmte mir die Sintflut von den Lippen. Wieder flammten die vorausliegenden Inseln in violettem Schlaglicht auf. Der verdammte Kerl war mit dem ersten Windstoß weit abgefallen. Um ein Haar hätte ich ihn weggestoßen und selbst das Ruder gepackt, dann erinnerte ich mich zum Glück an meinen Lehrauftrag. Ich war ja an

Bord nur neutraler Beobachter. Also setzte ich mich an die Heckreling, um mir anzusehen, wie meine Skipperlehrlinge mit der Situation fertig wurden. Zum Glück trug ich meine Kontaktlinsen statt der Brille, sonst wäre ich blind gewesen.

Ein paar Minuten herrschte natürlich Panik und Chaos. Es war tapfer von Sepp, nackt und nur in Unterhose sofort wieder an Deck zu springen, um zu retten, was es zu retten gab, aber unvernünftig. Bald klapperte er mit den Zähnen unter der kalten Dusche und flüchtete wieder nach unten. Dann erschienen die ersten im Ölzeug, voran Laszlo, der für einen Kommerzialrat recht unfein auf die Tatsache reagierte, daß er kein Objekt für seinen Peilkompaß finden konnte. Ich mischte mich nicht ein und hockte da, als ob die Situation völlig normal und routinemäßig sei. Zum Glück schmetterten ständig Blitze herunter, und die ausgeleuchtete Umgebung blieb lange genug für eine grobe Orientierung in der Netzhaut eingebrannt, bevor sie verblaßte. Diesen hilfreichen Nebeneffekt des nächtlichen Gewitters nützte Laszlo recht bald geschickt für die Navigation aus, bis Monika, die anscheinend bei der Instruktion am besten aufgepaßt hatte, auf dem Bildschirm des Radars im Viertelmeilenbereich ein halbwegs erkennbares Bild eingestellt hatte. Als sie dann gerefft und die Maschine gestartet hatten, als jemand Willi ablöste, damit er sich umziehen konnte, als Laszlo ohne Nervosität durch den nach wie vor herunterrauschenden Wasserfall die nur auf dem Radarschirm sichtbare Passage ansteuerte und der Hofrat fragte, ob wir Zucker und Rum in unseren Tee haben wollten, da wußte ich, daß diese Nachtfahrt einen Sinn gehabt hatte. Vom Verlust des Kassettenrecorders, der im ersten Tohuwabohu über Bord gefallen war, abgesehen.

Weil die Radarnavigation mit digitaler Peilstrahlangabe und cursorsteuerbarer Entfernungsmessung so ein Spaß war und jede Wache damit üben wollte, legten wir die restlichen 25 Meilen bis Primosten und dann in die Kremikbucht nun tatsächlich wie ein Postdampfer unter Maschine zurück. Mit Radarwache, Ausguck, brav schlummernder Freiwache, ständig Kaffee kochendem Nachtsteward zogen wir durchs dichteste Inselgewirr, als beführen wir diese Route schon seit Jahren im Eilpostdienst.

Ein verregneter grauer Morgen dämmerte herauf, als die GOLDFASSL in der Marina unter Muringleine mit dem Heck am Kai festmachte. Die Crew kroch in ihre Schlafsäcke, ich machte mich aber mit meinem Waschbeutel gleich auf den Weg zu den Duschräumen. Das heiße

Wasser und den Rasierspiegel hatte ich um diese Zeit noch für mich allein. Außerdem duschte ich lieber vor dem Schlafengehen, denn wenn ich dann wegen irgend etwas aus der Koje mußte, war ich schon fit, sauber gewaschen und rasiert.

Da rief mich aus dem Schatten unter dem Marinagebäude eine Stimme an. Es war B. A. Barawitzka, der allein im Dunkeln an einem Tisch vor der geschlossenen Bar hockte. „Admiral!" staunte ich. „Was treibst du hier zu dieser Zeit? Wo . . ."

„Ich bin kein Admiral mehr!" schnauzte er mich an. „Ich habe abgedankt. Ich stelle meinen Posten zur Verfügung. Ich will nicht mehr."

Jetzt bemerkte ich erst die vielen leeren Flaschen auf dem Tisch und seine schwere Zunge. Das war bemerkenswert. Ich setzte mich zu ihm. Etwas Schwerwiegendes mußte sich zugetragen haben.

„So habe ich mir eine Flottenfahrt nicht vorgestellt", brummte er mißmutig und zeichnete mit dem Finger in den Weinlachen herum. „Ich habe seit dem Auslaufen keines der anderen Schiffe mehr gesehen. Seit vorgestern habe ich auch den letzten Radiokontakt verloren. Jeder macht, was er will, jeder segelt, wohin er will, keinen kümmert es, daß eine Flotte in Kiellinie segeln sollte und nicht verstreut wie Quallen in der Strömung." Er beugte sich vor, und sein Atem wehte mich so umwerfend dumpf an wie ein Weinkeller während der Gärzeit. „Westermayer ist vorausgesegelt, aber er war weder in Zadar noch in Biograd. Er hinterließ auch nirgends eine Nachricht. Wo er steckt, weiß ich nicht. Ist er verschollen, gescheitert, gesunken, von der Milicia verhaftet und abgeschleppt worden?" B. A. hob die Schultern und spreizte die Hände. „Kung Fu hat hier angerufen, er wird das Rendezvous nicht einhalten können, weil er auf Wunsch seiner Mannschaft einen Ausflug an die Krkafälle nach Skradin unternimmt. Jeder macht, was er will. Scheißflotte! Ich sehe schon, ich werde auch auf diesem Törn Lampedusa nicht erreichen. Man hat sich gegen mich verschworen! Alles, aber auch alles geht schief. Die Flotte besteht nur mehr aus zwei Schiffen, deinem und meinem. Ein prächtiges Resultat nach so kurzer Zeit, ha! Und heute sollten wir in Split am Flughafen die nachbestellten Ersatzteile abholen." Er packte mich am Arm und schrie mich an: „Was soll ich denn machen, beim Henker? Wie kann ich Westermayer zwingen, meine Befehle zu befolgen? Wir sind nicht bei der Marine, wo ich ihm mit Kriegsgericht drohen könnte. Kung Fu ist Charterskipper und gewöhnt, sich den Wünschen seiner Bordgäste anzupassen. Soll ich ihm körperliche Gewalt androhen? Kazunga! Das ist eine prächtige Büffelscheiße, in der ich da stecke ... Au, verdammt!“ Er ächzte plötzlich, griff an seinen Fuß und rieb ihn mit schmerzverzerrtem Gesicht.

„Hast du dich verletzt?“

„Muß mich irgendwo verknöchelt haben“, brummte er und stöhnte wieder. „Der Fuß ist geschwollen wie ein Ballon und tut höllisch weh. Paßt gar nicht mehr in einen Bordschuh. Ich humple in den großen Gummistiefeln herum. Ich wollt’, ich wär’ daheim in meinem Büro. Da kann ich mit allen auftauchenden Schwierigkeiten fertigwerden. Hier gelingt mir das anscheinend nicht.“ Er lachte bitter auf. „Das hatte ich mir wirklich anders vorgestellt!“

Ich war entsetzt. Der große, der unnachahmliche, der berühmte Käptn Barawitzka, Meister aller Klassen, hockte völlig betrunken und wie ein Häuflein Elend in der Kremikmarina und ließ sich von seinen Depressionen beuteln. Wie es aussah, fehlte nicht viel, und er begann mir auch noch vor Selbstmitleid zu weinen. Das war ja eine Katastrophe! Aber wie sollte ich ihm helfen? Auch ich hatte mir eine Flottenfahrt so vorgestellt, daß alle vier Schiffe mit wehenden Fahnen in Kiellinie Manöver fuhren und überall gemeinsam anlegten. Doch jetzt schien mir das Wichtigste zu sein, B. A. erst mal ins Bett zu bringen, damit er seinen Rausch ausschlafen konnte. „Komm!“ sagte ich und stand auf. „Ich bringe dich jetzt in deine Koje. Du legst dich aufs Ohr und überläßt es mir, die Flotte wieder zusammenzutreiben. Dann überlegst du dir eine neue Strategie und ...“

„Laß mich in Ruhe!“ wehrte er ab. „Verschwinde, Vettermann! Ich muß jetzt allein sein. Das ist meine persönliche Krise, nicht deine! Ich weiß das und muß damit fertigwerden. Aber ich will nicht, daß mir jemand hilft! Verschwinde! Hau ab! Geh dich brausen!“ Er verfiel wieder in sein dumpfes Brüten und schloß die Augen.

Um mein Schwergewicht von Admiral wegzutragen, war ich zu müde und zu geschlaucht. Kranwagen war keiner in der Nähe, also befolgte ich seine letzte Anweisung.

Admiral in Nöten

Der Geheymrat mit Ypsilon · Eine Seeschlacht im Hotel · „Warum gehst du eigentlich segeln?“ · Wenn der Skipper zu gelassen wirkt, kann er auch besoffen sein · Die Dieselmafia · Hexen, gibt's die? · Verführt die Prüfer, damit sie uns gut bewerten!

Immer wenn Umgebung und Stimmung sehr romantisch sind, verspüre ich den heftigen Drang, meinen Gefühlen durch Gesang Ausdruck zu verleihen. Natürlich wäre es schön, würden sich die Umstehenden im Takt mitwiegen, mitsingen und dann Applaus spenden, so wie man das in der Operette sieht, wenn René Kollo losschmettert. Wenn ich aber in einer lauschigen Weinlaube beim Heurigen losschmettere, ist der Effekt meist ganz anders – die Gäste spendieren mir zwar Wein, aber nur, wenn ich verspreche aufzuhören. Auch ist mir nie wie auf der Bühne meine Herzdame an die Brust gesunken, sobald ich ihr ein Liebeslied ins rosa Öhrchen trällerte, sondern meist schützte sie dieses sofort mit den draufgepreßten Händen und drohte mit sofortigem Abbruch aller Beziehungen.

Seither singe ich nicht mehr solo, sondern nur in Begleitung von – beispielsweise – einem dröhnenden Dieselmotor, im Wind heulenden Wanten oder unter dem Prasseln einer voll aufgedrehten Dusche. An jenem Morgen in der Kremikmarina wähnte ich mich allein und sang aus Herzenslust, während ich unter allerlei Verrenkungen versuchte, auch jene schwer erreichbare Stelle zwischen den Schulterblättern mitzuwaschen, die schon Siegfried beim Drachenblutbad nicht erreichte und wo ihm deshalb eine verwundbare Stelle blieb. Sehr zufrieden und gut riechend patschte ich dann naß zu meinen Sachen auf der Wandbank des Waschraumes. Da saß Janos Gludowatz, seine Krücken über den Knien, und grinste mir entgegen. „Wenn du mal einen Job als Gemeindebediensteter suchst, wüßte ich was“, sagte er. „In Oggau brauchen wir eine laute Sturmwarnsirene am Hafen, die man weit genug auf den Neusiedlersee hinaus hört. Und du hast eine laute Stimme, mein Freund!“

„Danke für das Kompliment!“ Ich griff zum Handtuch. „Hast du B. A. gesehen?“

Er wurde ernst. „Ja, deswegen bin ich dir nachgehumpelt. Wir müssen ihm helfen.“

„Das ist leichter gesagt als getan. Er will keine Hilfe. Er hat mich verjagt.“

„Ich weiß, mich auch. B. A. steht vor einem Managementproblem, das er selbst nicht lösen kann – der Führung dieser Flottille. Es gibt in der Segelliteratur kein Handbuch mit dem Titel: ‚In 30 Lektionen zum Admiral‘ oder ‚Wie motiviert man eine Flotte?‘ Nachdem er sich in seiner selbstbewußten Art für den besten Betriebsberater zwischen Klosterneuburg-Weidling und Nebraska hält, kann er unseren Rat natürlich auf keinen Fall annehmen. Das leuchtet doch ein, nicht wahr?“

Ich frottierte mich ab. „Er müßte halt einmal dreinfahren wie Admiral Tegetthoff zwischen die italienische Flotte!“

„Eben das ist sein Problem. Er hat bestimmt an Kriegspiele, an Flaggen- und Trompetensignale, Manöver in Kiellinie, Salutschüsse und Geschwaderfahrt gedacht, als er sich damals selbst zum Admiral ernannte. Nun funktioniert das alles nicht, und er ist überdies durch seine eigenen Ausbildungsregeln zur Untätigkeit verurteilt. Er langweilt sich krank. Er kann keine Anordnungen treffen, keine Kurse festlegen, keine Manöver kommandieren, er kann nur dasitzen und den anderen zusehen. Und das macht ihn fertig. Er ist nicht der Typ, der stillsitzen kann, dazu ist er zu motorisch veranlagt. Andererseits will er nicht riskieren, daß man ihm nachsagt, er sei einer von den Unverbesserlichen, die der alten Kriegsmarine nachweinen. Wie soll er uns motivieren, bei seinen militärischen Spielereien mitzuhalten, ohne sich lächerlich zu machen?“

Mich beeindruckte die psychologische Einsicht des alten Adlers. „Hm, jetzt sehe ich sein Problem erst richtig. Natürlich könnte er einfach sagen: Ich will, daß ihr euch so und so verhaltet und hinter mir dreinsegelt wie bei der Marine. Sie würden es auch machen, er ist schließlich bei der Prüfungskommission, und keiner wird es sich mit ihm verscherzen wollen. Aber du hast recht, dann besteht die Gefahr, daß sie sich später über ihn lustig machen und herumerzählen, er habe einen Sprung in der Schüssel und halte sich für Lord Nelson.“

„Ja, das ist seine Zwickmühle. Wir müssen ihm helfen, sonst könnte es sein, daß er aussteigt, heimfährt, mit Golf anfängt und die Segelei an den Nagel hängt. Karl, ich kenne den katastrophalen Effekt, den die Scherben zertrümmerter Träume aufs Gemüt haben können. B. A. gibt sich stets nüchtern und logisch, aber glaube mir, in seinem Innersten ist er ein ebenso romantischer Schwärmer wie die meisten von uns. Ich habe ihn noch nie so verzweifelt und hilflos erlebt."

„Ja, aber was können wir tun?"

Gludowatz sah mich so pfiffig an wie ein Räuberhauptmann, dem soeben eingefallen ist, wie er den reichen Bürgermeister ausplündern kann, ohne von den Gendarmen erwischt zu werden.

„Wußtest du, daß die alte österreichische Segelschiffsmarine schon seit Ende der napoleonischen Kriege über einen eigenen Nachrichtendienst verfügte? Er hieß ‚Geheyme' – mit Ypsilon – ‚Geheyme Kanzley für Marine Contre-Espionage' und hatte mittels verdeckter Nachforschungen äußere Feinde auszukundschaften. In der Hauptsache lag seine Aufgabe aber darin, den bei der kaiser-königlichen Flotte stets latenten Zerfallserscheinungen entgegenzuwirken. Ich weiß das, weil ich mich seinerzeit bei meinem langen Spitalsaufenthalt viel mit alter Marinegeschichte beschäftigte."

„Aha, und du möchtest nun so eine ‚verdeckte Aktion' starten, um den Zerfall der neuen österreichischen Flotte zu verhindern. Gut, was hast du ausgeheckt?"

„Wir müssen Barawitzka von der Bar wegschaffen. Wir betäuben und entführen ihn an den Strand einer fernen romantischen Insel und präsentieren ihm dort die versammelte, disziplinierte Flotte . . ."

„Langsam, Rinaldo Rinaldini! Betäuben, entführen – das geht nicht so leicht! Und wie willst du Westermayer und Kung Fu in Kiellinie zwingen, wenn es der Meister selbst nicht geschafft hat?"

Janos grinste verschmitzt. „Weil ich nicht durch Barawitzkas selbsterfundene Ausbildungsregeln behindert bin. Ich habe in den Jahren als Gemeinderat in Oggau gelernt, wie man ganz unschuldig anderen Beine stellt, Fallstricke spannt und Sessel ansägt." Er sah auf die Uhr. „Jetzt müßte B. A. schon schnarchend in seinem Sessel lehnen. Ich habe ihn vorhin als treuer Freund mit neuem Wein versorgt, in den aber ein gewisses Pülverchen gerührt war. Wir brauchen ihn nur noch abzuschleppen. Simon ist beim Ränkespiel dabei. Er könnte im Taxi nach Trogir zum Flughafen fahren und die Ersatzteilsendung abholen. Dann wartet er am Kai mit seinem scharfen Segelmesser und einem offenen Brief auf die saumselige KLOSTERBOCK und die KAISERPILS. Dieser Brief enthält meinen väterlichen Rat an die Prüflinge der beiden Boote, schnellstens Anschluß an das Admiralsschiff zu suchen und schön in Sichtweite nebenherzusegeln, weil die Gefahr besteht, daß sie sonst nicht mehr gewertet und durchfallen werden. Das sollte ihre Anhänglichkeit an die HOPFENPERLE sicherstellen."

Ich pfiff durch die Zähne. „Alle Achtung, Herr Geheymrat mit Ypsilon. Aber hast du auch erwogen, daß B. A. dir vielleicht den Kopf abreißt, wenn er aufwacht? Er wollte doch nach Trogir . . ."

Janos stand auf und grinste. „Ich mache es mal wie der Hofrat: Ich verstehe nur, was ich verstehen möchte. Als ich B. A. vorhin ansprach, murmelte er etwas von der Insel Lissa in seinen Bart. Ich lege das als Befehl aus, dorthin zu segeln. Zur Insel Viš, wie sie jetzt heißt. Der Hofrat ist außerdem mein Zeuge. Er war dabei und paßt jetzt auf, daß unser Chef nicht aus seinem Sessel auf den Beton kippt."

„Du bist geriebener als Parmesan, Janos! Alle Achtung! Aber dürfen wir in Viš anlegen? Bisher war die Insel Sperrgebiet, und die Meldungen über eine Öffnung der Häfen widersprechen einander . . ."

Er stützte sich auf seine Krücken. „Ich war gestern mit beim Hafenkapitän, als sich B. A. danach erkundigte. Das geht alles klar. Also, machst du mit?"

„Mit Gott für Kaiser, Vaterland und unseren Admiral! Ich gehe Willi wecken. Das wird für unseren abgesägten Herkules ein Kinderspiel, B. A. vom Barhocker in die Koje umzubetten!"

Die HOPFENPERLE und die GOLDFASSL lagen im Päckchen am Kai von Komiža, dem Nordosthafen der Insel Viš, die Italiener und Österreicher Lissa nennen. Die sinkende Abendsonne vergoldete die alten Häuser am Hafen und die Weinberge dahinter mit ihren letzten Strahlen. Die Mannschaften beider Schiffe saßen um einige zusammengestellte Tische im Restaurant des einzigen Hotels am Platz. Wir waren alle müde und fußlahm, da der Hofrat darauf bestanden hatte, uns zu den alten Befestigungen des ehemals österreichischen „Gibraltars der Adria" zu schleppen.

Die Einfahrt in den Hafen war spannend gewesen, da sich alle Handbücher eine nähere Beschreibung der Ansteuerung und eventuell vorhandenen nautischen Gefahren und Untiefen mit dem Hinweis erspart hatten, daß diese Insel jugoslawisches Sperrgebiet sei und ohnehin nicht angelaufen werden dürfe. Weil diese Bestimmungen erst kürzlich gelockert worden waren, hatte noch kein Verlag darauf mit einer Korrektur reagieren können. Wir navigierten nach den

Anweisungen eines als Kuriosität wiederaufgelegten alten k. u. k.-Handbuches von 1910, das der Hofrat bei allen Adriatörns mit sich schleppte, um die Veränderungen der letzten 80 Jahre feststellen zu können.

Diesmal hatte das Sinn, denn die rötliche Felswand, als weithin erkennbare Ansteuerung bezeichnet, gab es noch, ebenso die Klippen Vaca und Vitelli, diese drei Meter aus dem Wasser ragend, jene nur einen. Wir konnten sie ohne Schwierigkeiten umschiffen. Auch der Hafen und die Kaianlagen entsprachen noch den alten Schilderungen. Was es nicht mehr gab, war die schwarz-weiß gewürfelte Signalstation, das Kohlendepot der Kriegsmarine und das angeführte königlich britische und griechische Konsulat.

Auch der Wein, den wir verkosteten, entsprach durchaus dem im Handbuch gezollten Lob, das Restaurant des Uralt-Hotels aus Monarchiezeiten jedoch überhaupt nicht. Daß das zweistöckige Haus und seine Einrichtung, die Tapeten und Wanddekorationen, die Möbel, Vorhänge, Lüster, Lampen, Bilder und Teppiche noch aus dem vorigen Jahrhundert stammten, verlieh dem Speisesaal zwar eine gewisse nostalgische Note. Daß aber auch der offenbar einzige Kellner aus der Kaiserzeit übriggeblieben war und traurig grübelnd einherschlich, als überlege er noch immer, wer Kronprinz Rudolf in Mayerling erschossen hatte, ließ uns an der Richtigkeit unserer Wahl zweifeln. Es dauerte über eine halbe Stunde, bis er zwei Flaschen Wein entkorkt und die Gläser dazu gebracht hatte. Dann holte er eine einzige Speisenkarte und verschwand in den hinteren Räumen, wohl wissend, daß es längere Zeit dauern würde, bis wir die nur serbokroatisch bezeichneten Speisen übersetzt und ausgewählt hatten. Als wir ihn dann mit viel Gläsergeklingel und „Gospodin"-Rufen wieder anlockten, versicherte er uns zur allgemeinen Freude, die Spezialitäten darauf gäbe es leider nicht, an diesem Abend wäre nur ein Einheitsmenü mit fünf Gängen zu haben. Das wäre normalerweise der Moment gewesen, in dem Barawitzka grollend das Lokal verlassen hätte. Unser Admiral war aber bis dahin ähnlich wie Kung Fu in Trance gewesen. Er ließ sich von uns wortlos und mit fast geschlossenen Augen wie ein seelenloser Zombie überall hinschleppen. Da er jetzt eben beim Wein erste Anzeichen von Wiedererwachen zeigte, beschlossen wir, dennoch zu bleiben und das Menü zu versuchen.

„Stärken wir uns einstweilen mit Wein", schlug Jumbo Jessernig vor. „Der ist beachtlich gut!"

„Ich merke schon", ätzte Laszlo mit einem Seitenblick auf den Kellner, „die Spezialität dieses Hauses sind Schnecken. Auf Suppe werde ich verzichten, denn bis der alte Schleicher sie aus der Küche zum Tisch gebracht hat, muß sie eiskalt sein. Wie steht's, wollen wir inzwischen ‚Groll und Ärger' spielen, bis er die Vorspeisen bringt?" Und schon mischte er die Karten.

Es war Willi, der das Hauptthema des Abends anschnitt, und zwar mit seiner naiven Behauptung, daß sie doch irgendwo hier in der Nähe stattgefunden haben müsse, die berühmte Seeschlacht von Lissa; jeder hätte von ihr gehört, aber niemand wüßte, wer gegen wen, warum und wozu gekämpft habe.

Das regte den Hofrat auf. Er zückte ein wahrscheinlich schon bereitgehaltenes Büchlein und begann uns eine zeitgenössische Schilderung der Kriegsjahre 1864 bis 1866 vorzulesen. Er begann beim Streit des Deutschen Bundes mit Dänemark um Schleswig-Holstein, der Erstürmung der Düppeler Schanzen und dem Seegefecht bei Helgoland. Dann ließ er die Preußen im österreichischen Mähren einmarschieren.

„Gott über die Welt!" seufzte Laszlo. „Du stellst die Gerechten sehr auf die Probe!"

Es war wirklich ein Abend zum Weinen. Ich merkte, daß meine Finger ganz automatisch, als wären sie eigene Lebewesen, aus allen erreichbaren Papierservietten Schiffchen falteten. Das war bei mir immer ein Zeichen dafür, daß ich mich bei Tisch langweilte. Aber ich konnte schlecht aufstehen und weggehen.

„Traumhafter Service!" höhnte Laszlo. „Ausgerechnet jetzt kommt der Unglücksrabe mit den Hors d'Oeuvres, wo wir mitten in der Schlacht bei Königsgrätz sind und es endlich spannend wird, weil die Preußen mit ihren neuen Zündnadelgewehren viel schneller schießen können als unsere Truppen mit ihren antiquierten Vorderladern. Schade, ich hätte so gern gewußt, wer damals gewonnen hat, Moltke oder Benedek?" Aber er bekam nur einen giftigen Seitenblick des Hofrats.

Der Ober schob mit langsam schlurfenden Schritten ein quietschendes Servierwägelchen heran und brachte uns eine Käseplatte mit so verzagter Miene, als täte es ihm selber leid, für so viele Leute nur so wenig Käse übrig zu haben.

Während wir uns um die wenigen Stückchen rauften, ging ein beratendes Flüstern um den Tisch, wie denn die Geschichtsvorlesung des

Hofrats abzustellen wäre, ohne ihn zutiefst zu beleidigen. Janos Gludowatz sprang ein. „Ich habe diese alten Geschichten seinerzeit im Spital gelesen und auch über ihre Langatmigkeit und patriotischen Beschönigungsversuche gestöhnt. Paßt auf, ich versuche, euch ein entrümpeltes Bild zu zeichnen." Flüsternd fügte er hinzu: „Laßt dem Hofrat mehr Käse und schiebt ihm viel Brot hin, damit ich ihn austricksen kann. Bis er damit fertig ist, habe ich Jahre übersprungen. Zur Vorgeschichte: Es stimmt, daß wir damals den Preußen gegen die Dänen halfen. Ein Grazer Regiment hat sich an den Düppeler Schanzen besonders ausgezeichnet, und da wir damals das einzige Mitglied des Deutschen Bundes mit einer vernünftigen Flotte waren, schickten wir das Levante-Geschwader in die Nordsee, um die Dänen aus der Deutschen Bucht zu verscheuchen, wo sie Hamburg arg blokkierten. Aber es ist natürlich heute sinnlos, den alten Bismarck einen undankbaren Fiesling zu nennen, weil er sich kurz darauf mit den Italienern verbündete, um Österreich von zwei Seiten in die Zange zu nehmen und einige schöne Gebiete von Habsburgs Joch zu befreien, wie Aneignung im Diplomatenjargon immer schon genannt wurde. Die Preußen im Norden hatten die besseren Karten. Ihre italienischen Verbündeten dagegen verloren bei Custozza das Spiel und eine ganze schöne Armee. Aber sie hatten ja noch eine prächtige neue Flotte, die damals zu den größten und modernsten der Welt gehörte: stahlarmierte Panzerschiffe mit neuen englischen Armstrong-Geschützen, während Österreich seine bei Krupp in Essen bestellten Kanonen wegen eines preußischen Waffenembargos nicht mehr ausgeliefert bekam. Ihr seht, in der Geschichte ist alles schon mal dagewesen. Als die Italiener sahen, daß wir bloß ein paar alte Holzfregatten hatten, beschlossen sie, einen erneuten Einsatz zu wagen. Im Mai 1866 erhielten sie noch einen Mords-Joker, ein für damalige Verhältnisse unbesiegbares und unsinkbares Panzerschiff mit einem neun Meter langen Rammsporn, von dem die englische Lieferwerft behauptete, es könne die gesamte österreichische Flotte im Alleingang in Grund und Boden bohren. Die AFFONDATORE war ein Wunder der damaligen Seekriegstechnik. Also zählten sie ihre Trümpfe und kamen auf 33 Schiffe, die Hälfte davon gepanzert. Sie linsten in das österreichische Blatt und zählten 24 Schiffe, sieben davon gepanzert, der Rest aus Holz und schon leicht wurmstichig." Janos drehte sich um, als er hinter sich wieder ein Quietschen hörte. „Sieh einer an, Lazarus schleppt eine Suppenterrine heran! Gebt Viktor den ersten Teller, dann kann ich weitermachen. Also, was hättet ihr an Stelle der italienischen Regierung ausgespielt?"

„Ich sehe, worauf du hinauswillst", lachte Laszlo. „Sie lagen wie österreichische Asse in der Adria hingeblättert, Lissa und die anderen Inseln, verhältnismäßig ungeschützt durch eine verschlampte, hölzerne Flotte. Na klar hätte ich mir als Italiener die Inseln unter den Nagel gerissen – bei dem Bombenblatt, das ich in der Hand hatte! ... Ahhhhh!" Der Löffel, mit dem er von der Suppe gekostet hatte, flog durch die Luft, und er schlug stöhnend die Hand vor den verbrannten Mund. „Pascht auf! Sch'ischt schiedend heisch!" zischte er durch die Finger.

Das war's tatsächlich. Sie mußten die Blechschüssel mit einem Schneidbrenner bis zur Rotglut erhitzt haben. Die Suppe brodelte und dampfte richtiggehend darin. In der so erzwungenen Abkühlpause rief Theo, um das Gespräch wieder anzukurbeln: „Also, wir greifen an! Wie geht's weiter?"

„Dummkopf! Nicht wir greifen an, sondern die Italiener. Sie dampfen also am 17. Juli 1866 vor Lissa und veranstalten ein zweitägiges Feuerwerk. Davon zerbröckeln die alten Befestigungen. Das wiederum kränkt den Kaiser, denn Hafenanlagen kosten viel Geld. So telegraphiert er seinem Vizeadmiral in Pula: ‚Willi, tu was!'"

„Aber der genaue Wortlaut der Depesche lautete anders", mischte sich der Hofrat ein und las aus seinem Buch vor: „Auf Allerhöchsten Befehl nach eigenem Ermessen handeln ..."

„Na, das ist ja fast dasselbe!" rief Janos ungeduldig. „Jedenfalls kommt jetzt die bemerkenswerte Geschichte zweier Admiräle. Die Seeschlacht war eigentlich ein Duell zwischen dem italienischen und dem österreichischen Admiral und zeigt, daß man auch mit schlechten Karten gewinnen kann, wenn man fest entschlossen ist ..." Ich bemerkte seinen raschen Seitenblick auf Barawitzka, und siehe da, unser Chef schaute schon ein wenig intelligenter drein als vorher und schien sogar zuzuhören.

Der Ober kam wieder angequietscht, diesmal mit Salzkartoffeln, rohen, gehackten Zwiebeln und schwer definierbaren, schwarzen Lederstücken, zäh und wohlschmeckend wie Brandsohle. Dazu stellte er volle Wasserschüsseln, in denen ein paar ertrunkene Salatblätter schwammen. Dieser Gang nannte sich irreführend: „Rumpsteak vom Grill, reich garniert".

„Im Burenkrieg sollen sie sich von Leder ernährt haben." Theo schnitt ein Gesicht und legte Messer und Gabel nach mehreren vergeblichen Versuchen weg. „Sie nannten es Biltong, so eine Art Kaugummivorläufer."

„Bevor ich mir mein Kassengebiß zerbreche, kehre ich lieber zu unseren Admirälen zurück", meinte Janos und schob seinen Teller weg. „Warten wir, welche Überraschung der nächste Gang bringt. Man soll immer Optimist sein – wie unser Admiral Wilhelm von Tegetthoff. Obwohl er wußte, daß seine Flotte der italienischen zahlen- und materialmäßig unterlegen war, verlor er den Mut nicht und trainierte seine Flotte, als gelte es, damit den Admiral's Cup zu gewinnen. Er ließ die Matrosen mit den alten einheimischen Kanonen aus Brünn und Mariazell so lange zielschießen, bis sie hochgeworfene Bierdosen herunterholten wie Buffalo Bill im Zirkus die Münzen ..."

„Bitte, Janos!" beschwerte sich der tatsachenbewußte Hofrat. „Übertreib's nicht! Damals gab's noch keine Bierdosen."

„Also gut! Bis sie halt alles trafen, mit dem man damals die Meere verschmutzte. Seine Offiziere und Kadetten drillte er im Signalflaggenlesen und -setzen und in Segelmanövern, bis die Geschwader Kapriolen drehen konnten wie die Kunstflieger der Trece Tricolore ... Ich weiß schon, ich weiß schon, Viktor, die gab's damals auch noch nicht. Laß mich! Tegetthoff wußte, was er wollte, und er war ein geborener Führer. Er verstand es, seine Leute so zu begeistern, daß sie die harte Ausbildung mit Freude und vollem Einsatz mitmachten ..." Wieder warf er einen kurzen Seitenblick auf Barawitzka. „Ebenso trainierte er Notmasten aufstellen und Behelfsruder riggen, weil ihm klar war, daß es angesichts der überlegenen feindlichen Artillerie nicht ohne Schäden abgehen würde, wenn sie versuchten, so nahe an den Feind heranzukommen, daß er gerammt werden konnte. Das war seine Kriegslist. Er hatte beim Gefecht vor Helgoland feststellen müssen, daß die Reichweite der österreichischen Geschütze zu wünschen übrig ließ. Also verzichtete er bewußt auf die damals üblichen Liniengefechte und wollte lieber wie ein kurzarmiger, aber mutiger Boxer die weitreichende Deckung seines langarmigen Konkurrenten unterlaufen und ihm das Knie unter die Gürtellinie knallen ..."

„Bitte, Janos!" Der Hofrat war schmerzlich berührt. „Bitte halte dich doch ein wenig an die historischen Tatsachen. Das hört sich ja an wie eine Wirtshausrauferei und nicht wie die berühmteste Seeschlacht der österreichischen Marine ..."

„Dafür ist es allgemeinverständlich!" Janos beugte sich vor und hob eines meiner Papierschiffchen auf. „Entschuldige, Karl, aber kannst du davon noch ein paar falten? Und du hast doch sicher eine Schiffsliste in deinem schlauen Buch, Viktor? Ich borg' dir meinen Filzschreiber, dann beschriftest du unsere Panzerschiffe und Fregatten."

Natürlich störte der Kellner unsere Aufrüstung, weil er jetzt mit dem Fisch daherkam. Der war endlich in Ordnung, aber ein jugoslawischer Koch, der nicht mal Fisch grillen kann, gehörte ohnehin geteert und gefedert. Wir stellten die Teller mit den Gräten auf die Nebentische, und dann baute Viktor die diversen Divisionen auf. Janos erzählte inzwischen vom italienischen Admiral Carlo Conte di Persano, der so fest davon überzeugt war, die Österreicher zu Treibholz schießen zu können, bevor er selber in ihre Reichweite kam, daß er den Ausflug nach Lissa recht locker nahm. Als Tegetthoff unter vollen Segeln und schwarzen Qualmwolken am nördlichen Horizont auftauchte, soll er geringschätzig lachend ausgerufen haben: *„Ecco, i pescatori!* – Na also, da kommen die Fischer!"

„Und in diesem Moment machte er jenen Fehler, der ihn den Sieg kostete", erklärte Janos. „Persano befahl seiner Flotte, sich in Schlachtordnung aufzustellen, und ließ sich von seinem Flaggschiff RE D'ITALIA auf die unsinkbare AFFONDATORE übersetzen, ohne es allen mitzuteilen. Das Panzerschiff hatte keine Admiralsflagge an Bord, und somit war die italienische Flotte praktisch führungslos. Jetzt ..."

„Jetzt komme de Pfannküchle!" freute sich Eugen händereibend. „Gefechtspause für dr Nachtisch! Theo, du kannscht de Sprach', b'schtellst a Runde Slibowitz uff meine Koschte!"

An den Palatschinken, gefüllt mit vergorener Pflaumenmarmelade, einer jugoslawischen Spezialität, war nichts auszusetzen. Danach halfen wir abservieren. Noch ein paar Runden Schnaps wurden geordert, und dann warteten wir gespannt auf die Vorführung der Seeschlacht. Janos schob die drei Angriffskeile der Österreicher auf die italienischen Linien zu, und der Hofrat las vor, um wieviel Uhr der erste Schuß fiel.

Die historische Schlacht dauerte angeblich zwei Stunden, unsere aber nicht einmal zwei Minuten. Niemandem war aufgefallen, wie sehr das Thema den Hofrat faszinierte und wie fleißig er sich vor lauter Begeisterung von dem Inselwein nachgeschenkt hatte.

„Wie sich's für einen richtigen Chef und Seehelden gehört", erklärte Janos, „suchte sich Tegetthoff sofort das Flaggschiff seines Feindes aus und bohrte sich ungeachtet der Beschießung in seine

„Und der AFFONDATORE brennt auch!"

Flanke …" Er rammte mit dem Papierschiff ERZHERZOG FERDINAND MAX die RE D' ITALIA und zerknüllte sie. „Das italienische Flaggschiff sank innerhalb von Minuten, und jeder glaubte natürlich auch Admiral Persano verloren. Der KAISER rammte die RE DI PORTUGALLO und geriet dabei in Brand. Die italienische PALESTRO erhielt einen Treffer in die Pulverkammer …"

„… explodierte und sank mit der ganzen Mannschaft!" jubelte Viktor. Er geriet plötzlich so außer sich, daß er sich mit einem brennenden Zündholz vorbeugte, und schon brannte die papierene PALESTRO. Bevor ihn jemand daran hindern konnte, hatte er Feuer an den AFFONDATORE gelegt. „Den hat's auch erwischt!" kreischte er. „Der sank auch, dann der – und der …"

Die ganze italienische Flotte stand im Nu in Flammen. Das Tischtuch begann zu brennen. Alles sprang auf, einige Schnapsgläser kippten mit ihrem hochprozentigen Inhalt um – Stichflamme! Jetzt war das ganze Hotel in Gefahr!

Gut, daß noch Salatschüsseln in der Nähe standen. Damit löschten wir die Schlacht.

Da applaudierte jemand heftig und rief: „*Dobro*! Gut, sehrrr gut! Sehrrr anschaulich. Bravo!“ Ein Mann in makelloser Marineuniform mit einem markanten, dunkelbraun gebrannten Gesicht stand lachend hinter uns und klatschte in die Hände. „*Dobro*, meine Herren! Sehrrr schön! *Dobro Vece* – Guten Abend! Sind Sie von den beiden Segelyachten da draußen am Kai?“

Zeternd und schimpfend humpelte der Kellner herbei und schlug die Hände über dem Kopf zusammen, als er die Schweinerei auf den Tischen sah. Aber der Marineoffizier bremste ihn lachend und sprudelte eine serbokroatische Suada hervor, die den alten Lazarus verlegen verstummen ließ.

„Ich hab' ihm gesagt, er ist selber schuld, wenn sich die Gäste das Essen eigenhändig am Tisch flambieren“, erklärte der Uniformierte. „Aber nun zu Wichtigerem! Ein Patrouillenboot hat zwei Yachten aufgebracht, die hier in einem militärischen Sperrgebiet ankern wollten. Die Schiffsführer gaben an, zu einer ganzen Flottille zu gehören, und ersuchten, ihren Kommandanten Gospodin Barawitzka zu verständigen ...“

Das war der Moment, in dem B. A. seine Krise endgültig überwand. Er hatte wieder etwas zu tun. Wie durch Zauber verwandelt, trat er plötzlich hellwach, mit energisch blitzenden Augen vor und sagte: „Das bin ich. Ich übernehme alle Verantwortung. Gehen wir und regeln das!“

Der jugoslawische Offizier salutierte, die beiden verließen das Hotel und stiegen in ein draußen wartendes Auto, dessen Rücklichter bald darauf zwischen den Laternen am Kai verschwanden.

„Verdeckte Aktion erfolgreich beendet!“ lachte Gludowatz zu mir herüber und reckte den Daumen triumphierend hoch.

„Start in zwei Minuten!“ rief Theo, gespannt auf seine Armbanduhr starrend.

„Na, dann klar zur Wende!“ kommandierte Laszlo. „Es ist Zeit, auf die Startlinie loszubrausen. Reeee!“

Das Hafenwasser schäumte, als die GOLDFASSL winschenratschend und segelflatternd drehte.

„Dichter das Groß, dichter die Genua, viel dichter!“ schrie Laszlo und kurbelte am Rad, um den neuen Kurs zu stabilisieren. „Dichter das Groß … Nein! Schotschlitten nach Lee, und dann so dichtknallen, wie's geht! Gut so! Ha! Die anderen werden einen Frühstart bauen. Die sind viel zu nah' an der Startlinie.“

„Noch eine Minute!“

Wirklich gurgelten die drei anderen Yachten unserer Flottille viel zu nahe an der gedachten Verlängerung der Hafenmole von Viš entlang, die B. A. zur Startlinie erklärt hatte. Am Molenkopf stand der Hafenkapitän, eine Signalpistole in der erhobenen Faust. Er hatte sich netterweise bereiterklärt, unsere interne Regatta quer über die Adria nach Vieste am italienischen Ufer unparteiisch zu starten. Ein frischer Westwind stand in die Bucht, der Himmel war blau mit herbstlichen Federwolken, und obwohl es so früh am Morgen der Jahreszeit entsprechend noch sehr kühl war, versprach es ein schöner Sonnen- und Segeltag zu werden.

„Noch 50 Sekunden bis zum Start …“

Peng! Eine weiße Rauchspur zischte gen Himmel, die anderen Yachten fielen ab, die Großbäume quietschten beim Auffieren, und wir sahen nur mehr die breiten Hecks unserer Konkurrenten, die einen perfekten Nullstart hingelegt hatten.

„Sag mal, du bärtiger Kojak!“ brüllte Laszlo unbeherrscht los. „Wonach hast du denn deine Uhr gestellt, nach der Simmeringer Wasserleitung? Jetzt haben wir unseren formidablen Start verpaßt, du Nudelauge!“

Theo schaute kopfschüttelnd auf seine Regattauhr. „Das versteh' ich nicht. Ich stelle sie jeden Morgen auf die Sekunde genau. Vielleicht hat der Hafenkapitän …“

Ich mischte mich ein: „Nein, nein, der Schuß fiel ganz exakt um 7 Uhr. Du gehst 40 Sekunden nach, Theo. Wir werden das gleich klären. Wonach hast du deine Uhr gestellt?“

„Nach der Borduhr am Salonschott. Ich habe nämlich gesehen, daß der Hofrat sie jeden Abend nachstellt.“

„Gut! Viktor! Viktooor!“ Ich mußte die Stimme heben, weil Trauttmannsdorff so konzentriert Großschot und Traveller verstellte, daß er keine Zeit hatte, auf etwas anderes zu achten.

„Was ist denn?“ fuhr er herum. „Warum brüllst du mich an? Ich höre sehr gut!“ Es war das alte Lied mit den Schwerhörigen: Sprach man leise, verstanden sie nichts, schrie man sie an, wurden sie böse.

„Entschuldige, es ist nur die Aufregung beim Start. Viktor, wonach stellst du jeden Abend die Salonuhr?"

„Nach der Digitaluhr am Navigationstisch. Die ist für mich maßgebend. Nach ihr korrigiere ich auch alle anderen Uhren an Bord. Das gehört sich so, haben wir gelernt."

Theo grinste. „Da haben wir die Schlange, die sich in den Schwanz beißt! Das ist meine Uhr, die ich immer auf den Navigationstisch lege, damit sie an Deck nicht naß wird. Tut mir leid, Laszlo, das konnte ich nicht wissen, daß wir im Kreis die Zeit voneinander abschauen."

„Nun, so arg ist das auch wieder nicht", brummte der und spähte nach vorn. „Die holen wir schon wieder ein. Ich möchte jedenfalls nicht als letzter in Vieste sein und das Abendessen für die anderen bezahlen müssen, wie Barawitzka vorgeschlagen hat. Seht zu, daß ihr die genaue Zeit bekommt!"

„Wenn du an einem Telefonhäuschen vorbeisegelst", spottete Theo, „dann halt' mal kurz an, damit ich das Zeitzeichen anrufen ..."

Ich mischte mich wieder ein. „Wozu haben wir da unten ein Kurzwellengerät stehen, das rund um die Uhr genaue Zeitimpulse gibt? Haben sie euch das im Theoriekurs nicht beigebracht? Na, dann wollen wir das mal nachholen. Es gibt so ein braunes Büchlein mit dem Titel ‚Yachtfunkdienst', darin findet ihr ein ganzes Kapitel über Zeitfunk. Wer nicht gerade damit beschäftigt ist, die GOLDFASSL auf Höchstgeschwindigkeit zu trimmen, kommt mit mir zum Radio!"

Ich zeigte ihnen, wo man die Sender und Sendezeiten nachschlägt, wie die Angaben kodiert sind und wie man auch ohne schriftliche Unterlagen weltweit auf diversen Tausender- und Fünftausenderfrequenzen das charakteristische Ticken erhält. Als wir endlich alle Uhren an Bord exakt auf UTC (Universal Time Coordinated) eingestellt hatten und an Deck zurückkamen, verblaßten die Berge von Viš schon am nördlichen Horizont. Die Sonne strahlte warm herunter auf ein bewegtes dunkelblaues Meer und ließ die ab und zu vom Bug überkommenden Spritzer wie hochgeworfene Diamanten blitzen. Wir konnten die Thermojacken ausziehen und das erste Schönwetter seit dem Auslaufen genießen. Obwohl B. A. den Siebzig-Meilen-Schlag nach Italien zur Regattastrecke erklärt hatte und die Siegeryacht ein kostenloses Abendessen gewinnen konnte, blieb unsere Flottille ziemlich dicht beisammen. Die Prüflinge wollten lieber in Sichtweite des Admirals steuern, als preiswert essen. Das hatte den praktischen Nebeneffekt, daß wir nun sehr einfach Fotos von den Schwesterschiffen schießen konnten. Sonst bringt man ja meist nur Aufnahmen vom eigenen Deck aus mit und selten von einem geeigneten Standpunkt außenbords. Beibootmanöver zum Fotografieren der eigenen Yacht in Fahrt sind ja auch recht zeit- und arbeitsaufwendig. Ich machte die Crew auf diese günstige Gelegenheit aufmerksam, und die Kameras wurden ausgepackt.

„Was hat es denn gestern für Schwierigkeiten mit den Behörden gegeben“, fragte mich Monika, „daß sie uns einen ganzen Tag im Hafen festhielten? Ich habe das nicht so richtig mitbekommen, weil ich Willi half, die defekten Beschläge und Handgriffe auszutauschen. Barawitzka war ja nahezu den ganzen Tag unterwegs, und die paar Male, wenn er zurückkam, um irgendwelche Papiere oder Unterlagen zu holen, sah er so gereizt und bissig drein, wie ein gegen den Strich gebürsteter Bullterrier. Da hab' ich ihn lieber nicht gefragt.“

Ich lachte. „Ja, der erzwungene Aufenthalt ging ihm ganz schön auf die Nerven. Wir sollten schon viel weiter südlich sein, immerhin müssen wir am nächsten Wochenende in Malta unseren Chefprüfer abholen. Trotzdem bin ich froh, daß es so glimpflich abging. Westermayer und Kung Fu hätten auch im Gefängnis landen können. Es gelang B. A., der Marine einzureden, daß es sich bei ihrem Anlegeversuch im Sperrgebiet um einen echten Notfall handelte. Und dafür gelten Ausnahmebestimmungen. Von Simon Rebitschek zur Eile angetrieben, sind die beiden Nachzügler mit Vollgas von Kremik herübergedonnert, und Westermayer segelte über eine von irgendeinem Fischernetz stammende, an ihren Schwimmern treibende Nylonleine. Die wickelte sich dann fest um seinen Propeller. Ruckzuck – und nichts drehte sich mehr. Nylon hat die unangenehme Eigenschaft, bei starker Reibung zu schmelzen und hart wie Eisen zu werden. Simon tauchte zwar ein paarmal mit dem Messer zwischen den Zähnen, konnte aber die Wuling nicht beseitigen. Also ließen sie sich von der glücklicherweise in der Nähe gebliebenen Kaiserpils abschleppen. So weit, so gut! Nur hatte der liebe Kung Fu bei seinem Ausflug zu den Wasserfällen von Skradin soviel Sprit verbraucht, daß auch die Reservekanister beider Schiffe leer waren, bevor sie Kap Križni im Nordwesten von Lissa erreichten. Jetzt trieben beide Boote. An und für sich war die Entscheidung, lieber nicht unter Segeln in einem unbekannten Hafen anzulegen, durchaus richtig. Sie hatten Viktors historisches Hafenhandbuch ja nicht zur Verfügung. So beschlossen sie, in einer Bucht zu ankern, dort Bord an Bord festzumachen und Diesel umzupumpen. Leider war das aber eines der wenigen noch gesperrten Gebiete, und die Küstenwache brachte sie auf." Ich schaute auf meine Uhr. „Wenn der Westwind so durchsteht, sitzen wir schon in zehn Stunden bei rapsgefüllten Ravioli und in eigener Tinte marinierten Calamari . . ."

„Zehn Stunden?" Sepp warf einen Blick auf den Loggeanzeiger. „Ist das nicht zu optimistisch, Karl? Wir machen zwar auf diesem raumen Kurs manchmal zwischen sechs und sieben Knoten Fahrt, aber bis zu dem Sporn da am italienischen Stiefel, dem Monte Gargano, sind's noch weit über hundert Meilen."

Das verblüffte nun wieder mich. Sollte ich mich so gewaltig vertan haben? Das mußten wir uns noch mal anschauen. Ich winkte Sepp, wir kletterten zur Karte hinunter, und ich griff zum Zirkel.

„70 Meilen, eine halbe mehr oder weniger. Zeig mir, wie du auf 100 kommst", forderte ich ihn auf. „Haben wir vielleicht auf zwei Seekarten mit unterschiedlichen Maßstäben gemessen? – Sepp, du Trantüte! Du darfst doch Seemeilen nie vom oberen oder unteren Kartenrand abnehmen! Himmelherrgott! Vielleicht sollten die hydrographischen Anstalten da ganz dicke rote Stempel anbringen."

Er kapierte den Grund nicht sofort. Zum Glück hatten wir auch eine Straßenkarte von Italien dabei, und so konnte ich ihm zeigen, wie die Meridiane nach oben zu immer enger zusammenlaufen und welcher Unterschied zwischen einem Längengrad in Sizilien und einem aus der Gegend von Triest besteht.

„Zu dumm!" Verlegen kratzte er sich die Nase. „Wie soll ich das Monika erklären? Ich hab's ihr nämlich gestern ganz falsch gezeigt."

„Brauchst du nicht. Wir machen daraus eine lockere Theoriestunde über Seekarten im allgemeinen und Umgang damit im speziellen. Damit alle locker genug sind, richten wir vorher ein paar belegte Brote her und sehen nach, ob das Bier kalt genug ist."

Der Wind hielt den ganzen Tag über an. Kurz nach dem Mittagessen passierte unsere Flottille – noch immer in enger Formation – den kahlen Felsbrocken von Palagruza, der da mit seinem einsamen Leuchtturm die Mitte der Adria markiert. Es war so warm geworden, daß sich Monika im Badeanzug in die Sonne legen konnte.

„So gefällt mir das Segeln schon viel besser", behauptete sie. „Sepp, bitte bring mir das Sonnenöl mit, wenn du um ein Bier runter gehst."

Da es außer Trinken, Essen und Sonnen nichts zu tun gab – die

GOLDFASSL lief seit Stunden mit der gleichen Schoteinstellung dahin –, schien mir die Zeit gekommen, mich für die seglerische Laufbahn meiner Kandidaten zu interessieren. „Bist du schon mal längere Strecken auf See gesegelt?“ fragte ich Monika.

Sie räkelte sich wohlig auf ihrer Decke und blinzelte gegen die hochstehende Sonne. „Selbst gesegelt nicht. Aber mit diesen Seeadlerschiffen habe ich mehrere Küstenkreuzfahrten in Jugoslawien unternommen. Da sind wir nie weit hinausgefahren, sondern immer nur von Hafen zu Hafen, von Badebucht zu Badebucht. Man sah dabei das schöne Panorama vorbeigleiten und badete jeden Tag in einer anderen Bucht.“ Sie kicherte. „So habe ich ja auch den Sepp kennengelernt, auf so einer Kreuzfahrt. Er war der erfahrene Seemann, den der Kapitän ab und zu allein ans Ruder ließ und der beim Ankern oder Anlegen helfen durfte. Oh, ich bewunderte ihn, wie er da so braungebrannt und bloßfüßig einfach vom hohen Deck ans Ufer hüpfte und an den dicken Tauen zerrte, daß man sehen konnte, was für Muskeln er hatte.“

„Na, na, na!“ wehrte Sepp ab. „So war's nun auch wieder nicht.“

„Nein? Und wer hat sich dauernd in meiner Nähe rumgetrieben und so getan, als kontrolliere er alle Segel und Knoten und verstünde davon eine ganze Menge, he?“

„Ach, ich hab' mich eben dafür interessiert, das war alles.“ Sepp riß sein Bier auf, aber so betont lässig, daß er den Metallring abdrehte, ohne den Verschluß aufzubekommen. Er feixte. „Also gut, ich geb's zu, ich wollte dir imponieren. Du, liebe Monika, hast mich schließlich selber draufgebracht, als du gleich zu Beginn der Reise so von dem feschen Steuermann mit dem Bärtchen und dem Goldring im Ohr geschwärmt hast. Da mußte ich was erfinden, um den Kerl auszustechen. Also hab' ich so getan, als wäre ich ein erfahrener Segler, der schon das Kreuz des Südens von Bord seiner eigenen Yacht aus gesehen hat ...“

„Moment, Herr Wolpertinger!“ Monika richtete sich auf und fixierte Sepp scharf. „Soll das heißen, du warst noch gar nicht in der Karibik? Du hast mir alles nur vorgeflunkert? Auch das von den Törns auf Ost- und Nordsee? Und das von dem fürchterlichen Sturm in der Biskaya, von den Piraten in Malaysia, dem Zusammenstoß mit einem Wal vor Cayenne und die Geschichten mit den kaffeebraunen Mädchen im Yachtklub von Rio? Hast du das wirklich alles nur erfunden, um eine kleine dumme Sekretärin herumzukriegen, du Lügenbeutel?“

„Oh, erfunden habe ich diese Berichte nicht.“ Sepps komisches Gesicht war direkt ein Foto wert. Halb versuchte er, es in reuevolle Falten zu legen, halb frech und unbekümmert dreinzusehen. „Ich hab’ sie mir nur ausgeliehen, von Wolfgang Hausner, Eric Hiscock, Wilfried Erdmann und anderen Weltumseglern, deren Bücher ich habe. Dort holte ich mir auch mein Wissen über die Sternbilder, die ich dir damals nachts an Deck erklärte . . . Au weia, nicht so grob, Fräulein Strolz!“

Monika versuchte, mit dem Handtuch nach ihm zu schlagen, was aber von ihrer Bauchlage aus schlecht ging.

„Was regst du dich auf?“ rief Sepp. „Inzwischen habe ich alles und noch mehr nachgelernt, und die Karibikreise holen wir bei nächster Gelegenheit nach. Westermayer plant für nächstes Jahr einen Törn von Guadeloupe aus und will uns mitnehmen, wenn wir ihm bald eine Anzahlung auf die Chartergebühr geben. Außerdem liebe ich dich, und du liebst mich, was schließlich die Hauptsache ist, nicht? Hat jemand einen Marlspieker, damit ich meine Bierdose knacken kann?“

Ich reichte ihm mein Segelmesser. „Du solltest dein Messer auch immer an einem Bändsel bei dir tragen. Wenn du es mal ganz schnell brauchst, ist es zu spät, es erst im Schapp zu suchen. Aber was mich interessiert – wann hat euch denn Giselher auf diesen Törn angesprochen?“

Sepp bohrte vorsichtig an der Dosenlasche herum. „Das war schon beim Abschlußabend nach der Prüfung. Er hat Prospekte verteilt.“

Interessant. Barawitzka hatte die ganze Mühe ihrer Schulung eigentlich nur auf sich genommen, weil er fürs nächste Jahr seine alte Crew wieder bei sich haben wollte. Und siehe da, die ersten begannen sich schon selbständig zu machen und eine eigene Crew zu suchen. Aber das war wahrscheinlich der normale Lauf der Welt. Mir fiel wieder ein, wie Simon damals im „Klabautermann“ geunkt hatte, daß unsere gemütlichen Törns nach dieser B-Schein-Prüfung vorüber wären. Praktisch konnte sich danach jeder aus unserer alten Stammcrew eine eigene Mannschaft suchen, ein Schiff chartern und B. A., Simon und mich vergessen.

Mich? Ich? Wieso nicht? Auch ich mußte mich dann nicht mehr von Barawitzka schikanieren lassen.

Aber warum machte mich dieser Gedanke so traurig? War es bei mir vielleicht doch weniger das Segelsetzen und Navigieren, was mich am

Fahrtensegeln interessierte, als die Freundschaften, die dabei entstanden waren? Darüber wollte ich mehr wissen.

Ich wandte mich an die Regattasegler im Cockpit: „Wenn wir schon bei diesem Thema sind – was gefällt euch eigentlich am Segeln? Warum segelt ihr, statt Golf zu spielen oder Tennis, statt auf die Berge zu kraxeln oder mit Allradjeeps, Zelt und Angel in die Wildnis zu fahren? Laszlo, warum bucht ein seriöser und gut verdienender Textilkaufmann für seinen Urlaub eine unbequeme Koje auf einer nicht besonders luxuriösen Yacht und nicht das Fürstenappartement im Hotel Excelsior in Cannes? Warum schält er Kartoffeln, putzt Pump-WCs, ärgert sich mit eigensinnigen Hofräten herum, liegt verkrümmt auf zu schmalen und zu kurzen Matratzen, läßt sich nachts vom Regen durchweichen und von einem größenwahnsinnigen, selbsternannten Admiral heruntermachen? Kannst du mir das beantworten, Rosenstein?"

„Nichts einfacher als das", grinste Laszlo. „Ich gehe mit euch Gesindel so gern segeln, weil der Mensch einfach Ferien von seinem gewohnten Lebensstil braucht, will er nicht trübsinnig oder verrückt werden. Um mit den Worten eines Gescheiteren zu anworten: Hier bin ich Mensch, hier kann ich's sein! Ich brauche mich nicht regelmäßig zu rasieren oder zu waschen, ich fluche und benehme mich wie ein Flegel, ich saufe den Schnaps aus der Flasche und wenn keiner hersieht, esse ich mit den Fingern und schlecke nachher den Teller ab. Ich tue all das, was man mir durch Erziehung abgewöhnt hat. Und das baut mich unheimlich auf." Er kicherte, weil ihn Monika mit großen Augen ansah. „Das ist natürlich nicht alles, Gott bewahre! Mich interessiert die Navigation. Ich finde es ausgesprochen spannend, daß es möglich ist, einen Weg über pfadloses Wasser zu finden und am Ende in einen Hafen, den man noch nie gesehen hat, mit einer nur aus Handbüchern und Beschreibungen stammenden Vertrautheit einzulaufen, als ob man dort zu Hause wäre. Mir macht es unheimlichen Spaß, aus einer miesen Situation letztlich doch etwas Positives herauszuholen und mich daran zu erfreuen. Ich finde es enorm belebend und erfrischend, den Naturgewalten, Sturm und Wellen, Blitz und Donner gegenüberzustehen und mich trotzdem nicht zu fürchten, weil ich gelernt habe, wie man auf See überlebt. Wenn ich mit dieser Zuversicht ausgerüstet zurückkomme in meine Berufswelt, dann können mich auch geschäftliche Stürme, Börsengewitter, Steuerprüfungen und von allen Seiten heranschäumende Konkurrenten nicht schrecken." Er lächelte verlegen und zuckte mit den Achseln. „Jetzt bin ich ein wenig schwülstig geworden. Aber vielleicht versteht ihr, was ich damit sagen wollte?"

„Lieber alter Fetzenhändler und Erzfeind", murmelte der Hofrat richtig ergriffen und packte seine Hand. „Du hast mir aus der Seele gesprochen und es dabei noch so schön formuliert. Ich hätte das nie so ausdrücken können." Er drehte sich zu mir um. „Ähnliches gilt auch für mich. Auch ich bin immer wieder überrascht, wenn ich tatsächlich dort ankomme, wohin ich navigierte. Das ist wie ein großes Wunder . . . Warum lacht ihr denn so dumm? Oh, ihr Blödmänner! Mit euch kann man ja nicht vernünftig reden. Laß diese Volltrottel nur kichern, Kommerzialrat, wir genehmigen uns ein Bierchen, bevor unsere Wache aus ist." Er fuhr herum und Willi an: „Na, was ist, Herr Körperbauer und Smutje vom Tage? Hast du nicht gehört, die Wache braucht ein Bier! Also hopp!"

Er lachte, als Poppenwimmer erschrocken den Niedergang hinunterpolterte. „Ha, wenn ich mal kurz vor der Pensionierung bin, dann führe ich mich im Amt so auf wie an Bord. Dann sage ich dem Sektionschef, wo er sich seinen neuesten Erlaß hinstecken kann, und werfe mit dem Segelmesser nach dem Bild des Ministers . . . Hm!" Er überlegte kurz und kicherte dann fröhlich wie ein Lausbub, dem ein neuer Streich eingefallen ist. „Vielleicht vergewaltige ich aber lieber seine neue Sekretärin. Das ärgert ihn sicher mehr."

„Da sieht man, wie von distinguierten Herren schon nach ein paar Tagen auf See die zivile Tünche abbröckelt und sie geradezu erschreckend primitiv werden", seufzte Laszlo. „Und so was regiert uns und erläßt Gesetze!"

„Willst du einen kräftigen, korrigierenden Hieb zwischen die Augen, Kommerzialrat?" fragte der Hofrat streitlustig und ballte die Fäuste.

Da es bis zum Abend noch lange dauern würde, versuchte ich das Gespräch in Gang zu halten. „Wie siehst du denn das, Monika? Hast du dir das Segeln so vorgestellt?"

Sie lachte auf. „Ich dachte natürlich, so ein Törn wäre nur eine etwas längere Seeadler-Kreuzfahrt, wo ich zwar ab und zu Objekte an Land peile und in der Seekarte zeichne, aber in der Hauptsache doch in der Sonne liege und kühle Drinks schlürfe. Na, bis jetzt war davon nicht viel zu merken. Ich kam mir eher vor, als hätte ich mich für ein beinhartes Überlebenstraining gemeldet. Wenn das Boot so rollt, fällt einem jeder Handgriff doppelt schwer, besonders in der Küche oder im Waschraum. Da war ich ein paarmal richtig am Verzweifeln. In der Platzregennacht vor der Insel Murter, da habe ich mich richtig gefürchtet. Es hat doch niemand wirklich gesehen, wo wir hingefahren sind. Entschuldige, Karl . . ." Sie lachte mir zu. „Ich hab' dich damals verflucht, im Stillen einen verdammten Säufer genannt, weil ich dachte, du siehst stillschweigend zu, wie diese anderen, der Gefahr vollkommen unbewußten Holzköpfe stur mitten in das dickste Blitzdonnerwetter hineinfahren, nur weil du den Mund nicht mehr aufbringst. Es tut mir . . ."

„Du brauchst dich nicht zu entschuldigen, Monika. Wenn du dieses Gefühl hattest, dann ist es mir nicht gelungen, die vorgeschriebene Ruhe, Sicherheit und das Vertrauen auszustrahlen, wie es ein Schiffsführer in solchen Situationen tun sollte. Ich meinte natürlich, je weniger ich Nerven zeigte oder das Gesicht verzog, um so eher würde jeder von der Crew daraus schließen, daß absolut keine Gefahr für Schiff und Mannschaft bestand. Also, der Sturm ist vorbei, wir sind nicht gesunken, wie fühlst du dich jetzt an Bord?"

„Ein wenig zwiespältig, möchte ich sagen. Ich komme mir vor wie Liselotte Pulver, verkleidet als Gustav Adolfs Page im Feldlager des schwedischen Königs. Ich werde von euch allen sehr gut behandelt, keiner nützt es aus, daß ich eigentlich eine Frau bin, das ist ungewohnt. Ich brauche keine Türen abzuschließen, ich kann mich umziehen, ohne daß allen die Augen aus dem Kopf quellen, und ihr strengt euch, glaube ich, auch gar nicht an, entweder besonders drekkige oder ausgesucht zimmerreine Witze zu erzählen, mich entweder lüstern zu betatschen oder mich komplett zu übersehen – also mit einem Wort, in jene Extreme zu verfallen, zu denen Männer sonst meist neigen. Aber . . ." Sie zuckte verlegen mit den Schultern. „Aber vielleicht ist es gerade das, was mir abgeht. Ich komme mir nicht wie eine Frau vor."

„Sepp, Sepp!" Laszlo drohte Wolpertinger mit dem Finger. „Das ist unentschuldbar! Siehst du denn nicht, daß dein Page lange Haare unter seiner Mütze hat und einen stattlichen Busen unterm Matrosenhemd?" Er blies Monika einen Kuß zu. „Madame, wenn der vernagelte Schwede hier Ihre Schönheit nicht zu schätzen weiß, dann klopfen Sie in der nächsten Nacht nur an meine Kajütentür; ich werde Ihnen das Gefühl, eine begehrte Schönheit zu sein, schnell wieder zurückgeben . . ."

Ich erwischte Sepp gerade noch am Hosenboden, als er sich auf Rosenstein stürzen wollte. „Langsam, Wolpertinger! Laszlo ist noch fünf Minuten dein Skipper. Er kann dich in Ketten legen lassen für Insubordination. Schau lieber, daß Monika endlich ihren kühlen Drink serviert bekommt, von dem sie schon vor einer Viertelstunde gesprochen hat. Und ihr anderen könntet wirklich Monika ab und zu aus Galanterie ein wenig lüstern anstarren oder schrill pfeifen, wenn sie im Bikini an Deck kommt. Wir wollen doch nicht, daß sie sich bei uns an Bord nicht wohl fühlt, oder?"

„GOLDFASSL, GOLDFASSL, GOLDFASSL, Delta Echo HOPFENPERLE", quakte unten das UKW-Gerät. Barawitzka war der spannungslosen Regatta offensichtlich überdrüssig und hatte sich irgendwelche Manöver einfallen lassen. Der Hofrat stürzte zum Gerät und kam dann mit der Meldung wieder, daß der Admiral sehen wollte, wie wir das anstellten, nacheinander ohne Maschine zum Bug der gerefften HOPFENPERLE heranzusegeln, eine Schleppleine zu über- und das Flaggschiff eine Zeitlang unter Segeln in Schlepp zu nehmen.

„Wie war das nur, wie war das nur?" murmelte Theo und rieb seine Schläfen. „Von wo komme ich jetzt, von Luv oder von Lee, um die Leine zu übernehmen?"

„Na, das kannst du dir ja noch überlegen", klopfte ich ihm beruhigend auf die Schulter, „während B. A. seine Leinen vorbereitet. Kannst du etwa nach Lee genauso erfolgreich einen Aufschießer machen wie nach Luv? Denk mal nach! Ich wette, er wird euch erst eine dünne Wurfleine übergeben. Belegt mir die ja nicht an einer Klampe. Die müßt ihr rasch einholen, da hängt dann die Trosse dran. Um die Trosse anzustecken, richten wir uns eine Hahnepot aus den zwei schweren Festmachern her. Die scheren wir durch die Heckklüsen an die Genuawinschen, dann können wir stets nachstellen und den Zug richtig verteilen. Über die Stellen, wo die Trossen scheuern könnten, müßt ihr diese dicken Gummischlauchstücke aus dem Achterschapp schieben. Wer ist denn jetzt Skipper?"

„Ich!" meldete sich Eugen.

Nun, das war mir lieber, als wenn es Willi gewesen wäre. So konnte ich in Ruhe noch ein Bier trinken und den Schock wegspülen, den mir Monika versetzt hatte. Kazunga! Und ich hatte mir eingebildet, in gefährlichen Situationen stets so verwegen, kühl und professionell dreinzusehen wie Gregory Peck als Hornblower, nicht wie der versoffene Käptn Buddel vom Dampfer GIN QUEEN, dessen schnapsschwimmenden Augen man zutraute, daß er von den doppelt gesehenen Hafeneinfahrten die falsche wählte.

Sonntag abend lagen unsere vier Yachten sauber nebeneinander unter Buganker vor der weißen Steinmole von Bari, und Barawitzka hatte zwei neue handfeste Probleme. Die Flottille brauchte Treibstoff, die Tankstellen waren aber schon geschlossen, und auf der KAISERPILS gab es Crewprobleme. Felix Hufnagel und Hugo Weinmann hatten nach dem in jedem größeren Hafen üblichen Heimtelefonat abgemustert. Beide mußten angeblich auf schnellstem Weg nach Hause. Felix' Erbtante war erkrankt und Hugos halbwüchsige Tochter durchgebrannt. Mit dem Versprechen, uns nach Malta nachzufliegen, waren sie mit leichtem Gepäck in ein Taxi gesprungen und zum Flughafen gefahren. B. A. schickte die übrige Mannschaft in ein vielversprechend aussehendes Fischrestaurant zum Essen, während er mit mir versuchte, doch noch Dieselöl in der Stadt aufzutreiben.

Wir begannen unsere Nachforschungen beim Hafenamt. Der Hafenkapitän, der eigentlich alle Ölquellen seiner Dienststelle kennen sollte, war leider gleich nach dem Abstempeln unserer Papiere heimgegangen, aber eine Art Unterkapitän oder Nachtwächter kannte angeblich einen tüchtigen Schiffsmakler, der jede gewünschte Menge per Tankwagen an den Kai bringen konnte.

„*Va bene!*" sagte B. A. befriedigt, denn er sprach ein leidlich gutes Italienisch, und bestellte 400 Liter unter der Bedingung sofortiger Lieferung.

Wir schlenderten zum Liegeplatz zurück. „Das erste Problem wäre damit erledigt", meinte B. A. und legte mir vertraulich den Arm um die Schultern. „Nun gehen wir das nächste an. Die KAISERPILS ist jetzt unterbemannt für die langen Etmale, die noch vor uns liegen. Wir haben zwar genug Leute. Freiwillige, die in der Nähe der drei Sexy-Schwestern Winschen drehen wollen, würden sich sicher in hellen Scharen melden. Aber", er machte eine bedeutungsvolle Pause, „aber an Bord dieser Yacht stimmt was nicht. Das ist wie verhext. Ich möchte beinahe wetten, daß Felix' Tante pumperlgesund ist und Hugos Fratz nur Papas Abwesenheit ausnützt, um länger in der Disko zu bleiben. Die beiden sind meiner Meinung nach geflohen! Aber vor wem oder was? Ein weiteres bedenkliches Indiz: Kung Fu hat mich vorhin unter vier Augen ersucht, ihn auf ein anderes Boot zu versetzen. Er nannte mir keinen vernünftigen Grund, sagte nur, er wolle darüber nicht reden, sei ein nervöses Wrack und möchte aussteigen. Das hört sich unheimlich an, nicht wahr? Ich glaube fast, daß diese seltsamen Fluchttendenzen irgendwie mit den drei Teufelsschwestern zu tun haben. Ich möchte wissen, was da an Bord vorgeht. Dazu brauche ich einen tüchtigen Mann, der das für mich herausfindet . . ."

„Halt, halt!" protestierte ich sofort. „Schlag dir das aus dem Kopf! Ich habe ein schönes Schiff, eine gute Crew und denke gar nicht daran, schon wieder den Texasranger und Troubleshooter zu spielen. Schick deinen kotzgroben Rebitschek mit seinem scharfen Messer oder sieh selber nach dem Rechten! Mich laß aus!"

Der Druck seines Armes auf meiner Schulter und seine Stimme wurden zwingender. „Vettermann, du bist der einzige in der ganzen Flotte, dem ich eine so gefährliche Aufgabe anvertrauen darf. Nur du verfügst über die psychologische Rüstung, um diesen Hexen widerstehen zu können. Ich erinnere mich an unser Gespräch nachts in der Manganaribucht der Kykladeninsel Ios. Wir haben uns damals über berühmte Spionagefälle unterhalten und über das Risiko der Geheimagenten, die immer in Gefahr schweben, von der wunderschönen russischen Agentin umgarnt und für die Dienste des KGB eingespannt zu werden. Du hast mir damals erklärt, dir könnte so was nicht passieren, weil du gegen alle gängigen weiblichen Verführungskünste durch hartes Training gefeit bist. Du hast sogar 100000 Schilling darauf gewettet, daß es keiner noch so schönen Frau gelingt, dir den Kopf zu verdrehen, wenn du nicht willst. Erinnerst du dich?"

„Schon", gab ich widerstrebend zu. „Aber das war in einer Vollmondnacht bei der vierten Flasche Retsina."

„Schade!" seufzte er und ließ mich los. „Ich habe nicht gewußt, daß du damals nur großschnäuzig angegeben hast . . ."

„Ich gebe nie großschnäuzig an!" Ich stampfte zornig auf. Leider hörte man das nicht, weil ich seit meiner Indianerzeit weiche Schleichsohlen bevorzuge. „Fixlaudon! Ich stehe immer zu meinem Wort!"

„Na ja, vergiß meine Bitte", winkte B. A. resigniert ab. „Ich verstehe ja, daß dich angesichts des sinnverwirrenden Busentrios der Mut verlassen hat . . ."

Seit sie mich als Kind auslachten, weil ich im finsteren Kohlenkeller Gänsehaut und Zähneklappern bekam, habe ich eine schwache Stelle: Wenn jemand meinen Mut anzweifelt, wachse ich weit über den normalen Karl hinaus und muß das Gegenteil beweisen, wenn auch meist zu meinem Schaden. Aber wer hat keine kleine Schwachstelle?

„Mein Mut hat mich nicht verlassen!" brüllte ich B. A. an.

Ein dankbares Leuchten verklärte Barawitzkas gramgefurchte Züge. „Dann übernimmst du also den gefährlichen Einsatz? Karl ..." Er umarmte mich und drückte mich an die Brust wie ein Vater seinen verlorenen Sohn. „Ich hab' ja gewußt, daß du mein bester Mann bist. Danke!"

Mir wurde ganz schwummerlich zumute. Da hatte ich Tepp mich schon wieder von ihm für eine unmögliche Mission einfangen lassen!

Vor den Yachten warteten zwei unrasierte Abruzzenmänner mit einem Handkarren, auf dem Dieselfässer verzurrt waren.

„Eigentlich hatte ich einen Tankwagen erwartet", brummte B. A., „aber es muß auch so gehen. *Buona sera, signori!*" Es folgte eine schnelle Konversation auf italienisch. Plötzlich brüllte mein Admiral empört auf.

„Was ist denn los?"

Er schwang erregt die Arme. „Die sind verrückt! Das ist ja eine Dieselmafia! Weißt du, was diese beiden Paten für einen Liter verlangen? Veuve Cliquot in der Flasche wäre billiger! Ich denke nicht daran, mich von diesen Al Capones ausnehmen zu lassen. Dann tanken wir eben nicht! *Basta! Finito! Avanti, avanti!*" bedeutete er den Öllieferanten. „*Arrivederci!* Liefern Sie Ihr kostbares Öl, wem Sie wollen!"

Jetzt regten sich die beiden auf. Eine Weile brüllten alle drei einander an, schnipsten mit den Fingern und gestikulierten wie in einem Filmlustspiel aus der Cinecitta. B. A. aber blieb hart. Er drehte sich um und marschierte finster, die Hände auf dem Rücken verschränkt, am Kai auf und ab, gefolgt von den beiden Mafiosi, die dem Tonfall nach erst argumentierten, dann schimpften, dann drohten, dann baten, weinten und ihn zuletzt verfluchten, weil er zu keiner Verhandlung geneigt schien.

Schließlich schnappten sie die Holme ihres Karrens und schoben ihn um die Ecke in die nächste Hafengasse.

„B. A., wir brauchen aber Sprit! Wenn morgen der Wind stirbt, kommen wir nie nach Malta!"

„Nicht zu dem Phantasiepreis!" knurrte er und horchte in die Nacht hinaus. „Karl, du hast deine Mokassins an, geh lautlos an diese Ecke und sieh nach, ob die beiden wirklich endgültig verschwunden sind."

Ich tigerte hinüber und konnte gerade noch anhalten, als ich die streitenden Stimmen hörte. Die Dieselpreistreiber standen hinter der Ecke und hatten ein heißes Wortgefecht. Ich lief zurück und berichtete

B. A. davon. „Sehr gut!" meinte er. „Sehr gut! Das wollt' ich hören. Jetzt brauchen wir nur zu warten."

Er nahm seine Wanderung wieder auf, und ich überlegte, wie ich mich für den Einsatz auf der KAISERPILS wappnen sollte. Natürlich konnte ich eine handliche Winschkurbel in meinem Seestiefelschaft verbergen. Aber konnte man schönen Frauen damit in die Schnauze hauen wie meuternden Matrosen? Das schien mir wenig ritterlich. Die Macho-Masche aber, einfach allen dreien nacheinander am Ruder oder im Bugkorb männlich-unwiderstehlich so nahezutreten, daß sie, von meiner Liebeskraft begeistert, sanft wie junge Täubchen wurden, das traute ich mir bei allem Selbstbewußtsein doch nicht zu.

Ich zermarterte mir den Kopf. Da hatte ich mich ganz schön in dicke Kazunga gesetzt!

Die ersten Crewmitglieder kamen aus dem Restaurant spaziert, mit satten Gesichtern an Zahnstochern kauend.

„Wann kommt denn der Diesel?"

„Muß jeden Augenblick eintreffen", gab B. A. mit fester Stimme zurück und holte sich Kung Fu als Verstärkung.

Ich kletterte auf die GOLDFASSL, packte meine Seetasche und trug Willi auf, das gleiche zu tun. Ihn wollte ich als Raubtierfutter mitnehmen, zur Ablenkung, wenn sie mich im Rudel einkreisten. Für einen erlebnishungrigen Jüngling wie ihn war so eine Erfahrung möglicherweise sogar recht nützlich. Außerdem war er auf der GOLDFASSL am ehesten zu entbehren.

Eine Viertelstunde später rollte der Dieselkarren aus der Nacht heran, diesmal nur von einem Mann geschoben. Er trat vor B. A. hin und unterbreitete anscheinend ein neues Angebot. Diesmal war der Admiral einverstanden, die Schläuche wurden ausgelegt, und der Mafioso pumpte sich mit seiner kleinen Schwengelpumpe die Seele aus dem Leib, um den Inhalt der vier Fässer in unsere Tanks zu transferieren.

„Es ist gelaufen, wie ich hoffte", erklärte mir B. A. „Professionelle Schiffsmakler haben Tankwagen und kommen nicht mit der Karre. Die beiden Gauner sind Freunde vom Nachtwächter und wollten die Not dummer Segeltouristen ausnutzen. Ich werde dem Einsichtigen sogar ein gutes Trinkgeld geben, denn er büßt beim Pumpen all seine Sünden ab. Hauptsache, wir haben der lokalen Mafia gezeigt, daß man mit österreichischen Seglern nicht so umspringen kann. Bist du bereit, an Bord der KAISERPILS zu gehen?"

„Seesack bei Fuß, Schlagring in der Tasche. Bleib bitte in der Nähe und auf Kanal 76 für den Fall, daß ich ein Enterkommando anfordere. Und halt mir die Daumen. *Morituri te salutant*, o Barawitzka!"

Die offizielle Erklärung für den Skipperwechsel war einfach und hörte sich ganz harmlos an: Es sei Zeit, daß die Prüfer auch die Kandidaten der anderen Boote besser kennenlernten.

„Kau ständig eine Knoblauchzehe", riet Simon Rebitschek und klopfte mir ermutigend auf die Schulter, „das schreckt Hexen ab."

„Sehr witzig!" Ich schulterte mein Gepäck, winkte Willi heran und marschierte zur KAISERPILS, wo das Schwesterntrio schon am Heck beisammenstand und mir entgegensah.

Als ich weiter unten am Strand die Mädchenstimmen hörte, schloß ich schnell die Augen und streckte mich wieder lang im warmen Sand aus. Das mußte Nausikaa mit ihren Gespielinnen sein. Also hatte ich nach dem Schiffbruch noch Glück im Unglück gehabt und ausgerechnet das gastfreundliche Gestade der Phäakeninsel erreicht. Die Sonne brannte mir auf Bauch und Stirn und trocknete langsam meine nasse Hose. Die lachenden Stimmen kamen näher. Gleich würde eine meine hingestreckte Gestalt entdecken und ausrufen: „Seht, o Prinzessin! Da liegt ein schöner fremder Mann am Ufer. Den muß das Meer uns angespült haben. Welch edle Züge er hat und welch braune Haut! Ob das Odysseus ist?" Dann würden sie mit besorgten Ausrufen herbeieilen, mir den Sand aus den Haaren waschen und meine müden Glieder mit Öl salben.

„He, da liegt 'ne Wasserleiche!" rief eines der Mädchen. Das war zwar nicht ganz nach dem Drehbuch, aber ich hörte die Schar durch den Sand näherkommen.

„Ein häßlicher Ausländer!" bemerkte eine andere Stimme, nun schon ganz nahe. „So bleich und aufgeschwemmt. Muß schon ziemlich lange im Wasser liegen. Am besten wird sein, wenn wir ihn gleich mit Kalk bestreuen und vergraben."

Ich seufzte. So hatte ich mir das nicht vorgestellt. Ich stemmte mich auf die Ellbogen und versuchte, den Sand aus den Augen zu blinzeln.

„O je, der lebt ja noch!"

„Das gibt Mehrarbeit, Schwestern!" Endlich konnte ich klar sehen – und erschrak. Das war nie und nimmer Nausikaa mit ihren Zofen! Ich mußte auf die Insel der gefürchteten Lampedusen geschwemmt worden und einer Patrouille ihrer Gesundheitspolizei in die Hände gefallen sein.

Wilde nackte Weiber mit Rotkreuzbinden starrten kalt auf mich her-

unter, als wäre ich eine eklige Qualle, die ihren Strand verunreinigte.

„Macht ihn frei!" befahl die Anführerin. „Damit ich ihn impfen und kastrieren kann. Wer weiß, was der alles für Krankheiten hat." Als sie mir die Hose auszogen, sprang ich trotz meiner Müdigkeit auf und kämpfte um mein ... Na ja, Sie wissen schon!

Aber ich stieß mich an allen möglichen Ecken, und die Lampedusin, die ich gepackt hatte, sah plötzlich wie Berndt Boltzmann aus. Er schrie erschrocken: „Was ist denn, was ist denn? Hilfe, er wird verrückt!" Da fielen wir auch schon zwischen Navigationstisch und Kombüsenschott. Ich sah verdattert auf. Es war hellichter Tag, Sonnenlicht flutete durch Seitenfenster und Decksluken. Cleo, die am Herd stand, und Lorelei, die den Frühstückstisch deckte, starrten mich verwundert an.

„Oh, entschuldigt bitte!" Ich rappelte mich hoch und half Berndt wieder auf die Beine. „Ich muß wohl schlecht geträumt haben."

„Beim alten Hippokrates!" schimpfte der Arzt und untersuchte seine Arme auf Schürfstellen. „So was von Überreaktion, nur weil ich ihm die Decke wegzog! Das habe ich noch nicht erlebt. Nächstes Mal soll bitte jemand anderer unseren Skipper wecken. Mir ist das zu gefährlich."

„Frühstück in zehn Minuten." Cleo brühte Kaffee auf.

„Prächtig!" Ich warf einen Kontrollblick an mir herunter, und da ich zum Glück eine ganz ordentliche kurze Hose trug, kletterte ich an Deck. Zehn Minuten waren ohnehin zu kurz für eine komplette Morgentoilette, die konnte ich später nachholen; außerdem mußte ich gleich nach dem Aufstehen immer erst Wind, Wetter, Position und Segelstand kontrollieren.

Vom Ruder her nickte mir Calypso zu. „Gut geschlafen, Skipper?"

„Ein wenig unruhig. Wie lange bist du schon hier oben? Wir wollten doch gemeinsam von acht bis zwölf Wache gehen."

„Bin auch gerade erst aus dem Schlafsack gekrochen und habe Cleo am Steuer abgelöst, damit sie sich um das Frühstück kümmern kann. Ich brauche morgens immer erst eine Viertelstunde frische Luft, bevor man mich ansprechen kann."

Das fand ich einen sympathischen Zug an ihr. Mir gefallen Leute, die verwandte Gewohnheiten haben. Ich setzte mich in den Heckkorb. Eine frische Landbrise aus Westen trieb uns mit fünf Knoten über ein leicht bewegtes, dunkelblaues Meer. An Steuerbord erstreckte sich von

Horizont zu Horizont die linealgerade italienische Küste mit leeren Sandstränden, unterbrochen von hellen Felsabbrüchen oder Kiefernwäldchen. Oben am Rand des Uferabbruchs leuchteten weiße Häuschen und rote Dächer in der Morgensonne. An Backbord in etwa zwei Kabellängen Abstand (aber nicht Willis Kabel!) segelten HOPFENPERLE und KLOSTERBOCK. Weiter voraus stand unsere vierte Yacht. Die Formation war also die ganze Nacht über beibehalten worden. Ich bemerkte, daß unsere Navigationslichter schon ausgeschaltet waren, überhaupt sah es an Deck sehr aufgeräumt aus. Kein einziges loses Ende lag herum, alles war sauber aufgeschossen und versorgt. Das war ein erfreulicher Anblick, ebenso wie Calypso im Licht des Morgens. Ich betrachtete sie von der Seite, während sie am Ruder stand.

Sie hatte ihre langen blonden Locken am Hinterkopf straff zusammengefaßt, sehr seemännisch mit mehreren Marlschlägen gebändselt und diesen Zopf unter ihre Segelmütze gestopft. Das sah lustig aus. Jetzt fand ich bestätigt, daß ihre Augen tatsächlich in jenem Südseelagunenblau strahlten, das ich am Vorabend beim Schein der Kajütbeleuchtung wahrgenommen hatte. Das war allerdings nicht der einzige Grund, warum ich uns in eine Wache eingeteilt hatte. Eine Augenweide waren sie alle drei, die segelambitionierten Krankenschwestern, aber Calypso war die einzige, der ich im Stehen gerade in die Augen sehen konnte. Zu Cleo und Lorelei mußte ich aufblicken, die waren um gut einen halben Kopf größer als ich. Außerdem hatte ich bemerkt, daß Calypso die ruhigste der drei war. Sie plapperte nicht in einem fort wie die beiden anderen, und das war mir beim Wachegehen sehr angenehm, denn ich rede selber gerne, am liebsten über mich.

Während wir auf die Diesellieferanten warteten, hatte ich meine guten und schlechten Karten sortiert. Positiv für mich würde sich der Umstand auswirken, daß ich nicht wie Kung Fu jedesmal trocken schlucken mußte, wenn Cleo *en naturelle* herumlief. Dagegen war ich konditioniert. Schon seinerzeit, als ich noch Indianer spielte, hatte ich bemerkt, daß mich der Anblick nackter weiblicher Formen in eine unerklärliche, aber lästige Nervosität versetzte. Um dieser inneren Unrast, die mir immer den Tomahawk in der Hand zittern ließ, Herr zu werden, wandte ich die Methode an, mit der Schokoladenfabrikanten ihre Angestellten abhärten: Überfütterung. Ich schrieb mich in die Aktklasse der Kunstschule ein und zeichnete und malte ein paar Semester lang zweimal in der Woche nackte Modelle von allen Seiten. Das wirkte! Seither betrachte ich weibliche Geschlechtsmerkmale vom rein künstlerischen Standpunkt aus, und die Nervosität stört mich nicht mehr. Das half mir auch später, aus einigen geschickt gelegten Fußangeln, die auf fallenden Feigenblättern oder Hüllen aufgebaut waren, unversehrt hinauszuspazieren.

Wie das bei den Unverwundbaren in unserer fehlerhaften Welt aber leider immer so ist, eine Achillesferse blieb mir trotzdem. Und zwar eine farbliche, weil's beim Malen war, als ich mich unsterblich in ein Aktmodell verliebte. So wie Superman Kent Clark, seiner Superkräfte beraubt besinnungslos niedersinkt, wenn man ihm das rubinrot leuchtende außerirdische Metall Krypton vor die Nase hält, so bekomme ich Magenflattern und Zungenbeinlähmung, wenn ich ungeschützt in ganz bestimmte blaue Augen blicke. Hellblau, Lichtblau, Himmel-, Marine-, Ultramarin- und Kobaltblau machen mir nichts aus, aber ein bestimmtes Aquamarin- oder eben Lagunenblau wirft mich um. Solche Augenfarbe ist glücklicherweise sehr selten, sonst würde ich wie ein stotternder Trottel durchs Leben stolpern.

Deshalb war ich entsetzt, als ich beim Anbordkommen auf der KAISERPILS genau in jene gefährlichen Augen schaute und meine Stimmbänder sich prompt zu einer Wuling verwickelten. So mußte ich den wortkargen Skipper spielen, bis wir zum Auslaufen alle überflüssigen Lichter löschten und die Gesichter nur mehr dunkle Flecken in der Nacht waren. Vor dem Einschlafen hatte ich mir eine Schutzmethode überlegt. Bevor ich ständig mit dunkler Sonnenbrille herumlief, wollte ich den Einfall auf seine Brauchbarkeit testen.

„Schau mal her, Calypso!" Ich nahm meine Brille ab und beugte mich mutig vor. Hurra! Es funktionierte! Ich konnte anstandslos meine vorher zurechtgelegte Ausrede vorbringen: „Hab' ich da einen Kratzer auf der Nase? Ich kann nicht so stark schielen, um das festzustellen. Und bis zum Spiegel hinunterzugehen, bin ich zu faul."

Sie beugte sich vor, aber dank meiner Kurzsichtigkeit sah ihr Gesicht auf kurze Distanz so verzerrt aus wie eins auf meinem alten Fernseher.

„Nein, da ist nichts", sagte sie, und ich atmete erleichtert auf. Ich hatte ein zwar primitives, aber wirksames Mittel gegen meine Sprachstörung gefunden. Jetzt konnte ich mich entspannen. Auch B. A.s Befürchtungen erschienen mir im Licht des neuen Tages völlig unbegründet. Auf der KAISERPILS waren keine finsteren Mächte am Werk, keine Verschwörung oder Meuterei drohte, am Schiff war alles bestens in Ordnung und das Bordklima hervorragend. Ich kam mir mit meinen nächtlichen Befürchtungen jetzt ziemlich kindisch vor. Sollte der gute alte Sigmund Freud doch recht gehabt haben, daß jeder Mann insgeheim Kastrationsängste hegte? Anders ließ sich der dumme Alptraum nicht erklären. So ein Unsinn! Die Schwestern waren eifrig und fleißig und wollten mir nur zeigen, was sie alles gelernt hatten.

Zum Frühstück gab es für mich sogar Tee mit Zitrone und einem Schuß Rum zur Verzierung, obwohl alle anderen Kaffee tranken. Wahrscheinlich hatte ihnen das Willi verraten. Wie ich mir bei einer Crew aus Ärzten und Schwestern hätte denken können, war das Frühstück sehr gesund: keine Eier, kein Speck, keine fetten Leberpasteten oder Aufstriche aus der Dose, sondern Toastbrot und Knäcke, Milch, Honig, Joghurt, Käse, Früchte und Müsli aus Vogelfutter, wie es B. A. bezeichnete. Plötzlich wußte ich, warum der Admiral sich nicht selber auf der KAISERPILS eingeschifft hatte, um nach dem Rechten zu sehen. Wahrscheinlich hatte er von der Reformkost Wind bekommen und deshalb mich geschickt. Aber es sah so aus, als würde die Woche bis Malta recht angenehm werden.

Auch Willi schien sich an Bord wohl zu fühlen. Er lehnte hinter mir am Kombüsenschott. „Ich habe dein Lieblingsmüsli mitgenommen, Skipper . . . Oh! Was war das?“

Ich duckte mich erschrocken und sprang auf. „Das“ war ein fester, siedendheißer Flüssigkeitsstrahl gewesen, den ich plötzlich ins Genick bekommen hatte. Rauchender Kaffee tropfte noch vom Ausguß eines hinter mir am Schott verzurrten Zwei-Liter-Thermosbehälters. Willi starrte verdattert den Pumpknopf an, der sich langsam wieder in Ausgangsstellung zurückhob.

„Willi!“ rief Lorelei tadelnd und griff nach einem Küchentuch. „Das ist jetzt schon das zweite Mal, daß du es auf die Bank zischen läßt! Wenn du dich wo anlehnen mußt, dann bitte nicht immer gegen den Pumpthermos!“

Sie untersuchten mein Genick, und obwohl ich mich wehrte, zogen sie mir das Hemd aus und rieben mir den Rücken mit Brandsalbe ein. Es versöhnte mich ein wenig mit den Schmerzen, daß Calypso eine bewundernde Bemerkung über meine Tapferkeit machte.

Ich hörte dann den Wetterbericht ab und führte ein kurzes Gespräch mit Barawitzka, der behauptete, daß wir noch vormittags einen Spinnakerwind bekommen würden.

„Den Wetterbericht des ORF, von dem sie uns im Kurs erzählten“,

„Stört dich das, Skipper?“

fragte mich Calypso, „den erhalten wir hier ja nicht mehr. Du kannst anscheinend fließend Italienisch und Roma Meteo mitschreiben. Doch was macht jemand, der das nicht versteht?“

„Ich kann kaum ein Wort Italienisch. Aber Wetterberichte bringen immer die gleichen Phrasen und Bezeichnungen, an die gewöhnt man sich. Man kann sie außerdem im Wetterteil des Funkdienstbuches nachschlagen. Da sind die wichtigsten Wettererscheinungen in mehrere Sprachen übersetzt. Wenn dich das italienische Wetter interessiert, dann stöpsel doch einfach den Kassettenrekorder ans Radio und nimm den Bericht auf. Dann kannst du ihn dir so oft vorspielen, bis du jede Information verstanden oder nachgeschlagen hast.“

„Danke, Carlo!“ Sie strahlte mich lagunenblau an und ging zum Glück gleich ans Ruder zurück. So mußte ich nicht sprechen, was mir auch schwergefallen wäre.

Da schwebte Cleo plötzlich splitternackt durch den Salon, so nahe, daß ich auch ohne Brille die entzückenden Grübchen an ihrer wirklich eleganten Gillung bewundern konnte. Ich merkte, daß Berndt, der mit dem Abwasch beschäftigt war, prüfend zu mir herübersah. „Stört dich das, Skipper?“ fragte er. „Sie behauptet, es geht nicht anders, weil die Dusche so eng ist, daß alle ihre Sachen naß werden. Du könntest ihr natürlich sagen, daß sie sich wenigstens ein Handtuch umbinden soll. Kung Fu hat das sehr nervös gemacht, obwohl er nie was dagegen unternahm.“

Ich grinste zurück. „Also, mich macht das nicht nervös. Im Gegenteil, ich habe ganz gern nackte Frauen um mich, das gibt mir so ein herrliches Gefühl von Luxus. Ich komme mir dann vor wie ein reicher Playboy auf seiner Yacht.“ Ich erklärte ihm das mit meinem Malkurs. „Na, und dich beeinflußt Cleo nicht?“

Berndt lachte. „Du vergißt, daß ich Arzt bin. Nackte Menschen gehören zu meinem Beruf. Halbbekleidete Krankenschwestern mit Strapsen oder anderen Spitzendingsbums könnten mich vielleicht in Verlegenheit bringen. Aber so muß ich mich höchstens zurückhalten, daß ich nicht mein Stethoskop hervorziehe.“

Jetzt wußte ich, was unseren Yogaexperten und Schattenboxer Kung Fu von Bord der KAISERPILS vertrieben hatte: nicht Hexerei, sondern seine eigene laszive Phantasie! So klärte sich alles auf.

Eine Stunde später drehte der Wind tatsächlich auf Nordwest, und wir setzten Spinnaker. Es war eine Freude zu sehen, wie geschickt sich die Mannschaft anstellte und wie brav sie meine vorher gegebenen Manöveranweisungen beachtete. Unsere braun-goldene Riesenblase stand beim ersten Vorheißen und blieb auch stehen. Während ich Calypso die Sache mit dem einfallenden Luvliek erklärte und wie sie mit der Leeschot arbeiten mußte, um den Spi ständig optimal auf Zug zu halten, hatten wir das Vergnügen, den anderen Yachten zuzusehen, wo offensichtlich schon wieder die Marx Brothers in Aktion waren. Ich hörte B. A. bis zu uns herüber brüllen, als jemand das Spifall in dem Augenblick wieder losließ, als der Wind die schlaffen Falten blähte. Wie ein notlandender Fallschirm flatterte der Spinnaker seitlich voraus und bedeckte vor dem Bug das Meer.

Auf der KLOSTERBOCK hatten sie das Klarieren des Spinnakers anscheinend einem besonderen Fachmann anvertraut, denn vorgeheißt verdrehte er sich zu einer vorstaglangen Kette von Einzelblasen, die wie abgebundene Knackwürste ein wundersames Bild boten. Am besten schaffte das Manöver Laszlo auf der GOLDFASSL, obwohl es längere Zeit dauerte, bis der Spi endlich stand und entsprechenden Vortrieb erzeugte. Unsere KAISERPILS setzte sich dadurch mühelos an die Spitze des Verbandes und blieb dort auch den ganzen Tag über. Es wurde ein Segeltag, von dem man nachher nur berichten konnte, daß er traumhaft gewesen war. Entweder spielten wir nahezu regattamäßig mit dem Spi, lagen eingeölt in der Sonne, oder ich erzählte Calypso von meinen Reisen. Ich hatte noch nie eine so gute Zuhörerin erlebt. Sie konnte mir stundenlang auf den Mund schauen und genau an den richtigen Stellen, wo ich Pointen zu setzen versuchte, ein besorgtes Gesicht machen oder kichernd sagen: „Du bist ein verrückter Kerl, Carlo!" Das machte sie mir unheimlich sympathisch.

Der gute Rückenwind hielt bis zum Abend durch, und als er in der Dämmerung einschlief, blitzte uns das Leuchtfeuer von Cap Otranto schon seinen Gruß entgegen.

„Ich hasse es, stundenlang zu motoren", erklärte mir B. A. auf Kanal 76. „Wir haben gute Fahrt gemacht und legen in Otranto für ein Abendessen an. Es soll da in der Altstadt ein vortreffliches Restaurant geben. So warten wir am angenehmsten auf den Nachtwind. Bergt euren Spi, wir treffen uns an der Innenmole."

Die war allerdings mit mehreren Reihen von Fischerbooten belegt, aber die STELLA D'OTRANTO winkte uns längsseits und fing unsere Leinen auf. Den freundlichen italienischen Fischern fielen dann fast die Augen aus dem Kopf, als ich mit meinen Schwestern landfein über ihr Deck zum Kai kletterte. Die Mädels hatten klinikweiße Overalls angezogen, aber so hautenge, daß den Fischern die Gummistiefel zu rauchen begannen.

Um ihnen nicht nachzustehen, hatten sich Berndt und Willi ihre modischsten Poloshirts und saubersten Hosen angezogen. Sogar ich hatte lange nach einem noch unbenützten weißen Leibchen gesucht und eins mit chinesischer Aufschrift gefunden, was mir einen exotischen Hauch verlieh, wie Calypso gestand.

Ich hatte ihr nachmittags von der Überführung unseres Taiwanklippers erzählt. „Was besagt denn die Aufschrift?" fragte sie.

Ich tat recht erstaunt. „Das weißt du nicht? Diese Schriftzeichen findest du auf jeder Schachtel mit Elektronikgeräten aus Taiwan. Sie heißen: ‚Vorsicht, Inhalt zerbrechlich! Nicht werfen und vor Feuchtigkeit schützen.'"

„Schwindler! Was heißt das nun wirklich?"

„Also gut, das T-Shirt ist aus Singapur, und die Aufschrift besagt: *Wong fang hong tzu ma tscheng ah!* Das bedeutet soviel wie: ‚Öffentlicher Lustknabe der Stadt Singapur. Registriernummer 2745.' Macht nichts, es wird wenig Italiener geben, die Chinesisch lesen können."

In diesem Moment holte mein Freund Rebitschek unsere Gruppe ein, nahm Calypso kameradschaftlich um die Hüften und warnte sie dringend, mir zu glauben. „Dieser mein Freund hier ist der unverschämteste Lügner zwischen Atzgersdorf und Zimbabwe. Glaub ihm ja nix, Schwester. Mir hat er erklärt, die chinesische Aufschrift wäre ein Hinweis auf die Trinkfestigkeit des Trägers." Er wandte sich an alle: „Wie ist das, Mädels? Oben in der Stadt soll es in einem renovierten Kloster ein originelles altrömisches Tanzcafé geben. Wollen wir nicht mal zur Abwechslung eine kesse Sohle auf den Mosaikboden legen, während sich die alten Herren wieder mit Muscheln und Langusten vollstopfen? Meinen Gürtel hab' ich schon um vier Löcher weitermachen müssen, so füttert mich Jumbo. Ich habe keinen Hunger, ich brauche Bewegung! Wer kommt mit?"

Der Vorschlag wurde von der Mehrheit mit Begeisterung aufgenommen, und wir teilten uns. B. A. verlautbarte noch, daß er spätestens um zwei Uhr auslaufen wolle, und zog dann mit den Brösels, mit Gludowatz, Jumbo und Ali Baba ins „Ristorante Ancora verde", während der restliche Haufen Simon ins „Lord Byron" folgte. Die Disko war in der Tat originell: steingemauerte Gewölbe mit Kreuzbögen und romanischen Rundfenstern, Kerzenbeleuchtung und eine erfreulicherweise nicht über der Schmerzgrenze dröhnende Musikanlage. Zu meiner Freude gab es mehrere Sorten englisches Bier vom Zapfhahn.

„Wie üblich keine Weiber", stellte Simon beim Eintritt fest, als er die einsamen jungen Männer an der Theke im Vorraum bemerkte. „Gut, daß wir uns selber ein paar mitgebracht haben."

Daß wir im falschen Lokal gelandet waren, merkten wir erst viel später. Die finsteren Blicke der Jünglinge auf den Barhockern deuteten wir zunächst als Neid wegen unserer vollbusigen Begleitung. Daß der Kellner beim Aufnehmen der Bestellung unsere drei Schwestern, Monika und Barbara so vorwurfsvoll anstarrte, meinten wir seiner südländischen Moral zuschreiben zu können, weil die Mädels, von den vielen begeisterten Pfiffen der Fischer übermütig geworden, die Reißverschlüsse ihrer Overalls weiter als notwendig aufgezogen hatten.

„Kommt, refft eure Ausschnitte ein wenig", schlug Sepp vor. „Sonst verschüttet der Knabe noch unser Bier. Er hat wohl schwache Nerven."

Dann kam Eugen von der Toilette zurück und meldete verwundert: „De hebbe koi Damentoilett'. Und da drauße an de Bar, da busselt sich die Kellner gegenseitig ab, als wäret se allsamt schwule Säckel! Ob wir dr falsche Pinte erwischt hent?"

„Das kann uns doch völlig egal sein!" lachte Simon und erhob sich, Lorelei an der Hand packend. „Komm, Nixe, wir lassen dein Haar ein wenig fliegen. Wenn einer von den Brüdern auch nur ein schiefes Gesicht zieht, schupp' ich ihn mit meinem Messer wie einen Spiegelkarpfen! Auf geht's, *Devil Woman, fly!*"

Rebitschek war nicht gerade ein Turniertänzer, er beherrschte nur einen Universalschritt für alle Rhythmen, so ein Zwischending aus Rock and Roll, Mazurka und Judo. Er schwang Lorelei im Kreis, daß sie kreischte wie auf der Berg-und-Tal-Bahn im Wurstelprater.

Später sah ich selber, wie die Kellner beim Biereinschenken Zärtlichkeiten austauschten. Eugen erfuhr dann noch, daß die traurigen Jünglinge da draußen gemietet werden konnten wie Taxigirls. Wir fanden das in unserer ausgelassenen Landgangstimmung fürchterlich komisch, ahmten den gezierten Gang der Kellner nach, gaben uns gegenseitig Klapse hintendrauf, küßten einander bei jeder Gelegenheit auf die Stirnen und brüllten vor Lachen. Daß wir den armen Burschen für diese Nacht das ganze Geschäft verdarben, daran dachte niemand. Denn ab und zu hereinguckende neue Gäste zuckten beim Anblick unserer wild tanzenden Mädchen erschrocken zurück und verschwanden wieder im Dunkel.

„Also, in einem Homoschuppen habe ich mich noch nie so königlich amüsiert!" vertraute mir Calypso an, als wir gegen zwei Uhr früh Arm in Arm durch die finsteren Gassen zum Hafen zurück stolperten. „Sag, Carlo, warum hast du behauptet, nicht tanzen zu können? Du tanzt sehr gut, finde ich!"

Diese ehrliche Meinung erfüllte mich mit großer Zuneigung für sie, denn bisher hatte man immer behauptet, ich tanze wie ein taubes und blindes Nilpferd. Während die sich immer noch Kußhände zuwerfenden Crews die Yachten zum Auslaufen vorbereiteten, winkte mich B. A. auf sein Vorschiff. „Wie läuft das mit den drei Hexen?" wollte er wissen.

„Kein Problem. Sie sind wie Zimt, Nougat und Schokolade zu mir und die besten Segelschülerinnen, die ich je hatte. Hast du unser Spimanöver gesehen?"

„Hm, ja", brummte er. „Aber halt die Ohren steif. Ich traue dem Frieden nicht. Kung Fu hat Schauergeschichten erzählt." Er sah mich prüfend an. „Laß dich nicht von Cleo einwickeln, Karl ... Aua!" Er hielt sich an meiner Schulter fest und entlastete mit schmerzverzerrtem Gesicht sein rechtes Bein.

„Ist das noch immer der verstauchte Fuß?"

„Ja. Wenn die Nacht feucht ist, spüre ich ihn stärker. Ist auch ziemlich geschwollen. Aber was sagst du zu meiner Vorhersage? 15 Knoten Wind aus Ost, ha! Wenn der für die Straße von Messina so bleibt, dann können wir den allgemeinen Wunsch nach einer Nacht in Taormina erfüllen und auch einen Ausflug auf den Ätna organisieren. Also nochmals, Karl: halt die Ohren steif!"

Ich sagte das leichtherzig zu, und wir liefen aus. Um vier Uhr früh übernahm ich mit Calypso wieder die Wache. Wir hatten die Ferse von Italien mit dem Leuchtturm von San Maria di Leucca weit hinter uns gelassen und waren allein weit draußen auf See. Milliarden Sterne funkelten oben am Himmel, die Milchstraße zog sich wie ein leuchtendes Band übers Firmament. Es war eine dieser klaren und stillen Nächte, in denen einem das Herz weit wird und man sich wünscht, sie mögen nie zu Ende gehen. Der Autopilot steuerte, und ich spielte mir auf der Mundharmonika etwas vor.

„Das hört sich unwahrscheinlich gut an, Carlo", sagte Calypso, als sie von der Kartenarbeit an Deck hochkam. „Klingt so nach Fernweh, Abschiednehmen und einsamen Matrosen. Kannst du auch Jamaica Farewell von Harry Belafonte? Das höre ich so gern."

Das war auch eines meiner Lieblingslieder, und als ich es ihr mit besonders gefühlvollen Tremoli vorspielte, fiel mir ein, daß ich eigentlich noch nie im Leben eine Frau wie Calypso getroffen hatte, die so für die gleichen Dinge schwärmte wie ich. Sie mochte die gleichen Lieder, es begeisterte sie alles, wofür ich mich begeisterte, und sie war mit mir einer Meinung über alle Dinge, die abzulehnen waren. Und sie segelte so gern wie ich! Das war außergewöhnlich. Die meisten Frauen machen bei den Törns nur aus Liebe zu ihren Männern mit. In Wirklichkeit würden sie ihren Urlaub lieber in einem schönen Hotel am Strand verbringen als auf einem Boot mit primitiver Sanitäreinrichtung.

Schlagartig wurde mir bewußt, daß ich bei Calypso auch nie das Gefühl hatte, mit einem fremden Menschen zu sprechen, den man erst kennenlernen mußte und dem man anfangs besser nicht das wahre Gesicht zeigte. Bei ihr hatte ich mich stets so gegeben wie ich war, hatte mich mit ihr unterhalten wie mit meinem zweiten Ich. Das war bemerkenswert. In ihrer Nähe waren mir nie jene strategischen Überlegungen gekommen, die sonst in meinem Denkprogramm abliefen, wenn ich annahm, daß einer Frau mein Interesse nicht unangenehm war. Das fand ich noch erstaunlicher. Denn bisher hatte ich ja noch mit keinem Wimpernzucken zu erkennen gegeben, daß sie mir ausnehmend gut gefiel.

Diese Gedanken faszinierten mich so, daß ich die Mundharmonika weglegte, um weitere Überlegungen anzustellen. Sie griff danach und blies einige Male hinein. „Wie machst du das, daß man immer nur einen Ton hört und nicht viele gleichzeitig?"

„Mit einer geschickten Zunge."

„Interessant! Mundharmonikaspieler sollten dann eigentlich recht gut küssen können ..."

Da Autopiloten nicht schwatzhaft sind, zeigte ich es ihr, sonst hätte ich die Achtung vor mir selbst verloren. Zur Hölle mit B.A.s Ermahnungen! Dabei schloß ich die Lider, um nicht doch noch beim Sternenschimmer aus der geringen Entfernung in ihre Augen blicken zu müssen. Denn eine Zungenlähmung war das letzte, was ich jetzt brauchen konnte.

Als es leider Zeit wurde, die nächste Wache zu wecken, fiel mir noch etwas ein: „Meine Geliebte, so ein Schiff ist eine sehr kleine Welt, ohne viel Privatraum für jeden. Ich weiß aus Erfahrung, daß es die übrige Crew nervös macht, wenn zwei an Bord dauernd schmusen. Ich meine, wir sollten vielleicht lieber nicht offen zeigen, daß wir mehr gemeinsam haben als die gleiche Wache."

„Das wollte ich dir gerade auch vorschlagen, Carlo", flüsterte sie, an meine Brust geklammert. „Barawitzka hat im Kurs ein ungeschriebenes Seegesetz erwähnt, wonach Sex am Ruder unseemännisch ist. Ab jetzt sollten wir nicht mehr so den Kopf verlieren, sondern uns daran halten. Ich möchte auch meinen Freundinnen keinen Stoff für Tratschereien liefern." Sie lachte leise. „Du mußt dir halt was einfallen lassen!"

„Kein Problem, ich verfüge zum Glück über eine erfinderische Phantasie." Ich fand es schön, daß wir uns so einig waren.

Die nächsten Tage erlebte ich in einer ungewöhnlichen Hochstimmung, wie unter schwerem Drogeneinfluß stehend. Meine Crew muß von mir begeistert gewesen sein, so freundlich, so herzlich war ich zu allen. Ich liebte einfach die ganze Welt, den Wind wie die Flaute, das Vogelfutter und den sitzengebliebenen Kuchen, den Calypso gebacken hatte. Wir kamen irgendwann in Taormina an, wir speisten in irgendeinem Touristenrestaurant hervorragend und sündteuer, dann fuhren sie alle auf den Ätna und blieben einen halben Tag weg. Mich interessierte der Ausflug weniger. Ich blieb im Hafen, und da sich auch Calypso freiwillig entschlossen hatte, mit mir auf die Boote aufzupassen, gehörte uns das Schiff allein. Was zur Abwechslung mal recht nett war. Mich begeisterte auch die Tatsache, daß ich eine alte Behinderung überwunden hatte: Ich konnte mit wenigen Zentimetern Abstand in ihre lagunenblauen Augen schauen, ohne eine gelähmte Zunge zu bekommen.

Wir legten, glaube ich, auch in Syrakusa an, und der Hofrat unternahm mit anderen Ruinenfreunden einen Ausflug zum Amphitheater und zu ähnlichen römischen Resten. Ich aber schlenderte mit Calypso durch die engen romantischen Gassen der Altstadt, auf der Suche nach winzigen Beiseln, wo wir die einzigen Gäste waren.

Ich schwebte auf rosa Wolken oder war *high*, wie man diesen Zustand heute bezeichnet – bis zur Nacht vor Malta.

Der Wind hatte uns im Stich gelassen, wir dröhnten unter Motor dahin. Ich schlief im Vorschiff, das heißt, ich versuchte zu schlafen, aber da rumpelte irgend etwas über mir an Deck ständig hin und her, bis ich die Geduld verlor, das Luk öffnete, mich hochstemmte und auf dem Bauch liegend herumtastete. Trotz der ägyptischen Finsternis fand ich bald heraus, daß es der Spinnakerbaum war, der sich von der Bugkorbstütze gelöst hatte. Das Bändsel war weg. Ich wußte, wo Reserve zu finden war: unter dem Navigationssitz. Für mich alten Indianer war es kein Problem, mich ohne Licht leise vorzutasten und nach einem Bändsel zu fingern. Da hörte ich einen im Cockpit geflüsterten Satz, der mich mitten in der Bewegung einfrieren ließ.

„Es sieht so aus, als ob es dir ganz prima gelungen wäre, den Prüfer herumzukriegen. Jetzt frißt er dir buchstäblich aus der Hand.“ Das hörte sich nach Lorelei an. „Ich finde, nun ist die günstigste Zeit, ihm nach unserem Plan die Daumenschrauben anzusetzen.“

„Das ist nicht mehr notwendig. Karl ist von euch so begeistert, daß ihr eine positive Bewertung bekommen werdet, hat er gesagt ...“ Das war Calypsos Stimme. Es war unverkennbar Cleo, die jetzt zischte: „Du rührselige Tante! Hast du nun ein Druckmittel in der Hand oder nicht? Das ist alles, was wir wissen wollen!“

Ich aber wollte nichts mehr wissen, und auch der klappernde Spibaum interessierte mich überhaupt nicht mehr. Ich tastete mich behutsam zurück ins Vorschiff und kroch wieder in meinen Schlafsack, weil die Welt plötzlich scheußlich kalt geworden war. Ich brachte es fertig, mich lautlos fürchterlich auszulachen. Es war auch zu komisch! Ich hätte doch nach meinen Erfahrungen wissen müssen, daß es kein zweites Ich in weiblicher Form gab.

Beim Rasieren am nächsten Morgen betrachtete ich mich im Spiegel. Meiner Meinung nach sah ich aus wie immer. Also bemühte ich mich, auch so wie immer zu sein. Nach dem Frühstück gab ich die von B. A. verlangte ETA-Meldung mit Schiffsnamen, Crewanzahl und Flagge per Funk an Malta Port durch und erhielt die Erlaubnis, *„to proceed to Manoel Island yacht harbour"*.

Dann übernahm ich mit Calypso die letzte Wache vor dem Ziel. Die Insel war im Dunst voraus schon zu ahnen. Ich erzählte ihr vom letzten Mal, als wir mit der alten HIPPODACKL Malta angelaufen hatten. Aus den Augenwinkeln bemerkte ich, daß sie mich ansah, oft an den Lippen kaute und sich die Nase rieb, als ob sie etwas Kompliziertes formulieren wollte und noch nicht wüßte, wie.

„Hast du was?" fragte sie dann irgendwann. Also hatte ich mich doch nicht ganz unbefangen geben können. Oder es war ihre weibliche Intuition, die ja angeblich viel besser funktionieren soll als das Einfühlungsvermögen eines Mannes in die Gefühle eines anderen. Kindisches Versteckspiel lag mir noch nie, deshalb sagte ich: „Ja, ich habe was. Ich habe gestern nacht zufällig ein nicht uninteressantes Gespräch dreier Mädchen mitgehört. Über ihre Chancen bei der Prüfung. Du kannst deine Freundinnen beruhigen. Die Mannschaft der KAISERPILS hat mich in dieser Woche überzeugt, daß sie reif ist, den Schein zu erhalten." Ich war froh, sie richtig fröhlich angrinsen zu können. „Welchen Schein du noch machen wolltest, weiß ich nicht, aber meine Hochachtung! Du warst phänomenal gut. Und ich wollte dich tatsächlich nach der Prüfung fragen, ob du mich heiratest ..." Weiter kam ich nicht, mir blieben die Worte im Hals stecken. Schnell schaute ich auf den Kompaß, die Segel und den Horizont.

Calypso sagte lange nichts, räusperte sich nur mehrmals, dann stand sie auf und verschwand unter Deck.

Langsam wuchsen die gewaltigen Festungsmauern von La Valetta aus dem Dunst, dann Fort St.Elmo, der Wellenbrecher, die Einfahrt in den Ta'xbies-Hafen. Jetzt kamen alle an Deck, Kameras klickten, wir brachten Fender aus, richteten Leinen her, und dann bog ich im Kielwasser der HOPFENPERLE um Manoel Island in den Yachthafen ein.

„Alle Skipper mit den Papieren zu mir!“ rief Barawitzka herüber, als die vier Yachten nebeneinander römisch-katholisch an Bojen mit dem Heck zum Kai vertäut lagen. Auf dem Weg zum Hafenkommandanten ging er an meiner Seite. Ich war versucht, mir die Ohren zuzuhalten, als er etwas sagen wollte, aber seine Sorge galt ganz anderen Dingen als meinem Verhältnis zu Calypso. „Alle in der Crew, die dein Buch über die erste Maltareise gelesen haben“, murmelte er vertraulich, „schlugen vor, den Begrüßungstrunk in unserer legendären Britannia-Bar zu nehmen. Jetzt weiß ich aber von anderen Seglern, daß es die alte Britannia-Bar nicht mehr gibt.“

„Hast du's ihnen gesagt?“

„Nein.“ B. A. schnitt eine verlegene Grimasse. „Ich dachte mir, daß es besser aussieht, wenn ich sie hinführe und dann enttäuscht tue, daß es das Lokal nicht mehr gibt. Felix, Giselher, Janos und die anderen von der alten Crew habe ich schon entsprechend motiviert. Du schienst aber in den letzten Tagen etwas beeinträchtigt zu sein, mein lieber Karl. Geht's dir gut?“

„Bestens!“ versicherte ich ihm. „Sie haben sich zwar alle die größte Mühe gegeben, mich zu verwirren und aus meiner indianischen Ruhe zu bringen, aber ich habe die Anfechtungen unbeschadet überstanden.“

„Sind sie also doch Hexen?“

„Überhaupt nicht. Nur nette, von der Natur zufällig verschwenderisch ausgestattete Mädchen, die bisher wahrscheinlich die Erfahrung machten, daß sie unwiderstehlich sind. Aber sie sind alle gute Seglerinnen. Und um das zu testen, sind wir ja schließlich mitgekommen, oder?“

„Sehr richtig!“ brummte er und stieß die Tür zum Hafenamt auf.

Als die versammelten Mannschaften eine halbe Stunde später landfein aufbrachen, um die Ankunft in Malta zu feiern, erlebte ich wieder einmal, welch Sonntagskind unser Barawitzka eigentlich war. Wir gingen den Kai an den vielen hier verankerten Yachten entlang und dann über die kleine Brücke, die Manoel Island, die ehemalige Quarantäne-Insel, mit dem Stadtteil Ta'xbies verbindet, da schrie Willi auf: „Ist das nicht wahnsinnig aufregend? Da ist schon die Britannia-Bar!“

Ich glaubte, meinen Augen nicht zu trauen, aber auf dem Lokal gegenüber der Brücke stand deutlich zu lesen „Britannia Bar“. Es war nicht unsere alte Bar, aber es war eine gleichnamige. Ich blickte zu B. A. hinüber. Er zuckte nur mit den Schultern. Als sich dann auf der Eingangstür noch ein Aufkleber mit dem Slogan „I love Käptn Barawitzka“ fand, da wußte ich, daß B. A. tatsächlich ein Liebling der Götter war. Und daß ich, wenn ich auch noch so gut navigieren oder Mundharmonika spielen konnte, immer der Zweite bleiben würde.

Kurs Afrika

Die bürgerliche Methode, eine Frau zu vergessen – und was dabei schiefgehen kann · Gicht an Bord · Der bibelfeste Feuerbill · Turteltauben sind schlechte Wachführer · Lampedusa ist keine Reise wert · Attentat auf den Chefprüfer · Hitziges Bordklima · Die erste der arabischen Nächte

„*Well, Captain, another one?*"

„*Yes please!*" nickte ich dem bärtigen Wirt hinter der Bar zu.

„*Just coming up, Sir!*" Er nahm mein Glas und hielt es unter die Portionsautomatik einer Flasche in der ganzen Batterie über seinem Kopf. Es gluckerte. Wie er wußte, was in welcher Flasche war, hatte ich noch nicht herausfinden können, obwohl ich ihn schon eine ganze Weile beim Einschenken beobachtete. Das war die eindrucksvollste und reichhaltigste Bar, die ich je gesehen hatte. Es mochten an die dreihundert Flaschen sein, die, in Stufen aufgereiht, die Wand hinter der Theke bedeckten, aber so dicht neben- wie übereinander, daß man die Schilder unmöglich erkennen konnte. Außerdem standen die Flaschen ja auf dem Kopf, und besonders hell beleuchtet war diese Anordnung auch nicht. Wie er sich zielsicher zwischen Black Label, Vat 69, Ballantine, Chivas Regal, Haigh's Dimple Scotch, Glennfiddich, diversen Brandies und Kognaks, Gin und Rumsorten zurechtfand, war mir ein Rätsel.

Jemand schob sich auf den Hocker neben mir und sagte beifällig: „Tatsächlich, eine äußerst gemütliche, kleine Privatbar! Eins, zwei, drei, aufgepaßt, Karl!"

Es war Simon Rebitschek. Ich war so unangenehm überrascht wie jemand, der sich beim Versteckspiel in eine niemandem bekannte Kneipe flüchtet und dort auf Anhieb entdeckt wird. Mein Freund ließ den Blick anerkennend über die Flaschengalerien gleiten, über die Schiffsbilder, Seekarten und Flaggen an der Wand, die Nautiquitäten wie alte Steuerräder, Nebelhörner, Ankerlaternen, Blöcke und Taljen, sowie den diversen Messingschrott von alten Dampfern, über das betagte Piano in der Ecke, die zwei Tischchen mit Ledersesseln und die Handvoll Stammgäste, die sich die neuesten Witze erzählten oder über maltesische Lokalpolitik stritten. „Sehr nette Bar, dein ‚Anchor & Plough'. Dann ist der hemdsärmelige Freistilringer mit der Roßhaarmatratze im Gesicht wohl dein Freund Guy, nicht wahr?"

„Wie hast du denn hierher gefunden, beim Henker? Dies ist doch meine Geheimbar."

„Das ist schnell beantwortet", grinste er. „Du warst plötzlich aus der Britannia-Bar verschwunden. Warst nicht am Klo und auch nicht an Bord. Dann erzählte mir Willi, er habe dich an der Bushaltestelle gegenüber stehen gesehen. Nun, sagte ich mir, du hast wahrscheinlich einen leichten Bordkoller, hast das Gesindel satt, das du zwei Wochen lang ertragen mußtest, und möchtest andere Gesichter sehen oder gar keine. Das war's!"

„Also gut, ich habe es in der Britannia nicht mehr ausgehalten. Immer die gleichen alten Witze und die Angebereien, wie gut sie alle gewesen sind . . . Aber wie hast du mich hier draußen in St. Julian gefunden?"

Er grinste noch breiter. „Jetzt könnte ich angeben mit meiner Spürnase oder ähnlichem. Nein, es war deine Schwatzhaftigkeit, die mich hergeführt hat. Erinnerst du dich nicht? Als du voriges Jahr aus Malta zurückkamst, hast du mir von Guys Bar vorgeschwärmt. Einmal hast du auch ein T-Shirt mit der Anschrift des ‚Anchor & Plough' getragen. Tja, mein Freund, wenn man für seine geheime Privatbar so Reklame macht, darf man sich nicht wundern, daß man dort Bekannte trifft. Cheerio, alter Knabe!"

„Gut", brummte ich, „trink aus und dann geh wieder. Du warst mein Gast."

„Also stimmt es doch!" stieß er hervor und stellte sein Glas heftig ab.

„Was stimmt?"

„Was als neuester, brandheißer Flottillentratsch die Runde macht. Daß du auf diesen blonden Giftköder von Krankenschwester angebissen hast und nun mit schwersten Entzugserscheinungen als Hampelmann nach ihrer Lust und Laune zappelst."

Ich wurde wild. „Wer sagt das? Dem zeige ich's von wegen Hampelmann, daß er als 500-Teile-Puzzle ins Krankenhaus eingeliefert wird!"

„Alle sagen's. Und deshalb bin ich dir gefolgt. Ich weiß nämlich, was du jetzt vorhast."

„Gar nichts weißt du!"

„Doch!" trumpfte er auf. „Du willst jetzt bis zum Auslaufen von Malta unsichtbar bleiben, dich in dieser Bar vergraben und kübelweise Rum in dich hineinschütten, um das noch an dir haftende Parfüm und den treublauen Blick dieses Weibstücks wegzuschwemmen. Und genau das möchte ich verhindern."

„Das wird dir nicht gelingen, Simon. Ich habe mich schon ganz gut eingetrunken ... Guy!" Als der Wirt hersah, zeigte ich auf mein leeres Glas.

„Es ist gar nicht so schwer", behauptete Simon frohgemut, „wenn du meine Argumente hörst. Du hast dich schon lächerlich genug gemacht ..." Er schüttelte bedauernd den Kopf. „Bei allen Lachmöwen von St. Malo! Du hast dich aufgeführt wie ein eitler alter Gockel, der zuviel Hormonfutter erwischt hat: auf den Mast klettern wie Tarzan, Kopfsprung ins Meer von der Saling, im Tangaslip mit eingezogenem Bauch und gespreizten Schultern herumstolzieren wie ein Papagallo – viel hat nicht gefehlt, und du hättest Rad geschlagen am Kai in Syrakus. Mann Gottes, es hat mir bis in die Milz hinein wehgetan, dich mit dem Zopfmädel Hand in Hand, Aug' in Aug' zu sehen wie einen Volksschüler."

„War's so arg?"

„Ärger!" Simon zeigte dem Wirt sein leeres Glas. „Aber, habe ich mir gesagt, laß doch dem guten alten Karl seinen Bordflirt, vielleicht ist's sein letzter Liebesrausch, bevor er ganz senil wird ..."

„Hör mal, Rebitschek! Ich hab' mir vorhin schon in plötzlich aufwallender, primitiver Rachsucht mehrere spektakuläre Ritualmorde für eine gewisse Person überlegt. Da käm's mir ganz gelegen, mit dir Hexenverbrennung oder Blutopfer im Steinzeittempel von Gozo zu üben. Also paß lieber auf, was du sagst! Wer ist hier senil?"

„Du", antwortete er ungerührt, „wenn du dich wie jeder ausgebootete Liebhaber besäufst. Nachdem sich dein rosiger Liebestraum verflüchtigt hat, leidest du am üblichen Katzenjammer. Na und? Du fühlst dich hundsmiserabel, dein Stolz ist gebrochen wie ein durchgescheuertes Großfall, dein Selbstwertgefühl tiefer als Springniedrigwasser – und trotzdem kannst du sie nicht vergessen, nicht wahr? Du wärst am liebsten tot, und daß du schon mit dem Gedanken gespielt hast, sie hinzumetzeln, hast du vorhin verraten. Was erwartet man also normalerweise von einem Mann, dessen Gefühle zertrampelt wurden wie Veilchen auf dem Großstadtasphalt, dessen Gemüt zerrieben wurde wie Weißbrot in der Bröselmühle und dessen Herz blutet wie eine eingedroschene Nase, ha?" Er blickte mich neugierig an. „Nun, eben daß er hingeht und sich in Schnaps pökelt, bis er flach liegt und man sich noch mal köstlich über ihn amüsieren kann. Diese Genugtuung gönnst du den Hexen?"

Sein Argument hatte etwas für sich, aber ich verspürte noch keine Lust, vernünftig zu werden. „Woher weißt du so gut Bescheid, wie mir zumute ist?"

Jetzt verhöhnte er mich offen: „Hatte ich noch nie Kummer wegen einem Weib, was? Bist du der einzige Mensch auf der Welt, dem so was passiert ist, wie? Komm, Skipper, sei keine wehleidige Sissi!"

„Ich glaube aber nicht, daß ich heiteren Sinnes zurückgehen kann und so tun, als wäre nichts passiert. Diesmal ist's ganz schlimm, weil ich mir überhaupt keine Gefühlsreserve zurückbehielt und mich völlig fallenließ, wie das so schön heißt. Am liebsten würde ich eine gute Ausrede erfinden und heimfliegen . . ."

„Wie Felix und Hugo? Damit die Hexen einen neuerlichen Abschuß feiern können? Wieder einen mit Haut und Haaren geschluckt und halbverdaut ausgekotzt? Warum verpatzen wir ihnen den Triumph nicht, indem du jetzt die Reiseleitung übernimmst wie in alten Zeiten, den Stadtplan und die Adressen einiger spezieller Lokale und Sehenswürdigkeiten in der Tasche? Ich bleibe als Bewährungshelfer an deiner Seite. Warum tust du nicht so, als wäre Calypso nur eine von vielen, die du dir nebenbei für ein paar nette Stunden angelacht hast, und jetzt ab mit Klaps auf den Po, weil du schon wieder eine andere im Auge hast? Dann stehst du gut da, und sie ist die Vernaschte. Kommt dir das nicht gescheiter vor, als sich wie ein liebeskranker Spießbürger niederzutrinken?"

An dem, was er sagte, war etwas dran. „Weise sprichst du, o Simon, alter Bordrabbiner! Laß uns noch eine Runde vom Seelentrost der Royal Navy bestellen und rede mir weiter gut zu. Ich bin nicht mehr ganz ungeneigt, mich deiner Meinung anzuschließen."

„Na, endlich! Gott sei gepriesen in der Höhe! Halleluja! Er ist vernünftig geworden." Simon hob Blick und Hände dankbar zur Flaschenbatterie. „Wir werden ein so dichtes Besichtigungsprogramm entwerfen, daß du gar nicht zum Trübsalblasen kommst. Paß auf, morgen früh um sechs Uhr ist Tagwache. Da ziehen wir hinauf in die Altstadt zum Malta Tourist Office am City Gate und besorgen einen Stapel Pläne und Broschüren für jeden Mann der Flotte. Dann führen wir die Landgänger zum Hypogäum, dem schaurigen, unterirdischen Tempel, und erzählen ihnen die Gänsehautgeschichten von der großen Erdmutter Gäa und ihren Priesterinnen, vom Fruchtbarkeitskult, bei dem Männerblut nur so vom Opferaltar floß, während sie ihnen die Dingsbums abschnitten. Ha, davon werden sie nachts träumen! Dann ab nach Mdina, der Dornröschen-Ritterstadt, dort lassen wir uns im Bacchus-Keller unter der Stadtmauer fürstlich von den lokalen Köstlichkeiten auftischen. Ist's am Nachmittag sonnig, fahren wir baden zur Blauen Grotte oder buchen Captain Morgans Hafenrundfahrt, und für abends arrangieren wir B. A.s Admiralsdinner auf dem alten Dreimaster in Ta'xbiex, der Black Pearl. Das wird alle begeistern! Was hältst du davon?"

„Rebitschek, ich bin froh, daß du mein Freund bist. Ehrlich!" Ich umarmte ihn.

„Werd' nur nicht zärtlich!" lachte er. „Sonst stoß ich dich vom Hocker!"

Die Fremdenführung lenkte mich wirklich von meinen Entzugserscheinungen ab. Immer eine große Gruppe mitschleppend, ratterten wir in alten Bussen kreuz und quer durch die steinige, baumlose Insel. Wir ließen uns phönizische Gläser blasen, delektierten uns an gebratenem Schwertfisch, an Wildkaninchen in Rotweinsauce und raffiniert gefüllten Rindsrouladen. Wir besuchten die Nachbarinseln Gozo und Comino und entdeckten maltesische Weine. Wir hatten viel Spaß in Restaurants mit Notbeleuchtung, weil jeden Abend in irgendeinem Stadtviertel die Stromversorgung zusammen- und das Chaos ausbrach.

Da ich Malta recht gut kenne, konnte ich ihnen die Insel zeigen, als wäre ich hier zu Hause. Es baute mein Selbstbewußtsein wieder auf, wenn meine „Touristen" von den Ausflügen begeistert waren. Calypso sah ich öfter in der Menge, entweder allein oder mit ihren Schwestern. Aber ich beachtete sie nicht besonders, sondern tat, als gehöre meine Aufmerksamkeit allen anderen, nur nicht ihr. Langsam gewann ich meine alte Ausgeglichenheit zurück. Doch abends, wenn die anderen sich noch auf einen Gute-Nacht-Schluck an Bord einer der Yachten oder in der Britannia-Bar versammelten, verschwand ich lautlos in der Nacht und nahm den 68er Bus nach St. Julian zu Guys Bar.

Samstag abend lehnte ich wieder recht zufrieden mit mir im „Anchor & Plough", als plötzlich Calypso in der Tür auftauchte und sich suchend umsah.

Der verfluchte Simon! Es war sinnlos, den Kopf zwischen die Schultern zu ziehen und sich zu ducken, das Lokal war zu klein dafür. Man konnte eben auch in einer derart von Leuten wimmelnden Stadt nicht einfach spurlos verschwinden. Ich winkte Calypso also heran und überließ ihr meinen Hocker.

„Was trinkst du?"

„Nichts. Ich muß nur mit dir reden. Bitte! Du bist jeden Abend verschwunden, aber heute hab' ich aufgepaßt und bin dir gefolgt. Ich saß im selben Bus, ganz hinten, mit einem Kopftuch und Sonnenbrille." Sie zeigte mir verlegen die Verkleidung, die sie noch in der Hand hielt.

„Gut, rede. Aber ich muß etwas für dich bestellen, der Wirt sieht mich schon ganz finster an."

„Ich zahle für mich selber . . ."

„Oh, das mag Guy noch weniger, wenn die Mädels ihre eigene Börse zücken! Du kriegst seinen Spezial-Planterspunsch und keine Diskussion!" Ich gab die Bestellung auf. Mit einem achtungsvollen Kennerblick, begleitet von mehrmaligem Heben und Senken seiner buschigen Augenbrauen, was anzeigte, daß er sehr angetan war, fragte Guy, ob es ein Spezial-Spezial sein solle, damit die schöne Lady ihre Sorgen vergesse? Ich ließ ihn nach Ermessen mixen und wandte mich wieder an Calypso. „Der Wirt meint, du siehst sorgenvoll aus. Hast du deshalb Miß Makepeaces Metier aus der gleichnamigen Krimiserie übernommen, weil du dich sorgst, ich könnte jeden Abend zu den lokkeren Weibern in die verrufenen Häuser huschen?"

Sie sah mich an, und jetzt entdeckte auch ich einen nicht gerade glücklichen Ausdruck in ihren schönen Augen. „Bitte mach dich nicht auch noch lustig über mich!" sagte sie. Da wurde ich nervös, und ganz hinten in meinem Kopf sang jemand den Refrain eines alten Calypso: *„Run, Buddy, run, as far as you can!"*

Ich zwang mich, in meinen Rum zu schauen, und sagte so gleichgültig ich konnte: „Also gut, du wolltest mir was sagen. Ich höre."

„Ich überlege mir seit Tagen, wie ich dir sagen soll, daß alles ganz anders war, als es sich da in der Nacht vor Malta für dich angehört haben muß. Ich schrieb dir, glaube ich, ein Dutzend Briefchen, habe sie aber alle wieder zerrissen. Jetzt bin ich dir nachgefahren, aber auf einmal fürchte ich ganz schrecklich, daß du mir kein Wort glauben wirst."

Ich duckte mich innerlich wie vor einem Hieb, den ich zwar nicht kommen sah, aber ahnte. Als sie in der Bartür auftauchte, hatte ich instinktiv eine ähnliche Schau befürchtet. Und sie sah tatsächlich so bekümmert und elend drein, daß ich sie am liebsten tröstend in die

Ich spürte meine Knie zu Sülze werden . . .

Arme genommen hätte. Falls sie wirklich gute Gründe hatte und mich noch immer . . . Im Geist hörte ich Simon Rebitschek warnend aufbrüllen: „Karl, sei kein Idiot und laß dich nicht schon wieder einwikkeln, du leichtgläubiger, weichherziger Trottel!"

Ich leerte mein Glas, winkte Guy und meinte mutig: „Na, dann sag doch endlich ein Wort!"

Sie beugte sich zu meinem Ohr und flüsterte hastig: „Ich will mich nicht auf andere rausreden. Aber es war Cleos Idee, daß wir alle unheimlich nett zu dir sein sollten, wegen der Prüfung. Und daß wir es alle nacheinander bei dir versuchen sollten. Weil du angeblich ein ziemlich vernagelter, äußerst schwer zugänglicher Charakter wärst, gab sie uns Tips über deine Vorlieben, was du gern ißt und trinkst, was du magst, über was du dich am liebsten unterhältst und was dich gleich vergrault . . ."

„Interessant! Gab sie euch tatsächlich eine Gebrauchsanweisung für mich? Vielleicht ist das gar keine so niederträchtige Idee. Es könnte recht praktisch und sogar überaus menschenfreundlich sein, wenn jeder so eine persönliche Gebrauchsanweisung in der Tasche hätte und beim ersten Kontakt gleich hinzufügt: ‚Hier, beachten Sie bitte meinen Beipackzettel, damit Sie wissen, wie Sie mit mir dran sind.' Dir hat das ja offensichtlich gut geholfen, schnellen Zugang zu meinem vernagelten, schwer zugänglichen Charakter zu finden. Calypso, mein Schatz", ich nahm sie um die Schulter, zog sie an mich und küßte sie auf die Wange, „ich bin dir überhaupt nicht gram. Auch ich hätte der Versuchung nicht widerstehen können, mit einer Gebrauchsanweisung in der Hand einen anderen Menschen versuchsweise einzuschalten wie ein neuartiges, elektronisches Navigationsgerät. Also, wenn du dir deshalb Sorgen gemacht hast, kann ich dich beruhigen. Ich hab's schon vergessen. Es ist alles wieder in Ordnung in meinem Computer da oben . . ." Ich klopfte gegen meine Stirn. „Da läuft ein Such-und-Lösch-Programm für alle Dateien, die unter ‚W' wie Wunderfrau in den letzten Tagen abgespeichert wurden. Und man kann es Prüfungskandidaten ja nicht übelnehmen, wenn sie einen so günstigen Eindruck wie möglich auf ihre Prüfer machen wollen . . ."

Sie lachte aber nicht befreit auf, sondern sah nur noch bekümmerter drein. „Das war's nicht, was ich dir sagen wollte", flüsterte sie.

Ich spürte meine Knie zu Sülze werden und unter mir einknicken. Ich hätte doch vorhin davonlaufen sollen, so rasch und so weit wie möglich.

„Himmel, sag bloß nicht, daß Jamaica Farewell tatsächlich dein Lieblingslied ist und daß du meine Angebereien über den Chinatörn für bare Münze genommen hast! Hast du . . ."

Sie zuckte mit den Schultern. „Es stimmt aber! Ich hab' ja gewußt, daß du mir nicht glauben wirst."

Mir brach der Schweiß aus. Zögernd fragte ich: „Ist da noch etwas, das du nicht nur für Prüfungszwecke vorgetäuscht hast?"

Sie nickte.

„Kazunga!" entfuhr es mir, ganz gegen meinen Willen.

„Das kann man wohl sagen", meinte sie.

Ich winkte Guy und zeigte auf unsere leeren Gläser.

„Tut's weh, wenn ich hier . . ." Berndt kam gar nicht dazu, seine Frage ganz auszusprechen, da brüllte B. A. schon wie ein Stier auf.

„Entschuldigt! Ich bin sonst nicht so wehleidig", knirschte er, „aber das ist ja nicht zum Aushalten!" Er wartete mit verzerrtem Mund und geschlossenen Augen offensichtlich auf das Abklingen des Schmerzes.

„Tja, mein lieber Admiral", grinste der Arzt. „Das ist geradezu ein Schulbeispiel für Podagra, die Krankheit der Kaiser, Fürsten, Gutsherren und Admirale. Kurz aller Chefs, die selber keine körperliche Arbeit mehr verrichten, weil das andere für sie tun, und es sich leisten können, sich ausschließlich von gebratenem Fleisch und teuren Köstlichkeiten zu ernähren. Von guten und reichlich genossenen Weinen gar nicht zu reden. Harnsäuregicht lautet der eindeutige Befund. Wie schon bei Jumbo und Wendelin, dem Waldläufer. Ich dachte mir schon, daß da was nicht stimmt, als ihr alle über verstauchte Füße klagtet."

„Keine Verstauchung?" stöhnte B. A. „Woher sollte ich denn Gicht bekommen? Hab' ich nie gehabt, keiner von uns."

Wir standen im Salon der HOPFENPERLE, ausgehfertig in sauberen Päckchen, um Chefprüfer Richard Feuerbill vom Flughafen abzuholen. Barawitzka hatte dabei festgestellt, daß er beim besten Willen nicht mehr auftreten konnte und daß bei der Schwellung auch kein Schuh oder Stiefel mehr paßte. Jumbo starrte ebenfalls ungläubig auf seinen dick und rot geschwollenen Mittelfuß. Als er versuchte, mit den Zehen zu spielen, verzog er sofort schmerzhaft das Gesicht.

„Woher man Gicht kriegt?" lachte Berndt. „In erster Linie vom Essen und Trinken natürlich!" Er wies auf den noch nicht abgeräumten Frühstückstisch. „Reichlich Speck mit Eiern, Leberpastete und Schmalzfleisch am Morgen. Häppchen mit Ölsardinen, Lachs, Kaviar und Mayonnaise zwischendurch. Mittags jeden Tag Schweinebraten, Koteletts, Blut- und Leberwürste oder raffiniert gefüllte Schnitzel in fetten Saucen. Und abends Berge von Tintenfisch, Muscheln und Krebsen. Ihr habt geschlemmt wie die alten Sultane, und die sind alle an Gicht krepiert. Bei dieser Kost wird der gesündeste Schwerathlet in kürzester Zeit ein interessanter Fall für Internisten."

„Was kann man da machen?" ächzte B. A.

„Ich muß mir erst Spritzen besorgen. Zwar hab' ich eine Apotheke mit, aber mit einem Regiment Stoffwechselkranker hab' ich nicht gerechnet. Mich wundert nur, daß nicht die ganze Crew humpelt."

„Ich hab' seit Tagen arge Schmerzen in der Schulter", meldete sich Oskar Brösel. „Ich dachte aber, 's ist mein altes Rheuma."

„Auch das hängt mit falscher Ernährung zusammen. Du bekommst ebenfalls eine Spritze. Wer noch?"

„Ich hab' mir eine vorgepackte Abmagerungsdiät mitgenommen", erklärte Karla Brösel, „und an den gemeinsamen Mahlzeiten nicht teilgenommen. Mir geht's sehr gut!"

„Brav! Und wie steht's mit dir, Uwe?"

Schmitz grinste. „Ich bin überzeugter Vegetarier. Deshalb verschenke ich immer meine Fleischportion und halte mich an Salat und Gemüse. Bin frisch wie ein Fisch im Wasser."

„Seht ihr den Zusammenhang?" grinste der Arzt die gehbehinderte Runde an. „Und wie geht's unserem Simon Rebitschek?"

Der schaute die anderen verächtlich an. „Das kommt, weil sie so viel in sich hineingestopft haben, daß kein Platz mehr für den notwendigen Verdauungsschnaps blieb. Ich nehme mein Lebermittel regelmäßig und stehe da wie ein Baum."

Um das zu bekräftigen, stampfte er abwechselnd mit beiden Beinen fest auf.

Barawitzka verzog bei dem dumpfen Dröhnen wehleidig das Gesicht. „Dann müßt ihr beide Feuerbill abholen, Karl und Simon. Ich bin außerstande aufzustehen, von Gehen gar nicht zu reden. So ein verdammter Mist! Wann besorgst du die Spritzen, Doktor?"

„Gleich, wenn mich die beiden zur nächsten Apotheke mitnehmen. Aber mit ein paar Injektionen ist das nicht getan. Ihr müßt ab sofort strengste Diät einhalten!"

B. A. zuckte zusammen, als wäre ihm Berndt auf die wehen Zehen getreten. „Wie soll die aussehen?" fragte er mißtrauisch.

„Ganz einfach", erklärte Dr. Boltzmann fröhlich. „Keine Butter, kein Schmalz, keine Wurst, kein Braten, keine Milch, kein Käse, keine Eier, keine Mayonnaise, vor allem keinerlei Innereien, weder Kaviar noch Muscheln und Krebse oder andere Meeresfrüchte. Keine raffinierten Suppen mit Markscheiben und Sherry, keine süßen Sachen mit Schlagsahne, Schokolade und Likör, keine pikanten Saucen mit Sauerrahm oder Crème fraîche, und natürlich keinen Alkohol. Ihr müßt allem Bier, Wein oder Schnaps absolut entsagen."

„Du lieber Himmel! Was bleibt da noch?" stöhnte B. A. entsetzt.

Täuschte ich mich? Schwang da Schadenfreude oder gar Sadismus in Berndts Stimme mit, als er aufzählte: „Mineralwasser, ungesüßter Kaffee oder Tee, Obst, rohes Gemüse, gesottener oder gedämpfter magerer Fisch oder Huhn, trockenes Brot, und . . . und . . ."

„Und Vogelfutter!“ half ich ihm weiter. „Ich werde euch Willi als Diätsmutje schicken. Also, gute Besserung alle miteinander! Komm, Simon, wir fahren, bevor unser Admiral in Tränen ausbricht!“

Wir warteten in der Ankunftshalle des Luqa-Airports auf die Passagiere der soeben gelandeten AUA-Maschine, die noch von Zoll- und Paßformalitäten aufgehalten waren. „Apropos Diät“, sagte Simon plötzlich, „hast du nicht beschlossen, dich in Enthaltsamkeit beim Umgang mit gewissen ungesunden oder gar giftigen Personen zu üben?“

„Stehe ich unter Beobachtung?“

„Blödsinn! Aber wenn auf dem Deck, unter dem ich schlafe, zwei singende und lallende Verrückte herumtrampeln, dann auch noch den Halt verlieren und hinstürzen, daß es sich anhört, als ob die Welt unterginge; wenn sie einen halben Meter über mir auf den dünnen Planken vor Kichern sterben wollen, dann kann es mir doch niemand verübeln, wenn ich vor Zorn aus der Luke fahre, oder? Und wen mußte ich da schmerzlich bewegt entdecken? Meinen einst so vernünftigen Freund und Kumpel in engster Umarmung mit dem blonden Gift, das er sich tags zuvor mit Mühe und viel Alkohol aus den Adern geschwemmt hat!“

„Da mußt du dir nichts dabei denken. Wir haben uns nur aneinander festgehalten, um nicht durch die Reling ins Wasser zu kollern. Tut mir leid, daß wir dich geweckt haben. Ich dachte, wir hätten uns lautlos wie die Apachen an Bord geschlichen. Aber leider war's das falsche Boot . . .“

„Lautlos wie Apachen – ha! So laut wie zwei irische Dampfbootmaschinisten am St.-Patricks-Tag wart ihr! Du bist ihr also wieder auf den süßen Schmäh reingefallen, du Volltrottel!“

„Aber keinesfalls! Es hat sich nur herausgestellt, daß nach dem Fiasko noch Sympathiereste übrig waren. Da beschlossen wir im Geist des Glasnost-Jahrzehnts, uns probeweise noch mal kennenzulernen, aber diesmal auf vernünftiger Basis. Wir arbeiten zunächst gemeinsam unsere beiden Gebrauchsanweisungen aus und später . . .“

Er schnappte nach Luft, wich rasch einen Schritt zurück und fixierte mich so entsetzt wie der Star in den Werwolf-Gruselfilmen, dessen Partner um Mitternacht plötzlich Haare und Krallen wachsen. „So, so!“ sagte er vorsichtig. „Gebrauchsanweisung? Für Leute? Klar!

Warum bin ich nicht selber drauf gekommen? Das mußt du mal Dr. Boltzmann erzählen, der schreibt dir dann auch eine Anweisung – oder besser Einweisung . . ."

„Ich erklär's dir später. Dort hinten sehe ich Felix und Hugo in der Menge, und da kommt Feuerbill!"

Breit grinsend schob sich der Pinzgauer Wikinger mit seinem Seesack durch die Menge, die anderen Fluggäste um Haupteslänge überragend. Seine wasserhellen Augen leuchteten auf, als er uns erblickte. „Lukas 24, Vers 18: ‚Ich bin nicht allein unter den Fremden in Jerusalem.'" Er zerquetschte uns die Hände. „Schön warm habt ihr's hier. Zu Hause hat es gestern nacht schon bis ins Tal hinunter geschneit. Ah, auch die restlichen Jünger haben schon ihren Speck und Schnaps an den Zöllnern vorbeigeschmuggelt." Er sah Felix und Hugo entgegen und klopfte auf seinen Seesack. „Wir haben heimische Spezialitäten mitgebracht, und das nicht zu knapp, weil ja eine ganze Flotte zu verköstigen ist. Barawitzka wird begeistert sein, wenn er meinen Bauernspeck und die Hausmacherpastete kostet."

„Um was wetten wir, daß er dich verfluchen wird, Dick?" schlug Simon trocken vor. „Tausend Schilling oder eine Kiste Jamaikarum?"

„Unverständlich, o Rabbi, ist deiner Rede Sinn", wunderte sich Feuerbill. „Was meinst du damit?"

Rebitschek klärte ihn kurz über die an Bord der HOPFENPERLE grassierende Gicht auf. Feuerbill meinte lachend: „Philister 3, Vers 19: ‚. . . denn ihr Gott ist ihr Bauch!'"

„Gut, daß es noch kernige Burschen wie mich gibt, mit emaillierten Mägen und einer Nirostakonstitution", brüstete sich Simon. „Du sollst deinen Bauernspeck nicht umsonst mitgebracht haben."

„Galiläerbrief 6, zwo", grinste Dick: „‚Jeder trage seine eigene Last!' Fahren wir mit dem Taxi, oder geht ein Bus?"

„Busfahren ist wahnsinnig billig hier in Malta und lustig", mischte ich mich ein. „Mir nach!"

Am Weg zurück nach Ta'xbiex erzählte uns Felix, daß sich seine Erbtante beim Schwarzbrennen von Birnenschnaps verbrüht hätte, aber auf dem Weg der Besserung sei. Auch Hugos Tochter war wieder zu Hause. Der Vorschlag ihres Freundes, für ihn auf dem Gastarbeiterstrich in Frankfurt anschaffen zu gehen, hatte nicht ganz ihrer Vorstellung von High Life entsprochen. „Sag, Dick, wie kommt es, daß du so bibelfest bist?" wollte Simon wissen. „Warst du Ministrant?"

„Das auch. Aber ich habe mal bei einer Einhand-Yachtüberführung von Frankreich in die Karibik zwei Tage hinter Las Palmas in einer Bö den Mast verloren und dann unter Notbesegelung eine Weile länger als geplant gebraucht. Als einzige Lektüre hatte ich eine Bibel an Bord, die ich bis Barbados wohl ein dutzendmal durchlas. Da sind gewisse gutformulierte Sprüche eben hängengeblieben. Wie lange werdet ihr brauchen, um seeklar zu sein? Ich möchte nach Süden, wo's warm ist und man noch baden kann."

„Sag nur ein Wort, und wir legen ab!" deklamierte ich, angesteckt von seinen Bibelsprüchen. „Jesaia 4, Vers 23!"

Feuerbill runzelte die Stirn, dachte eine Weile nach und sagte dann kopfschüttelnd: „Den kenn' ich nicht!"

„Kannst du auch nicht, ist erfunden. Wie wär's mit einem Begrüßungsschluck in unserer Britannia-Bar?"

Es brauchte nicht viel, den Pinzgauer zu überreden. Er erkannte auch schnell die Originalität unseres Stammlokals, als ein Gast die Glastür offen ließ und von der Barchefin angeschnauzt wurde, ob er nicht wisse, daß Zugluft ihrem Teint schade? Feuerbill konnte sich das Spottgelächter gerade noch verkneifen. Denn das Gesicht der Wirtin, angeblich im letzten Krieg eine der erfolgreichsten Puffmütter Maltas, war ledern und schrundig wie der Rücken Moby Dicks, zerfurcht und kraterbedeckt wie ein Jupitermond. So machte Feuerbill nur der Wirtin ein artiges Kompliment, und sie lud ihn auf ein Glas ihres Spezial-Gin ein, eine Geste, die von den anderen Barbesuchern mit respektvollem Blick quittiert wurde. Von der Chefin zu einem Gin eingeladen zu werden, so erfuhren wir später, war eine sehr seltene Ehre, gleichbedeutend mit der Verleihung eines Ordens für außerordentliche Leistungen im Bett.

„Auf welchem Boot willst du anfangen, Dick?" fragte Simon.

„Bei mir hat sich im Lauf der Jahre eine Methode bewährt: Ich sehe mir zuerst den besten Prüfling an und gleich danach den schlechtesten. Dann habe ich eine gute Vorstellung von der Leistungsspanne und kann alle besser bewerten. Das wollen wir auch diesmal so halten. Welche Crew ist eurer Meinung nach die geschickteste?"

„Die Hexencrew auf der KAISERPILS."

„Dann ist das entschieden. Kommt, gehen wir, ich muß mich noch mit Barawitzka unterhalten." Zwei Stunden später passierte unsere Flottille die Mauern und Schießscharten von Fort St. Elmo und den Wellenbrecher und setzte Segel für den Schlag nach Lampedusa.

„Wohin soll ich Kurs absetzen?“ flüsterte mir Cleo ins Ohr, als ich mit ihr in die Seekarte schaute. „Soll ich Malta im Süden runden, um Delimara Point, oder im Norden um Gozo? Der Chefprüfer hat uns die Wahl freigestellt. Wer zuerst in Lampedusa ist, erhält einen Pluspunkt.“

Ich überlegte. Dem Wetterbericht nach konnten wir auf der freien See Westwind erwarten. Rundeten wir Malta im Süden, mußten wir höher laufen und bekamen den Wind vermutlich von vorn. Rund Gozo konnten wir mit geschrickten Schoten segeln und waren schneller. Um Cleo zu zeigen, daß ich nicht nachtragend war, gab ich ihr den richtigen Tip. Während die anderen Yachten nach Süden zogen, segelte die KAISERPILS die Küste nach Nordwest hoch.

„Wie geht's dir, B. A.?“ fragte ich unseren Chef im Salon.

„Die Spritzen haben Wunder gewirkt“, berichtete er erleichtert. „Ich kann schon wieder vorsichtig auftreten. Aber das waren Schmerzen! Nie wieder möchte ich so was durchmachen. Am schlimmsten waren die Nächte. Das bohrte und bohrte wie ganz gemeines Zahnweh im Fuß und hörte nicht auf. Ich hab' seit Vieste kaum mehr geschlafen . . . O nein, Willi, kein Bier! Gib mir bitte eine Diät-Cola und ein trockenes Knäckebrot!“

Willi war durch diesen ungewohnten Wunsch so verwirrt, daß er auch Dick Knäckebrot offerierte.

Der schüttelte sich lachend. „Fünftes Buch Mose 7, Vers 25: ‚Nein, denn das ist dem Herrn ein Greuel!‘ In dem Seesack, den ich mitgebracht habe, findest du echten Pinzgauer Bauernspeck und schwarzes Bauernbrot. Schneide davon für alle auf!“

B. A. erbebte und wich zurück.

„Ich habe von deinem Mißgeschick gehört“, grinste Feuerbill. „Da du aber immer behauptest, ein Weltmeister an Willensstärke zu sein, wird es dir ja nichts ausmachen, uns beim Schmausen zuzuschauen, oder?“

Barawitzka sagte nichts, aber seine Lippen zitterten, und ich sah, wie er die Fäuste ballte. Das würde eine schwere Zeit für ihn werden.

In der Dämmerung peilte Calypso Gordan Lighthouse querab, und ich schaute ihr zu, wie sie in der Karte ihre Eintragungen machte.

„Ist Ihnen das so recht, Sir?“ fragte sie. Wir waren zum distanzierten Sie zurückgekehrt, um unsere Bekanntschaft wirklich ganz von vorne zu beginnen.

„Sie machen das sehr gut, Fräulein Navigatrice! Jedes Seegericht hätte seine helle Freude an dieser präzisen Logbuchführung. Alle Achtung, Sie haben ja sogar den scheinbaren Wind in wahren umgewandelt. Nach welcher Methode?“

„Mit der Rechenscheibe für Vektorenaddition oder -subtraktion, die Sie liebenswürdigerweise in der Navigation liegen ließen, Herr Vettermann. Die habe ich auch verwendet, um den Kursvorhalt für die wahrscheinliche Windabdrift zu berechnen.“

„Sehr umsichtig und lobenswert. Das wird den Chefprüfer freuen. Übrigens, Fräulein Singer, Sie riechen so gut. Haben Sie für den Landgang in Lampedusa schon was vor? Oder würden Sie mit mir ausgehen? Ich kenne da ein nettes kleines Weinlokal, und nachts könnten wir dann noch ein wenig in den Stranddünen spazieren gehen, den Mond angucken und der Brandung lauschen.“

Sie hob hochmütig die Augenbrauen. „Erstens sind Sie ein Schwindler; Sie können dort kein Lokal kennen, weil Sie mir selbst erzählt haben, daß Sie noch nie in Lampedusa waren. Und zweitens gehöre ich nicht zu jenen leichtfertigen Frauen, die mit fremden Herren an den Strand gehen. Zumindest nicht schon nach dem ersten Rendezvous. Ich kenne Sie ja kaum!“

„Richtig. Es muß in einem früheren Leben gewesen sein, daß Sie mir nicht ganz unfremd waren. Haben Sie Ihren Beipackzettel schon geschrieben?“

„Jetzt habe ich keine Zeit! Sie werden sich schon bis nach der Prüfung gedulden müssen, mein Herr. Apropos Prüfung! Wann fängt die eigentlich an? Feuerbill tut nichts dergleichen. Er erzählt Geschichten und ist leutselig und freundlich, als wäre er mit guten Kumpeln auf einer Erholungsreise. Das macht uns alle nervös! Wann stellt er endlich Fragen und prüft die Manöver, die wir so oft geübt haben . . .“

„Danke für das Stichwort, Calypso!“ sagte Dick in meinem Rücken. Er stand direkt hinter uns. „Damit kein unnötiger Streß aufkommt, sollte ich vielleicht erklären, wie ich eine praktische Prüfung verstehe. Kommt bitte alle mit an Deck!“

Die neugierige Mannschaft versammelte sich im letzten Licht des Tages um ihn. Die hohen Klippen des Nordwestendes von Gozo leuchteten rotschimmernd am schon dunkel werdenden Osthimmel.

Weit im Westen hatten die dünnen Wolkenstreifen noch goldene Ränder. Die KAISERPILS zog mit einem Schrick in den Schoten voll und bei über die aus Westen heranwellende Dünung. Der Kurs war geradezu ideal. So stampfte sich der Bug nie fest, und es blieb immer genug Fahrt im Schiff, um den nächsten Wasserhügel schräg zu erklettern.

„Damit wir uns verstehen“, begann Feuerbill. „Fragen habt ihr bei der theoretischen Prüfung genug beantwortet. Ich werde keine stellen, weil ich voraussetze, daß ihr das nautische Einmaleins beherrscht. Nur ganz grobe Schnitzer, die Schiff oder Mannschaft in Gefahr bringen, werde ich mir merken. Ich werfe auch nicht plötzlich meine Mütze ins Wasser, schreie: ‚Mann über Bord!‘, und wer sie nicht auffischen kann, ist durchgefallen. Das sind Kindereien, finde ich. Mit meinen Mitprüfern haben wir ausgemacht, daß die von Anfang an Mitsegelnden alle im Lehrplan vorgeschriebenen Manöver – An- und Ablegen, Ankern, Wenden, Halsen und Reffen – so lange üben, bis alle begriffen haben, worauf es in der Seefahrt ankommt.“ Er lächelte Lorelei an. „Ich habe bemerkt, Goldkind, daß du deine Finger nicht stillhalten kannst und gedankenverloren in jedes freie Ende Knoten steckst und sie wieder aufzupfst. Das ist lobenswert, denn auch Seefrauen sollten die wichtigsten Knoten im Schlaf können. Diese Fertigkeit gehört wie Beibootmanöver, Takeln, Spleißen und anderes zu den allgemeinen seemännischen Arbeiten, die jeder, der sich zu den Seglern rechnen will, beherrschen sollte. Berndt, es ist brav, daß du dich alle zwei Minuten mit dem Peilkompaß davon überzeugst, daß sich die Gozo-Klippen noch dort befinden, wo sie sein sollten. Wenn aber deine fleißige Tätigkeit nur dazu gedacht ist, mich zu überzeugen, daß du reif bist für den B-Schein, dann muß ich dich enttäuschen. Ich setze voraus, daß ihr alle jetzt genug von Navigation versteht, um eine Yacht vom Hafen A zum Hafen B zu bringen. Ich will damit sagen, der erste Teil der Prüfung, die Yachtfahrschule, ist hiermit abgeschlossen. Ihr könnt alle ein Segelschiff handhaben, steuern, navigieren, seinen Antrieb und seine Einrichtungen bedienen. Wie mir euer Admiral anhand seines Büchleins bewies, kann man euch guten Gewissens einem Bootseigner oder Skipper als kompetente Mitsegler, Vorschoter, Rudergänger und Wachführer für Küsten- oder Seetörns empfehlen. Ihr habt euch jedoch entschlossen, die Prüfung für den B-Schein abzulegen. Das ist eine Lizenz, die euch zur eigenverantwortlichen Führung einer Yacht berechtigt, so eine Art Kapitänspatent. Und deshalb müßt ihr mir jetzt beweisen, daß ihr das Zeug habt, eure Mannschaft zu kommandieren, einzuweisen, zu lenken, zu leiten und auch zu betreuen. Ich muß jetzt das Gefühl bekommen, daß ihr die volle Verantwortung für Schiff und Mannschaft übernehmen und auch tragen könnt. Das ist etwas ganz anderes, als ihr bisher geübt habt. Dazu braucht man Führungsqualitäten. So etwas kann man nicht hinterfragen. Jetzt geht es also um eine Gesamtbewertung, mit dem Hauptaugenmerk auf Schiffsführerqualität. Dazu übernimmt jeder von euch abwechselnd das Kommando mit allen Konsequenzen und hilft in der restlichen Zeit seinem Skipperkollegen als aufmerksame Crew, seine schwere Aufgabe zu erfüllen. Verstehen wir uns jetzt?"

Es war kein einstimmiges Ja, das ihm entgegenscholl.

Einige nickten, andere machten lange Gesichter, einige überlegten sichtlich die Konsequenzen.

„Noch etwas", fügte Dick hinzu. „Hockt bitte nicht alle nervös und hektisch hier im Cockpit herum wie Patienten im Wartezimmer. Diese Überfahrten können auch wie Erholungstörns ablaufen. Haut euch in eure Kojen, lest etwas, spielt ‚Groll und Ärger', das sich wohl als beliebtester Freizeitvertreib in dieser Flottille eingebürgert hat. Also, wer bringt mir das bei?" Er verschwand mit der Freiwache nach unten in den Salon.

Nach einigen Runden Kartenspiel, bei dem es hoch herging und Feuerbill seinen ganzen Vorrat an kräftigen Sprüchen verbrauchte, weil er dauernd verlor, rief Willi zum ersten Abendessen.

„Was gibt's denn?" fragte B. A. recht lustlos.

„Meine Spezialität: Zürcher Rahmgeschnetzeltes mit Spätzle!"

Der Admiral seufzte abgrundtief. „Leider steht das auf meiner Nein-Nein-Nein-Liste. Gib mir ungezuckerten, schwarzen Kaffee und – Gott steh' mir bei – trockenes Knäckebrot!"

Jetzt war Willis Stunde gekommen. „Ganz im Gegenteil, B. A.!" rief er stolz. „Dieses Geschnetzelte darfst du essen. Es ist ein Spezialmenü aus lauter gesunden und diätgerechten Zutaten wie . . ."

„Stopp, Willi!" bremste ich ihn schnell. „Halt ja die Klappe! Laß ihn kosten, und sonst kein Wort!"

„Ach ja!" Willi sprang in die Kombüse und hielt B. A. dann eine Probierschüssel unter die Nase. Der schnupperte erst mißtrauisch, hob dann anerkennend die Brauen, blies auf den Löffel, versuchte vorsichtig – und schließlich ging die Sonne in seinem Gesicht auf. „He, das schmeckt ja vorzüglich! Aber wieso . . ."

„Frag nicht lang, bestell dir eine Portion! Als dein behandelnder Arzt verschreibe ich dir diese Kost", lachte Berndt. „Das Gericht wurde unter meiner Aufsicht in der Vollwertküche zubereitet. Also, alle an die Tafel!"

„Bis auf mich“, sagte Felix. „Ich bleibe einstweilen am Ruder. Laßt mir noch was übrig.“

Das Tischgespräch drehte sich erst um die erstaunliche Tatsache, daß das Sojagericht wirklich wie mit Kalbfleisch zubereitet schmeckte. Willi brachte dann das Thema auf Schiffsführung und Segelführerscheine, weil er behauptete, überhaupt nicht die Absicht zu haben, jemals selber ein Schiff zu führen. „Ich will bloß einen Ausweis haben, damit man mich auf Törns mitnimmt“, behauptete er.

„Du bist nicht der erste, von dem ich das höre“, warf Feuerbill ein. „Aber leider gibt es solche Scheine nur in England, vom einfachen Binnen-Jollenvorschoter bis zum erfahrenen Bootsmann auf großer Fahrt, sogar bis zum *Experienced Transocean Cook* – zum erfahrenen Weltumseglersmutje, der schon etwas von Lagerhaltung, Fleischpökelung, Konservierung, Lebensmittelchemie, gastronomischer Hygiene, sowie von Diätik und Ernährungskunde verstehen muß.“

„Gibt's da auch Prüfungen für Maschinisten?“ wollte Hugo wissen. „Ich interessiere mich sehr für Dieselmotoren. Da wäre ich besser als in Navigation.“

„Selbstverständlich. Vom Außenbordmotor-Grundschein bis zum Hochseeyacht-Maschinenwart, der dann schon den großen Motorservice und professionelles Einstellen der Einspritzdüsen in seinem Repertoire haben muß.“

„Toll!“ rief Willi. „Und warum gibt's solche Kurse bei uns nicht?“

Feuerbill zuckte mit den Schultern. „Es wurde bei den Meetings des Segelschulverbandes diskutiert, aber dazu fehlen angeblich die gesetzlichen Voraussetzungen. Niemand wollte bisher dafür verantwortlich zeichnen oder eine Entscheidung treffen.“

„Wozu müssen denn da schon wieder die Behörden eingespannt werden?“ ärgerte sich Barawitzka. „Bei offiziellen Führerscheinen – bitte. Aber muß auch ein staatlicher Stempel drauf sein, wenn man einen Motor entlüften lernt oder Filter auswechseln? Jeder Radfahrerklub stellt seinen Mitgliedern einen Vereinsausweis aus. Und wie ist das mit Skischulen? Was interessiert es den Staat, wenn jemand Stemmbogen oder Kurzschwung lernt? Seht einem Durchschnittsösterreicher in die Brieftasche, was werdet ihr da unweigerlich finden? Dutzende Klubausweise! Wir sind ein Volk von Vereinsmeiern: Judoklub, Boxverein, Sportschützen, Golfklub, Hobbyköche, Holzschnitzer und Modelleisenbahnbauer!“ Barawitzka kam jetzt erst richtig in Fahrt. „Wie viele Prüfungen gibt es, die man ohne behördliche Erlaubnis ablegen kann? Den Freischwimmerausweis, die Tauchprüfung, und hat nicht fast jeder Jogger, Fußballer, Tennisspieler, Korbballspieler oder Kegler einen Ausweis? Beim Segeln soll das etwa nicht funktionieren? Besonders Seesegeln ist ein Mannschaftssport, es kann nicht jeder Skipper sein, man braucht auch Vorschiffsleute, Bootsmänner, Schmiermaxen und Smutjes. Sogar Sanitäter, Bordgeistliche und Bordpsychologen! Statt dessen sagt man, hier ist der B-Schein, friß Vogel oder fall durch! So ein Unsinn! Du meinst, keiner will die Verantwortung übernehmen, keiner will was entscheiden? Ich sage dir, was los ist, Dick. Zu faul sind die Burschen, vielleicht auch die von den eingeführten Segelschulen. Zusätzliche Arbeit wollen sie sich nicht aufbürden, solange das Führerscheingeschäft ohnehin wie geschmiert läuft. Gut, dann werde eben ich die Verantwortung und die Mehrarbeit übernehmen. Aus dem Institut für Navigation wird eine richtige Segelfahrschule. Im kleinen das, was im großen die Seefahrtschulen sind. Wir werden Kurse einrichten für einen Grundsegelschein ohne Navigation, ohne Gesetzeskunde und anderen überflüssigen Ballast. Dieser Schüler kann Winschen drehen, Segel setzen und bergen, ein Dutzend Knoten stecken und weiß, wo auf einer Yacht oben und unten, vorne und achtern, Luv und Lee, Back- und Steuerbord sind. Dann soll es eine Reihe von Zusatzprüfungen geben, die alle in eine Art Seefahrtsbuch eingetragen werden. Genau das, was Willi braucht: ein Büchlein, das einem ihn anheuernden Skipper zeigt, was er gelernt hat und wo er ihn einsetzen kann."

„Nicht schlecht", brummte Feuerbill. „Aber wer soll diese Kurse halten? Bist du in Maschinenkunde gut genug, um das zu übernehmen? Oder beim Kochen, Segelnähen und anderem?"

„Meinst du nicht auch, Freund und Gönner", lächelte B. A., nun wieder unter Volldampf stehend, weil eine Idee seine Gedanken vom Gichtbein ablenkte, „daß Hersteller von Bootsmotoren, Segeln, Instrumenten und, sagen wir, Bevorratungsproviant nicht gern der Einladung folgen würden, vor zukünftigen Kunden ihre Produkte vorzuführen?"

Jetzt riß der Segelschulbesitzer die Augen auf.

„Himmelsakrament! Jetzt komme ich mir ja direkt blöd vor, daß mir eine so naheliegende Lösung nicht schon längst eingefallen ist!"

Das Thema wurde so lange hitzig diskutiert, bis Felix sehr laut und sehr böse von oben herunterbrüllte, daß auch Rudergänger Hunger hätten.

„O Schreck!“ rief Cleo. „Ich fürchte, es fällt in meinen Kompetenzbereich als Schiffsführerin, rechtzeitig für Ablösung zu sorgen!“

„Sehr richtig, mein Schatz“, nickte Feuerbill. „Eine Skipperin ist auch verantwortlich dafür, daß ihre Leute ordentlich gefüttert werden und genug Zeit zum Ausruhen und Schlafen haben. Also vorwärts, übernimm deine Verantwortung, Mädchen!“

„Hauptsache, es hat geschmeckt!“ Zufrieden lehnte sich Willi hinter dem Chefprüfer ans Schott. „Zisch!“ machte es, und mit einem erschrockenen Schrei sprang dieser auf, als ihm ein heißer Kaffeestrahl ins Genick spritzte.

„Willi, Willi!“ Lorelei griff zum Wischtuch. „Mit deiner Vergeßlichkeit wirst du dir noch alle Chancen auf einen B-Schein verbrühen!“

„Gut, daß ich mich für einen ausgesprochen gerechten und nicht nachtragenden Menschen halte“, stöhnte Feuerbill, als sie ihn mit Brandsalbe behandelten.

Sie hockten sich dann wieder zu „Groll und Ärger“ um den Salontisch, und ich legte mich schlafen, da ich Calypso bei der Morgenwache Gesellschaft leisten wollte.

Als Willi um vier Uhr die Wache übergab, war der Blitz von Capo Grecale, dem Leuchtturm am Ostkap von Lampedusa, am Horizont auszumachen, wenn die Kaiserpils von einer höheren Welle emporgetragen wurde.

Willi wies noch darauf hin, daß er das Hafenhandbuch schon auf der richtigen Seite aufgeschlagen hätte, daß Lorelei noch nicht geweckt sei, und verabschiedete sich dann mit Hugo von Deck.

„Wir brauchen Lorelei nicht“, schlug ich Calypso vor. „Lassen wir sie schlafen. Ich kann Ihnen genausogut an die Hand gehen, Fräulein Navigatorin.“

So hatten wir Muße, unter einem prächtigen Sternenhimmel weiter an unseren Gebrauchsanweisungen zu feilen. Das war eine amüsante Beschäftigung, weil jedem natürlich nach einer Weile die bewundernswürdigen Eigenschaften, mit denen er sich brüsten konnte, ausgingen und wir gezwungen waren, auch Macken, Schrullen und weniger imponierende Angewohnheiten aufzulisten.

Es war darüber hell geworden, das Leuchtfeuer hatten sie schon abgedreht, und wir segelten an einer immer höher werdenden Steilküste entlang.

„Wann kommt denn dieser verdammte Hafen endlich in Sicht?“ wunderte ich mich. „Es wird immer später, dabei wollte ich die anderen eigentlich schon an der Mole mit einem guten Frühstück wecken."

„Die Einfahrt muß hinter der letzten, ganz hohen Klippe da vorn liegen. Danach sollte sich die Bucht öffnen", versicherte mir Calypso.

Lorelei guckte verschlafen an Deck und fragte nach Frühstück. „Machen wir im Hafen", beruhigte sie Calypso. „Im Windschatten."

Wir wendeten, segelten auf die letzte sichtbare Klippe zu und schauten neugierig nach dem unbekannten Hafen aus. Die Felsabstürze endeten in einer Art Kap – aber da war kein Hafen! Die Klippen zogen sich wieder wie eine Mauer nach Nordost zurück. Die Insel war aus. Da gab's nichts mehr.

„Kazunga! Das ist das Westkap, Capo Ponente!" Diese Erkenntnis durchfuhr mich schmerzhaft wie ein Gichtanfall. „Wir sind vorbeigesegelt. Der Hafen muß da vorn liegen, gleich hinter dem Ostkap. Wir sind schon zwei blöde blinde Turteltauben!"

Calypso wurde bleich. „Wenn das Feuerbill sieht ..."

„Ich übernehme alle Verantwortung", versprach ich ihr schnell. „Du sagst kein Wort. Ich kann besser lügen. Wenn es nicht anders geht, erzähle ich dem Chef unter vier Augen eine amouröse Geschichte, für die er als Mann von Welt sicher Verständnis hat. Du wirst jedenfalls keine Schwierigkeiten kriegen, und mir können sie höchstens die Prüflizenz entziehen. Das ist nicht so schlimm, ich habe sie ohnehin erst seit kurzem."

„Kommt nicht in Frage! Ich bin schuld, ich bin Skipper ..."

„Pst, schrei nicht so! Sei leise. Vielleicht merkt's keiner. Geh ans Ruder, kupple den Autopiloten aus und halse! Wir segeln still und heimlich zurück."

Wir hatten Glück. Lorelei war vom nächtlichen „Groll und Ärger" so übermüdet, daß sie wieder auf ihre Matratze sank und weiterschlief. Sonst rührte sich an Bord nichts – bis auf eine sonore Vibration aus Barawitzkas Kajüte, die seine Türfüllung rhythmisch zittern ließ.

Vor der Hafeneinfahrt, die gut befeuert und gekennzeichnet war, sah ich zu meiner Enttäuschung die Masten der anderen drei Yachten schon über den Wellenbrecher ragen.

„Na, macht nichts. Starte die Maschine, ich rolle die Segel weg und richte dann Leinen und Fender her. Anlegen können wir auch zu zweit ..."

„Zu dritt geht's noch leichter!" Feuerbill kam frisch gewaschen, frisiert und duftend den Niedergang hoch. Also mußte er schon eine

Weile im Waschraum gewesen sein. Da stand zu befürchten, daß er unseren Ausflug mitbekommen hatte. So alte Füchse brauchten nicht erst auf den Kompaß zu sehen, wenn sie wissen wollten, in welche Richtung gesegelt wurde.

„Wir sind ein wenig weiter vorgekreuzt", bemerkte ich beiläufig, während wir die Fender an der Reling anbrachten. „Die Klippen geben ganz tolle Fotos her. Wenn wir morgen Richtung Afrika ablegen, kommen wir dort ja nicht mehr vorbei."

Als Calypso in einem weichen Bogen in den Hafen einlief, raunte er mir augenzwinkernd zu: „In welcher nautischen Disziplin hast du denn der feschen Skipperin Nachhilfeunterricht gegeben? Etwa in Grundlagenforschung für ein neues Buch über Sex an Bord, du lasterhafter Saukerl, miserabler?"

„Weder noch", flüsterte ich zurück. „Es war meine Schuld, ich hab' sie abgelenkt. Wir haben an dem privaten Problem gearbeitet, Kurs, Geschwindigkeit und Feintrimm einander so anzugleichen wie bei einer Treffpunktaufgabe. Ich will damit sagen, daß wir uns abzustimmen versuchten, bis die Peilung stand, wenn du verstehst, was ich meine."

„Na, dann nehme ich ‚Saukerl' zurück", grinste Feuerbill. „Wenn ihr erst warten müßt, bis bei dir die Peilung steht ..." Er wackelte mit dem Kopf. „Dann kann ja nicht viel Unmoralisches passiert sein ... Achtung! Fix mit der Leine!"

Seine Ironie ärgerte mich zwar, aber was hätte ich dagegen tun sollen? Wir waren längsseits an die GOLDFASSL geglitten, Scharen von Möwen flatterten kreischend hoch, Sepp und Simon übernahmen unsere Festmacher.

„Gut gemacht, Calypso!" lobte Feuerbill. „Schickt mir aber auch Fotos von den Klippen, wenn die wirklich so großartig sind." Er wandte sich an Simon: „Wart ihr schon an Land? Ist die Insel so romantisch, wie mein Freund B. A. immer behauptet? Sind die Lampedusinnen von der berichteten sagenhaften Schönheit?"

„Vergiß es." Rebitschek wischte alles mit einer geringschätzigen Geste beiseite. „Hier am Hafen ist jedenfalls alles so verlassen und zugesperrt wie unser Strandbad im Winter. Keine einzige Kneipe hat offen. Es gibt kein Restaurant, kein Geschäft, nur Möwen, streunende Hunde, stinkende Netze und alte, unrasierte Fischer. Wo habt ihr so lange gesteckt?" Ich mußte die Geschichte mit den Klippenfotos noch ein paarmal erzählen.

B. A. machte sich dann mit einer Skipperabordnung auf den Weg zum Hafenkapitän in der Stadt oben am Hügel. Die Injektionen und die Diät hatten ihm offenbar wirklich gut getan. Sie kamen gegen Mittag müde und verdrossen zurück. Auch in der Stadt war angeblich alles eingewintert, sie hatten nur eine einsame, offene Trattoria gefunden, deren Wirtin aber außer Spaghetti Bolognese und Gnocchi con Parmesano nichts offerieren konnte. Der Admiral beschloß, gleich nach Afrika weiterzusegeln.

„Wir werden jetzt auf die KLOSTERBOCK übersteigen", schlug Feuerbill vor, „und uns vom dortigen Ausbildungsstand überzeugen."

„Und was sagen wir den Leuten von der KAISERPILS?" fragte ich ohne zu überlegen.

Dick sah mich belustigt an. „Nichts. Die Prüfung ist ja noch nicht vorbei. Doch wenn alle anderen Yachtcrews noch schlechter abschneiden, dann haben die KAISERPILSner immerhin gewisse Chancen. Tut mir leid, Casanova, aber für eine Siegesfeier mit den Mädels wird das nicht reichen."

„Mir reicht's aber bald!" grollte ich, langsam in Rage geratend, weil sich in letzter Zeit für meinen Geschmack zu viele Leute in meine Privatangelegenheiten mischten und auf meine Kosten lustig machten.

„Hab' ich dir nicht gesagt, das wird ein Katastrophentörn?" Simon stieß mich auffordernd in die Rippen. „Segelprüfer und Weiber an Bord! Das muß ja zu Meuterei, Mord und Totschlag führen ..."

„Und zwar schon bald, wenn ihr kein anderes Thema als mich findet!"

Feuerbill nahm mich mit einem Bärengriff um die Schultern und schleppte mich zur KLOSTERBOCK. „Du mußt noch viel lernen, Karl. So wie diese Knaben und Gören noch keine ausgepichten Skipper sind, genauso bist du ein ganz grüner Prüfer. Was meinst du, in welche Fallen ich im Lauf meiner Karriere schon gestolpert bin und welch trickreichen bis hundsgemeinen Erpressungsversuchen ich ausgesetzt war! Es ist den Menschen nun mal angeboren, in erster Linie auf unreelle Art ein Ziel anzustreben, von einem anderen zuerst das Schlechteste anzunehmen und ihm die niedrigsten Absichten zu unterstellen. Damit müssen wir leben. Komm, Willi bringt schon deinen Seesack. Wir gehen jetzt an Bord. Und zieh kein Gesicht, wenn ich dort ähnliche Weisheiten verzapfe wie gestern auf der KAISERPILS. Das gehört zum Job."

Diesmal bekam Feuerbill beim Mittagessen heiße Suppe ins Genick, denn Alexander „Ali Baba“ Babenberger stand in punkto Ungeschicklichkeit Willi Poppenwimmer in nichts nach. Beim hastigen Versuch, Dick die Nudeln von Kopf und Kragen zu putzen, warf er dann mit dem Ellbogen den Tischwein um, worauf der dickflüssige Malteser Dicks weiße Segelhose burgunderrot färbte. Zuletzt stützte er sich auf die Senftube, die wie eine Spritzpistole spuckte, und als er den Senf von Dicks Hemd reiben wollte, zerdrückte er ihm die Sonnenbrille in der Brusttasche. Und das alles innerhalb weniger Sekunden.

„Wenn ihr diesen Putzteufel da einen Moment fesselt“, keuchte Feuerbill, Ali Baba mit beiden Händen auf Distanz haltend, „dann kann ich an Deck fliehen, bevor er mir vollends den Garaus macht!“

Barbara hatte Sauerkraut, Semmelknödel und Rostbratwürste gekocht und B. A. mit saurem Gesicht angekündigt, daß er sich auf Kraut und Knödel beschränken werde. Er blieb allein am Tisch zurück, während die besorgte Crew Ali Baba abdrängte, Reservekleidung für den Chefprüfer suchte, die Rotweinflecken salzte und das Hemd in Waschlauge einweichte.

Aber Hemden und Hosen für den Pinzgauer zu finden, war gar nicht so leicht, denn er hatte Konfektionsgröße „Grizzly extra large“. Es waren die modisch überlangen und überweiten T-Shirts und Pumphosen von Charly Hirsch, die ihm paßten; sie waren allerdings in grellen, die Augen beleidigenden Farben und abstrakten Mustern gehalten. Wir hatten nun zwei schräge Punk-Vögel an Bord, die sich nur dadurch unterschieden, daß den Pinzgauer ein ziegelroter Bart und eine Pfeife zierte, während den Chaoten eine orangefarbene Irokesenbürste, bis hoch übers Ohr ausrasierte Kopfseiten und schwere Silbergehänge schmückten oder verunstalteten, je nachdem, wie man das sehen wollte.

Wir setzten uns wieder an den Tisch. „Wenn unser lieber Admiral freiwillig auf sein Paar Bratwürste verzichtet“, erklärte Westermayer und griff nach dem Deckel der Pfanne, „dann können wir es auftei...“

Er starrte in die leere Pfanne. Dafür sah Barawitzka so zufrieden drein wie die sprichwörtliche Katze, die den Papagei gefressen hat. „Tut mir leid“, sagte er, „es hat mich übermannt.“

„Alle?“ rief Giselher entsetzt. „Das ganze Dutzend?“

„Na, dann hoffe ich, daß es dich auch in der Nacht wieder übermannt und du stöhnst wie ein Gefolterter mit Daumenschrauben“, knurrte ich und hatte Schwierigkeiten mir einzureden, daß Sauerkraut und ledige Knödel ohnehin die bessere Diät waren.

Bei dem für Adriaverhältnisse ungewohnt kräftigen und stetigen Westwind war der Segeltag nach Zarzis ein Vergnügen; er entschädigte uns für die mühevollen Meilen bis in dieses herrliche Segelrevier vor der afrikanischen Küste. Eine lange Dünung schob dunkelblaue, glatte, nur ab und zu von weißen Gischtflocken gekrönte Seen aus der Weite des Mittelmeers heran. Der Südkurs erlaubte uns, raum unter Vollzeug dahinzugurgeln. Dazu brannte die Sonne so warm herunter, daß wir in Badehosen draußen hockten und uns freuten, wenn es ab und zu vom Bug übers Deck sprühte wie ein Eimer hochgeworfener Diamanten und wir alle naß wurden. Lange allerdings konnte ich das Vergnügen nicht genießen, denn die Crew der KLOSTERBOCK bestand aus ausgeprägten Individualisten. Ingenieur Giselher Westermayer, schlank, braungebrannt und stets passend gekleidet, war der Prototyp eines Sportsmannes englischer Prägung. Er gehörte zu den wenigen unter uns, die vom regulären Sportsegeln zur Fahrtensegelei gekommen waren. Bei ihm zu Hause standen mehrere Glasvitrinen voller Regattapreise und Pokale, außerdem stammte er angeblich aus einer Familie mit langer Seetradition. Einer seiner Vorfahren sollte schon mit der Armada vor Cornwalls Küste untergegangen sein, andere mit ihren Schiffen in China, im Roten Meer und am Bosporus. Er führte die KLOSTERBOCK stets wie ein Kronprinz die kaiserliche Yacht, und Maschinenwartung, Kombüsendienst, Deckwaschen und ähnliche seemännische Tätigkeiten interessierten ihn nicht. Entweder stand er am Ruder und kommandierte, oder er saß am Navigationstisch, höchstens lag er noch in seiner Koje und las Segelzeitschriften. Sein barscher Befehlston und seine Kompromißfeindlichkeit behagten den aus bürgerlichen Festlandkreisen stammenden Mitseglern nicht, aber obwohl sie nach jedem Törn schworen, nie wieder mit dem „Kapitänleutnant" zu segeln, hatte er keine Schwierigkeiten, genügend Mannschaften für seine Chartertörns in aller Welt zu finden. Denn bei ihm konnte man etwas lernen und kam vor allem mit seinen stets gut organisierten Törns in exotische Segelgebiete, vor allem in die Karibik, sein Lieblingsrevier.

Max Casarolli war sein Gegenbild, ein gemütliches bis jähzorniges Rumpelstilzchen mit einem ellenlangen, schwarzgelockten Bart und den listig funkelnden Augen eines griechischen Gebrauchtwagenverkäufers. Er verfügte über eine erstaunlich voll und tief dröhnende Stimme, mit der er die aristrokratischen Eigenheiten seines Skippers geißelte. Deshalb wurde er von den anderen Mitseglern „Ombudsman“ genannt.

Georg Hajduk werden alle noch kennen, die meine früheren Berichte über Barawitzkas Segeltörns gelesen haben. Von Beruf Tischler, von Veranlagung Schürzenjäger, war er mir auf vielen Reisen ein stets gut gelaunter und hilfsbereiter Kamerad gewesen. Zur Prüfung war er nur angetreten, weil sich alle anderen aus der Stammcrew dazu gemeldet hatten. Eigentlich wollte er nie eine Yacht selber führen, sondern nur soviel wie möglich zu exotischen Inseln segeln, um möglichst viele Schöne in fernen Häfen kennenzulernen.

Yussuf Al-Chalibi lernte ich erst an Bord kennen. Als ägyptischer Student nach Wien gekommen, finanzierte er anfangs sein Studium durch Zeitungsverkauf an Straßenkreuzungen. Nachdem er ein Wiener Mädel geheiratet hatte, das für seinen morgenländischen Geschmack mollig genug war, tauschte er das theoretische Wirtschaftsstudium gegen praktische Betriebsführung ein. Bald hatte er gelernt, wie man frisch importierte arabische Studenten für sich an den Kreuzungen stehen läßt. Als er hörte, daß Segeln in Buchhandels- und Zeitungskreisen „in“ war, hatte er sich für den B-Schein angemeldet. Zumindest erzählte er mir das, als ich ihn später in Tunesien als Dolmetscher zu den Behörden mitnahm. Da wir Alpenländer Seesegler von denen aus der nordischen Tiefebene stets als „Gebirgsmatrosen“ bezeichnet werden, fanden Yussufs Bordkollegen es nur gerecht, ihn „Wüstenmatrose“ zu nennen. Schlimm war sein Deutsch, denn er sprach breitesten Wiener Dialekt.

Was Charly Hirsch auf die See gelockt hatte, bekam ich nie heraus. Er bezeichnete sich als berufsmäßigen Chaoten und Protestierer. Wenn er aus seinem Leben erzählte, dann waren das immer Geschichten von Protestmärschen gegen den Bau von Straßen, Autobahnen, Eisen-, Straßen- und U-Bahnlinien, Schiffskanälen, Flughäfen, Schulen, öffentlichen Gebäuden, Konzerthallen und anderen Einrichtungen der dekadenten westlichen Kultur, gewürzt durch offensichtlich dazugehörende Straßenschlachten mit der Polizei. Da ich gern dazulerne, fragte ich ihn nach seiner Einstellung zu östlichen, südlichen oder nördlichen Kulturen, aber auch die lehnte er allesamt kategorisch ab.

Daß er deshalb mit Westermayer ständig auf Kollisionskurs segelte, war klar. Zum Glück sprachen sie zwei völlig verschiedene deutsche Idiome, so daß beleidigende Adjektive und herabwürdigende Beiworte vom jeweils anderen nicht als solche erkannt wurden.

Alexander Babenberger, der Einfachheit halber „Ali Baba“ genannt, war der einzige halbwegs normale Zeitgenosse an Bord. Er arbeitete als Computerfachmann für eine Versicherung. Sein Pech war, daß er die Ungeschicklichkeit gepachtet hatte. Wo Ali Baba auch noch so vorsichtig hintrat, knirschten Brillengläser. Seine Wege waren markiert von flachgetretenen Zigarettenschachteln, leergequetschten Cremetuben, umgestoßenen Gläsern, verbogenen Bestecken und anderen Dingen, die nicht gerade aus Gußeisen geschmiedet waren. Angeblich war es unmöglich, an Bord der KLOSTERBOCK ein belegtes Brötchen so hinzulegen, daß Ali Baba nicht drauf ausrutschte. Wie mir Westermayer kühl vorrechnete, war der Computerfachmann seit dem Auslaufen aus Portorož schon vierzehnmal über Bord gegangen und mindestens einmal durch jede Decksluke gestürzt.

Was er konnte, hatte er Feuerbill ja schon gezeigt, aber damit war sein Repertoire noch nicht erschöpft. Er lief zu Höchstform auf, als ein Reff ins Großsegel gesteckt werden sollte. Damit die Leute, die am Großbaum das lose Tuch niederbändselten, sicheren Halt fanden, hatte Giselher das Niedergangsluk zuschieben lassen. Mitten im Manöver rief Ali Baba fröhlich: „Wie wär's mit einem Schnäpschen für alle?“, und schob, ein Tablett mit Gläsern in der einen Hand balancierend, das Luk mit der anderen wieder auf. Yussuf Al-Chalibi trat sofort ins Leere. Mit einem verblüfften „Allahu akbar!“ polterte dann alles wieder in die Kajüte zurück: Yussuf, Ali Baba, Gläser, Schnaps und Tablett.

„Bismillah – im Namen Allahs!“ heulte Max auf und raufte sich in babylonischer Verzweiflung den Bart. „So geht das jeden Tag bei uns! Das ist keine Ausbildungsyacht, sondern ein Narrenschiff! Und der größte Narr an Bord bin ich, weil ich diesen Törn gebucht habe.“

„Du Giftzwerg!“ bellte ihn Westermayer an. „Ich habe dir schon paarmal gesagt, daß du sofort vom nächsten Hafen aus heimfliegen kannst, wenn du endlich durchgefallen bist. Dich nehm' ich ohnehin nie wieder an Bord! Auf vier Törns hab' ich dich und dein ewiges Gezeter schon ertragen. Jetzt hab' ich aber endgültig die Nase voll von dir. Du stehst auf meiner schwarzen Liste!“

„Und was meinst du, auf welcher Liste du bei mir stehst?“ heulte Max noch lauter. „Auf der Liste der Personen, die ich in einer finsteren

Nacht still und leise über Bord schubsen werde! Du sollst in der tiefsten Hölle braten, du ungläubiger Sohn einer räudigen Hündin…“

„Sagt mal, ist das euer normaler Umgangston?“ mischte sich jetzt Feuerbill ein.

„Zwischen dem Kapitänleutnant und dem Ombudsman läuft die ganze Zeit so eine Art Doppelconférence“, stellte Georg heiter fest. „Die beiden verbindet eine Haßliebe wie ein altes Ehepaar. Sie haben von unserem Wüstenmatrosen jede Menge arabischer Schimpfworte gelernt, manchmal hört sich deshalb ihr täglicher Austausch wenig mitteleuropäisch an, eher wie ein Streit zweier Teppichhändler aus Mossul.“

„Du halt dich da raus, du Leimsieder!“ zischte Max.

Georg beugte sich vor und fragte ihn zuvorkommend: „Soll ich dir die Frontplatte polieren, bis sie wie neu aussieht, Makarios?“

„Geh lieber und hau Charly nieder!“ Max zeigte durchs Luk. „Der Saubart saugt da unten schon wieder die süße Kondensmilch direkt aus der Tube!“

„Geh scheißen, Max!“ brüllte dieser von unten herauf. „Das ist meine private Tube. Damit kann ich mir auch einen Einlauf machen, wenn ich will. Jetzt hab’ ich euch allen schon eigene Tuben besorgt, aber dir ist dein Anteil noch immer zu wenig, du Kapitalistenschwein!“

„Jetzt hört mal alle her!“ Feuerbill übertönte das Geplänkel mühelos mit seiner Alphornstimme. „Was ihr vielleicht nicht wißt: Ich liebe eindeutige Prüfungsergebnisse. Eigentlich seid ihr alle schon durchgefallen! So benehmen sich künftige Schiffsführer nämlich nicht. Ihr führt euch auf wie Zurückgebliebene in der Hilfsschule! Eine Chance habt ihr noch, euch und euren Umgangston schlagartig zu ändern! So, und jetzt will ich endlich Aktion sehen, meine Herren Kabarettisten! Giselher, wirf einen Fender über die Reling und schrei: Mann über Bord!“

„Sehr richtig!“ pflichtete ihm B.A. bei. „Auch ich habe hier noch keine vernünftige Aktion gesehen.“

Westermayer wurde trotz seiner Bräune noch dunkler im Gesicht und preßte trotzig die Lippen zusammen, aber er bückte sich nach der Backskiste und zerrte das Verlangte an Deck. „Mann über Bord!“

„Do schwimmt er!“ schrie Yussuf und hielt den ausgestreckten Zeigefinger auf die achteraus tanzende weiße Plastikwurst gerichtet. „Ich seh’ verdammtes Luder genau! Tischler, mach endlich Halse!“

Feuerbill ließ die Prüflinge durch alle Reifen springen, die es in der Segelausbildung gab, und als uns in der sinkenden Dämmerung die rußenden Abfackelfeuer des Aschtarte-Ölterminals im Golf von Gabes heimleuchteten, hatte sich der Umgangston an Bord der KLOSTERBOCK stark gebessert.

Gegen 22 Uhr – Max hatte gerade den Zweierblitz von Zarzis in der Nacht voraus ausgemacht – näherten sich uns unmißverständlich gezielt die Lichter eines sehr schnellen Fahrzeugs. Kurz danach ahnte man schon den weißen Schaum vor dem Bug des Schnellboots, dann blendeten uns zwei Scheinwerfer. Ein starker Motor brummte im Leerlauf, und eine kehlige Stimme brüllte herüber. Uniformknöpfe und Abzeichen glänzten im Streulicht. Also war das offizieller Besuch.

„Yussuf an Deck! Was will der Kerl?“ rief B. A.

„Was wird er schon wollen? Ist doch ganz einfach“, erklärte ich ihm. „Er fragte *'man antum?*‘ und ‚*min aina* ?‘ und ‚*Illa aina, madha Mina'a?*‘. Das heißt: ‚Wer seid ihr?‘, ‚Woher seid ihr?‘ und ‚Wohin, welcher Hafen?‘. Solche Grundbegriffe kennt doch jeder gute Skipper in den gängigsten Sprachen.“

Trotz der Dunkelheit merkte ich, wie mein Admiral mich anstarrte. „Du hast gemogelt! Du hast heimlich Arabisch gelernt!“

„Natürlich, du nicht?“

Er krümmte sich und hielt sich den Kopf. „Ich werde alt“, murmelte er. „Ich komme bei euren neuen Tricks nicht mehr mit! Die Zeit überholt mich. Ich habe gar nicht mehr das Zeug zum Admiral ...“

„Völlig falsch“, berichtigte ich ihn. „Wer kann schon alles alleine machen? Du hast die einmalige Gabe, dir die besten Leute als Mitarbeiter auszusuchen. Mich zum Beispiel! Ich konnte ja nicht ahnen, daß wir einen arabischen Zeitungshändler mitnehmen würden, sonst wäre jetzt ich die Nummer Eins ...“

„Damit hast du natürlich recht.“ B. A. richtete sich auf. „Bleib an meiner Seite. Wir werden ja gleich sehen, wie Giselher die Sache regelt.“

Yussuf unterhielt sich mit der Küstenwache und berichtete dann, diese würde liebend gern an Bord kommen, um uns zu durchsuchen.

„Nur zu!“ lachte Westermayer. „Das möchte ich sehen, wie sie's schaffen bei dem Seegang! Sie sind herzlich willkommen!“

Der hohe Bug des Schnellboots kam mit heulenden Motorschüben näher. Zwei, drei Uniformierte sammelten sich an der Reling, voran einer mit goldbetreßter Kappe. Sie mußten sich gut festhalten, denn ihr Bug tanzte mehrere Meter auf und nieder. Heiseres Gebrüll auf dem Tunesier. Und: „Zurück, zurück!" schrie Westermayer, als die Kollision drohte. Dieselrauch wallte im Scheinwerferlicht, das Schnellboot zog sich zurück und versuchte einen erneuten Anlauf. Das gleiche Spiel. Bei der Dünung zu uns an Bord zu turnen, war Selbstmord.

Drüben beriet man sich. Dann brüllte der Offizier wieder.

„Er will, daß wir ihm die Pässe reichen", übersetzte Yussuf.

„Bin ich blöd?" sagte Westermayer. „Die fallen doch garantiert in den Bach! Sag ihm, er kann sie sich in Zarzis anschauen, da fahren wir hin. Oh, und frag ihn, ob er weiß, wo die anderen drei Yachten sind, die mit uns gekommen sind."

Das war der richtige Tip. Die Uniformierten auf dem Schnellboot berieten sich, dann hangelte sich der Offizier zurück zum Deckshaus, und einer der Askaris brüllte herüber, daß sie wiederkommen würden, wenn sie die anderen Schiffe gefunden hätten.

„Bestens!" Westermayer triumphierte. „Sag ihnen, wir wünschen einen schönen guten Abend!"

Das Schnellboot raste in die Nacht davon.

Eine halbe Stunde später hatten wir Funkkontakt mit Janos Gludowatz, der uns über die gegenüber dem Hafenhandbuch leicht geänderten Verhältnisse im Zielhafen unterrichtete: „Vergeßt das Licht, vergeßt den Wellenbrecher. Die haben hier einen mordsmäßigen Tiefwasserhafen hingebaut, der überhaupt keine Ähnlichkeit mit dem alten Fischereihafen hat. Fahrt so lange, bis ihr eine in der Karte nicht eingezeichnete, grün blitzende Tonne findet. Dann haltet Kurs 280°, bis ihr zwischen neu aufgeschütteten Wellenbrechern seid und unsere Signale seht. Wir werden unsere Topplichter in Minutenabständen ein- und ausschalten. Dann folgt ihr dem Südkai, denn die Hafenmitte ist noch nicht ausgebaggert, wie wir zu unserer Freude feststellen mußten. GOLDFASSL und KAISERPILS sind längsseits. Wir haben Champagner knallen lassen, um die Ankunft in Afrika zu feiern."

„Das ist der Vorteil vom Flottillensegeln", bemerkte B. A. „Es braucht immer nur der Erste aufzulaufen, nicht alle."

Als wir an der HOPFENPERLE längsseits gingen, roch die Nacht romantisch nach Afrika. Zu sehen war nichts, aber da war ein Hauch von Holzfeuer, von Kameldung, von Jasmin und Rosenblüten, von unbekannten morgenländischen Gewürzen und trockener, heißer Wüstenluft. Wir waren an einem neuen Kontinent gelandet. Am Ufer standen bizarre Schatten, sicherlich Palmenhaine, und lange schlanke Silhouetten … Allahu akbar! Als der Motor verblubberte, wehte der Wind einen klagenden, langatmigen Singsang über das sternenglitzernde Wasser. Ein ferner Muezzin rief die Gläubigen.

„Er ruft dich, Yussuf!“ stichelte Max. „Hol deinen schäbigen Gebetsteppich heraus und verneige dich nach Mekka. Das ist dort!“ Er sah auf den Steuerkompaß und wies dann nach Osten.

„Geh und wickel dir aan Türkenbund um dein’ blöden Hohlkopf, tepperter Tepp, tepperter!“ gab der Wüstenmatrose gemütlich zurück.

„Also gut!“ Feuerbill streckte gähnend seine Glieder. „Wir sind in Afrika! Das sollten wir feiern, auch wenn wir alle schon müde sind.“ Er hob die Stimme, daß sie bis zur GOLDFASSL drang: „Willi, da unten im Eiskasten muß eine Magnumflasche Klosterneuburger Klostersekt liegen. Richte die her und stelle Gläser bereit …“

„Führe uns nicht in Versuchung!“ seufzte Admiral Barawitzka irgendwo in der Dunkelheit. „Bring mir schwarzen Kaffee von Mokkas Küsten, Willi. Die wahren Rechtgläubigen verachten das sündige Prikkelwasser. Gib mir aber meine Zigarren herauf. Die hat der sadistische Hakim noch nicht auf die Liste gesetzt.“

Der Mond war noch nicht aufgegangen, deshalb irrte ich im unsicheren Sternenlicht über die Decks, bis ich ein mir vertrautes Parfüm schnupperte. Da ließ ich mich neben dem so gut riechenden Schatten nieder und zückte meine Mundharmonika.

„Ich kenne kein arabisches Liebeslied. Tut’s Jamaica Farewell auch?“

Sahara-Navigation

Das tunesische Amtskamel · Laqbi, der Dattelwein mit Spätzünder · Ein Satnav ohne Nautiker ist nicht viel wert · Was haben Sanddünen und die Riesenseen der Brüllenden Vierziger gemeinsam? · „Sag Escamillo zu mir!“ · Die Kreditkarte als Geheimwaffe · Sextourismus ist gefährlich

Mit einem neuen Hafen, vor allem in einem neuen Erdteil, verbinden sich naturgemäß immer besondere Erwartungen. Das war auch nachts an der unbeleuchteten Mole in Zarzis recht gut zu beobachten. Während des Umtrunks kam das Gespräch auf romantisch verklärte und ziemlich wirklichkeitsfremde Vorstellungen vom Morgenland; bis auf Theo, den alten Reisefuchs, erhofften sich die meisten Abenteuer à la Karl May, mit streng bewachten Harems, verschleierten, mandeläugigen Schönen, Beduinen auf Kamelen, mit Zelten, Wüstenbrunnen und Salzseen, blanken Gerippen neben dem Karawanenweg, auf dem Omar Sharif, Hadschi Halef Omar und Kara Ben Nemsi entlangzogen. Wobei Yussuf die von mir aufgestellte Behauptung bestätigte, daß Karl May bei seinem orientalischen Kriegsnamen ein Schnitzer unterlaufen war, weil „Kara Ben Nemsi“ nicht mit „Karl, Sohn der Deutschen“, sondern eindeutig mit „Karl, Sohn der Österreicher“ übersetzt werden mußte. „Nemsa“ und „Nemsawi“ waren schon immer die arabischen Bezeichnungen für „Österreich“ und „Österreicher“. „Kara Ben Almani“ hätte Old Shatterhands Pseudonym in der Wüste lauten müssen,

Aber die romantische Nacht wich am Morgen der häßlichen nordafrikanischen Wirklichkeit.

„Gib's ihm! Noch einmal! Ja, das tut weh, was? Noch einmal!“ Ich war noch wie betrunken vom Schlaf, aber das riß mich hoch. Dazu klatschten Hiebe an Deck, und jemand stöhnte. Es hörte sich an wie eine Auspeitschung aufmüpfiger Galeerensklaven. Ich strampelte mich aus meinem Schlafsack, schob die Decksluke weiter auf und stemmte mich hoch. Dann rieb ich mir die Augen.

„Einmal noch! Reiß dich zusammen, Admiral! Einmal geht's noch!

Hepp! Acht, neun . . . Ja! Zehn!“ feuerte Willi Barawitzka an, der mit verzerrtem Gesicht an einem zwischen die Wanten gespannten Tau hing und versuchte, seine Knie so hochzureißen, daß sie ihm gegen die Brust klatschten.

„Ja, das verbrennt den Bauchspeck! Prächtig! Elf, zwölf! Gut so! Der Nächste! So wirst du wieder schlank, Jumbo! Du mach inzwischen deine Liegestütze, B. A. . . . Nein, Cleopatra, nicht nur auf und ab wippen. Du mußt in der gestreckten Lage alle Muskeln anspannen und bis zehn zählen, bevor du sie wieder entlastest. Nur so kannst du deinen Gluteus maximus trainieren.“

„Meinen was?“ fragte sie gepreßt.

„Den Po-Muskel“, erklärte ihr Poppenwimmer. „Das macht den Unterschied zwischen einem flachen, traurigen Hintern und einem kraftvollen, halbrunden. Gut so!“

Sie turnten! Sie trieben Gymnastik auf dem Vordeck unter Willis Aufsicht. Diese Krankenschwestern und Gichtbrüder, es war kaum zu fassen!

„Hab’ ich dir nicht gesagt, das wird ein Katastrophentörn?“ Simon hockte auf dem Kabinendach des Nachbarbootes und struwwelte sich die vom Schlaf zerdrückten Haare. „Traumhafter Platz, an den ihr uns da geführt habt. Sieht aus wie ein halbfertiges Donaukraftwerk oder so. Um eine Großbaustelle zu besichtigen, hätten wir nicht bis nach Tunesien zu segeln brauchen.“

Die grelle Morgensonne enthüllte rohe Grundpfeiler von Werk- oder Lagerhallen, aus Bruchsteinen aufgeschüttete Dämme, Sand- und Schotterhaufen, zwischen denen Baumaschinen, Kräne und Planierraupen standen. Wie auf modernen Baustellen üblich, war kein Mensch zu sehen, von einer Stadt, Häusern, Moscheen, Minaretten und Palmen gar nicht zu reden. Hinter den Betonpfeilern begann die Wüste. Die Steinpier, an der wir im Finstern angelegt hatten, war das einzige fertige Stück in der Mondlandschaft. Was uns die Illusion von Dattelhainen vorgegaukelt hatte, stellte sich als sonderbar rundbogige Betonkonstruktion im Hintergrund heraus, von der lange Bahnen einer schwarzen Plastikfolie herabhingen.

In diesem Moment hallte wieder das langgezogene Lamento eines Muezzins über Schotter und grünes Hafenwasser.

„Sapperment! Wo versteckt sich denn die Heulboje? Und wen ruft sie zum Gebet? Ist doch kein einziger Anhänger Muhammeds zu sehen!“

Erst Janos' Marineglas lüftete auch dieses Geheimnis. An einem Mast in der Mitte der Baustelle waren vier Lautsprecher montiert. Von dorther erschallte der monotone Singsang, offensichtlich mit Unterstützung einer mächtigen Verstärkeranlage.

„Muezzin vom Tonband", grinste Simon. „So eine Aufnahme möchte ich haben. Damit ich mich rächen kann, wenn mein Nachbar seinen Michael Jackson zu laut winseln läßt. Dann spiele ich ihm die Suren des Korans mit tausend Watt vor, bis er auf seinem Teppichboden in die Knie geht. He ... Da kommt wer! Nach der gigantischen Staubfahne zu urteilen, muß es sich um eine ganze Kavalkade Kamelreiter handeln."

Es war aber nur ein einzelner junger Uniformierter auf einem Moped, der um die Sandhaufen kurvte, um uns eine Order des Hafenkapitäns zu übermitteln. Yussuf übersetzte: Wir sollten unsere Flotte in den alten Fischereihafen verlegen und unsere Papiere dort im Büro präsentieren. Auch gäbe es nur dort Wasser und Treibstoff.

Barawitzka gesellte sich schweißtriefend und keuchend zu unserer kleinen Gruppe. „Frag ihn nach einem Navigationshinweis, Yussuf! Ich sehe hier nirgends so etwas wie einen Fischereihafen. Unsere Karten und Handbücher sind wegen des Bauprojekts überholt und stimmen überhaupt nicht mehr."

Die alte Hafeneinfahrt war angeblich erst zu entdecken, wenn man in der letzten Ecke der neuen Aufschüttungen suchte. Um uns neuerliche Grundberührungen in dem erst teilweise ausgebaggerten Hafenbecken zu ersparen, ließ B. A. ein Schlauchboot aufpumpen, und Simon tuckerte mit Außenbordmotor, Felix und Handlot los, das Fahrwasser zu erkunden.

„Da gibt's tatsächlich einen alten Hafen", berichtete Rebitschek eine halbe Stunde später. „Ganz versteckt hinter den hohen Hallen da drüben. Mit Fischerbooten, Netzen, Gestank, einer Tankstelle, einer Eisfabrik, einem Büro und sogar einer kleinen Kneipe ..."

„Aha, deshalb hat euer Ausflug so lange gedauert", feixte B. A.

„Von wegen!" empörte sich Simon. „Natürlich habe ich mich gründlich umgesehen, aber dort gibt es nur Kaffee, Cola und andere Softdrinks. Keinen Schnaps, keinen Wein, kein Bier! Das ist eine feine Gegend, in die du uns da gelotst hast, Admiral! Hier gefällt's mir überhaupt nicht!"

„Aber mir dafür um so besser! Ich fühle mich topfit." Er tastete seine Gürtelgegend ab. „Ich werde schlank wie ein Windhund zurückkommen. Am besten trete ich zum Islam über, die Mohammedaner leben gesünder. Yussuf, sei mein Dolman und Koranlehrer während des Aufenthalts in diesem staubigen Land! Laßt uns die Flotte verlegen und dann sofort einen Landgang unternehmen."

B. A. hatte aber nicht mit dem arabischen Amtsschimmel gerechnet (oder spricht man da eher vom Amtskamel?). Als wir die Yachten in den versteckten Hafen überführt und an einem eigens für uns freigehaltenen Kaistück im Viererpäckchen vertäut hatten, erschien wieder der junge Beamte und überbrachte B. A. eine persönliche Einladung des Hafenkapitäns, als vornehmster Effendi und Würdenträger der österreichischen Flotte mit ihm und dem Oberzöllner Kaffee zu trinken, während die Schiffsführer den Papierkram erledigten.

„Woher will der Kerl wissen, wer hier an Bord vornehmer Effendi ist und wer normaler Fellache?" ärgerte sich Simon. „Sehe ich vielleicht nicht wie ein Effendi aus? Bin ich nicht mindestens so sauber angezogen?"

„Ein sauberes Hemd allein macht noch keinen Effendi", stellte B. A. fest. Die Genugtuung über die ihn bevorzugende Einladung war ihm anzusehen. „Der Hafenkapitän ist ein guter Menschenkenner."

Rebitschek murmelte bissig: „Wahrscheinlich geht's hier nach der islamischen Faustregel, wonach der fetteste Türke immer der Sultan ist. Paß nur auf, daß du nicht zuviel abmagerst, Barawitzka-Pascha."

Die Einklarierung zog sich trotzdem über Stunden hin. Unsere normalen Yachtklub-Crewlisten genügten den tunesischen Beamten nicht, sie wollten eigene Formulare ausgefüllt haben, die auch Spalten für Geburtsdaten und Berufe der einreisenden Seeleute aufwiesen. Durchschlagpapier gab's natürlich nicht, und so schrieben sich die vier Skipper die Finger krumm mit den verlangten neun Kopien pro Schiff. Als alle Pässe abgestempelt und visiert waren, durften wir noch immer nicht den Hafen verlassen, weil die Zöllner auch das private Gepäck aller Mitsegler in deren Beisein kontrollieren wollten. Wie zu erwarten, kam dabei die Mittagspause heran, und wir mußten auch noch den landesüblichen Kef abwarten, das traditionelle Verdauungsschläfchen nach dem Essen. Da unser Admiral inzwischen vom Hafenkapitän irgendwohin zum Essen entführt worden war, übernahm ich als Nummer zwei der Flottille das Kommando und organisierte Schlauchboottransfers zum gegenüberliegenden Badestrand mit weißem Sand und erfrischender Brandung. Wegen der unerwarteten Glut der afrikanischen Sonne hatte niemand Appetit auf Dosennahrung, alle wollten lieber aufs abendliche Gelage in einem typisch tunesischen Restaurant warten.

„Ich entferne mich von der Truppe“, vertraute mir Simon an. „Ich habe keine Lust, baden zu gehen. Die Stadt ist da in der Ferne im Hitzeflimmern auszumachen. Es sind angeblich drei oder vier Kilometer zu Fuß bis dahin. Taxis soll es zwar geben, aber die haben weder Zentrale noch Funk. Ich habe mir eine Mitfahrgelegenheit auf einem Lastwagen organisiert und bringe irgendein Transportmittel zurück. Borg mir deinen arabischen Sprachführer, Karl!“

„Und was sage ich den Zöllnern, wenn sie deinen Rumvorrat entdecken?“

Rebitschek blickte mich schlau an. „Da ich mir bis jetzt mit Eugen eine Koje teile und unser beider Gepäck dort herumkugelt, kann er den notfalls für mich verzollen. Er weiß Bescheid. Ich melde mich also ab. *Salaam aleïkum, ya sadiqi!*“

Er kletterte zusammen mit einigen Fischern auf einen Uralt-Lkw, der so aussah, als hätte ihn Rommel seinerzeit wegen Altersschwäche zurückgelassen, und schaukelte in einer Staubwolke davon.

Gegen drei Uhr nachmittags kam Barawitzka mit dem Hafenkapitän und den Zöllnern zurück. Yussuf und Monika, die sehr gut französisch sprach, halfen bei der Verständigung, und ich lehnte mich zufrieden mit einem kalten Bier im Schatten des Sonnensegels im Cockpit der GOLDFASSL zurück. Der Ausguck und die abgesprochenen Flaggensignale funktionierten gut und riefen jeweils die richtige Crew vom Strand herbei.

Als dann der auffallende Lang-Chassis-Landrover mit weiß-schwarzen Zebrastreifen auf die Hafenpier holperte, sagte ich mir: „Sieh einer an, da habe ich Rebitschek unrecht getan. Ich dachte, er würde erst nach einer Kneipe suchen, bevor er ein Fahrzeug auftreibt . . .“ Aber es war nicht Simon, der dem Geländefahrzeug entstieg, sondern ein braungebrannter älterer Herr in sandfarbenem Overall und mit breitrandigem Hut. Er blieb neben der GOLDFASSL stehen und betrachtete unsere Yachten. Besonders die Masten schienen ihn zu interessieren, denn er spähte lange mit in den Nacken gelegtem Kopf zu den Toppen empor.

„Rot-weiß-rote Segler sieht man hier nicht oft“, meinte er dann zu mir auf deutsch. „Vor allem nicht gleich in vierfacher Auflage. Grüß Gott und willkommen in Zarzis! Übrigens, ich bin Dr. Weiss aus Wien. Es hat sich in der Stadt herumgesprochen, daß Ihre Yachten eingelaufen sind. Die Teppichhändler warten schon sehnsüchtig darauf, daß Sie zu einem Einkaufsbummel aufbrechen. Ich komme in der Hoffnung, daß Sie elektronische Navigationshilfen an Bord haben und einen Fachmann, der damit umgehen kann. Ich habe nämlich große Probleme mit meinem Gerät und könnte fachmännische Hilfe brauchen."

Das bestätigte meine Vermutung, denn ich hatte inzwischen sein Fahrzeug näher betrachtet. „Es war mir doch gleich so", grinste ich, „daß eine Ihrer Antennen auf dem Landrover nicht zu einem normalen UKW-Radio gehört, sondern zu einem Satellitennavigator. Eine ungewöhnliche Autoausrüstung. Aber ich glaube schon, daß Ihnen jemand von uns zur Hand gehen kann. Wir haben zufällig jede Menge Fachleute vom Österreichischen Institut für Navigation an Bord. Haben Sie mit Landvermessung, Geodätik oder Erdölsuche zu tun?"

„Ich traue meinen Augen nicht!" rief in diesem Moment B. A. vom Niedergang her. „Professor Walter Weiss! Mein alter Geographie- und Geschichtslehrer, der berühmte Wüstenfuchs und Grabräuber! Das ist aber eine Überraschung! Kommen Sie an Bord, Professor, kommen Sie an Bord! Das Wiedersehen müssen wir mit einem Bierchen feiern, auch wenn mein Leibarzt hier mißbilligend das Gesicht verzieht."

„Barawitzka!" strahlte Dr. Weiss und kletterte über die Reling. „Na, das nenne ich Kismet! Das hätte ich mir nicht träumen lassen, daß ich ausgerechnet in diesem verschlafenen Grenznest den faulsten und schlechtesten meiner Schüler wiedertreffe . . . Oh, oh!" Er bückte sich nach seinen Sandstiefeln. „Schiffsregel Nummer eins lautet, wenn ich mich nicht irre, Schuhe ausziehen. Nicht wahr?"

Willi hatte sich inzwischen an die Rolle eines Stewards so gewöhnt, daß er ungefragt mit einer weißen Serviette über dem Arm an Deck erschien und Gläser und Getränke servierte. B. A. und sein Lehrer wärmten ein paar Erinnerungen auf, und dann kam Professor Weiss wieder auf sein navigatorisches Anliegen zu sprechen. Er erzählte uns eine Geschichte wie aus einem Abenteuerroman. Demnach arbeitete er schon längere Zeit im Auftrag eines österreichisch-tunesischen Förderprogramms als Berater am hiesigen archäologischen Institut. Bei der Bestandsaufnahme und Katalogisierung alten, ungeordneten Materials war er auf das bisher unbeachtete Manuskript eines englischen Offiziers gestoßen. Der hatte – im Zivilberuf Dozent für römische Geschichte in Oxford – bei Patrouillenfahrten mit den „Desert

Rats" im letzten Weltkrieg ein bis dato unbekanntes römisches Fort entdeckt, etwa 160 Kilometer von der Küste entfernt in den Dünen gelegen. Die Anlagen und Mauern, soweit sie freilagen, hatte er schon vermessen und beschrieben, fiel aber kurz danach in einem Gefecht. Wie seine Aufzeichnungen nach Tunis gekommen waren und warum sie dort unveröffentlicht im Archiv verstaubten, ließ sich nicht mehr feststellen.

„Sie haben uns doch seinerzeit von einem geheimnisvollen römischen Fort in der Sahara erzählt, Professor Weiss", erinnerte sich B. A. „Es soll so unverständlich weitab aller damaligen Siedlungen und Karawanenwege liegen, daß es für die Wissenschaft sehr interessant wäre, es näher zu untersuchen."

Der Archäologe lächelte. „Es freut einen alten Lehrer, daß doch ein wenig in den Köpfen seiner Schüler hängengeblieben ist. Dieses Wüstenfort, von dem auch deutsche Patrouillen berichteten, liefert seit nahezu fünfzig Jahren reichlich Stoff für Spekulationen. Leider hat sich niemand die Mühe gemacht, seine genaue Lage festzustellen. Da aber sogar Amateuraufnahmen davon existieren, wurde nach dem Krieg oft und mit erheblichem Aufwand danach gesucht. Doch nicht einmal mit Hilfe von Luftaufnahmen konnte es bis heute gefunden werden. Das ist nicht weiter verwunderlich, denn in erstaunlich kurzer Zeit kann eine Wanderdüne auch größere Gebäude verschlucken. Jetzt können Sie sich vielleicht vorstellen, welche Aufregung uns im Institut befiel, als wir feststellten, daß der englische Offizier die geographische Länge und Breite des Forts notiert hatte. Die Ausgrabung muß eine wissenschaftliche Sensation ersten Ranges sein!"

„Na und, was hat sie ergeben?" fragte Feuerbill, der sich inzwischen zu uns gesellt hatte.

Weiss schmunzelte. „So schnell gräbt niemand. Die Unterlagen haben wir erst vor einem Monat entdeckt. Für tunesische Verhältnisse ist es schon ungeheuerlich, daß die Mittel für eine Suchexpedition bewilligt wurden und diese auch bereits ausgerüstet ist. Das Fort muß da", er spähte auf den Steuerkompaß und wies dann nach Westsüdwest, „ja, in dieser Richtung, halbwegs zwischen Tataouine und Tozeur, ziemlich nahe der libyschen Grenze, im Wüstensand begraben sein. Es war meine Idee, ein batteriebetriebenes Navigationsgerät in einem der Expeditionsfahrzeuge zu installieren, damit wir die angegebene Position auf den Meter genau finden und nicht erst die halbe Wüste umgraben müssen. Gestern sind wir von Zarzis losgefahren, und ich übte mit dem Navigator . . ." Professor Weiss hob in komischer Verzweiflung die Hände. „Und siehe da, der verdammte Kasten behauptete, daß wir ganz woanders wären als nach der Straßenkarte. Deshalb verschob ich die Abfahrt, um das Ding reparieren zu lassen, aber leider gibt es hier in Zarzis keinen Satnav-Fachmann. Ein Ingenieur aus Bizerte könnte erst übermorgen einfliegen, also beschloß ich, mein Glück hier im Hafen zu versuchen. Und wen treffe ich? Boris Barawitzka, meinen ehemaligen Schüler und jetzt Direktor des Instituts für Navigation. Glück muß der Mensch haben!"

„Das werden wir gleich erledigen", verkündete B. A. „Willi, noch eine Runde Bier!" Und zu mir gewandt: „Sieh dir das Gerät mal an, Karl, und vergleiche seine Positionen vielleicht mit unseren. Du bist einsamer Spezialist mit diesen Blechtrotteln."

Als ob ich's nicht geahnt hätte! Ich holte mir aus der Seekarte die auf Zehntelminuten genaue Position unseres Kaistücks und setzte mich dann in den Fond des Landrovers an das falsch anzeigende Gerät. Es war ein gängiger Typ und zum Glück noch eingeschaltet.

„Was tust du jetzt . . . Ich meine, was tun Sie jetzt?" fragte Calypso, die mir gefolgt war.

„Ich lasse alle Testprogramme durchlaufen und frage den Satnav, wann er den nächsten Fix berechnet. Das heißt, wann der nächste Satellitendurchgang erfolgt, damit er seine jetzige Position feststellen kann. Denn wie erwartet haben die Knaben keinen Fahrtschreiber oder Plotter, keinen Fluxgate-Kompaß und kein Interface installiert, so daß das Gerät die gefahrenen Kurse und Wegstrecken nicht nachkoppeln kann. Somit zeigt er immer nur vergangene Positionen an und nie die aktuellen. Wenn's das nicht war, dann muß es an der Antenne oder der Installation liegen. Dann, fürchte ich, können wir Barawitzkas Geschichtsprofessor nicht helfen . . . Ah, die Zigarrenschachtel rechnet gerade. Sehen Sie, mein Fräulein, die Anzeige hier am LCD: *Compute – wait.* Nun, dann werden wir in ein paar Minuten Bescheid wissen. Sind Sie so nett, mir rasch noch eine Dose Bier zu besorgen? Es ist verdammt warm hier in dem Kübel!"

Sie lief zum Schiff zurück, und mir fiel etwas Wichtiges ein. Der Professor hatte doch von einer Straßenkarte gesprochen. Damit läßt sich nicht genau navigieren, und das hätte ein möglicher Grund für die Abweichung sein können. Aber dann fiel mir etwas noch viel Interessanteres ein.

„Na, Rechenschieber?" B. A. blickte mir fragend entgegen, als ich eine halbe Stunde später zu der inzwischen noch größer gewordenen Runde unterm Sonnensegel zurückkehrte. Die Zöllner waren offensichtlich nicht auf verbotene Konterbande gestoßen und wieder abgezogen. „Fehler gefunden?"

„Mit großer Wahrscheinlichkeit. Entschuldigen Sie, Herr Professor, aber ohne einen guten Nautiker werden Sie mit dem Gerät keine große Freude haben. Ein steifer Zeigefinger zum Tastendrücken genügt nicht. Jetzt rechnet das Kistchen schon viel genauer, die letzte Position ist nur mehr eine Viertelmeile daneben. Wenn wir das Gerät unverrückt auf diesem Platz stehen lassen, werden die Resultate noch besser werden. Diese Satnavs sind in erster Linie für Schiffe konstruiert, die sich in den paar Minuten, in denen die von den Satelliten ausgesandten Dopplerpeilungen berechnet werden, nicht allzu schnell weiterbewegen. Wenn Sie jedoch in diesem Moment mit hundert Stundenkilometern durch die Wüste brausen, wird die Peilung verzerrt, und schon stimmt nichts mehr. Das heißt, Sie müssen zur Ortsbestimmung anhalten oder wenigstens manuell Kurs und Geschwindigkeit eingeben, damit das Gerät mitkoppeln kann. Auch dürfen Sie nicht nach gnomonischen Straßenkarten navigieren, sondern nach Seekarten in Merkatorprojektion. Falls Sie unter Ihren Archäologen keinen Nautiker haben und mein Admiral mich für zwei oder drei Tage abkommandiert, könnte ich Sie zu Ihrem Römerfort bringen. Ich würde zur Sicherheit auch meinen Sextanten einpacken und astronomisch mitnavigieren ..."

Da redeten sie alle auf einmal los, der Professor, B. A., Feuerbill, Westermayer, Laszlo und auch der historisch interessierte Hofrat. Eine Stunde später hatte ich den Job als Wüstennavigator und brütete über dem Problem, zehn Segler zusammenzustellen, welche die Expedition in die Sahara begleiten durften. Abfahrt gegen Mitternacht nach einem Festmahl in einem dem Professor wohlbekannten *Mat'aam* – einem bodenständigen Restaurant. Meine Wahl sah so aus:

Ich	Klar, nicht wahr?
Calypso	Na, ich wollte ihr doch imponieren und zeigen, wie gut ich war, außerdem hatte auch Indiana Jones immer eine schöne Frau dabei. Noch dazu war sie Krankenschwester und konnte Verletzte verbinden.
Simon	Einen furchtlosen Mann mit einem scharfen Messer kann man auf Expeditionen immer gebrauchen.

Willi	Mit seiner Kraft ersetzte er einen Wagenheber. Und einen Bagger, falls Sand geschaufelt werden mußte.
Felix	Weil auch er kräftig und zusätzlich ein guter Mechaniker war.
Georg	Es würde sicher nicht schaden, einen fröhlichen Optimisten dabei zu haben, der auch kräftig zupacken konnte, wenn Not am Mann war.
Jumbo	Der war mit seiner Masse geradezu ideal gebaut, steckengebliebene Jeeps anzuschieben.
Janos	Weil er zu solchen Expeditionen nie wieder eingeladen werden würde und sich das Abenteuer gewiß verdient hatte.
Feuerbill	Wenn ich durch Sonnenstich oder Schlangenbiß ausfiel, mußte jemand weiternavigieren können.
B. A.	Meinetwegen. Ich glaube, er hätte es mir nie verziehen, wenn ich ihn nicht hätte mitspielen lassen.

Meistens stachen die Scheinwerfer und Breitstrahler des Landrovers weit über die vegetationslose Ebene links und rechts der mit Schlaglöchern übersäten Straße. Ab und zu leuchteten weiße, fensterlose, unter Dattelpalmen geduckte Lehmhäuser im Licht auf, und die Augen von Ziegen oder ähnlichen Haustieren glühten rot wie Rückstrahler hinter dürftigen Zäunen.

Eine Abzweigung und ein Wegweiser huschten aus der Nacht auf uns zu und flogen vorbei.

„Da links geht es nach Tataouine", bemerkte Professor Weiss am Steuer. „Noch 52 Kilometer, dann hören die Straßen auf. Wie kommen Sie zurecht, Herr Vettermann?"

„Bisher recht gut. Ich kann natürlich nicht jede Straßenbiegung berücksichtigen, aber es funktioniert soweit." Ich hockte mit einem großen Übersegler auf den Knien neben dem Satnav. Eine praktische Stirnlampe warf genug Licht darauf, daß ich mitzeichnen konnte. Calypso neben mir beobachtete den Peilkompaß, gab mir die Kurse durch, und ich versuchte mitzukoppeln, so gut es bei der entsetzlichen Holperei des Landrovers ging.

B. A. agierte als Copilot und rechnete mit seinem Taschencomputer Geschwindigkeiten und Strecken in Knoten und Meilen um, bevor er sie mir durchgab.

Hinter uns, leicht getrübt vom aufgewirbelten Staub, folgten die

Scheinwerfer des restlichen Konvois, bestehend aus vier geländegängigen Lastwagen mit Geräten, Arbeitern und Seglern.

Die Nacht war frisch und roch geradezu nach Abenteuer. Es tat mir sehr leid für Simon, daß er nicht mit dabei sein konnte. Statt in die Stadt zu fahren und ein Taxi zu besorgen, hatte er die Fischer interviewt, weil er nicht glauben wollte, daß es in Tunesien wirklich keine einheimischen Alkoholika gab. Die derart herausgeforderten Fischer hatten ihn an einen geheimen und gut versteckten Ort des Lasters geführt: zu einer Dattelweindestille.

„Das Zeug ist nicht schlecht", vertraute mir Simon mit schwerer Zunge an, als ihn der alte Lkw abends wieder an der Pier ablieferte. „Sieht weißlich trüb aus wie gärender Most im Herbst, riecht auch so und schmeckt nach saurer Milch mit schwer zu definierendem Zusatz. Das Gesöff ist ganz schön kräftig, aber angeblich unheimlich gesund. Was haben wir gelacht in der gut getarnten Höhle unter dem Palmenhain! Hast du gewußt, Karl, daß die tunesischen Fischer sich oft viel Arbeit ersparen, indem sie draußen auf See den libyschen Fischern ihren Fang abkaufen, gegen Schmuggelzigaretten oder Whisky, weil die vom staatlichen Fischereikonzern so gut wie nix davon kriegen? Morgen führe ich dich zum Dattelwein-Heurigen. Weißt du . . ." Plötzlich stockte er mitten im Satz. Ihm quollen die Augen aus dem Kopf, sein Gesicht – nein, sein ganzer Körper – verkrampfte sich, als hätte ihn eine giftige Viper gebissen. Schweiß perlte auf seiner Stirn, und wie von entsetzlichen Schmerzen gequält, fletschte er die zusammengepreßten Zähne. Ein schauerlicher Anblick!

„Simon, Simon, um Himmels willen! Was ist dir denn, Simon?" Ich wollte nach ihm greifen, da gurgelte es vernehmlich in seinen Eingeweiden, und mit einer kurzen Verwünschung verschwand er blitzartig unter Deck. Ich hörte nur noch die Waschraumtür knallen und die Verriegelung einrasten.

Als dann Professor Weiss mit einem Lkw vorfuhr, um uns zum Abendessen abzuholen, suchte ich Simon, fand ihn aber nirgends. Als ich an die Waschraumtür klopfte, stöhnte er dahinter unwillig auf.

„Bist du da drin, Simon? Wir wollen essen gehen."

„Geht nur!" knurrte er gepreßt. „Ich kann hier nicht weg . . . Ohhhh! Um Gottes willen!"

Ich holte Berndt. „Rebitschek hat Dattelwein getrunken und nun offensichtlich den Durchfall aller Durchfälle. Den Fluch der Kalifen – oder wie man das nennt."

„Dattelwein? Interessant!“ Boltzmann unterhielt sich eine Weile mit Simon durch die Tür und ging dann seine Apotheke holen. Aber Rebitschek erholte sich an diesem Abend nicht mehr. Als wir nach einem phantastischen arabischen Essen mit Kuskus, gebratenem und gut gewürztem Lamm, Huhn und Fisch, vielerlei schmackhaften Gemüsegerichten, herrlich frischen Salaten und schrecklich klebrigen und süßen Nachspeisen wieder zu den Booten zurückkamen, frequentierte er noch immer das Pump-WC.

„Nie wieder Laqbi!“ stöhnte er durch die Tür. „Nie wieder Dattelwein! Fahrt los. Ich würde die Expedition nur aufhalten, wenn ich alle fünf Minuten hinter die Büsche sprinten müßte. Erzählt mir, wie es war. Ich bleib' lieber in der Nähe dieser Kammer. Gott, ist mir schlecht! Nie wieder Laqbi! Nie wieder Dattelwein!“

Den im Konvoi freigewordenen Platz gab ich auf Ersuchen von Feuerbill Cleopatra. Warum sollte ein Pinzgauer Wikinger nicht ein wenig mit der schönsten und blondesten See-Amazone des Mittelmeers flirten? Außerdem konnten wir sie bestimmt als Pfand verwenden, wenn wir mit Wüstenbeduinen Schwierigkeiten bekamen. Sie war gut und gern tausend Kamele wert. Da fiel mir ein, daß sie schon paarmal die Tendenz gezeigt hatte, sich besonders für einflußreiche reife Männer zu interessieren. Ich nahm mir vor, Dick bei nächster Gelegenheit zu warnen, damit er sofort die Flucht ergriff, wenn sie ihn „Escamillo“ zu nennen begann. Dann war, wie ich seit dem gemeinsamen Törn im Indischen Ozean wußte, akute Gefahr im Verzug.

Gegen drei Uhr morgens erreichte unsere Karawane das Ende aller Straßen, als die letzte Schotterpiste sich in flache Gegend auflöste.

„Wir sollten jetzt stehenbleiben und die nächsten Satellitendurchgänge abwarten“, riet ich dem Professor. „Außerdem möchte ich einen Astrofix mit meinem Sextanten machen. See- und Straßenkarte zeigen ab jetzt nur leeres weißes Papier, und ich hätte ganz gern einen sicheren Ausgangspunkt für die kommende pfadlose Strecke. Einen sogenannten wahren Ort.“

Er hielt den Wagen an. „Gut. Auch die anderen werden so durchgeschüttelt sein, daß sie eine kleine Teepause begrüßen.“ Er stieg aus, winkte die anderen Wagen heran und gab seinen Leuten auf arabisch kurze Befehle. Dunkle Gestalten sprangen von den Autos, sammelten im Licht der Scheinwerfer trockenes Gebüsch, und bald flackerte ein Feuerchen hoch.

Feuerbill sah mich mit dem Sextanten hantieren und lehnte sich an die Wagentür. „Sag, hast du eigentlich einen Aufsatz mit einem künstlichen Horizont? Ich frage mich nämlich, was du hier als Horizont nimmst."

„So was habe ich leider nicht. Da muß es eben eine mit Wasser gefüllte Schüssel tun. Die Wasseroberfläche ist immer waagrecht."

„Davon habe ich gehört, allerdings nur in der Theorie. Hast du so was schon gemacht? Ich meine Landnavigation."

„Vor vielen Jahren war ich in Libyen mit Engländern auf einem Wüstentrip. Die navigierten mit einem Sextanten wie Kapitäne auf See. Hatten das angeblich im Afrikafeldzug gelernt. Ich hab' damals ein wenig probieren dürfen. Hoffentlich funktioniert's."

„Kann ich mitmachen?" fragte Feuerbill. Ich war froh, einen so erfahrenen Helfer zu haben. Wir stellten eine schwarze Plastikschüssel auf die Motorhaube, füllten sie mit Wasser, und während ich meinen Sextanten vorbereitete, richtete Dick seine Uhr nach dem Satelliten und für sich Notizpapier und Bleistift her. „Von mir aus kann's losgehen", meinte er dann. „Wie fängst du's an?"

Ich erklärte ihm die besonderen Tricks dabei: „Ich kann nur sehr helle Sterne oder Planeten verwenden, denn sie müssen sich im Wasser der Schüssel so spiegeln, daß ich sie erkennen kann. Außerdem dürfen sie nicht höher als 60° über dem Horizont stehen. Ich muß sie ja mit dem gespiegelten Bild in der Wasserschüssel zur Deckung bringen, das heißt, den doppelten Winkel messen, und der Limbus des Sextanten geht ja nur . . ."

„Bis 120°", nickte Feuerbill. „Jetzt wird mir die Sache klar. Was wirst du anpeilen?"

„Ich setze auf den Sirius, den Jupiter und die Capella. Ihre Azimute und die ungefähren Höhen habe ich vorausberechnet. Die stehen auch in einem günstigen Winkel zueinander. Fertig?"

Im Dunkeln hatten sich einige Neugierige mit dampfenden Teetassen um uns versammelt. Als sich der erste über meine primitive Versuchsanlage beugte, schnauzte ich ihn an: „Kazunga! Bleibt bitte von der Wasserschüssel weg! Die ist mein künstlicher Horizont, aber wenn ihr euch an den Wagen lehnt oder mir ins Wasser atmet, dann schlägt es Wellen, und ich kann keine Messungen anstellen." Die Schatten traten zurück. Die Nacht war kristallklar und windstill. Dick stoppte die Zeiten und notierte Sextantenhöhen, und dann übernahm ich seine Arbeit, während er die Höhen schoß.

„So, her mit den Tafeln!“ Er legte den Winkelmesser in seinen Holzkasten zurück. „Rechnen wir das flink aus. Ich bin neugierig, was dabei rauskommt. Was nimmst du als Augenhöhe?“

„Nix, Dick“, grinste ich. „Du halbierst den Winkel, und das ist's dann schon. Keine Augenhöhe.“

Er schlug sich auf die Stirn und den nautischen Almanach auf. „Schaut nicht schlecht aus“, kommentierte er nach ein paar Minuten seine Kalkulation. „Unsere Fixe liegen etwa eine Meile auseinander. Was sagt der Satellit?“

Calypso las die Werte ab. Feuerbill werkte mit Stechzirkel und Dreieck und pfiff dann anerkennend durch die Zähne. „Unser elektronischer Freund wähnt sich in der Mitte. Das heißt, wir sind jeweils eine halbe Meile daneben. Gar nicht so übel, was? Wo ist also jetzt unser Römerfort? Auf Kurs 272° und in einer Entfernung von siebzig Meilen.“ Er wandte sich an den Professor. „Jetzt hängt viel vom Rudergänger – äh, will sagen, vom Chefrallyefahrer ab. Je genauer er den Kompaßkurs einhält, um so schneller finden wir das Ziel. Wenn wir wegen Wadis, Bergen oder Schluchten Schläge machen – äh, ich meine, Umwege fahren müssen, dann dauert es länger. Nun aber sollten wir wieder aufsitzen und weiterbrausen, solange es so angenehm kühl ist!“

Jemand schaufelte Sand über die Feuerglut, packte Wassertopf und Tassen zusammen, und dann waren wir im freien Gelände unterwegs. Feuerbill hatte sich von Cleo getrennt und zu uns in den Landrover gezwängt. Die Querfeldein-Navigation machte ihm sichtlich Spaß.

„Wie auf See“, rief er begeistert. „Nur ohne Abdrift und Strom!“

Wo wir wegen Geländehindernissen vom Idealkurs abweichen mußten – einmal wegen eines tiefen Wadis mit unpassierbaren Steilwänden, das uns zu einem kilometerlangen Umweg zwang, ein anderes Mal wegen eines zwar nicht sehr hohen, aber schroffen Gebirges –, ließ Professor Weiss Markierungsstangen einschlagen. Seine arabischen Mitarbeiter legten aus eigenem Antrieb auch noch Richtungspfeile aus Steinen zusammen.

Der Grund, über den wir holperten, bestand in der Hauptsache aus recht tragfähigem Geröll-Sand-Gemisch. Zweimal kamen wir auf feineren Sand, und die Räder gruben sich sehr schnell ein, bis die Bodenplatte und das Kardan aufsaßen. Dann mußten wir sie freischaufeln, so daß die mitgeführten Sandbleche unter die Räder geschoben werden konnten. Bis zur Dämmerung hatten wir weitere vierzig

Die langen flachen Rücken der Dünen muß man mit Schwung nehmen.

Meilen geschafft, und Feuerbill frohlockte: „Der Rest ist Kinderspiel! Noch dreißig Meilen schnurgeradeaus . . .“

Da stoppte Professor Weiss den Wagen und murmelte ergriffen: „Gott im Himmel! Seht euch das an!“

Ein paar Minuten vorher war noch überhaupt nichts zu sehen gewesen. Aber wie in einem gutgemachten Horrorfilm plötzlich bisher unsichtbare Dinge sich zu verstofflichen beginnen, erst wie ein Hauch, dann immer kompakter, so glühten auf einmal erschreckend hoch über unserem bisher nachtblauen Horizont in den ersten Sonnenstrahlen rot leuchtende Höhenrücken und weich geschwungene Wellen auf – wie die erstarrten Wogen eines ungeheuer aufgewühlten, rot-gelben Meeres.

„Die Dünen!“ flüsterte B. A. ergriffen. „Kazunga! Wie kommen wir denn da hinüber? Die sind ja himmelhoch!“

„Jetzt wird's interessant." Der Professor kurbelte das Fenster auf und winkte seine anderen Fahrer heran. „Dünenfahren ist gefährlich. Die langen flachen Rücken kann man nur mit Schwung und Tempo nehmen. Man darf – einmal unterwegs – ja nicht schalten oder bremsen. So ein Ruck zerstört die zarte Oberflächenspannung des windgepreßten Sandes, und man versinkt hoffnungslos. Schwierig wird es an der Dünenkante, denn da geht es manchmal Dutzende von Metern senkrecht hinab. So einen Fall hält kein Wagen aus. Die Kunst besteht darin, eine nicht so steile Kante zu erwischen, einen der flacheren Sättel, wo die Dünen ineinander übergehen, dann mit einer Art Driftmanöver den Wagen so zu verreißen, daß er schräg schleudert und dadurch die Sandkante bricht. Danach muß man zusehen, daß man auf den Rädern bleibt und auf der losgetretenen Sandlawine in die Tiefe rutscht, ohne über Kopf zu gehen oder querzuschlagen."

„Diese Schilderung kommt mir bekannt vor", sagte B. A., „wenn auch aus einem anderen Metier. In der gleichen Art bewältigen die ganz großen Könner mit ihren Yachten die hohen achterlichen Seen in der Westwinddrift, in den Brüllenden Vierzigern. Phantastisch! Fahr zu, Professor!"

Der lachte auf. „Hier kämen unsere Lkw nicht durch. Wir müssen die Dünenwellen an den flachsten Stellen schneiden. Das bedeutet oft kilometerweite Umwege. Tut mir leid, Karl, für euch wird das jetzt kompliziert. Ich kann keinen Kompaßkurs mehr halten. Wir segeln also jetzt sozusagen auf einem erstarrten Meer. Da fällt mir etwas ein: Boris, du hattest doch vorhin einen Flachmann. Gib uns einen Schluck, und bleiben wir bei den Vornamen. Das ist doch so Sitte auf See."

Wir erreichten die Ausläufer der zu einem Stehkader erstarrten Sandwogen des gelb strahlenden Dünenmeers unter dem nackten, stahlblauen Himmel.

„Das ist schrecklich schön!" flüsterte Calypso. „Ebenso schön wie schrecklich. So was hab' ich noch nie gesehen. Das ist keine Gegend für lebende Menschen. So stelle ich mir ein Phantasieland vor, wo nur Geister, Götter und Teufel zu Hause sind."

Der Professor fuhr im dritten Gang an. „Wenn der Wind ginge, würdest du alle Dämonen der Hölle heulen hören. Diese Dünen wandern wie die Wellen auf See mit dem Wind, natürlich nicht so schnell, aber mit unaufhaltsamer Macht. Sie können ganze Städte und Festungen verschlucken. Ein paar winzige Lastwagen verschwinden zu lassen, ist für sie kein Problem. Ab jetzt wird es ebenso spannend wie gefährlich. Wir sind auf uns allein gestellt, einen Pannenwagen vom Touringklub brauchen wir hier nicht zu erwarten. Das ist die gefürchtete Große Erg, die Sandwüste, durch die sich nicht einmal die mutigsten Karawanenführer trauten."

„Seeleute braucht's für so was!" bemerkte B. A. großspurig. „Keine Kameltreiber!"

Mit dröhnendem Motor beschleunigte der Landrover den Dünenrücken hinauf. Die Tachonadel tanzte um die 70 bis 80 Stundenkilometer. Wir schienen mehr zu fliegen als zu fahren. Dieses Gefühl bekamen wir vor allem, weil der Landrover trotz des unbewegten Lenkrads oft in weiten Kurven nach links und rechts schleuderte. Was man zwar wegen fehlender Pistenspuren optisch nicht wahrnehmen konnte, aber an dem wechselnden kräftigen Druck gegen die Tür oder den Nachbarn merkte. Entfernungen zu schätzen war unmöglich, weil es in dem Sandmeer keine Anhaltspunkte gab. Der nächste Dünenkamm schien nur einige Dutzend Meter entfernt zu sein, aber dann zischten wir sandgestrahlt schon eine Viertelstunde in der gleichen Richtung mit der gleichen Schräglage dahin, und sein hoher Horizont war kaum merklich näher gekommen.

„Und das alles für ein altes verfallenes Fort!" preßte B. A. plötzlich zwischen den Zähnen hervor. „Warum bin ich nicht mit den anderen nach Djerba gesegelt? Ich könnte dort gemütlich am Strand in der Sonne liegen und dann zu Mittag in ein schattiges Restaurant ... Ruder hart Backbord! Die Düne ist aus!"

Mit einem Satz schnellte der Geländewagen über eine Sandsprungschanze hinaus. Jeder hielt sich krampfhaft fest, dann landeten wir so hart in einer dick aufwallenden Sandwolke, daß die Stoßdämpfer durchschlugen. Ein paar Sekunden lang mahlten die Räder verdächtig müde und die Drehzahl abwürgend im weichen Untergrund, dann faßten die Profile, die Maschine dröhnte wieder siegessicher auf, und wir beschleunigten aus der Staubfahne heraus ins klare, scharfe Wüstenlicht. Eine Art gelber Skihang führte glatt und unberührt in die Tiefe und ging unten sanft in den nächsten Rücken über.

„Einen so schönen Auslauf hab' ich gern", rief der Professor und beruhigte das tanzende und schlagende Lenkrad und den immer wieder ausbrechenden Wagen mit kräftigem Gegensteuern, bis wir abwärts glitten wie ein Rodel durch Pulverschnee. Sand zischte an den Seiten entlang und flog in weiten Fontänen davon. Es war ein herrlich aufregendes Erlebnis, auch wenn mir der Magen nervös flatterte. Auf dem Grund des Wellentals knirschten die Räder über Kies. Professor Weiss hielt an.

„Habt ihr die Kursänderung mitbekommen?"

Calypso kicherte hysterisch. „Ich bin froh, daß ich noch lebe! Tut mir leid, aber das war so aufregend, daß ich vergessen habe, auf den Kompaß zu sehen . . ."

„Macht nichts, Mädchen", brummte B. A. vorne. „Ich habe den Tacho auch nicht abgelesen. Man muß sich erst daran gewöhnen, auf so einer Berg- und Talbahn auch noch zu navigieren. Das nächste Mal passen wir besser auf!" Er zeigte durchs Seitenfenster in die Höhe, wo jetzt die anderen Wagen den Kamm nahmen und sich schaukelnd und rollend wie unbeholfene Saurier in gigantischen Staubwolken den Hang herunterarbeiteten. Ab und zu blitzte der Sonnenreflex einer Windschutzscheibe wie ein Blinksignal auf, das besagte: „Alles okay, bin gleich bei euch!"

„Wir sind vielleicht eine halbe Meile nördlicher herausgekommen. Da müßt ihr eben mit gefühlsmäßigen Schätzungen arbeiten, wenn exakte Zahlen nicht zur Verfügung stehen."

„Nun haben wir also auch Abdrift und Strom." Stöhnend rieb sich Feuerbill eine Beule am Kopf. „Beim Rutschen auf Sandlawinen kann auch der Tacho keine optimalen Werte anzeigen. Es wird immer spannender."

Ich tippte rasch die verschiedenen Computer-Menüs durch. „Unser kleiner Kopernikus hat alles gut überstanden. In zweieinhalb Stunden bekommt er wieder einen Satellitendurchgang, dann müssen wir anhalten und bis Mittag warten. Ich brauche nämlich auch eine Sonnenstandlinie und die Mittagsbreite. Aber danach sollten wir eigentlich in der Nähe des Forts sein. Neuer Kurs 268° . . . Wenn's geht."

„Ich bin ehrlich froh, daß ich euch rekrutiert habe", gab der Professor zu. „Das hatte ich mir nicht im entferntesten so kompliziert vorgestellt. Allein wären wir verloren gewesen."

„Dafür kannst du fließend Latein, Griechisch und Altassyrisch lesen und Tonscherben klassifizieren", tröstete B. A. „Ich kann's nicht und Karl auch nicht. Besser als ein einziges Allroundgenie ist auf jeden Fall eine Arbeitsgemeinschaft von Spezialisten – wie in einer Schiffsmannschaft. Wir sind dir dankbar, Walter, daß du uns mitgenommen hast, denn dieses Wüstenabenteuer ist für uns ein gigantisches Erlebnis. Meiner Seel'!" Er fuhr auf und betrachtete sich im Rückspiegel. „Ich hab' ja über Nacht ganz weiße Haare bekommen!" stöhnte er entsetzt.

„Deine Koteletten und dein Bart sind nur vom feinsten Staub der Welt bedeckt", beruhigte ihn der Professor. „Das geht alles beim Baden wieder ab."

„Matthias 11, Vers 7", deklamierte Feuerbill. „Was seid ihr denn hinausgegangen, in die Wüste zu sehen?"

Der Professor fuhr wieder an, und wir staubten mit Vollgas die nächste Düne hinauf. Um halb elf waren die fünf Fahrzeuge zu einer Art Wagenburg aufgestellt, in deren Mitte die Arbeiter Sonnensegel gespannt hatten. Auf dem Verdeck des Landrovers stand wieder die Plastikschüssel, und ich ließ auch Feuerbill, B. A., Janos und andere Interessierte mit dem Sextanten die doppelte Sonnenhöhe messen. Das Blech des Zebraautos war so heiß, daß man sich daran die Finger verbrannte. Feuerbill wurde um seine Spezialmütze mit Nackenschutz beneidet. Wieder im Schatten der Wagenburg, nahm Dick sie ab, reichte sie dem schon vor Neugier zappelnden Barawitzka und ließ sich von Cleopatra den Schweiß von der Stirn tupfen.

Es war eine weiche Mütze aus leichtem Material, ähnlich der, die schon bei der Traunsee-Regatta B. A.s Interesse geweckt hatte, eher zylindrisch und ohne den bei Seemannsmützen sonst üblichen Teller.

„Die hab' ich selbst genäht", erklärte Feuerbill. „Die andere, die alte kaiser-königliche Marinekappe, war gefüttert und viel zu schwer und warm. Also hab' ich eine leichte Mittelmeerversion enworfen, mit einigen Verbesserungen: breiter, weicher Schirm gegen die Sonne und auch unter der Ölzeugkapuze zu tragen, damit einem der Regen nicht so in die Augen trommelt; hinten eine kleine Schließe mit Klettenband, damit man die Mütze bei Windstille lockern kann und bei Sturm festzurren; die kleine Tasche da an der Seite enthält eine Fangschnur, die man bei Manövern, zum Beispiel auf dem Vorschiff, an den Hemdkragen klippt, damit die Mütze nicht wegfliegt, wenn schlagende Segel sie einem vom Kopf reißen."

„Prächtig!" B. A. schien begeistert. „Und zusätzlich die Druckknöpfe für einen seidenen Nackenschutz wie bei den Fremdenlegionären, gegen hochstehende Sonne. Eine gute Sache! Hast du schon daran gedacht, sie in Serie zu produzieren? Als typisch österreichische Seglermütze?"

„Ha! Weißt du, was das für eine Arbeit ist, wenn man keine Spezialnähmaschine hat?"

„Mein Kappenmacher hat sogar mehrere davon. Ich würde gern die Werbung übernehmen . . .“

Ich bewunderte Barawitzkas Geschäftstüchtigkeit, der da in der Gluthitze inmitten der Sahara die Nerven hatte, eine Kampagne für Seglermützen zu entwickeln. Des Professors Leute packten Primuskocher aus und wärmten Kuskus mit Gemüse-Fleisch-Ragout aus Dosen, das wir dann, im Sand rings um große Schüsseln kniend, mit den Fingern aßen.

Um halb eins piepste der Satnav und meldete seine Position. Feuerbill zeichnete hell begeistert ein winziges Fehlerdreieck in ein rasch konstruiertes Gitterblatt, denn wir waren jetzt über den Rand unserer Seekarte hinaus. „Wir sind nur etwas südlicher als gegißt. Neuer Kurs 280°. Noch vier Meilen bis zu den Koordinaten deines englischen Offiziers, Walter!“

Wir brachen das Lager ab. Um diese vier Meilen Luftlinie zu überwinden, mußten wir Umwege von 38 Kilometern in Kauf nehmen und den Konvoi öfter ausgraben. Es war besonders spannend, wenn man, vom Sandbuddeln in der Hitze schon vollkommen fertig, die schweren Wagen anschieben mußte, um ihnen schließlich durch den Sand nachzurennen und aufzuspringen, denn anhalten durften sie ja nach dem Flottkommen nicht.

Schließlich stand unsere Karawane in einem weiten Wadi inmitten klinisch sauberer, trockener Sandhügel.

„Hier sollte es sein“, meldete ich dem Professor. „Auf 32°07,8 Minuten Nord und 7°12,5 Ost. Hier irgendwo ist das Fort unter dem Sand verschüttet. Genau kann ich das aber erst in vier Stunden ausrechnen. Oder am Abend mit einem Sternfix.“

Weiss hatte mit seinem Fernglas die Hänge rundum abgesucht. Das setzte er jetzt ab und klopfte mir auf die Schulter.

„Danke, vielen Dank! Das war eine hervorragende Leistung von euch allen. Wir werden zu suchen beginnen.“

Wie man Ruinen sucht, war sein Spezialgebiet. Mit Marschkompassen und Schrittzählern ausgerüstet, schickte er Suchtrupps in die vier Kardinalrichtungen, die dann das Gebiet in Planquadraten absuchen sollten. Die meisten unserer Segler schlossen sich als Hilfsarchäologen freiwillig an.

Als der Abend sank, kehrte eine sehr abgekämpfte Mannschaft zum Lager zurück, ausgelaugt von der Hitze und todmüde vom kraftfressenden Waten im tiefen weichen Sand. Gefunden hatten sie nichts.

„Sand, Sand, nichts als Sand!“ stöhnte Georg. „Nicht einmal eine rostige Dose oder alte Bierflasche erfreut das Auge durch Abwechslung. Apropos Bier! Was gäbe ich jetzt für einen Krug herrlich kalten Gerstensaftes!“

„Und ich erst.“ B. A. leckte sich die von Hitze und Trockenheit aufgesprungenen Lippen. „Aber es gibt nur heißen Tee.“

Die Wüstennacht zog herauf, ein paar Petroleumlampen und die fauchenden Primuskocher gaben der Szene einen Hauch von Geborgenheit und gemütlicher Lageratmosphäre. Der Professor ließ Decken verteilen, weil es angeblich sehr kalt wurde, wenn die Felsen und Sanddünen ihre tagsüber gespeicherte Sonnenenergie wieder in den Weltraum abstrahlten. Wir hockten bei einer letzten Tasse Tee um die zusammengestellten Lampen und besprachen unsere Chancen, am nächsten Tag das verlorene Fort zu finden.

„Was kann die Römer nur veranlaßt haben, ein befestigtes Lager in dieser unwirtlichen Gegend zu errichten?“ wollte Janos wissen. „Hier hatten sie kein Wasser, keinen Proviant, und gegen wen wollten sie Wache halten? Auch wenn sich ganz wilde Räuberhorden durch diese Erg getraut hätten, mit einem Reisigbesen hätte man sie auf der anderen Seite verprügeln können, so fertig wären die gewesen. Was sollte also ein Fort an dieser Stelle?“

„Darin liegt ja das Rätsel“, erklärte Professor Weiss. „Die Wissenschaft nimmt an, daß große Teile der jetzigen Sahara noch zur Römerzeit Grundwasser hatten und für den Feldanbau benutzt wurden. Libyen und auch diese Gegend waren einst die Kornkammer Roms. Das müßt ihr euch mal vorstellen! Wir wissen leider nicht, welche klimatischen oder tektonischen Veränderungen diese dramatische Austrocknung verursachten. Wir hoffen, daß die genaue Untersuchung eben dieses Forts, das einmal am Rand eines Agrargebiets gelegen haben muß, darüber Aufschluß gibt. Der Offizier schildert seltsame, ausgemörtelte schräge Flächen innerhalb der Mauern und so etwas wie Zisternen unterhalb. Vielleicht wurden diese Umbauten während der Klimaverschlechterung vorgenommen. Vom Meer kann in kalten Nächten ohne weiteres feuchte Luft mit dem Wind so weit in die Wüste vorgedrungen sein, daß sich Tau an den Schrägflächen niederschlug und vor Sonnenaufgang in die Zisternen rann. Aber das sind nur Hypothesen.“

„Was wir tun können, um dieses Fort zu finden, das werden wir tun, Walter“, versicherte ich ihm. „Wir bringen dich hin, gebe nur Gott oder Allah, daß der Engländer seine Position halbwegs genau ermittelt hat."

Ich wechselte mich mit Janos und Feuerbill bei der Nachtwache am Satnav ab. Wir bastelten eine Art Stativ aus Markierungsstangen, um den Sextanten wie ein aufgelegtes Gewehr ganz wackelfrei zu lagern. Gegen Mitternacht stand fest, daß wir uns um einen Kilometer in südwestlicher Richtung geirrt hatten. Das besagten auch die durch den festen Standort immer genauer werdenden Positionen des elektronischen Navigators.

„Diese Strecke legen wir morgen zu Fuß zurück", entschied der Professor. „Mit Kompaß und meinetwegen auch mit dem Maßband. Vielleicht sollte jemand vom Basislager aus unseren Fußspuren nachpeilen und unsere Richtung gegebenenfalls per Funkdurchsage korrigieren."

„Was mich interessiert: Was fängst du an, wenn du den richtigen Ort erreicht hast, aber weit und breit nichts von einem Wüstenkastell zu sehen ist?"

Der Professor schmunzelte über seiner Pfeife. „Die Frage stelle ich mir, seit wir aufgebrochen sind. Natürlich hoffte ich anfangs, es würden wenigstens ein paar Steine aus dem Sand ragen. Jetzt bin ich sicher, daß wir kein solches Glück haben werden. Die Dünen wandern, und wenn wir an der gegebenen Position auf einer besonders hohen stehen, muß ich irgendwo zu graben beginnen. Falls wir da nichts finden, dann eben bei der nächsten und der übernächsten . . ."

„Walter, du weißt, daß wir die Position nur auf Zehntelminuten genau ermitteln konnten. Und so ein Zehntel ist 185 Meter lang. Um ein paar Zehntel mehr oder weniger können wir uns immer noch geirrt haben. Das ist doch eine Mordsfläche zum Umgraben!"

„Die Archäologie basiert auf zwei Grundpfeilern. Eine davon ist methodische Arbeit, und die andere ..." Er lachte. „Die andere ist Glück oder Intuition oder Spürsinn. Nenn's wie du willst! Ich gehe eben ein wenig im Kreis, horche in mich hinein, und wenn ich eine feine Stimme höre, die sagt: ‚Da unter dir, da ist was!', dann lasse ich dort die Schaufeln ansetzen, drücke mir selber die Daumen und wünsche mir ganz stark, daß einer plötzlich auf was Hartes stößt." Er zuckte mit den Schultern. „Das hört sich natürlich kindisch an, aber es ist die Methode, mit der ich bisher Erfolg hatte."

„Es ist keinesfalls kindisch, Walter. In den vielen Jahren, seit ich navigiere, hat sich auch bei mir so eine Art Gefühl entwickelt, das mir sagt: ‚Die Messung haut bombensicher hin', oder: ‚Mach's noch mal, Karl, das war Kazunga!'"

„Danke", sagte der Professor, „das stärkt mir den Rücken. Du brauchst aber meine Methode nicht jedem auf die Nase zu binden. Das bleibt unter uns."

Vor der Dämmerung brach der erste Trupp in der frischen Morgenluft auf. Unser Camp lag noch im blauen Dunkel, nur die höchsten Kämme der Dünen hoben sich im grauen Licht bleich vom Himmel ab. Der arabische Koch und Jumbo hatten schon heißen Tee und warme gebutterte Toastbrote bereit. Nach und nach folgten der ersten weitere schaufeltragende Marschsäulen. Ich blieb mit Janos am UKW-Radio zurück.

„Sag, warum hast du mich eigentlich mitgenommen?" fragte Gludowatz plötzlich. „Einen alten Krüppel auf Krücken?"

„Einen alten Freund und guten Navigator", berichtigte ich. „Warum fragst du? Macht's dir keinen Spaß? Das ist doch so spannend wie Schatzsuche, oder?"

„Ja, und nicht nur das. Ich hab' mich gestern nacht selber wiedergefunden, als ich schlaflos mit klappernden Zähnen unter dem grandiosen Sternenzelt lag. Der hautnahe Kontakt mit der unberührten, brutalen Natur ist ein überwältigendes Erlebnis. Ich glaube, ich bin ein anderer Mensch geworden, etwas weiser, weniger verbohrt und einsichtiger als vorher. Weißt du, wie winzig und völlig unbedeutend hier mitten in der Wüste Probleme sind, die daheim unüberwindbar schienen? Die Wüste ist die beste Kirche, die es auf Erden gibt ..."

„Basislager! Basislager!" schepperte der Radiolautsprecher. Eine Stimme im nervösen Diskant plärrte viel zu laut und aus viel zu großer Nähe ins Mikrophon. „Sie haben an der ausgemessenen Stelle einen Aushub angesetzt, und ein Spaten ist auf etwas Hartes gestoßen!" Andere Stimmen schrien im Hintergrund durcheinander.

Der Sprecher redete, anscheinend in eine andere Richtung gewandt, weiter, und zwar in normaler Lautstärke. Es war Dick Feuerbill.

„Der Professor ist begeistert! Er sagt, das ist ein historischer Augenblick! Jetzt graben sie sich wie Maulwürfe in die Tiefe ..."

Eine schrille, überlaute Stimme ließ uns zusammenzucken: „Wir haben das Fort gefunden, wir haben das Fort gefunden, Escamillo! Küß mich! Küß mich!"

Es durchfuhr mich wie ein Blitz. Himmel! Ich hatte vor lauter Aufregung vergessen, Feuerbill vor Cleo zu warnen. Hoffentlich hatte er einen festen Charakter und war gegen Versuchungen gewappnet wie der Eiserne Heinrich aus dem Märchen oder besaß eine Ehefrau, die auch verzeihen konnte. Cleopatra war gefährlich, viel gefährlicher als Sandstürme, Vipern oder Treibsand.

Bis zum Abend verlegten wir das Basislager an den Fuß der Düne, an der die Mannschaft zu schaufeln begonnen hatte. Ich bestimmte nochmals die Position, um ganz sicherzugehen. In der Abenddämmerung kam die Grabmannschaft todmüde und niedergeschlagen den Hang herab.

„Na, was habt ihr ausgegraben?“ rief ihnen Janos neugierig entgegen.

„Einen alten englischen Mark-IV-Panzerwagen!“ murmelte Feuerbill und ließ sich in den Sand fallen.

„Da ist bestimmt noch etwas darunter“, sagte Dr. Weiss. „Wir müssen nur erst weiträumiger Sand abtragen, er rieselt zu stark nach. Dazu brauche ich aber neue Geräte. Morgen fahren zwei Lastwagen deshalb an die Küste, die können euch zurückbringen.“

„Keiner gesunken?“ fragte Feuerbill mißbiligend. „Keiner gescheitert, keiner aufgelaufen? Hat wenigstens jemand ein Ruder verbogen, ein Segel zerrissen oder die Bordwand zerschrammt?“

Simon schüttelte grinsend den Kopf.

Feuerbill blickte ihn fast flehend an. „Nicht einmal eine Pütz oder einen Bootshaken verloren?“

Simon grinste noch breiter.

„Mist!“ schimpfte der Chefprüfer. „Leider gibt's für so was keinen Bibelspruch. Ich hätte so gern ein eindeutiges Prüfungsergebnis gehabt. Ich glaubte, auf der Etappe von Zarzis nach Djerba laufen sicher ein paar auf oder vernavigieren sich. Die wären dann eindeutig durchgefallen. Aber jetzt sind alle heil da!“

„Wir sind leider erst heute morgen angekommen“, versuchte ihm Max eine Freude zu machen. „Weil mich gestern nacht beim Einlaufen der hirnrissige Charly direkt an der unbeleuchteten Ansteuerungstonne mit dem Blitzlicht blendete, daß ich eine halbe Stunde lang blind war. Da ließ ich auf Gegenkurs gehen, bis wir Aschtarte-Ölstation sahen, und dann Djerba so anlaufen, daß wir es beim ersten Tageslicht erreichten.“

„Danke für den netten Versuch, mich aufzuheitern.“ Feuerbill klopfte Max auf die Schulter. „Aber auch das war leider gute Seemannschaft. Da kann man nichts machen, wir müssen die Prüfung fortsetzen. Heute bleiben wir in Djerba, und jeder macht, was er will. Morgen segeln wir nach Gabes, dort ist es auch schön flach und gefährlich. Vielleicht fällt dort eine Entscheidung?“

„Komischer Sadist!“ murmelte ihm Laszlo nach. „Der verkraftet wohl nicht, daß er keinen mit gutem Gewissen durchfallen lassen kann, was?“

Professor Weiss war natürlich in der Wüste bei seinem Fort geblieben. Mit den zwei Lkw, die neue Ausrüstung und Arbeiter holten, waren die Segler wieder in die Zivilisation an der Küste zurückgekehrt, nach Djerba, wohin die Flottille überführt worden war.

Ich stand mit Janos unschlüssig am Kai und überlegte, ob ich mich der Partie anschließen sollte, die zum Baden an den Strand fuhr, oder jener, die erst einmal in einer schattigen Bierkneipe den Wüstensand aus der Kehle spülen wollte.

„Ich bin für eine etwas geänderte Programmfolge“, meinte Janos. „Komm, Karl, nehmen wir ein Taxi, lassen wir uns bei einem arabischen Barbier mit Luxus rasieren und die Haare schneiden, denn auch du siehst aus wie ein entsprungener Häftling nach mehrtägiger Flucht. Dann gehen wir ins türkische Dampfbad, und zuletzt setzen wir uns im Basar in ein Kaffeehaus und schauen uns die vorbeiströmenden Touristen an.“

Diese Variante gefiel mir. Auch Georg schloß sich uns an. Während ein Barbier an ihm herumschnipselte, kam Janos wieder auf das Wüstenabenteuer zu sprechen. „Das war eine verrückte Expedition! Völlig verrückt! So was passiert einem nur mit Barawitzka. Der Kerl ist ein Medium, ein Reagens, ein Katalysator, ein Auslöser für noch im Schoß des Schicksals schlummernde Dramatik. Da gibt’s doch eine Philosophierichtung, die behauptet, daß unsere Welt nicht die einzig mögliche ist, sondern daß viele Welten mit verschiedenen Schicksalen parallel nebeneinander existieren. Und je nachdem, wie sich ein Mensch in Krisen entscheidet, kann er von der einen in die andere Welt glatt überwechseln und erlebt was ganz anderes, als eigentlich für ihn geplant war. Wer nun Veränderungen nicht liebt und brav bei seinem Leisten bleibt, lebt zwar ruhig, aber fad in immer derselben Welt. B. A. aber mit seinem Temperament ist ein typischer Weltenwechsler, der die Schicksalsspuren ebenso schnell wechselt wie ein

Autoraser die Fahrspuren auf der Autobahn. Und mit ihm reisende Freunde reißt er eben mit in den Schlamassel. Bitte, Karl, bestätige mir um meines inneren Friedens willen, daß tausend andere Yachten in Tunesien anlegen können und keinem Professor Weiss oder sonstigen wahnsinnigen Wissenschaftlern über den Weg laufen, die ein Drittel der Mannschaft auf einen Irrsinnsausflug in die Wüste mitnehmen, wo wir leicht hätten alle umkommen können. Das stimmt doch, oder?"

„Da ist was dran", bestätigte ich. „Wo B. A. ist, geht's immer rund. Vielleicht segle ich deshalb so gern mit ihm."

„Hallo, du herschauen! Scheene Teppich, was? Du daitsch?" Ein leicht schielender Tunesier mit Oberlippenbärtchen, der aussah wie einer der zehn gesuchtesten Flugzeugentführer, grinste uns von der Tür des Friseurladens her an und hielt einen kleinen, rot-blauen Läufer hoch.

„Danke, kein Interesse", sagte Janos und wollte mit seinem Thema fortfahren, hatte aber nicht mit der Hartnäckigkeit des Händlers gerechnet. Er kam jetzt ins Geschäft und hielt Janos den Teppich unter die Nase. „Hallo! Du schauen! Du greifen! Scheene Qualität!"

Jetzt bellte ihn der alte Adler an: „Wenn ich nach was greife, dann nach meiner Krücke, um dir den Buckel vollzuhauen! Wer heißt denn hier Hallo? Mach daß du weiterkommst!"

„*Emschi, emschi*!" rief jetzt auch der Barbier, und seine begleitende Handbewegung mit dem Rasiermesser erklärte den Sinn dieses Worts. Der Händler verschwand.

„Wie Barawitzka . . ."

„Effendi, Effendi! Schauen! Scheene Messingschüssel! Handarbeit! Mich Samir machen Effendi scheenen Preis, ja?" Der Kerl war schon wieder in der Tür und zeigte nun einen verzierten Teller her.

„Himmelfix! Kann man sich denn hier nicht in Ruhe unterhalten?"

Jetzt versuchte ich es mit: „*Emschi, emschi, jalla jalla ya Samir, Hal anni ya mus' idsch!*", was soviel wie: „Hau ab, verschwinde, Samir, du Vater der Lästigkeit!" bedeutete. Er verschwand wirklich. Janos erklärte ich, daß mein Vorrat an arabischen Schimpfwörtern leider nicht besonders groß sei. Der lästige Händler tauchte auch sofort wieder auf, diesmal mit einer Wasserpfeife.

Georg erhob sich glattrasiert und nach Rosenwasser duftend aus dem Barbierstuhl. Ich nahm darauf Platz und bekam sogar ein neues Tuch umgebunden. Aus den Augenwinkeln konnte ich im Spiegel

„Emschi, emschi!" rief der Barbier.

beobachten, wie das Spiel mit Samir weiterging. Er war der Nachbar des Friseurs und schleppte im Lauf der Zeit den ganzen Inhalt seines Andenkengeschäfts herbei, den Janos ebenso hartnäckig ablehnte.

Georg verwickelte Samir dann in ein Fachgespräch über Frauen. Er hatte zwischen den europäisch gekleideten Tunesierinnen auch einige dicht verschleierte und oft unförmig verhüllte Frauen entdeckt, die seine Neugier erregten. PR-Agenten der Verpackungsindustrie hätten an seinem unverhohlenen Interesse ihre wahre Freude gehabt. Er wollte nun vom Händler wissen, wie der gewiegte Araber es anstellte, ungefähres Alter und Grad der Schönheit auch bei solcher Maskierung zu schätzen.

„Du müssen schauen auf Füße, Effendi!" erklärte dieser bereitwillig. „Füße verraten alles. Ist Fuß voller Krampfader, Falten um Knöchel und Hühnerauge, sind Nägel schlecht geschnitten und Pantoffel ausgelatscht, ist altes Weib. Ist Fuß zierlich, glatt und frisch mit Haut wie Baby, Nägel klein und sauber lackiert, ist fesche junge Puppe! Komm, Effendi, ich dir zeigen!"

Sie lehnten sich aus dem Fenster des Friseurs, und Georg erhielt eine recht gute Einführung in die Kunst, bis zu den Knöcheln verhüllte Frauen dennoch zu taxieren. Auch Janos schmunzelte jetzt über den eifrigen Händler Samir und beugte sich ebenfalls ab und zu vor, um Details am lebenden Objekt mitzubekommen.

Natürlich wollte Georg dann wissen, wie das hier so mit dem Ansprechen von Mädchen sei.

„Kein Problem, Sidhi", lachte Samir. „Draußen im Basar alles voll mit Weiber, fesche, große, blonde, alle allein, warten nur auf uns! Kommen deshalb her, Flugzeuge voll!"

„Moment, Moment, Samir!" unterbrach ihn Georg rasch. „Ich will keine europäischen Touristinnen anquatschen, sondern eine verschleierte lokale Schöne ..."

„Bismillah!" Der Händler wich erschrocken einen Schritt zurück. „Im Namen Allahs des Allmächtigen! Das du nicht dürfen! Das sein kostbare Jungfrau mit ganz hohe Brautpreis von sehr religiöse Familie. Wenn du nur nahekommen, alle dich verprügeln. Polizei dich verhaften! Auch ich nicht dürfen. Wenn du solche Frau wollen, du müssen kaufen. Aber das sehr teuer. Kosten soviel wie Hotel oder Flugzeug. Ohne Heirat nix ansehen, nix schlafen mit ihr! O nein! Wenn du wollen – wie heißt auf daitsch? – wenn du wollen bumsen, dann nur Touristin oder du gehen in Puff. Auch teuer. Deshalb wir alle sehr froh, kommen soviel Ausländerinnen und machen umsonst. Ich bums' alle, Hauptsache groß, blond und fett! So wie die da!" Er schoß aus der Tür und rannte auf eine füllige Blondine zu, die in kurzen Höschen mit aufreizendem Hüftschwung durch den Basar gestöckelt kam. Er packte sie am Arm, und obwohl sie nahezu doppelt so groß war wie der kleine Samir, zerrte er sie mit einer Wortflut in seinen Laden.

„So sehen also die Tunesier den Fremdenverkehr", grinste Janos, der nun mit Rasieren dran war. „Als westliche Entwicklungshilfe für arme Araber, die sich noch keine eigenen Frauen leisten können. Groß, blond und fett müssen sie sein! Wieder was gelernt. Aber wenigstens haben wir vor dem lästigen Kerl jetzt Ruhe!"

Doch auf unserem weiteren Spaziergang durch den Basar mußten wir feststellen, daß alle Händler so lästig waren wie Samir. Die Ruhe und Ausgeglichenheit der Bevölkerung, von der Odysseus anläßlich seiner Landung auf Djerba, der Insel der Lotusesser, berichtete, war einer impertinenten, beinahe groben Art gewichen, Ausländern irgendeinen Schund anzudrehen. Sie zupften, sie zogen, sie stießen uns in ihre Läden, von allen Seiten hielt man uns Teppiche, Stoffe und Messinggeschirr unter die Nase, bis wir uns in ein Straßencafé flüchteten. Dort gab es Bier aus Hamburg, und wir überlegten uns eine geeignete Methode, um die aufdringlichen Straßenhändler fernzuhalten.

„Vielleicht sollten wir uns eine Nilpferdpeitsche kaufen", schlug Georg vor, „und damit um uns schlagen, wenn sie zu nahe kommen."

„Oder ein paar Riesenschlangen, die wir uns um den Hals hängen", riet Janos. „Dann zupfen sie uns bestimmt nicht mehr dauernd von allen Seiten."

„Oder wir verkleiden uns als Bettler." Das war meine Idee. „Wie ihr seht, sind sie ja nur hinter Touristen her. Ihre Landsleute, auch wenn die noch so wohlhabend aussehen, lassen sie in Ruhe."

Es war der Zufall, der mir eine höchst wirksame Waffe gegen die Händler verschaffte. Gegenüber von unserem Café war eine Filiale der Banque de Tunisie, und ich lief hinüber, um mir Dinare zu holen. Als die Beamten meine Kreditkarte mißtrauisch betrachteten und nacheinander die Köpfe schüttelten, da wußte ich, daß ich wieder einmal die falsche eingepackt hatte. Nicht die goldene, die silberne hätte ich mitnehmen müssen, die war in Tunesien als Zahlungsmittel willkommen und wurde in allen Basaren akzeptiert, damit konnte ich Hotels bezahlen, Autos mieten, Freunde ins Restaurant einladen, überall Bargeld abheben. Die andere Karte aber war hier wertloser als Kameldung, die konnte ich mir ans Revers stecken als sichtbaren Ausweis, daß ich Dreck in diesem Land war, ärmer als ein Bettler, ein Devisenloser, ein Kreditunwürdiger …

Sie war die optimale Händler-Abwehrwaffe!

Auf dem Rückweg durch den Basar zum Hammam, dem Dampfbad, hatten wir damit viel Spaß. Immer wenn uns jemand beschwor, doch seine Teppiche zu kaufen, sagte ich gleich: „*Tajjib* – sehr schön! Wir kaufen das ganze Lager. Pack es uns sofort ein. Hier ist meine Kreditkarte!" Es war herrlich zu beobachten, wie das einschmeichelnde, habgierige Lächeln der Händler und ihr siegessicherer Triumph beim Anblick meiner Kreditkarte weggewischt wurden von Trauer und der Enttäuschung darüber, von einem Listigeren hereingelegt worden zu sein.

Im Dampfbad merkte ich, daß wir nicht ganz Georgs Geschmack getroffen hatten. „Was hast du denn erwartet?“ fragte ich, als er sich mißbilligend in der Badekammer umsah, wo in weiße Tücher gehüllte Gestalten durch die trüben Dampfschwaden irrten wie die namenlosen Schatten im Hades.

„Na, so was Raffiniertes, Exotisches mit weiß-blauen Kacheln, diversen Badebecken, diskreter Schmusebeleuchtung, und vor allem mit schönen Bajaderen und Masseusen, wie man das im Film ...“

„O je, Hajduk!“ lachte Janos. „Du und deine Vorstellungen aus der Flimmerkiste! Aber tröste dich, B. A. hat für heute abend den Besuch eines Nachtklubs mit Bauchtanz arrangiert.“

Die braunen Augen des Tischlers leuchteten wieder auf.

Als mir jemand auf den Bauch trat, wachte ich natürlich auf. Das war der Nachteil einer Nächtigung an Deck, wenn man sich wegen der Hitze statt in die Koje irgendwo aufs Seitenschiff legte. Schlafsäcke sind meist dunkel gefärbt und haben keine Rückstrahler, und spät in der Nacht an Bord Kommenden fehlt es meist an Scharfsicht und Gleichgewichtssinn. Ich erwischte das Trampeltier gerade noch, bevor es über die Reling kippte. Dann erst sah ich das dunkle Blut auf dem bleichen Gesicht. Es war Georg, und er war groggy wie ein ausgepunkteter Boxer. Ich führte ihn ins Cockpit, setzte ihn auf die Bank und zündete die unter dem Sonnensegel hängende Petroleumlampe an.

„Mach das Licht aus!“ flüsterte er mit geschwollenen Lippen. „Und bitte kein Aufsehen. Es sind nur Kratzer.“

„Laß die Finger von den Wunden! Bist du in eine Rauferei geraten? Mit wem?“

„Ist doch egal. Gib Ruhe und mach das Licht aus. Es braucht mich keiner zu sehen. Ich kleb’ mir unten im Waschraum die ärgsten Risse mit Pflaster zu ...“

„Kommt gar nicht in Frage, Georg. Du siehst aus, als wäre eine Herde Huftiere auf dir rumgetrampelt. Ich sag’s keinem weiter, aber laß dir das ordentlich verbinden, sonst dauert es doppelt so lange, bis du wieder herzeigbar bist.“

Ich mußte ihm noch eine Weile zureden, dann hielt er endlich still und ließ Calypso, die ich geweckt hatte, an ihm arbeiten. Bei einem abschließenden Schnäpschen rückte er dann mit seiner Geschichte heraus. Als er bemerkt hatte, daß die vier Bauchtänzerinnen, die im „Blue Moon“ vor den Gästen ihre Nabel kreisen ließen, allesamt vom älteren Kaliber waren, war er desertiert, um allein in der Nacht sein Glück zu suchen.

„Ich wollte nicht glauben“, erzählte er leise, „daß man als *adschnabi,* als Fremder, auch heute noch auf einer Touristeninsel den Hals abgeschnitten bekommt, wenn man eine Tunesierin anlacht. Also hab' ich mich in ein Straßencafé gesetzt und auf die Füßchen der vorbeigehenden Wickelraupen gestarrt. Natürlich war eine dabei, die mein Interesse bemerkte und sogar zweimal vorbeikam, um mir aus dem Schatten des Schleiers glühende Blicke zuzuwerfen. Ihre Füßchen sahen passabel aus, also folgte ich ihr durch die Gassen bis zu einem Hoftor … Na ja, und auch hinein …“ Jetzt kicherte er zum ersten Mal wieder.

„Und dort haben schon irgendwelche Gauner gelauert, sind über dich hergefallen und haben dich ausgeraubt“, ergänzte ich. „Alter Trick! Hattest du viel in der Brieftasche?“

„Aber das war's ja gar nicht!“ Er lachte unterdrückt. „Durch den Hof kam man in ein Hotel, und dort hatte die Dame ein Zimmer. Nur – als die Schleier fielen, stellte sich heraus, daß sie keine Vollblutaraberin war, sondern eine Waldtraut aus Linz. Sie hatte sich diesen romantischen Trick ausgedacht, um zu einem Urlaubsflirt zu kommen. Die Konkurrenz unter den alleinreisenden Touristinnen ist angeblich enorm. Da ich nicht war, was sie suchte, und sie nicht, was ich suchte, begleitete ich sie als Kavalier wieder zu ihren Jagdgründen im Basar zurück.“

„Mit wem hast du dich dann geprügelt, verdammt noch mal?“

Er zuckte mit den Schultern und jammerte kurz auf, weil er wahrscheinlich unter seinen Verbänden zu grinsen versucht hatte. „Das darfst du mich nicht fragen, das weiß ich nicht! Als ich mit ihr durch eine enge Basargasse gehe, hebt plötzlich so ein alter Scheich seinen Spazierstock und knallt ihn mir aufs Hirn, daß ich Sterne sehe. Als ich den nächsten Schlag abwehre und versuche, den Stock an mich zu reißen, fällt der alte Mann hin und schreit wie am Spieß. Da waren plötzlich rings um mich nur mehr erhobene Fäuste und fürchterlich böse Gesichter, und die haben mich alle zusammen die Gasse hinuntergeprügelt, bis ich mich losreißen und davonlaufen konnte. Ich werde auch nicht ganz schlau daraus. Vielleicht hat der alte Scheich angenommen, ich würde einer respektablen tunesischen Jungfrau zu nahe treten und deshalb den Stock gegen mich erhoben. Denn er konnte ja nicht wissen, daß sie nur eine verkleidete Linzerin war. Und die anderen glaubten dann, ich wollte dem alten, sittenstrengen Großvater was antun."

„Armer Georg!" Calypso streichelte ihm die eine unverpflasterte Wange. „Hast du denn die Warnung des Gesundheitsministers nicht gelesen, daß Sextourismus gefährlich sein kann?"

„Ach, laßt mich zufrieden! Ihr zwei habt's gerade nötig! Gebt mir lieber noch einen Schnaps!" knurrte er.

Golf der Stürme

Wettergeschehen aus der Sicht des Börsenfachmanns · Der kleinste Sandsturm der Welt · Boucha und Berberhochzeit · Der Nordwest schlägt nochmals zu und zerstreut die Flottille in alle Himmelsrichtungen

Nachbarn und Bekannte haben mich schon öfter gefragt, was ich eigentlich am Segeln so faszinierend finde. Meist haben sie mich dann gerade heimwanken gesehen: unrasiert, hohlwangig, übernächtigt, mit aufgesprungenen Lippen, abblätternder Nase, zerbrochenen Nägeln, schwieligen Händen, gebückt unter einem schweren Seesack und in salzfleckiger Kleidung.

Ich fürchte, sie glauben mir den Skipper oder Navigator nicht. Sie halten mich eher für einen angeberischen Survivalkünstler, denn ich entspreche nicht ihrem Bild von Yachtseglern wie Prinz Phillip, König Juan Carlos oder den segelnden Grimaldis aus den Illustrierten.

Versuche ich, nichtsegelnde Verwandte oder Freunde mit einem Dia-Abend so für mein Hobby zu begeistern, daß sie auf einen Törn mitkommen – wobei ich natürlich nicht nur jene Aufnahmen vorzeigen kann, auf denen die Sonne scheint und das Meer glitzert, weil sonst der Vortrag zu kurz wird –, dann ernte ich mitleidige Blicke. Das liegt daran, daß schräge nasse Decks auf der Leinwand auftauchen und Kajüten, in denen es aussieht wie nach dem Hurrikan Hugo, und es liegt an den abgehärmten Jammergestalten in Ölzeug am Ruder vor schwarzem Himmel. Erzähle ich ihnen dann noch von Untiefen, Strömungen, Bora, Schirokko und Nachtwachen, schauen sie einander vielsagend an und tippen sich an die Stirn.

Aber was ist es wirklich, das mich immer wieder dazu treibt, den Großteil meiner Zeit auf See zu verbringen, obwohl ich mir das gar nicht leisten kann?

Wenn einer sagt: „Karl, wir segeln dort und dort hin, kommst du mit?“, bin ich sofort dabei, auch wenn ich mir kurz vorher geschworen habe, endlich alle schon so lange aufgeschobenen Arbeiten zu erledigen, den seit Monaten kaputten Schrank zu reparieren, die Rechnungen abzulegen, die Dias zu ordnen, die Korrespondenz zu verschicken, und so weiter.

Dabei bin ich nicht in der Lage, einem Nichtsegler auch nur einen halbwegs vernünftigen Grund zu nennen, warum ich segeln gehe. „Weil's so toll ist", ist kein Argument.

Es liegt nicht nur daran, daß ich gern an der frischen Luft und bei jedem Wetter unterwegs bin. Das könnte ich auch als Zeitungsverkäufer, Gärtner, Förster, Bergsteiger oder Gleiswärter bei der Bundesbahn.

Auch die Vorliebe fürs Wasser ist es nicht allein. Die teile ich mit Schwimmern, Anglern, Saunafans und Kneippjüngern, die sich dabei aber nicht wirtschaftlich ruinieren.

Es ist auch nicht nur rein sportliches Interesse. Mit einer Segeljolle auf einem Teich oder auf der Alten Donau herumzukreuzen, das interessiert mich schon lange nicht mehr. Und wenn mich jemand einlädt, mit ihm am Wochenende auf dem oder dem See an einer Regatta teilzunehmen, erfinde ich meist eine Ausrede. Denn das ist nicht das Segeln, das ich meine.

Fernweh allein kann es aber auch nicht sein. Daran leiden viele, aber die buchen im Urlaub Flugreisen und sind in wenigen Stunden am Ziel ihrer Sehnsucht, während ich dorthin wochenlang unterwegs bin, und das nicht mit Luxus.

Es gibt noch mehr Sportarten, für deren Ausübung man ein Fahrzeug braucht: Radfahren, Rallyefahren, Schlittenfahren, Sportmaschinen fliegen und so weiter. Warum muß es ausgerechnet ein Segelschiff sein? Und warum ausgerechnet am Meer, wo ich gar nicht wohne?

Alles Fragen, die ich nicht beantworten kann.

Die Kameradschaft an Bord allein kann es auch nicht sein, die mich immer wieder hinauslockt auf See, denn die fände ich auch bei Höhlenforschern, Tauchern, Bergsteigern, Kegelbrüdern oder bei Jehovas Zeugen.

Diese ungelösten Fragen gingen mir wieder im Kopf herum, als wir am nächsten Morgen bei der rostroten Ansteuerungstonne vor Djerba die Segel setzten. Feuerbill – begeistert darüber, daß er Mitte November noch in Badehose an Deck in der Sonne sitzen konnte und daß wir eine frische Westbrise und den ganzen Golf von Gabes zum Aufkreuzen zur Verfügung hatten – schlug eine Regatta nach Gabes vor. Die Crew der zuerst einlaufenden Yacht sollte pro Nase je drei Prüfungs-Pluspunkte erhalten; die Crew der zweiten – zwei; die der dritten je einen und die der letzten Yacht einen Minuspunkt.

Da saß ich also, ebenfalls in Badehose, als Reitgewicht auf der Luvkante der GOLDFASSL, sollte eigentlich schon lange gehen und mir entweder den inzwischen brennenden Rücken mit Sonnencreme einreiben oder ein Hemd anziehen, konnte mich aber vom Anblick des glitzernden grünen Meeres, der scharf hochgeworfenen Bugwelle und der unter meinen Zehen durcheilenden Wasserwirbel nicht losreißen. Von der in Bootslängenabstand parallel laufenden KAISERPILS winkte Calypso herüber. Auch dort hockten die überflüssigen Segler in Luv aufgereiht wie Schwalben auf dem Telegraphendraht.

Wir zischten durchs glatte Wasser wie eine Schneiderschere durch türkisgrünen Satin, mit einem ähnlich reißenden Geräusch. Es war traumhaft: viel Wind, viel Segel und kaum eine Welle.

„Noch einen leichten Schrick in die Genuaschot – gut so!" kommandierte Willi, der Tagesskipper am Ruder. Laszlo mußte unten in der Navigation sitzen und auf Wetterberichte lauern wie ein Straßenräuber auf zufällige Passanten. Da sich herausgestellt hatte, daß unsere Wetterfunkunterlagen nicht stimmten – zu den vorgegebenen Zeiten und auf den genannten Frequenzen hörte man nur nervtötende arabische Musik und nichts, was einer Wettermeldung ähnelte –, war er auf Zufallstreffer angewiesen.

Feuerbill lag irgendwo in Lee und kommentierte den Stand der Segel.

Ich hatte nichts zur Beschäftigung als Gedankenspiele, und deshalb versuchte ich der alten Frage auf die Spur zu kommen, was am Seesegeln so fasziniert.

Dazu speicherte ich vorerst alle optischen Eindrücke in meinem Gedächtnis: das grüne Golfwasser, den blauen Himmel mit ein paar hohen Zirrusfedern, das nasse Teak des Vordecks, den stark nach Lee geneigten Mast und die durch Zug und Druck nahezu starren Segel über mir, an denen nur ein leises Zittern der Lieken erkennen ließ, unter welcher Spannung sie standen und welche Kräfte sie in Vortrieb umsetzten; dann die flatternde rote Gastlandflagge mit weißem Halbmond und Stern an der Saling, die glatte gelbbraune Bootsflanke, deren nasse Stellen das Sonnenlicht blendend reflektierten.

Ich machte Momentaufnahmen von meinen Mitseglern: Sepp und Monika links von mir, die nichts sagten, nichts deuteten und nur zufrieden in die vorbeiströmenden Wellen starrten. Sie schienen zu träumen. Von ihrer geplanten Weltreise? Dann waren sie schon so vom Segelvirus infiziert, daß es sinnlos war, sie nach den Gründen zu fragen. Weiter rechts hockten B. A. und der Hofrat und diskutierten über Chancen und Auswirkungen eines möglichen Zusammenschlusses von EWG und EFTA. Auch diese beiden brauchte ich nicht zu fragen, denn sie zerbrachen sich nicht den Kopf, warum sie etwas gerne taten. Sie segelten eben gern und damit basta! Keine philosophischen Spekulationen, kein Grübeln über unbewußte Motivation aus der pränatalen Zeit im Mutterleib. Das lag beiden nicht.

Also blieb nur Theo. Der hatte sich neben mir durch die Relingsdrähte geflochten und hielt sein öliges Antlitz in die Sonne, um die Bräune von seinem letzten Bali-Aufenthalt aufzufrischen. Theo war weitgereist, ein Fachmann und psychologisch geschult, die geheimsten, nicht ausgesprochenen Wünsche seiner Kunden zu erraten und in verkäufliche Pauschalreisen umzumünzen. Mit ihm hatte ich über die Lust am Seesegeln noch nicht gesprochen.

Er hörte mir eine Weile zu und meinte dann: „Ich war unlängst auf einem Seminar über Urlaubsmotivationen. Da arbeiteten wir zwei grundlegende Antriebe heraus: den einfachen Urlaubsdrang, die Sehnsucht nach Tapetenwechsel, den Wunsch, den gewohnten vier Wänden zu entkommen. Das sind die typischen Strandurlauber, die nach Italien, Griechenland oder auf die Balearen fliegen und dort baden oder flirten. Dem zweiten, mehrschichtigen Urlaubsdrang folgen meist die sogenannten Aktivurlauber. Ihr Kreis wird immer größer. Sie buchen Rundreisen, Kreuzfahrten, Kunstreisen, Sportreisen und anderes. Sie wollen im Urlaub nicht nur an einem Ort bleiben. Da gehören auch die Hobbyreisenden dazu, die oft ohne Zielwunsch zu mir kommen. Sie wollen fischen, Ski fahren, klettern oder eben segeln, egal wo, nur konzentrierter als zu Hause." Er sah mich an. „Interessiert dich das wirklich?"

„Ja. Ich habe das Gefühl, du steuerst etwas Bestimmtes an."

„Also, in dieser Kategorie gibt es wieder einige Sportarten, die sich aus historischen, meist kriegerischen Berufen entwickelten, die heute nicht mehr ausgeübt werden. Nimm das Bogenschießen, das eine Menge Anhänger hat. Wir organisieren jedes Jahr Klubreisen zu internationalen Pfeil-und-Bogen-Wettbewerben mit fünfzig bis hundert Teilnehmern. Dann wären noch das Speerwerfen, das Degen- und Säbelfechten: militärische Künste, die ihre Bedeutung nur noch im Urlaub haben. Zu diesen Sportarten gehört auch, was wir im Seminar unter dem Sammelbegriff ‚historische Kriegskunst, ausgeübt als Sport' zusammenfaßten: Reiten, Rudern, Kutschenfahren, Ballonfliegen und zwei heute sehr beliebte Sportarten, Floßfahrten und Hundeschlittenfahren. Dazu gehören meiner Meinung nach auch Seereisen auf Schiffen." Er lächelte. „Damit sind wir beim Seesegeln, einer Sportart, die sich aus einer mannschafts- und arbeitsaufwendigen Fortbewegung früherer Zeiten entwickelte."

„Das würde bedeuten, wir sind nur ein Haufen hoffnungsloser Träumer und hartnäckiger Traditionalisten, die nicht wahrhaben wollen, daß inzwischen Dampfmaschine und Ottomotor erfunden wurden?"

„So könnte man es sehen. Aber die Dampfmaschine wird bereits ebenso nostalgisch idealisiert wie der Segelantrieb. In den USA und in England gibt es schon viele Klubs, deren Mitglieder alte Dampflokomobile oder Dampfbarkassen renovieren oder nachbauen und sich damit Rennen liefern: ölverschmiert, schwitzend beim Kohlenschaufeln und Kesselheizen, ständig reparierend, na, eben so unverständlich mühsam reisend, als gäbe es keine modernen Motoren."

„Zugegeben: Man könnte alle Inseln und Häfen, die wir unter Segeln ansteuern, auch mit einer Motoryacht anlaufen. Aber ... Ha! Jetzt hab' ich ein Argument: die Kosten und die Umwelt! Wir Segler reisen ökonomischer und verwenden alternative Energie! Wir machen keinen Krach, keinen Ruß, wir sind naturfreundlicher!"

Theo sah skeptisch drein. „Du weißt doch, daß das nur theoretisch stimmt. Auch Segelyachten haben Maschinen, auch sie verlieren Öl, auch wir schütten allerhand Chemie über Bord, Waschmittel, Putzpasten, Kosmetika und so weiter. Außerdem gibt es bedeutend mehr Segelyachten als teure Motorkreuzer, und so belasten wir die Umwelt wieder durch unsere große Zahl.

Aber das ist nicht der Punkt.

Karl, gehst du etwa segeln, weil dir die Umwelt am Herzen liegt? Bleib zu Hause, dann schonst du sie am besten! Aber deine Frage ist berechtigt. Warum plage ich mich hier für einen Segelschein ab, obwohl jetzt schon feststeht, daß ich danach Probleme mit meiner Familie bekommen werde? Denn meine Frau und die Töchter haben bereits erklärt, daß sie nie einen Fuß auf eine von mir gesteuerte Yacht setzen werden. Warum tue ich mir und ihnen das also an? Meine Sekretärin kann ich auch nicht mitnehmen, die stirbt schon auf einer Kanalfähre im Hafen vor Seekrankheit. Ich bin aber ein Mensch, der sich nicht wohlfühlt, wenn er kein weibliches Wesen um sich hat. Was also habe ich auf einer Yacht verloren?"

„Du siehst zu schwarz. Wir haben einige sehr fesche Frauen, die sogar sehr gern segeln."

„Da fällt mir ein, was ich dich schon lange fragen wollte." Bei seinem neugierigen Blick wußte ich, daß ich seine Frage nicht hören wollte.

„Es gibt da so gewisse Gerüchte", fuhr er fort, „über dich und die Kleine mit dem Zopf. Ist das so üblich auf Yachten?" Er hob, wie von einer guten Idee inspiriert, die Augenbrauen. „An diese Möglichkeit habe ich noch gar nicht gedacht."

„Moment, Theo!" unterbrach ich hastig. „Nimm dir um Gottes willen an mir kein Beispiel! Ich bin nämlich ein vernagelter, komplizierter und äußerst schwieriger Charakter, wie man mir allseits bestätigt. Ich habe in all den Jahren durch vielfachen Schaden nichts dazugelernt und weiß immer noch nicht, was mir gut tut und wovon ich lieber die Finger lassen sollte. Aber diskreter und mitseglerbewußter als Calypso und ich kann man schon gar nicht mehr sein. Ich verstehe den Lustgewinn nicht, wenn jemand hinter vorgehaltener Hand behauptet, der hat's mit der und die treibt's mit dem. Wen, zum Kuckuck, interessiert das?"

„Hoho!" prustete Theo. „Das nenne ich ein feines britisches Understatement für eure heißblütige Romanze! Das muß die anderen Schwestern ja toll gefuchst haben, wie ihr da vor ihren scheelen Augen . . ."

Ich hörte ihm nicht mehr zu, denn es traf mich plötzlich wie ein überkommender Brecher. Jetzt wußte ich, warum sich alle so den Mund über uns zerrissen hatten: Neidisch waren sie! Neidisch, weil Calypso mich ja nur hätte manipulieren sollen. Simon Rebitschek hatte also doch recht: Weiber an Bord brachten Scherereien mit sich.

„Klar zur Wende!" schrie Willi achtern und teilte seine Crew recht brav fürs Manöver auf: „Sepp an die Backbordschot! Monika, du wirfst die Steuerbordschot los, wenn ich's dir sage! Karl, bitte sieh vorne zu, daß die Genua sich nicht wieder verheddert! Also, alle auf ihren Posten!"

Als wir auf dem neuen Bug wieder Fahrt aufnahmen und so schön dahingurgelten, fand ich mich mit B. A. als Nachbarn an der Luvreling wieder.

„Bravo, sie haben viel gelernt", kommentierte er die fast synchronen

Wenden der anderen drei Yachten. „Das ist ein Traumsegeltag, Karl.“

„Warum segelst du eigentlich, B. A.?“ stellte ich ihm die Gretchenfrage. „Deine Frau Barbara hält mehr von Tennis, dein Sohn Alexander will Formel-I-Weltmeister werden und dein Jüngster Ping-Pong-Star. Warum hast du dir ein Hobby ausgesucht, das dich von der Familie eher trennt als mit ihr vereint?“

Er sah mich erstaunt an. „Was soll diese komische Frage? Ich gehe segeln, weil ich will, das ist alles. Und ich bin ein von allen geliebter Familienchef, weil ich meine Leute nicht zwinge, etwas mitzumachen, das sie nicht interessiert. Karl, komm’ mir jetzt nicht mit dem modernen partnerschaftlichen Unsinn, daß zwei den ganzen Tag zusammenkleben müssen wie siamesische Zwillinge, wobei der eine sofort den Eheberater aufsucht, wenn der andere sich einem nicht gemeinsamen Hobby widmet. Das ist doch Stumpfsinn!“

Hatte ich’s nicht gewußt? B. A. verschwendete keine kostbare Zeit, über etwas nachzudenken, das für ihn sonnenklar war. Ich leitete über zum nächsten Thema, das ich mit Theo noch nicht zu Ende diskutiert hatte. „Ich überlege schon die ganze Zeit, wie ein tüchtiger Skipper weibliche Crewmitglieder integriert, ohne Mißgunst, Neid oder andere negative Gefühle zu wecken.“

„Das fragst *du* mich?“ Er betrachtete mich ironisch. „Hab’ ich dir nicht seinerzeit auf dem Törn mit den See-Amazonen vorexerziert, wie man das ideale Bordklima mit gemischter Mannschaft aufrechterhält? Hast du vergessen, wie prächtig wir auskamen mit dem Anti-Sex-Paragraphen?“

(Für Leser, die „Barawitzka und die See-Amazonen“ nicht kennen, hier die besagten Paragraphen:

§ 1) Besatzungsmitglieder (B. M.) sind alle männlichen und weiblichen Mitglieder, sofern sie nicht als Gäste oder Passagiere an Bord gekommen sind. Alle B. M. sind gleichberechtigt. Aus dem Geschlecht eines B. M. dürfen keine Bevor- oder Benachteiligungen für Einsatz und Ausbildung an Bord abgeleitet werden.

§ 2) Sexuelle zwischenmenschliche Beziehungen (im Volksmund Liebesleben genannt) haben ausschließlich während der Hafenliegezeiten und des Landgangs stattzufinden. Im Wachbetrieb auf See sind sie zu unterlassen. Wachführer haben auf strikte Einhaltung dieser Bestimmung zu achten. Zuwiderhandelnde sind ins Logbuch einzutragen.)

Damals hatte es keine oder, sagen wir, kaum Schwierigkeiten gegeben.

B. A. feixte. „Erstes Buch Mose 4, Vers 9: ‚Bin ich meines Bruders Hüter der Moral?‘ Du siehst, ich habe von Feuerbill gelernt. Es interessiert mich einen feuchten Kehricht, womit sich einer die Freiwache vertreibt. Das nächste Mal stellt es bitte nur gescheiter oder diskreter an. Wie eine ‚verdeckte Aktion‘ des Geheimdienstes sollte eine Bordliebelei aufgezogen werden, wenn sie schon unvermeidbar ist. Das ist keine moralische Bewertung, denn für seine Biologie kann keiner was. Aber dann sollte sie eben ‚verdeckt‘ gehandhabt werden. Denn wenn keiner was merkt, dann stört's auch keinen, und damit sind wir wieder bei der universellen Anwendbarkeit des Anti-Sex-Paragraphen. Sind wir uns einig, Vettermann?“

Das mußte ich ihm bestätigen. „Und wie steht's mit der Prüfung?“ fragte ich, um von dem heiklen Thema wegzukommen. „Gibt's einen Prüfling, der ein spezielles Problem darstellt?“

„Entgegen allen Erwartungen haben auch die grünsten Landratten viel gelernt. Diese langen Trainingstörns haben sich bewährt. Feuerbill möchte sich noch die Leute auf der HOPFENPERLE ansehen, bevor wir uns zusammensetzen und die Ergebnisse abstimmen.“ Er schloß die Augen und hielt sein Gesicht der Sonne entgegen. „Ist das nicht ein traumhaftes Segelrevier?“

Abends gegen acht war er nicht mehr dieser Meinung. Obwohl zwei inzwischen aufgefangene Wetterberichte von Tunis Radio noch immer gute Sicht, ruhige See, Westwind bis Stärke vier und ausgewogene Luftdruckverteilung versprachen, war die Sonne mit einem verdächtig bunten Abendrot verschwunden, hatte der Wind mit spürbaren Rucken auf Nordwest gedreht und dabei stark zugelegt. Als wir kurz vor Gabes die Segelfläche weiter verkleinerten, kam Laszlo mit dem aufgeschlagenen Seehandbuch und verlas einen Hinweis des Allgemeinen Wetterteils, der vor plötzlich auftretenden gefährlichen Nordweststürmen im Golf von Gabes warnte.

„Jetzt kommt er damit!“ Feuerbill schüttelte tadelnd den Kopf. „Sollte sich ein verantwortungsbewußter Skipper oder Navigator nicht vor dem Auslaufen über die lokalen Wettererscheinungen eines unbekannten Reviers informieren?“

„Na, hab' ich doch!“ verteidigte sich der Textilkaufmann. „Gestern schon. Und seither versuche ich verzweifelt, einen Wetterbericht zu bekommen, der mir das Wetter auf dem Hohen Atlas und in der

Sahara beschreibt. Aber was bringen sie? Seewettermeldungen!" Anklagend deutete er auf das Radio.

„Interessant!" Feuerbill warf B. A. einen belustigten Blick zu. „Darf man erfahren, was du mit diesen Angaben angefangen hättest?"

„Na, das steht doch hier. Dieser Nordweststurm entsteht, wenn es über dem Hohen Atlas eine Hausse gibt, der eine Baisse über der Sahara gegenübersteht. Dann gleicht sich der Aktienmarkt aus, es gibt einen Ansturm auf die billigen Saharabonds und . . ."

„Moment, Moment!" Feuerbill schüttelte verwirrt den Kopf. „Ich verstehe immer Börse . . ."

„Ach so!" Laszlo gestikulierte ungeduldig. „Ich kann mir die Sache mit dem hohen und dem tiefen Luftdruck besser vorstellen, wenn ich in vertrauten Börsenbegriffen denke. Die Firma Atlas steht gut da, das nützen die Anleger aus, kaufen und kaufen, von allen Seiten strömt Geld heran, und der Wert der Atlas-Aktien steigt wie Luftdruck. Das ist eine Hausse oder ein Hoch, wie man in der Meteorologie sagt." Feuerbills Blick verriet jetzt Respekt, und Laszlo erklärte weiter: „Am anderen Ende der Börsenhalle notiert Sahara-Bond immer tiefer. Sie haben noch kein Öl gefunden, aber zu viele Aktien in Umlauf gesetzt, ihr Wert sinkt und sinkt. Also Baisse oder Tief über der Wüste. Jetzt beginnen die Spekulanten sich zu bewegen, sie wittern ein Geschäft, billig Sahara-Aktien zu erwerben. Ein Run setzt ein auf Sahara-Bond. Sie müssen dabei um das Telexbüro herumlaufen – das ist der Coriolis-Effekt –, bekommen einen Linksdrall, der Andrang ist fürchterlich, der Börsenkrach ist da . . . Ich meine den Sturm!"

„Prächtig!" lachte B. A. „Und konnte der gewiegte Börsenmakler, ich meine den Bordmeteorologen, das nicht voraussehen?"

Laszlo spreizte die Hände. „Nein, er hat mit Atlas und Sahara noch keine Erfahrung. Er schaut zwar immer auf den Dow-Jones-Index – ich meine den Barometerstand –, aber der zeigt keine Tendenz an. Er hört die Börsenberichte im Radio, aber die sind ja immer ein paar Stunden alt und ohnehin vorsichtig formuliert. Insiderinformationen sind es, die ich brauche, und erst die Winddrehung gab sie mir. Ich wendete die Rückenwindregel an, und siehe, da war das Saharatief linkerhand, etwas vorlicher als querab. Nur ist es jetzt zu spät für eine Vorhersage."

„Alle Achtung!" Feuerbill wandte sich schmunzelnd an B. A. „Ich würde sagen, dieser Kandidat erhält zehn Punkte. Egal, wie es sich jemand erklärt, Hauptsache er kann Schlußfolgerungen daraus ziehen. Sehr gut gemacht, Laszlo! Wir sind gleich in einem geschützten Hafen, dann soll es von mir aus blasen."

Eine Viertelstunde später bereute der Pinzgauer seine Worte. Denn auf See und nach Murphys Gesetz geht immer alles schief, was schiefgehen kann. Mit vorbereiteten Fendern und Leinen drehte Willi noch eine Runde, um den vor uns segelnden drei Yachten genügend Raum zu geben, die sich nacheinander durch das Nadelöhr zwischen den beiden Wellenbrechern von Gabes fädelten. Das erste wild schwankende Mastlicht beruhigte sich, also hatte Westermayer stilles Hafenwasser erreicht. Das zweite Licht folgte, das dritte . . . Da dröhnte plötzlich der Lautsprecher des UKW-Funkgeräts auf: „Zurück! Wer noch draußen ist, zurück! Abdrehen! Bleibt draußen vorm Hafen! Hier ist die Hopfenperle! Uns hat's beinah' erwischt. Da liegt ein Schwimmbagger in der Einfahrt, muß sich losgerissen haben. Plötzlich trieb er auf uns zu. Wir sind mit ein paar Schrammen gerade noch durchgerutscht. Wer ist noch draußen? Bleibt dort, bis ich die Lage übersehe. Die Einfahrt ist blockiert."

B. A. stürzte zum Funkgerät und schnappte sich den Hörer. Viele aufgeregte Stimmen redeten in verschiedenen Sprachen durcheinander. Die Grundseen waren inzwischen immer höher und höher geworden, und der erste über die Reling klatschende Brecher tränkte meinen Trainingsanzug. Natürlich hatte sich niemand mehr für die paar Minuten Ölzeug übergezogen. Aber der Wind legte noch zu.

„30 Knoten Wind!" rief Monika, die sich hinter das Schott mit der Instrumententafel geduckt hatte.

Willi am Ruder sah ein wenig hilflos drein. „Lauf wieder hinaus, Willi!" rief ich ihm zu. „Weg von der Leeküste, weg vom flachen Wasser. Und laß deine Leute sich was Warmes und Wasserdichtes anziehen. Es wird noch eine Weile dauern. Gib her das Ruder, ich bin schon durchgeweicht. Geh du dich umziehen!"

Es war höchste Zeit, daß wir vom Ufer wegkamen. Ich steuerte die Goldfassl mit Vollgas schräg über die nun immer häufiger anrollenden Brecher, wieder in den Golf hinaus. Der Hafen von Gabes war bei dieser Windrichtung eine gefährliche Falle. Die Zufahrt war seicht, und Wind und Wellen setzten quer auf die schmale Einfahrt zwischen Felsen und Steinen oder was immer das auch war, was da hinten in der Dunkelheit diese tolle Brandung verursachte. Die beiden Wellenbrecher, die den schmalen Zufahrtskanal zum Innenhafen schützten, liefen parallel zum Strand, und wer einlaufen wollte, hatte keine Zeit, sich lange umzusehen oder zu überlegen. Er mußte mit Volldampf die Kurve in den Kanal nehmen, sonst saß er auch schon auf den Felsen jenseits der Einfahrt.

Wer da wegen eines querliegenden Baggers Fahrt wegnehmen mußte, hatte schlechte Karten.

Obwohl Willi nur wenige Minuten brauchte, in seinen Schwerwetteroverall und in die Stiefel zu steigen, kam mir die Zeit am Ruder unheimlich lange vor. Inzwischen war ich durchnäßt und fror. Der Wind vom Hohen Atlas war eiskalt. Nun war die See so hoch geworden, daß unser Boot manchmal richtig von der Welle stürzte und mit einem schmetternden Krach aufschlug, daß das Besteck schepperte und die Töpfe und Pfannen klirrten.

„Bin schon da!" Willi tauchte gelb vermummt auf und nahm mir das Ruder ab. Hinter ihm kletterten die nächsten Ölzeugmänner mit Sicherheitsgurten an Deck. Als ich sah, daß auch Feuerbill dabei war, schlüpfte ich hinunter, um mich trockenzulegen.

Während ich mich in Unterzeug, Faserpelz und Overall schlängelte, hörte ich B. A.s Bericht über die Ereignisse in der Hafeneinfahrt. Die Heckleinen des Baggers waren gebrochen, das hohe rostige Ungetüm hatte sich unter dem Winddruck wie eine Schleusentür quer vor die Einfahrt gelegt und sich dort verkeilt, die gerade einlaufende HOPFENPERLE um ein Haar dabei zerquetschend. Gludowatz hatte noch unter Schock berichtet, daß er, geblendet von Autoscheinwerfern auf der Hafenstraße, sich zunächst nicht erklären konnte, warum die freie Fahrrinne mit einem Mal immer schmaler wurde, bis rechts vom Bug, von der Steuerbordlaterne grün angeleuchtet, genietete Stahlplatten auftauchten und eine umheimliche Konstruktion seitlich von ihm emporwuchs.

„Er hat instinktiv mit Vollgas voraus das Richtige getan", erklärte B. A. „So ist er gerade noch durchgeschrammt. Hätte er die Fahrt weggenommen, um sich erst mal umzusehen, wäre er wahrscheinlich gegen die Steinböschung gedrückt worden. Wer weiß, was dabei alles passiert wäre." Besorgt wiegte er den Kopf.

„Was mache mr jetzt?" fragte Eugen. „Warte, bis de Kerle d'Bagger wieder wegschleppe?"

B. A. griff zum Radio. „Ich fürchte, das kann lange dauern. Der Hafenkapitän hat angeblich Schlepperhilfe aus Ghannouche angefordert, das ist der nächste Hafen oben an der Küste. Der Industriehafen von Gabes. Aber das kann noch Stunden dauern. So lange möchte ich hier nicht herumtanzen. Es wird immer ruppiger." Die GOLDFASSL schlug wieder mit ohrenbetäubendem Krachen in eine See, und eine Bö orgelte in den Wanten. B. A. schüttelte den Kopf. „Nein, wir bleiben nicht. Wir werden nach Ghannouche hochdampfen. Ich rufe jetzt den dortigen Hafenkapitän. Normalerweise dürfen Yachten dort nicht einlaufen, aber bei dem Wetter kann er's uns schlecht abschlagen. Besonders da der Fischereihafen von dem verdammten Bagger versperrt ist."

Nach einer Stunde stand fest, daß wir unter Maschine allein gegen Welle und den Nordwest, der sich nun bei vierzig Knoten eingeweht hatte, kaum Fahrt über Grund machten. Feuerbill ließ Sturmbesegelung setzen, und wir motorsegelten in zwei langen mühsamen Schlägen die fünf Meilen hoch. Gegen 23 Uhr kämpften wir uns durch die zum Glück sehr gut befeuerte, auf acht Meter ausgebaggerte Einfahrtsrinne und die Molenfeuer von Ghannouche und liefen an wie Hotels beleuchteten Riesenfrachtern vorbei zu dem vom Hafenkapitän angegebenen Pier.

„Umsichtiger Bursche, dieser *Capitaine du Port*", stellte Feuerbill fest, als uns dort zwei Hafenarbeiter erwarteten und Blinksignale mit einer Taschenlampe gaben. „Ohne Hilfe von oben hätten wir hier nie anlegen können. Diese Kaimauer ist gut sieben Meter hoch und hat keinerlei Klettersprossen oder Leitern, wie ich sehe. Beim Leinenwerfen müßt ihr fest ausholen, hier unten ist es für uns schon windstill, aber da oben faucht es noch, wie ihr an den flatternden Hosen der beiden sehen könnt."

Es brauchte mehr als ein Dutzend Versuche, bis die Männer hoch oben endlich das Ende einer Leine fangen konnten. Denn ebenso schnell, wie sie hochgeworfen wurden, wehte sie der Wind wieder zurück, oder sie rutschten, vom eigenen Gewicht gezogen, von der Kante oben ab. Feuerbill gelang es dann, vom Kajütdach aus eine dünne Leine mit einem eingeknoteten Gummistiefel hinaufzuschleudern, mit der die Arbeiter dann unsere Festmacher hochholten.

„Merci, Messieurs!" rief B. A. hoch. *„S'il vous plait . . .* Himmelfix! Warum hauen die schon ab? Ich will ja noch Springs gelegt haben und wissen, ob's hier eine Kneipe gibt!"

Aber die beiden Arbeiter waren schon verschwunden.

„Wir sind fest, das muß reichen", resignierte B. A. „Es ist ohnehin ziemlich spät. Spülen wir das Salz noch mit einem kleinen Bier hinunter und rollen uns dann in die Kojen. Wenn der Sturm morgen anhält, machen wir einen Ausflug zu den Salzseen."

Am nächsten Morgen wollte es nicht hell werden. Nachdem ich mich schon ein paarmal hin und her gedreht hatte, aber nicht mehr so richtig einschlafen konnte, knipste ich die Leselampe an und stellte verblüfft fest, daß es bereits sieben Uhr war. Und draußen noch immer stockdunkel? Jetzt fiel mir auf, daß das Sausen und Heulen in den Oberwanten und das Rütteln der Böen im Masttopp aufgehört hatte. Alles war ruhig, bis auf mildes Wellengeplätscher an der Bordwand und sanftes Schnarchen in der Achterkajüte. Ohne nachzudenken öffnete ich die Hebel der Vorluke und schob sie – fixlaudon noch einmal! Eine Fuhre Sand fiel auf mich herab, in die neugierig emporgewandten Augen, den halb offenen Mund, in die Ohren, den Kragen, überallhin! In der Zehntelsekunde, bevor ich blind wurde, registrierte ich noch blendenden Sonnenschein und blauen Himmel. Dann krümmte mich ein schrecklicher Hustenanfall zusammen, und ich erstickte. Oder wenigstens beinahe.

Bis ich mir den Sand aus der Kehle gehustet und mit der Duschbrause aus Mund und Augen gespült hatte, war natürlich das ganze Boot wach. Unsere GOLDFASSL glich einer schwimmenden Düne. Ein schwerer Ghibli, ein Sandsturm, mußte noch in der Nacht tonnenweise Sand aus der Wüste mitgebracht und über dem Hafen abgeladen haben. Sogar auf den Seitenfenstern lag der Sand handhoch. Deshalb war es so gemütlich dunkel gewesen.

„Kommt, Kinder“, witzelte B. A., als er die Verwehungen an Deck begutachtete, „holt Eimerchen und Schaufelchen, wir wollen Sandkuchen backen. Himmel, so was hab' ich noch nicht gesehen!“ Er griff nach einer Winsch. Die drehte sich kaum mehr und knirschte schrecklich. Alles war mit feinem weißem Sand paniert, die Schoten, die Umlenkrollen, der Mast, die Genualeitschienen. Sand bedeckte Luken und Fenster, die Cockpitsohle war auf einer Ebene mit dem Seitendeck, und der obere Teil des Steuerrads ragte daraus hervor wie ein am Strand begrabenes Wrack.

„Jeremia 33, Vers 22!“ stöhnte Feuerbill erschüttert. „Wer kann den Sand am Meer messen?“

Der Morgen war unschuldsvoll ruhig und sonnig. Weiße Kumuluswolken schwebten am blauen Himmel. Ein Uniformierter erschien oben an der Kaikante, und als er unseren Sandkahn sah, bellte er in höchster Überraschung irgend etwas Arabisches. Es hörte sich an, als versuche ein heiserer Schweizer holländisch zu sprechen. Er winkte, verschwand, und kurz danach grinsten zwei Hafenarbeiter geradezu nichtsnutzig herab und schoben uns eine lange, primitive Leiter zu. Barawitzka kletterte mit den Papieren hinauf, gefolgt von Feuerbill, der sehen wollte, ob es nicht in der Nähe einen Anschluß für unseren Wasserschlauch gab, damit wir das Deck wieder sauberspritzen konnten. Wir begannen inzwischen mit dem Handfeger und der kleinen Kehrichtschaufel, die Sandberge über die Reling zu befördern.

„Karl! Schüttet bloß kein Wasser an Deck!" schrie plötzlich B. A. von oben. „Ja kein Wasser! Das ist ein Sand-Zement-Gemisch!"

„Zement?" wunderte sich Laszlo. „Haben die hier denn eine Zementwüste?"

„Das nicht!" B. A. lachte plötzlich unbändig auf. Neben ihm erschien Feuerbill und lachte ebenfalls übers ganze Gesicht. „Das müßt ihr euch ansehen, sonst glaubt uns keiner. Das war der kleinste Sandsturm aller Zeiten, der uns da erwischt hat! Klettert herauf, das müßt ihr euch ansehen! Hier oben ist alles betoniert, bis auf . . ."

Die beiden deuteten auf etwas, das wir vom Deck der GOLDFASSL nicht sehen konnten, und krümmten sich wieder vor Lachen.

„Sind die übergeschnappt?" ärgerte sich Laszlo und stieg die Leiter hoch. Als wir endlich alle oben standen, sahen wir es auch: Die Pier war weithin mit sauberen Betonplatten gedeckt. Da waren nicht die geringsten Spuren nächtlicher Sandverwehungen. Aber . . . Aber nicht einmal ein Dutzend Meter vom Kai entfernt lagen umgeworfene Holzhütten, niedergetrampelte Bretterzäune und umgewalzte Verschläge. Es sah katastrophal aus, wie auf einem Fußballplatz nach dem Sturm englischer Schlachtenbummler. Das einzige, was noch stand, waren einige stählerne Traversen, von denen traurige Reste von Abdeckplanen und Plastikbahnen hingen. Bevor sie der Sturm in Fetzen riß, hatten sie vermutlich jene Haufen von Bausand und Zement schützen sollen, die nun inmitten des Windbruchs sozusagen barhäuptig in der Sonne leuchteten.

Von dort zog sich eine nur wenige Meter breite, gelblich-weiße Staubspur bis genau zu der Kaikante, unter der unsere Yacht vertäut lag. Hätten uns die beiden Arbeiter gestern eine Bootslänge weiter vorn oder achtern angebunden, wir hätten nichts von einem Sandsturm bemerkt. Es war wirklich der kleinste und lokalste Ghibli gewesen, den es je in Tunesien gegeben hatte!

„Die gute Nachricht ist", sagte Barawitzka, „daß wir Glück hatten, weil kein losgerissenes Brett uns traf. Es muß allerhand durch die Luft geflogen sein, als der Sturm die Hütten abdeckte und die Verschläge umwarf. Die schlechte Nachricht ist, daß wir jetzt alles trocken von Bord bürsten müssen, sonst dreht sich morgen wirklich nichts mehr, weil es fest einbetoniert ist. Wir werden knobeln, wer zu den Salzseen fährt und wer hier bleibt und das Schiff putzt. Alle miteinander sind wir uns bei der Arbeit nur im Weg."

Ich brauche wohl nicht besonders auszumalen, wie Willi und ich den kürzeren zogen und die anderen mit Kameras bepackt machten, daß sie so schnell wie möglich von Bord kamen.

„Wenn ihr auf dem Weg zur Autovermietung an einem lokalen Markt vorbeikommt", schrie ich B. A. nach, „dann besorgt uns bitte Strohbesen oder Bürsten und werft sie uns herunter, bevor ihr losfahrt!"

„Na'am ya sidhi!" winkte der Admiral zurück. „Ja, mein Herr, das machen wir! Wir müssen ohnehin erst zurück nach Gabes, um nach den anderen Schiffen zu sehen. Braucht ihr noch etwas?"

„Ja, eine Schar Bauchtänzerinnen mit einem guten Staubsauger!"

„Wo fangen wir an, Skipper?" fragte Willi, als wir allein waren.

„Zunächst wollen wir uns überlegen, wo wir die Arbeit beginnen, ganz oben an der Saling oder unten im sandigen Salon. Dazu holen wir uns zwei Dosen Bier und machen es uns erst mal in der Badehose an unserem privaten Sandstrand im Cockpit gemütlich. Wir haben schließlich den ganzen Tag Zeit."

Die Sonne begann schon zu sinken, als wir zum letzten Mal das Deck fegten und endlich kaum mehr nennenswerte Staubwolken aufwirbelten. Um die versandeten Leinen und Schoten wieder halbwegs sauber zu bekommen, hatten wir alle erreichbaren ausgeschoren und ließen sie von der Reling aus im Hafenwasser treiben. Alle Stunden holten wir sie ein, schüttelten sie und versenkten sie wieder. Die GOLDFASSL sah aus wie eine gigantische Medusenqualle mit einer Unzahl langer Nesselfäden.

Am lästigsten war das Saubermachen unter Deck. Wenn man mit dem Abstauben einmal in der Kajüte herum war, sich den Schweiß von der Stirn wischte und dabei irgendwo hinfaßte, bemerkte man auf ebenen Mahagoniflächen schon wieder die Fingerabdrücke in neu abgesetztem Staub. Andererseits hatte Willi so gelernt, wie man Winschen zerlegte und sich merkte, welche Zahnräder und Kugellager wohin gehörten.

„Nanu, die lassen sich aber Zeit", wunderte er sich, als wir uns dann hundemüde im Salon ein letztes Bier genehmigten. Plötzlich polterte eine wilde Horde an Bord, und drei schwarz beturbante Tuaregkrieger in langen Hemden umringten uns drohend.

„Mitkommen!" brüllte der baumlange Anführer. „Gürtet euch und folgt uns. Johannes 2, Vers 1: ‚Denn es ist eine Hochzeit zu Kanaan!'"

„Himmel, Feuerbill, habt ihr uns erschreckt! Wo wart ihr denn, bei einem Maskenball?"

„Wir gehen!" röhrte der Pinzgauer, völlig unkenntlich unter seiner Kluft. „Die Nichte unseres Reiseleiters heiratet heute nacht, und wir sind alle eingeladen. Eine echte Berberhochzeit! Kommt, kommt, die warten auf uns! Moment, wir sollen B. A. die Tasche mit seiner Polaroidkamera mitbringen."

In einem überfüllten Kombiwagen brummten wir auf einer recht guten Straße dahin. Weg von der Küste, wenn mich mein Orientierungssinn nicht täuschte. Feuerbill erzählte uns von den Abenteuern des Tages. Als sie vor dem Hafenbüro auf ein Taxi für die Fahrt nach Gabes warteten, waren sie mit dem Wachtposten ins Gespräch gekommen. Omar war einige Jahre Reiseleiter gewesen, bevor er zur Polizei ging, und hielt nicht viel von fertig programmierten Busrundfahrten, bei denen meist nur Teppichknüpfereien, Handarbeitsmärkte und Restaurants besucht wurden, weil die Reiseleiter dort mehr an Umsatzbeteiligung und Schmiergeldern verdienten, als sie von Touristen an Bakschisch bekamen, wenn sie ihnen historisch interessante Plätze und echte Sehenswürdigkeiten zeigten. Da er ohnedies zu Mittag mit dem Dienst fertig war und heim nach Kebili am Schott el Dscherid wollte, schlug er B. A. vor, in Gabes ein paar Autos zu mieten; er wollte sie dann führen und ihnen sein Heimatdorf und den Salzsee so zeigen, wie ihn nur Einheimische kannten. Sie holten in Gabes die restlichen Mannschaften ab und brachen in Mietwagen auf.

„Es war alles so, wie von Karl May beschrieben", berichtete Feuerbill. „Der weiße Salzsee, der in der Sonne glitzert, daß es den Augen weh tut; die Stellen, wo die Salzdecke hohl ist, man aufstampfen kann und es dröhnt, als ob man auf einer Pauke tanzt; die feuchten Löcher mit Salzschlamm, in denen geworfene Steine verschwinden, na, und so weiter. Aber die Hauptattraktion des Tages wartete erst auf uns, als wir wieder zurückfahren wollten. Omar kam plötzlich mit der Nachricht, daß eine Nichte von ihm heiratet und wir alle mitfeiern sollen. Da bin ich mit Sepp und Laszlo losgebraust, um euch zu holen."

„Das war nett von euch. Wie weit müssen wir denn fahren?"

„120 Kilometer. Aber die Straße ist durchgängig asphaltiert und in recht gutem Zustand. Wir schaffen das schon noch."

Gut durchgeschüttelt kletterten wir eineinhalb Stunden später ächzend, stöhnend und lendenlahm aus dem Wagen. Im Licht des tiefstehenden Mondes waren Dattelpalmen auszumachen und weiß gekalkte Lehmmauern, hinter denen offensichtlich ein Jahrmarkt abgehalten wurde. Feuerbill führte uns in den Hof. Es war nicht ganz wie bei Karl May: keine Lagerfeuer aus Kamelmist, sondern bunte elektrische Birnen an langen Drähten und dazu mehrere Holzkohlengrills, wo sich Lämmer und Hühner elektrisch getrieben über der Glut drehten wie beim Oktoberfest. Auch eine Blasmusik gab es, allerdings eine tunesische. Vier Mann bliesen mit geblähten Wangen in lange Flöten, die sich von unseren nur dadurch unterschieden, daß das Mundstück mit einer handtellergroßen Scheibe versehen war, vielleicht um zu verhindern, daß einer der Flötisten sich das Instrument vor Eifer in den Schlund rammte. Eifrig waren sie, doch hörte es sich leider so an, als würden sie, ohne sich auf eine bestimmte Melodie geeinigt zu haben, nur frischfröhlich dudeln, um zu sehen, ob auch alle Löcher Töne von sich gaben. Den Rest des Orchesters bildeten Trommler und Pauker, die ihre Instrumente mit der gleichen Wut bearbeiteten wie Hausmänner beim Frühjahrsputz die Teppiche.

Was zum richtigen Oktoberfest fehlte, waren die Bierfässer und die Kellnerinnen mit Maßkrügen. Dafür gab es hinter einer Palmwedelwand ein sogenanntes „sündiges Eck" für nicht ganz so Strenggläubige, wo Boucha, ein Feigendestillat, ausgeschenkt wurde. Dort trafen wir Simon und einen ringelgelockten Berberjüngling in reichgesticktem Kleid, weißer Seidenhose, roten Lederpantoffeln und einem Krummdolch in der Bauchschärpe. Er hatte Blumen hinterm Ohr stecken und grinste überirdisch.

„Darf ich euch den Bräutigam vorstellen?" Simon benahm sich, als wäre er der Wirt der Schnapsecke. „Frederik Abdallah Ruffa. Der Glückliche hat den Kaufpreis für seine Braut endlich abgestottert und darf sie nach der Zeremonie mitnehmen. Er ist im siebten Himmel."

„Er sieht eher blau aus wie ein Veilchen", sagte Feuerbill. „Viel Freude wird seine Braut heute nacht an ihm nicht mehr haben. Hast du ihn so vollgefüllt, Rebitschek?"

Simon war damit beschäftigt, eine Runde für uns alle einzuschenken. „*Maktub*, Kismet. Wenn im Buch der Bücher geschrieben steht, daß Frederik Abdallah heute nacht sein eingewickeltes Eheweib nicht mehr auspacken kann, weil er sich aus lauter Vorfreude einen angezwitschert hat, dann steht es so geschrieben. Da ändert es auch nichts mehr daran, wenn ihr mit ihm anstoßt. Also Cheerio! Prost! Oder *bisachtak*, wie man hier sagt!"

„Herrgott im Himmel!" keuchte Feuerbill nach dem ersten Schluck aus seinem Glas. „Was ist das, Hydrazin? Oder Nitroglyzerin? Raketentreibstoff? Ich bin ja einiges an Selbstgebranntem von meinen Bergbauern gewöhnt, aber das hier ist wohl der ärgste Fusel, den ich je verkosten mußte. Wo vergnügen sich denn die anderen? Und wo sind vor allem unsere Mädels?"

„Ja, ob wir die je wiedersehen, ist noch die Frage", meinte Simon philosophisch. „Als wir bei der Tür hereinkamen, haben so Turbanwächter uns säuberlich nach Männlein und Weiblein getrennt und in verschiedene Hütten geführt. Wir haben sie seither nicht mehr gesehen. Übrigens, ihr müßt euch die Häuser innen anschauen, die sind phantastisch gemütlich und einfach eingerichtet. Da gibt es nur Teppiche, keine Schränke, keine Betten, keine Kommoden, keine Wände. Wenn die umziehen, geht das ganz einfach. Sie rollen ihr Mobiliar zusammen, packen die Teppiche aufs Autodach und sind schon weg . . ."

Da erschreckte uns ein gellender Frauenschrei aus einer Hütte. „Das war Cleopatra!" fuhr Feuerbill herum. „Mir nach, Männer, wir müssen sie befreien!"

Aber unserem Eindringen stemmte sich ein Haufen Berber entgegen. Feuerbill reckte sich noch höher empor, ließ einen markerschütternden Pinzgauer Kriegsruf erschallen, und von allen Seiten eilte Verstärkung herbei. Obwohl sich unsere christliche Streitmacht binnen kurzem verdoppelte, fürchtete ich der enormen muselmanischen Übermacht wegen schon ein Gemetzel, als sich Omar in Polizeiuniform zwischen die Fronten warf.

Da erschien auch schon Cleopatra in der Tür, zu unserem Erstaunen mit nacktem Bauch, in Schleiern und Pumphosen. Hinter ihr drängten sich andere Haremsweiber in ähnlicher Faschingskostümierung. „Sie haben uns das angezogen, weil wir mit den anderen Frauen bauchtanzen sollen", rief Cleo.

„Und deshalb schreist du wie am Spieß?" fragte Dick aufgebracht. „Du hast damit beinahe einen heiligen Krieg heraufbeschworen."

„Der Glitzerstein, den sie mir in den Nabel einpassen wollten, war so kalt!“ Cleo machte eine entschuldigende Geste. „Tut mir leid, ich bin eben kitzlig . . .“

„Allah il Allah!“ Feuerbill hob die Hände anklagend zum Himmel. „Wegen ihres nervösen Bauchnervs wäre es fast zu einem Blutbad gekommen! Yussuf!“ Er erspähte unseren Zeitschriftenhändler in der Menge. „Yussuf, was heißt auf arabisch: ‚Die Weiber sind verrückt?‘“

Wir kehrten zum Boucha-Eck zurück. Das Festessen wurde aufgetragen, in riesigen Schüsseln, die wir auf Teppichen sitzend oder kniend leeren durften. Es gab gebratenen Hammel auf Kuskus, Hühner auf Kuskus – wahre Berge davon. Ich fragte Omar, ob diese moghrebinische Spezialität noch immer auf Großmutterart zubereitet würde, indem die Frauen ihre Hände in einen dünnen Weizengrießbrei tauchten und dann so lange die Handflächen rieben, bis kleine, trockene Spätzle entstanden.

Erst als uns Omar versicherte, daß Kuskus heute auch schon maschinell hergestellt werde, langten wir mit Appetit zu.

Ich hielt mich in der Hauptsache an die *briks,* eine andere tunesische Spezialität: dünne Teigfladen, so ähnlich wie hauchfeine Pfannkuchen, gefüllt mit scharf gewürztem Gemüse, Käse, Fleisch, Fisch oder Eiern, die zusammengeklappt in Öl gebacken wurden. Eine sehr knusprige und schmackhafte Köstlichkeit, wenn man nicht so gierig hineinbiß, daß die Hülle zersplitterte und einem die weiche heiße Füllung über Kinn und Hemd rann. Herrlich fand ich auch die verschiedenen *schorbas,* die arabischen Gemüsesuppen aus Tomaten oder Gurken, Melanzani, Okra oder Hülsenfrüchten. Jetzt verstand ich endlich, warum Isaaks Brüder ihn gegen ein Linsengericht eintauschen wollten.

Der folgende Bauchtanz war eine Attraktion, die mich nicht gerade vom Teppich riß. Ich hatte schon andere, wildere Tänze in Polynesien oder Rio gesehen, wo man mehr bewundern konnte als aus den vielen Schleiern hervorlugende Nabel, die sich kreisförmig bewegten. Unsere Mädchen gaben bald auf, das heißt, ich nahm an, daß sie es waren, die nach fünf Minuten Bauchkreisen offensichtlich einen Muskelkater hatten und hinter die Bühne flüchteten.

„Hadhihi thalatha saudschatati – dies sind meine drei Frauen.“ Omar zeigte stolz auf die Fleißigsten in der Runde.

„Ma salaama! Wann kaufst du dir die vierte?“ fragte ich ihn. „Du darfst doch vier haben, nicht?“

Er lachte und streckte abwehrend die Hände vor. *„Bismillah!* Nie

Der Bauchtanz riß mich nicht gerade vom Teppich.

eine gerade Anzahl von Frauen! Jetzt muß ich sparen, bis ich mir zwei auf einmal kaufen kann."

Das wollte ich erklärt haben, und so erfuhr ich eine angeblich uralte Haremsweisheit. „Du darfst dir nie eine gerade Anzahl von Frauen nehmen", warnte mich Omar. „Nie zwei, vier, sechs, acht oder, bei Allah, zwanzig. Dann bist du ärmer dran als ein Sündiger in der *dschehenna.* Die Frauen bilden zwei gleich starke Parteien und zerreiben dich dazwischen wie Getreide im Mörser. Du mußt vielmehr eine ungleiche Anzahl haben, drei, fünf, sieben und so weiter. Dann ist die eine Gruppe immer um eins stärker, der schließt du dich an und hast deinen Frieden." Er schlug mir freundschaftlich auf die Schulter. „Wie viele Frauen hast du, Charles?"

Das war nicht einfach zu beantworten. Sagte ich: „Keine, die halten sich bei mir nicht", dann war ich in seinen Augen ganz unten durch.

Das mit meinem vernagelten, komplizierten und äußerst schwierigen Charakter konnte ich ihm mit meinen drei Worten Arabisch nicht erklären. Auch mein Französisch reichte dazu nicht. Gab ich aber kaltblütig an und sagte: „Sieben!“, dann konnte es sein, daß ihn Minderwertigkeitsgefühle schüttelten, und das wollte ich einem so netten Gastgeber nicht antun. Also deutete ich auf Calypso – ihren Nabel erkannte ich wieder – und sagte: „Nur die eine da. Mehr kann ich mir momentan nicht leisten.“

Er warf mir einen bedauernden Blick zu. „Das sieht man, sie ist schrecklich mager. Aber vertraue auf Allah, *Charles ya sadiqi!* Eines Tages werden deine Geschäfte wieder besser gehen, deine Ziegen mehr Milch geben, deine Dattelpalmen mehr Früchte tragen, und dann wirst du dir eine bessere Frau dazukaufen können . . . *Bismillah!* Charles, sag deinem Freund, er kann nicht mit den Frauen tanzen! *Horreur!* Das ist sehr unschicklich!“

Eugen hatte die Schau hingerissen verfolgt und wahrscheinlich gehofft, daß die Schleier irgendwann fielen. Jetzt hatte er die Geduld verloren, war aufgesprungen und wollte die Sache beschleunigen. Da packten ihn schon ein paar kräftige Berber und schleppten ihn zu seinem Sitzplatz zurück. Omar erklärte ihm, daß verschiedengeschlechtlicher Tanz verboten sei und eine eigens dafür abkommandierte Wächtergarde aufpasse, daß immer nur Männer mit Männern tanzten und Frauen mit Frauen.

Eugen zuckte mit den Schultern, steckte sich wie die anderen unverheirateten Jünglinge eine Blume hinters Ohr und forderte den nächsten Berber zum Tanz auf. Die Menge applaudierte begeistert, die Trommler hieben noch kräftiger zu, die Flötenspieler quiekten, daß es einem die Schuhe auszog, und unter den wachsamen Augen der Moralgardisten strebte das Fest seinem Höhepunkt zu.

Es war schon eine exotische Szenerie: die von bunten Lampen beleuchteten Lehmwände, das durcheinanderhopsende Volk in vielfarbigen, flatternden Kleidern, die schrille Katzenmusik und die stoisch ihre Datteln kauenden Kamele im Hintergrund. B. A. machte sich sehr beliebt, da er mit seiner Polaroid eine Aufnahme nach der anderen schoß und die Bilder gleich verschenkte. Das gefiel den Hochzeitsgästen, als offenbar durch Zauberei ihre Konterfeis in Farbe entstanden und sie die zur Erinnerung behalten durften.

Kurz bevor wir uns langsam auf den Aufbruch vorbereiteten, kam es schließlich doch zur Massenkeilerei, wie sie bei Bauernhochzeiten auch bei uns noch immer üblich ist. Schuld daran war natürlich Eugen. In seiner naiv freundlichen Art hatte er sich zu oft von einem bestimmten Jüngling zum Tanz auffordern lassen, bis dessen Freund vor Eifersucht platzte, sich auf den vermeintlichen Nebenbuhler stürzte und ihn wie einen Truthahn würgte.

Das war der Gong zur ersten Freistilrunde, jeder gegen jeden! Unter Verlust einiger Nabelglassteine und Turbantücher retteten wir unsere Frauen mehr oder weniger unbeschädigt aus dem Tumult und in die Autos. Die Hochzeitsgäste waren mit sich selbst genügend beschäftigt, so daß wir uns auf französische Art empfehlen konnten.

Am nächsten Morgen war der Himmel bedeckt, und es sah nach Regen aus. Eugen, der Tagesskipper, bereitete die GOLDFASSL fürs Auslaufen nach Sfax vor, und ich packte meinen Seesack, um mit Feuerbill und B. A. die Prüfung auf der in Gabes liegenden HOPFENPERLE fortzusetzen. Wir gaben auf dem Weg in die Stadt die Mietautos zurück und ließen uns von einem Taxi zum Hafen bringen. Unterwegs begann es zu nieseln. Als B. A. die Autotür öffnete, wurde sie ihm ohne Vorwarnung aus der Hand gerissen, und eine wilde Bö peitschte uns Regen entgegen.

„Kazunga!" schimpfte Barawitzka. „Da haben wir offensichtlich schon wieder den verdammten Nordwest, diesmal mit Regen! So ein Büffelmist! Diese nichtssagenden Wetterberichte!"

Ich wollte eben mit eingezogenem Genick meinen Seesack aus dem Kofferraum heben, als Gludowatz den Kopf aus dem Niedergang der HOPFENPERLE steckte und herüberbrüllte: „Die GOLDFASSL ist in Schwierigkeiten! Laszlo ist am Radio. Da oben orgelt der Sturm angeblich schon mit 45 Knoten! Der Hafenkapitän hat sie aufgefordert, deshalb unverzüglich auszulaufen, um Schutz hier im Fischereihafen zu suchen. Das taten sie, aber sie schaffen es offensichtlich nicht, gegen Wind und Wellen aus Ghannouche rauszukommen. Sie haben's schon dreimal versucht und sind beinahe auf den Steinen gelandet. Die Maschine ist zu schwach. Jetzt probieren sie gerade zu ankern, weil sie nicht mehr an die Kaimauer können. So eine Welle steht dort drin . . ." Er bückte sich, als hätte er unten im Radio etwas Neues gehört.

„Halt den Taxifahrer auf!" befahl mir B. A. „Wir brauchen ihn vielleicht noch. Warte hier!" Er stürmte durch den Regen zum Boot und verschwand unter Deck.

„Wir hätten gestern noch auslaufen sollen", sagte ich zu Feuerbill, der ungeachtet des Regens lässig dastand wie eine Bergkiefer. Er grinste: „Hätte, würde, könnte, wäre, sollte! Weißt du, Karl, daß die Mohammedaner sich eine Menge Kopfzerbrechen, Spekulationen, Schuldsuche und Selbstvorwürfe ersparen, weil sie daran glauben, daß niemand sein Schicksal beeinflussen kann? Daß alles längst geschrieben steht im Buch der Bücher und daher Kismet ist? Deshalb legen sie auch auf einen genauen Wetterbericht so wenig Wert. Kommt der Sturm und gehen sie unter, *Inschallah!* Wenn es Gottes Wunsch war? Wozu darüber aufregen? *Maktub* – es stand geschrieben!"

„*Tajjib!* Sehr gut! Erklär' das den nächsten Prüflingen vorher. Wenn geschrieben stand, daß sie durchfallen – *Inschallah!* Hm! Wozu zerbreche ich mir eigentlich den Kopf über mich und Calypso? *Maktub,* wenn geschrieben steht, daß wir das Paar des Jahres werden, dann *Allahu akbar* – Allah ist groß. Er wird's schon richten . . ."

„Karl! Da oben in Ghannouche brennt der Hut!" B. A. sprintete durch die Regenpfützen. „Wir fahren sofort los! Die GOLDFASSL wollte ankern, dann blieb die Winsch stecken, und nun treiben sie im Hafenbecken, Anker halb oben oder halb unten, wie man will. Sie klingen schon ziemlich verzagt. Feuerbill, du mußt solo weiterprüfen . . ."

„Ich gehe allein, Admiral!" beschloß ich. „Das ist meine Aufgabe, ich bin Skipper der GOLDFASSL. Ihr zwei bleibt bei eurem Job. *Amanillah, Effendis,* auf ein Wiedersehen in Sfax!" Ich sprang ins Taxi und schlug die Tür zu. „*Issra'a ya Abu assur'at* – fahr zu, o Vater der Schnelligkeit! Nach Ghannouche! Was dein Motor hergibt! Dein Backschisch soll fürstlich sein!"

„*Inschallah!*" Er wendete mit aufheulendem Gas und quietschenden Reifen und fuhr wie ein Fatalist. Daß nicht geschrieben stand, daß wir die vor unserem Kühler auftauchenden Eselskarren, Kinder, Hunde und Hühner überfahren und mit den aus Nebenstraßen einbiegenden Omnibussen und Lastwagen kollidieren sollten, wunderte mich wirklich sehr.

Auf dem Weg vom Hafentor zum Verwaltungsgebäude mußte ich mühsam gegen den Wind ankämpfen. Ohne den schweren Seesack hätte mich der Sturm wahrscheinlich davongeweht. Es war sehr kalt geworden, das Markenzeichen eines Nordweststurms vom Atlas. Mit klappernden Zähnen erreichte ich das Büro des Hafenkapitäns. Durch die Fenster im ersten Stock sah ich draußen die GOLDFASSL mit enormer Schräglage unter nacktem Mast wie betrunken herumtorkeln. Nach jeder Wende hatte sie ein paar Meter verloren und war näher an die großen Frachter herangetrieben. Schnelle Hilfe war notwendig. Der Hafenkapitän stellte mir sein Funkgerät zur Verfügung, und Laszlo antwortete auf Kanal 16. Sie reparierten gerade die Winsch, fanden aber den Fehler nicht.

„Setzt einen winzigen Fetzen Großsegel und Fock und versucht zum Wellenbrecher hochzukreuzen“, riet ich. „Ich werde mir überlegen, wie ich an Bord kommen kann.“

„Wir haben eine Barkasse“, bot der Hafenkapitän an. „Vielleicht können wir Sie übersetzen.“

Der Sturm hatte soviel Wasser in den großen Hafen gepreßt, daß der Bootssteg am anderen Ende der Pier schon kniehoch überflutet war. Mir war das bereits egal, so naß und durchfroren wie ich war. Während der Barkassensteuermann und sein Gehilfe ablegten, verwarf ich die Idee, die GOLDFASSL von der Barkasse aus dem Hafen schleppen zu lassen. Das kleine Arbeitsboot war zu flach und bis auf den Steuerstand offen. Draußen in der Brandung wäre es schnell vollgelaufen und gesunken.

Auf das nun kommende Manöver war ich eigentlich neugierig. Längsseits zu gehen verbot sich bei dem Seegang von selbst. Also hieß es springen. Und der Seesack? Den konnten wir dann an einer Leine durchs Wasser ziehen. Es war ohnehin schon alles durchweicht.

Der Steuermann hatte offensichtlich denselben Plan. Er dampfte bis auf wenige Meter an die stampfende GOLDFASSL heran, nahm Gas weg und näherte sich ihr noch vorsichtiger. Sein Bug tanzte wild auf und ab, und von drüben starrten uns einige bleiche Gesichter an. Ich klammerte mich an den niedrigen Bugkorb und versuchte den günstigsten Moment abzupassen. Plötzlich waren Reling und Wanten der Yacht direkt unter mir . . . Hopp! Ich sprang! Mit aufheulendem Motor zog sich die Barkasse zurück. Und ich stand zu meiner großen Überraschung sicher an Deck der GOLDFASSL, die Wanten umarmend.

Hamdulillah! Allah sei Dank, daß geschrieben stand, ich solle diesmal nicht schwimmen gehen.

Der Rest war Routine. Ich warf eine dünne Leine hinüber, hievte dann mit Sepps Hilfe den tonnenschweren Seesack aus dem Wasser und stieß ihn den Niedergang hinunter.

„Prächtig, Laszlo! Hol dir noch ein wenig Luvraum. Ich bin gleich wieder bei dir. Muß mir nur was anziehen, sonst erfriere ich.“

Ich kletterte unter Deck.

„Gott, bin ich froh, daß du da bist, Karl!“ rief Monika. „Wir haben’s dreimal versucht, es ging nicht. Einmal wär's fast gelungen, da hat uns ein Brecher mitgespült, aber Richtung Strand. Was tun wir?"

„Dasselbe noch mal versuchen. So lange, bis es klappt. Hier drin in dem Riesenhafen ist's für uns zu ungesund. Helft mir mit dem nassen Zeug!"

„Du willst doch nicht etwa die feuchte Wäsche anziehen?"

„Selbstverständlich. Die Hersteller garantieren, daß sie warm hält und Feuchtigkeit nach außen transportiert. Also machen wir den Test."

Ich schlüpfte in Unterzeug, das angeblich nie naß werden kann, in Faserpelz und Overall. Handschuhe, Wollhaube, Schirmmütze, Kapuze drüber, Sicherheitsgurt, und dann konnte es losgehen. Mit der angenehmen Wärme eines Schlucks Rum im Bauch kletterte ich an Deck. Die Kombination von Sturmbesegelung und Maschine hatte geholfen, die Yacht wieder bis an den Wellenbrecher heranzubringen. Eugen meldete jetzt von unten, daß die Winsch wieder funktionieren müßte, es wäre die Sicherung gewesen. Ich turnte nach vorn, rollte die Kette weg und verstaute den Anker an seinem Platz. Wir machten die GOLDFASSL sturmfest, hoben das Schlauchboot an Deck, ließen die Luft raus und stopften es einstweilen in eine der Achterkabinen. Während Monika und Eugen unten aufräumten, spannten wir im Cockpit starke Festmacher, und ich erklärte Sepp und Laszlo, daß sie sich mit ihren Sicherheitsleinen für die Ausfahrt so kurz wie möglich einhängen mußten, am besten nach zwei Richtungen, so daß sie auch von einer größeren einsteigenden See nicht weggeschwemmt werden konnten.

„Und wenn ich dabei ersaufe?" wollte Laszlo wissen.

„*Inschallah!* Luft anhalten! Steckt euch jeder eine Winschkurbel in die Stiefel, die Wenden müssen klappen wie beim AC-Cup. Sagt denen da unten, sie sollen die Niedergangsbretter raufgeben und das Schiebeluk verriegeln."

Ein fahles, schwefelgelbes Licht lag über dem Hafen. Durch die Einfahrt schäumten ab und zu Brecher wie in einem Katastrophenfilm. Wahre Ungetüme von Brandungswellen donnerten daher und explodierten am Wellenbrecher, Gischt meterhoch schleudernd. Da draußen war es verdammt flach. Ich mußte auf alle Fälle in der ausgebaggerten Fahrrinne bleiben und durfte nicht wie ein Surfboard mit einer schönen Welle strandwärts auf die Reise gehen. Das alles sah direkt zum Fürchten aus. Auf diese Art hatte ich mich noch nie aus einem Hafen gekämpft. Aber dieses Ghannouche war so groß, daß Seegang und Winddruck sich wenig von dem auf offenem Meer unterschieden. Ich versuchte nicht daran zu denken, was passieren würde, wenn wir in einem Brecher wirklich querschlugen und dann ohne Steuerwirkung wie Treibholz ans Ufer getragen wurden. Wenn das auf dem Sandstrand unterhalb des Hafens geschah, brauchten wir nur zu warten, bis der Rumpf der GOLDFASSL so hoch oben lag, daß wir trokkenen Fußes aussteigen konnten. Wenn aber geschrieben stand, daß wir an die Außenmole . . . Lieber nicht dran denken!

„Wann gibst du Gas?“ fragte Sepp.

„Wellen kommen normalerweise in Serien. Ein paar große, fette – und dann ein paar weniger hohe. Das versuche ich jetzt auszuzählen, dann machen wir unseren Anlauf. Sie sollen uns eine Flasche Rum raufreichen, die verstau’ dann in meiner Overalltasche. Wer weiß, wie lange wir den Niedergang nicht öffnen können.“

Ich laschte mich so am Ruder fest, daß ich mich beim besten Willen nicht mehr vom Platz rühren konnte. Es waren Sechser-Serien, die ich im Wellenrhythmus zu erkennen glaubte. Nun gut, wohlan! Die Nummer eins, eine ganz große Dicke, donnerte heran wie ein Schnellzug, das Wasser zwischen den Molenköpfen wurde weiß vor Schaum, zischte und brodelte. Nummer zwei! Die Luft wurde salzig, es roch nach Schlamm und Muscheln. Nummer drei . . . „Vorwärts!“ Gashebel bis zum Anschlag. Wir nahmen Fahrt auf und glitten zwischen die Molenfeuer. Da kam Nummer vier heran. Brav, halbwegs glatt und ohne zu brechen. Schwuppdiwupp! Wir hatten sie geschafft und wieder ein paar Meter gewonnen. Nummer fünf hob uns zwar kräftig an und klatschte uns einige Eimer Wasser ins Gesicht, war aber harmlos. Nummer sechs war steil, aber ohne brechenden Kamm. Schwuppdiwupp! Das krachte nur gegen Bug und Vorschiff.

Au weia, da kam Nummer eins wieder! Ein Monster! Zwei Wellen mußten über ein Unterwasserhindernis gestolpert sein und sich addiert haben. Es war eine tobende Wasserröhre, die von zwei Enden her brach. Aus zwei oder drei Meter Höhe prasselten Tonnen von Wasser in freiem Fall herunter auf den eigenen Wellenfuß. Diese Welle war ein Mörder!

„Festhalten!“

Es war wie ein Wunder – die Welle ruinierte sich selbst! Wie ein angreifender Büffel, der über eine Wurzel stolpert, brach sie mit gewaltigem Getöse in sich zusammen, daß der Gischt zum Himmel flog.

Au weia, diese Welle war ein Monster!

Den hieb uns zwar der Sturm um die Ohren, es waren aber nur Schaum, Luftblasen und Schlamm, was die GOLDFASSL überschwemmte, über unseren Kapuzen zusammenschlug und uns den Atem nahm. Unter uns dröhnte die Maschine beinahe fröhlich weiter, und die Yacht wurde kaum in ihrer Fahrt gebremst. Sand knirschte zwischen unseren Zähnen, und Salz brannte uns in den Augen.

Da kam die nächste! Die war nicht mehr so groß, aber dafür ein perfekter Roller. Ich nahm ihn wie Professor Weiss den Dünenkamm mit dem Geländewagen. Aber hier steckte eine andere Gewalt dahinter. Ich spürte, wie die ganze Yacht unter dem Anprall erbebte, wie sie zitterte und die gegeneinander arbeitenden Kräfte versuchten, sie herumzureißen. Ein tosender Wildbach überflutete das ganze Deck, ein Wasserfall donnerte wie eine gigantische Faust auf uns herunter. Wir fuhren U-Boot. Augen zu und festkrallen. Es zerrte und riß an mir wie mit tausend gierigen Händen, so daß mir der Sicherheitsgurt schmerzhaft in die Rippen schnitt. Ich beglückwünschte mich zu der Idee, mich so fest und ohne Spielraum angegurtet zu haben. Hätte mich das Wasser nach Lee mitgerissen, hätte ich bestimmt das Rad nicht losgelassen, sondern mich instinktiv daran festgehalten und es mit nach Lee gedreht: die klassische Situation fürs Querschlagen! Seltsam, was mir alles in den wenigen Sekunden unter Wasser durch den Kopf fuhr. Ich überlegte ernsthaft, wie der Titel des Buches gelautet hatte, in dem ich diesen Ratschlag gelesen hatte. Schwerwettersegeln?

Luft! Luft! Wann lief das Wasser endlich ab? Wie ein auftauchender Wal schoß die GOLDFASSL ans graue Tageslicht empor, schüttelte sich, warf Tonnen von Wasser ab und nahm wieder Fahrt auf.

Sepp schnappte nach Luft und deutete auf seinen Kragen. Natürlich waren wir wassergefüllt wie Spritzlutscher. Wasser schwappte auch im Cockpit. Laszlo schrie etwas, deutete auf seine Stiefel. Ein Seestern trieb da in der ablaufenden Flut, Muscheln rollten hin und her: Flachwasserbrandung! Wir mußten noch viel weiter hinaus. Wenn es tiefer wurde, waren die Brecher bestimmt nicht mehr so gewalttätig.

„Backbooordtooonne!" brüllte Sepp und deutete über die Reling. Wir waren dicht dran. Ein hastiger Blick nach vorn, kein Brecher in Sicht, nur Schlieren und Schaum im schlammig aufgerührten Wasser und Windstreifen, die der Sturm legte.

„Wende! Reeee!" Bei den kleinen Segeln war's keine Hexerei. Trotzdem mußte Sepp im neuen Lee mit aller Kraft kurbeln. Laszlo konnte ihm nicht helfen, der war an der anderen Seite festgebunden.

Noch zweimal brach es über uns herein wie eine Tsunami, füllte unsere Overalls und das Cockpit mit sandigem Wasser und Schlamm. Dann waren wir hinter der Ansteuerungstonne auf zwölf Meter Wassertiefe, und die Wut der Wellen ließ merklich nach. Jetzt schlugen sie nicht mehr von oben aufs Deck, sondern donnerten nur gegen Bug und Rumpf. Was das Deck oder uns peitschte, war fliegendes Wasser, das keinen Schaden mehr anrichten konnte.

Ich zog die Rumflasche aus der Tasche, nahm einen kräftigen Schluck und reichte sie weiter. „Durch die Grundwellen sind wir durch! Das Ärgste ist vorbei. Ruf mal hinunter, wie es den anderen geht. Vielleicht können sie den Admiral erreichen. Ich möchte wissen, wie es bei denen aussieht."

Unten schwamm angeblich alles. Durch die Lüftungsschlitze der Niedergangsbretter war reichlich Wasser eingedrungen, ebenso durch alle Windhutzen. Die Doradelüfter hatten die Sturzbäche nicht verkraften können. Wir hätten sie abnehmen und mit ihren Deckeln zuschrauben sollen. Na ja, an alles kann man nicht denken. Das nächste Mal.

Ich hörte die elektrische Bilgepumpe jaulen, länger als sonst. Die See war immer noch unangenehm kurz und steil. Es kam genug solides Wasser an Deck, aber nicht mehr in Sturzbächen. Außerdem merkte man, daß es wirklich besser wurde, je weiter wir in die Bucht hinauskamen. Den Kurs nach Sfax konnte ich aber nicht halten. Wir mußten uns darauf einrichten, wahrscheinlich den ganzen Tag gegenan zu kreuzen, um nicht wieder nach Lee zu treiben. Eher mußten wir noch weiter zum offenen Meer hin ausweichen, bis nach Aschtarte-Ölterminal.

Monika öffnete vorsichtig einen Schlitz im Niedergang und berichtete, daß es die HOPFENPERLE aus Gabes heraus ins tiefere Wasser geschafft hatte. Die beiden anderen Yachten aber waren vom Hafenkapitän aufgefordert worden zu bleiben. „Jetzt wollen die Behörden, daß auch B. A. und wir wieder zurückkommen und den Sturm in Gabes abwarten", meldete sie. „Es soll bald noch ärger wehen. Aber B. A. will nicht, ihm ist das zu gefährlich. Dort hat sich eine phantastisch hohe See aufgebaut, die Brandung rauscht angeblich nur so über die beiden Wellenbrecher. Er meldet sich wieder."

„Schön! Wende, wir gehen wieder auf Nordostkurs. Wie fühlt ihr euch?" fragte ich meine Mannschaft an Deck.

„Ich bin durch und durch naß und friere, wenn wir länger kein Manöver machen und ich kurbeln muß", schnatterte Sepp. „Ich hab' zwar den dicken Skipullover unterm Ölzeug und den Jogginganzug, aber die Kälte kriecht durch die Nässe."

„Dann soll dich jemand ablösen. Geh hinunter und zieh dir warme, trockene Sachen an, falls du noch welche hast. Wollpullover sind nicht das richtige für unten drunter auf See, die saugen sich voll und werden nie mehr trocken. Ich bin mit meiner neuen Ausrüstung recht zufrieden, diese modernen Materialien nehmen wirklich keine Feuchtigkeit mehr auf, sondern transportieren sie weiter. Leider bei mir in die Stiefel. Dort quatscht es, die müssen randvoll sein und brauchen einen Abfluß. Ich werde unten ein paar Löcher in die Sohle bohren, dann ist das System perfekt . . ."

„Karl! Karl!" Monikas bleiches Gesicht erschien im Niedergangsschlitz. „Ich kann Barawitzka nicht mehr hören! Es muß was Furchtbares passiert sein. Auf Kanal 16 ist der Teufel los. Ich höre aus einem französischen Bericht nur heraus, daß zwei Fischerboote beim Versuch, in Gabes einzulaufen, gescheitert sind." Sie verschwand wieder.

„Und uns befehlen sie, dort einzulaufen?" wunderte sich Laszlo.

„Das werden wir auf keinen Fall tun. Der Hafen kam mir gestern schon suspekt vor. Drin ist er ja schön geschützt – aber die Einfahrt! Zu flach und quer zur Grundsee. Wir bleiben vorerst auf diesem Kurs. Sepp, geh jetzt hinunter und schick mir Willi rauf. Sag ihnen, sie sollen den Satnav einschalten, falls das noch nicht geschehen ist. Die Sicht ist schlecht, und ich möchte nicht vor Houmt Souk auf Djerba wieder auf Legerwall kommen."

Wie sich dann herausstellte, mußten wir selbst noch unter der Winzigbesegelung eine überaus kräftige Abdrift haben, denn der Nordostkurs brachte uns genau nach Osten und, wie ich befürchtet hatte, direkt auf Djerba zu. Also wieder Wende. Nun stampften wir praktisch nach Gabes zurück. Es würde tatsächlich ein mühsamer Tag werden. Sfax konnten wir auf keinen Fall anliegen.

Monika berichtete uns später mehr Details über die Schiffskatastrophe von Gabes. Die zwei Hecktrawler waren von einer Riesensee am Hafeneingang vorbeigeschwemmt und auf das Felsufer dahinter geworfen worden. Fünf oder sechs Fischer waren tot, die Schiffe Totalverluste. Mich schauderte, wenn ich daran dachte, daß auch uns dieses Schicksal hätte blühen können. Die Fischer waren hier zu Hause, kannten die Verhältnisse, hatten kräftigere Maschinen und waren sicherlich bessere Seeleute als wir.

Barawitzka meldete sich dann wieder auf Kanal 76: Jede Yacht sollte auf eigene Faust versuchen, Monastir zu erreichen. Sfax wollten wir vergessen, weil dort die gefährlichen Sandbänke und Untiefen der Kerkennah-Inseln die Navigation sehr erschwerten.

Am frühen Nachmittag hatten wir uns von Djerba freigesegelt. Nun lag das offene Meer vor uns. Auch wenn es uns noch so beutelte und schüttelte, solange der Mast stand und noch ein Stück Segel dran war, konnte uns nichts mehr passieren. Ich ließ die Maschine stoppen. Sie hatte brav viele Stunden lang mit Maximaldrehzahl gearbeitet und uns aus dem gefährlichen Flachwasser und seinen Grundseen gerettet. Allzu lange war es für den Diesel aber nicht gesund, in extremer Schräglage zu laufen. Irgendwann konnte dann die Schmierung versagen.

Eugen hatte es fertiggebracht, eine heiße Suppe zu kochen, mit kräftiger Einlage von Gemüse, Nudeln und Corned-beef. „'s ischt de ganze Geheimnis", grinste er, als er rauchende Tassen an Deck hochreichte und ich ihm ein Kompliment machte, „dasch't d' gröschte Töpf' nimmscht, fest mit dr Griffe anzurrst und nur zu ä Drittele füllscht. Sonscht schwappt de Supp' über un löscht's Feuer!"

Ich war froh, daß die Crew den ersten Sturm ihres Lebens so relativ gelassen hinnahm und daß keiner seekrank wurde.

Es wurde nicht nur ein langer Tag, der Nordwest hielt auch noch die ganze Nacht durch an. Wir wechselten wieder zu unserem alten Wachplan, je zwei Mann steuerten und navigierten, die anderen versuchten, soviel Schlaf zu finden, wie bei dem Rumpeln und Schlagen möglich.

Am nächsten Morgen hatte es sich entweder ausgeweht, oder wir waren aus der Wetterzone heraus. Die Acht-Uhr-Position zeigte, daß wir uns weit östlich von Kerkennah befanden. Der westliche Horizont war noch dunkel, aber durch unsere Luken fiel gelbes Sonnenlicht, und blauer Himmel leuchtete auch voraus im Norden. In der Kajüte sah es fürchterlich aus. Überall hingen nasse Overalls, Ölzeugjacken oder Hosen, lagen Stiefel, Schuhe, Lifebelts und andere Kleidungsstücke herum. Natürlich waren auch ein paar Schapps aufgesprungen, und aufgeweichtes Brot, geplatzte Nudelpackungen, Zwiebeln und Kartoffeln garnierten das Chaos.

Ich machte die Eintragungen ins Logbuch und kletterte dann an Deck. Willi sah mir mit einem uralten Gesicht, stoppelwangig und hohläugig vom Ruder entgegen. Monika lag noch angeschnallt auf der Bank und schlief. Salzkristalle funkelten in der tiefstehenden Morgensonne auf der Reling und der Glaskuppel des Steuerkompasses. Aber das Meer war wieder tiefblau und sauber, und nur eine sanfte Dünung erzählte die Geschichte des vorangegangenen Sturms.

Ich kontrollierte die Instrumente. 15 Knoten Wind aus West. Wir dümpelten mit 2,5 Knoten dahin und hätten eigentlich schon lange ausreffen können. Aber wenn man fast 24 Stunden so gebeutelt wird, dann stumpft die Wahrnehmung und vor allem die Entschlußkraft stark ab. Dann sitzt man oft stundenlang und kann sich nicht entscheiden, ob man die Segelstellung ändern oder lieber abfallen und woanders hinsegeln soll. Ich löste die Reffleine des Großsegels und kurbelte mit der Schot die ganze Fläche aus dem Mast, stellte den Schotschlitten auf raumen Kurs ein und rollte dann auch die Genua voll aus.

„So, wie wär's nun mit einem kräftigen Frühstück, Poppenwimmer-*Effendi?*" wandte ich mich an Willi. „Wegen der Anstrengungen der letzten Nacht würde ich ausnahmsweise etwas Proteinreiches mit Kohlehydraten in hochwertigen ungesättigten Pflanzenölen braten und mit Vitaminen anreichern. Was hältst du davon?"

Er schnitt ein mißtrauisches Gesicht. „Was soll denn das werden?"

„Ein Bauernomelett aus Schinken, Eiern und Bratkartoffeln, mit Schnittlauch verziert", lachte ich. „Diese Zutaten habe ich alle griffbereit am Boden oder auf den Salonbänken herumliegen sehen."

„Klingt wahnsinnig gut!" jubelte er. „Und dazu einen heißen, ungesunden, starken Kaffee mit viel abscheulichem Zucker. Soll ich das machen?"

„Ich mach's schon und übernehme das Ruder nach dem Frühstück. Kannst du's noch bis dahin aushalten?"

„Gib mir einen Schluck Rum, dann geht's", versicherte er zu meiner größten Überraschung.

„Nanu, was ist denn in dich gefahren, Bodybuilder? Bist du über Nacht zum Alkoholiker geworden?"

Er lächelte selbstzufrieden wie ein Buddha. „Nun ja, ich hab' gestern für meine Verhältnisse ganz schön an der Rumflasche gehangen, als es so kalt war. Dabei ist mir etwas klargeworden: Die Menschen müssen alle viel toleranter werden. Nur vegetarische Vollwertkost ist genauso einseitig wie Jumbo Jessernigs Cholesterinküche. Abwechslung heißt die Lösung!"

„Darf ich Skipper zu dir sagen, Willi? Diese Reise hat dir offenbar sehr gut getan. Du hast schon seit drei Tagen keinen Beschlag mehr abgebrochen oder verbogen. Hier ist dein Manöverschluck. Wir haben schließlich ausgerefft!"

Es war die immer wärmer herabstrahlende Sonne in Verbindung mit einigen Litern starken Kaffees und mehreren Tellern knoblauchgewürztem Bauernfrühstück, sowie recht flotte Musik aus dem Radio, was die Lebensgeister der Mannschaft wieder weckte. Als ich mich dann mit dem Abwasch plagte, begannen Willi und Eugen schon fröhlich die Kajüte aufzuklaren. Klamme und nasse Kleidung wurde mit der Brause halbwegs entsalzt und an der Reling zum Trocknen festgeklammert. Feucht gewordene Lebensmittel flogen über Bord, und bald sah es unter Deck wieder schiffmäßig aus.

Wir segelten den ganzen Tag in einem langen Schlag nach Norden und sichteten in der Dämmerung bei Mahdia wieder die Küste und den unterbrochenen Schein des Leuchtturms auf der Insel Kuriat vor Monastir. Es war dunkel, als wir auf die tausend Lichter zuhielten. Das rote Festfeuer der Marina war natürlich nicht auszumachen. Da meldete sich Barawitzka über UKW. Er lag schon längsseits und riet uns, genau zwei festlich angestrahlte Minaretts mit vergoldeten Kuppeln anzusteuern.

„Ich werde nie verstehen", ärgerte er sich über Funk, „warum Seehandbücher sich so hartnäckig weigern, weithin und leicht erkennbare zivile Landmarken als Ansteuerung zu nennen, und immer wieder nur die maritimen Funzellichter der Hafeneinfahrten anführen, die vor dem Hintergrund strahlender Hotelfassaden und Leuchtreklamen kaum auszumachen sind! Wir sind über eine Stunde lang auf und ab motort, bis wir die Marina fanden. Man sollte die Verfasser solcher Segelanweisungen mal zwingen, nach ihren eigenen, irgendwo blind abgeschriebenen Angaben Häfen anzulaufen! Der Schlag soll diese Traditionalisten treffen! Haltet genau auf die Minaretts zu, und darunter, im Schatten der Hotels, findet ihr die Marina."

Eine Viertelstunde später lagen wir bombensicher an einer festen Muring und schoben unsere Gangway ans Ufer. Im Schein der Lampen wirkte diese Marina nagelneu und sehr modern. Ein Zuruf von Bord der GOLDFASSL löste bei uns helle Begeisterung aus: „Da drüben gibt's prima Duschen, sogar mit heißem Wasser!"

Innerhalb von Sekunden waren alle mit ihren Waschbeuteln über das Heck geturnt, und ich stand allein an Deck.

Ein großer Schatten winkte zu mir herüber: „Psalm 7, Vers 10: ‚Herr, du hast uns geprüft auf Herz und Nieren!' Wenn du geduscht hast, Karl, dann komm da hinten in die Bar ‚Sindbad'. Dort gibt's *bière fraîchement tiré* – Bier frisch vom Faß! Wir vom Prüferkollegium setzen uns noch ein wenig zusammen. Auch Westermayer und Kung Fu werden noch heute nacht eintreffen. Als der Sturm nachließ, sind sie bei bester Sicht innen durch den Kerkennah-Kanal und haben dadurch viel Zeit gutgemacht. Sie stehen jetzt draußen vor der Île Kuriat."

„Hamdulillah!" rief ich erleichtert. „Die Zeit der Prüfungen ist vorbei. Weißt du was, Dick? Alle können ohnehin nicht auf einmal duschen. Ich nehme mein Waschzeug und warte in der Nähe dieses frischen Fasses. Leistest du mir Gesellschaft?"

„Johannes 3, Vers 4", lachte Feuerbill auf. „‚Ich habe keine größere Freude als die!'" Und kletterte auch an Land.

Lauter Kapitäne – keine Matrosen

Ehre, wem Ehre gebührt · „Rettet die Frauen!“ · Die Deserteure · Das Fähnlein der sieben Aufrechten · Hafenmanöver im Adamskostüm · Eine Party für die ganze Marina · Bis nächstes Jahr in Barbados!

„Kazunga! So ein Ende dieses Törns hatte ich nicht erwartet!“ brummte Barawitzka, finster auf die Liste in seiner Hand starrend. „Das sind ja fast alle Mannschaften! Jetzt können wir einhand weitersegeln! Der verflixte Pinzgauer mit seiner Voreiligkeit!“

Seit Dick Feuerbill die Prüfungsergebnisse verkündet hatte, war die Luft aus dem Törn. Niemand rührte mehr einen Finger für die Yachten. Keiner hatte mehr Lust oder Energie, die notwendig gewordenen Reparaturen anzugehen. Es lag zwar stets Werkzeug auf den Decks verstreut herum, aber wie auf Straßenbaustellen sah man nie Arbeiter. Die saßen die meiste Zeit in der Cafeteria gegenüber. Keiner kümmerte sich mehr um die Logbuchführung, um Wettermeldungen, um Barometer- und Bilgenstand. Die Kombüsen blieben kalt, die neugebackenen Skipper dinierten an Land, einige waren sogar in freie Hotelzimmer umgezogen und ließen sich kaum mehr blicken. Dabei herrschte prächtiges Wetter. Blauer Himmel über blauem Meer und eine frische Brise lockten, wieder auszulaufen, aber es fand sich niemand mehr, der noch einmal die Segel setzen wollte – als wäre ihnen die Lust an der Seefahrt ganz plötzlich vergangen.

B. A. und Feuerbill hatten sich deshalb zerstritten und gingen sich seither aus dem Weg. B. A. meinte, der Chefprüfer hätte bei seiner Erfahrung wissen müssen, daß Prüfungstörns in dem Augenblick vorbei sind, in dem die Prüfungsausweise verteilt werden. Er vertrat den Standpunkt, der Pinzgauer hätte ruhig noch ein wenig warten können mit der Beurteilung, zumindest bis zum Wochenende, dem ursprünglich geplanten Ende des Prüfungstörns, damit die Flottille wenigstens bis dahin zusammenblieb. Feuerbill dagegen war der

Ansicht, daß der Zeitpunkt richtig gewählt war, weil es keinen besseren und würdigeren Rahmen dafür hätte geben können als die Cocktailparty des Ministers ...

Aber vielleicht sollte ich doch der Reihe nach erzählen.

KLOSTERBOCK und KAISERPILS waren nach uns in kurzen Abständen noch Dienstagabend in Monastir eingelaufen.

Mittwoch früh strahlte die Sonne vom Himmel, als wäre es nie anders gewesen. Der Sturm und die Schiffskatastrophe in Gabes waren Gesprächsthema Nummer eins auf der Terrasse der Cafeteria am Kai. Windstärken und Wellenhöhen nahmen immer mehr zu, je öfter von ihnen erzählt wurde. Als ich mit Theo auf dem Weg zum Hafenkapitän an einem vollbesetzten Kaffeehaustisch vorbei kam, schwor jemand mit zitternder Stimme, er werde nie vergessen, wie die Windanzeige bei 60 Knoten anschlug, das Schlauchboot abhob und an seiner Leine waagrecht fliegend in der Luft hängen blieb! Wendelin Lacroix, der Waldläufer, berichtete an einem anderen Tisch, daß Wellenhöhen von 20 Metern keine Seltenheit gewesen wären.

„Das erinnert mich an Anglerreisen nach Irland und Kanada", schmunzelte Theo. „Da haben sich spannenlange Forellen schon auf der Heimreise in wahre Walfische verwandelt, die ihren Fänger glatt samt Angel ins Wasser gezerrt hätten, wenn der nicht so unheimlich geschickt gewesen wäre. Warte bis zum Fototauschabend zu Hause, dann wird der Hurrikan im Golf von Gabes in die Seegeschichte eingegangen sein ... Sieh mal, wer da kommt."

Er blieb stehen und blickte einer Gruppe Herren in eleganten dunklen Anzügen entgegen, die – vom Hafenkapitän geleitet und von diensteifrigen Polizisten und Sekretären mit Diplomatenköfferchen umschwirrt – den Kai entlang spazierten: eine Abordnung hoher Politiker bei einer Besichtigung. Sie blieben milde lächelnd stehen, wenn der Hafenkapitän auf irgend etwas deutete, und taten, als hörten sie seinen Erklärungen interessiert zu. Dann nickten sie freundlich und nahmen ihre Wanderung wieder auf. „Also, wenn das nicht der gute alte Ben Tabarka ist!" rief Theo, und schon eilte er auf die Gruppe zu. „Monsieur Tabarka, Monsieur Tabarka!"

Der kleinste und würdevollste Herr in der Mitte der Gruppe, der von allen sehr respektvoll behandelt wurde, sah auf, hob eine grüßende Hand und rief seinerseits überrascht: „Monsieur Theo Schüber', Monsieur Schüber'! Welche Freude, Sie hier zu sehen!"

Die beiden begrüßten einander so herzlich wie zwei alte Zechkumpane, die weitere Unterhaltung wurde dann jedoch ein wenig kompliziert. Theo stellte mich vor, redete teils deutsch, teils französisch, deutete auf unsere vier Yachten, und Monsieur Tabarka übersetzte teils auf französisch, teils auf arabisch für seine Begleiter. Ich entnahm dem internationalen Gemisch jedenfalls, daß Herr Tabarka eine Exzellenz war, eine Art Minister für Tourismus, der gerade die Fremdenverkehrszentren seiner Region bereiste und Theo aus seiner Zeit als Direktor des Tunesischen Fremdenverkehrsbüros in Wien kannte. Es war seiner Exzellenz anzusehen, daß er am liebsten mit Theo allein in die nächste Kneipe gegangen wäre, um das Wiedersehen zu feiern. Aber als höflicher Diplomat sprach er eine offizielle Einladung zum abendlichen Cocktailempfang im Hotel „Regency Monastir" aus. Für unsere ganze Flottille!

Dann nahm die Gruppe ihren Rundgang wieder auf, aber jetzt verneigten sich die meisten aus dem Gefolge grüßend vor uns, und die Polizei salutierte. Tja, einen Minister muß man eben zum Freund haben!

„Komm, Theo, das müssen wir B. A. mitteilen, bevor der ein anderes Programm zusammenstellt. Sicherlich hockt er mit Feuerbill und Gludowatz da hinten im ‚Sindbad'!"

Dort waren sie auch, schrieben, notierten und ordneten ihre Prüfungsunterlagen.

„1. Buch Mose 14, Vers 18", lachte Feuerbill auf, als er von der Einladung hörte. „‚Und Melchisedech trug Brot und Wein heraus'. Das kommt uns unwahrscheinlich gelegen. Denn gäbe es einen feierlicheren Rahmen für die Bekanntgabe der Prüfungsergebnisse als die Cocktailparty des Ministers im Luxushotel?"

B. A. schaute ihn nachdenklich an. „Meinst du, der Zeitpunkt ist gut gewählt? Wollen wir wirklich jetzt schon …"

„Hast du was gegen einen der Kandidaten einzuwenden, o Admiral, dann sprich! Ich glaube, sie haben alle in den Extremsituationen der letzten Tage kühlen Kopf bewahrt und …"

„Warte, das machen wir unter uns aus." B. A. warf Feuerbill einen warnenden Blick zu und deutete mit dem Kopf kaum merklich in Theos Richtung. „Wenn das komplette Prüfungskollegium versammelt ist." Er wandte sich an „Monsieur Schüber": „Theo, bist du so nett und verständigst alle Mannschaften, daß sie Klarschiff machen sollen und dann freien Landgang haben? Jedenfalls bis abends um

19 Uhr, dann möchte ich sie alle frisch gewaschen, rasiert und frisiert in sauberen Päckchen am Kai angetreten sehen ... Hoppla, noch was: Schick mir bitte Laszlo her! Er soll eines der neuen blauen T-Shirts mitbringen, er weiß schon, welches. Und sag auch Westermayer, Kung Fu und Rebitschek, ich lasse sie zu einer Konferenz bitten."

Theo verließ die Bar, sich an den Fingern die diversen Aufträge vorzählend. Er war es wahrscheinlich auch, der die Botschaft vom kommenden Ende der Prüfung verbreitete.

„Ich bin zwar deiner Meinung, Dick", fuhr B. A. fort, „daß die meisten positiv zu beurteilen sind, aber wir wollen sie doch noch ein wenig zappeln lassen. Warten wir mit der Auswertung, bis Laszlo da war. Ich möchte euch etwas zeigen: ein Skipper-T-Shirt, das jeder Absolvent unserer Seefahrtschule als Andenken bekommen soll. Laszlo hat sie drucken lassen ... Ah, da kommt er schon!"

Rosenstein packte ein lichtblaues Leibchen aus einer Plastiktasche und hielt es in die Höhe. Auf der Brust war ein Rettungsring mit dem Emblem der Schule aufgedruckt, einer stilisierten Segelyacht, und rundherum lief die Aufschrift: „Tunesien-Skippertörn *Rachla Tunisiya*".

Laszlo drehte das Leibchen um. Da stand in großen Buchstaben „Skipper".

„Sehr fesch", sagte Feuerbill. „Eine gute Idee. Wenn aber nicht alle durchkommen?"

„Wir haben T-Shirts auch ohne ‚Skipper' auf dem Rücken", lächelte B. A. „Also, Herr Chefprüfer, wenn Sie der Konferenz nun vorsitzen wollen ..."

„... und richten ohne Ansehen der Person!" vollendete Feuerbill den Satz. „1. Brief Petri 1, Vers 17."

Wir richteten nach reiflicher Überlegung so, daß alle angetretenen Kandidaten bis auf Wendelin Lacroix für reif erklärt wurden, von nun an alleine ihre Kenntnisse der Seefahrt vertiefen und ihre eigenen Yachten zerkratzen zu dürfen. Wendelin der Waldläufer erhielt den Schein mit der Auflage, erst noch einen weiteren Ausbildungstörn mit einem anerkannten Segeltrainer zu absolvieren.

Wir machten dann noch eine nette Bekanntschaft. Der tunesische Chef des Restaurants „Sindbad", der das Hotelfach in Zürich erlernt hatte und ein kräftiges Schwyzer Dütsch sprach, wollte ein festliches Admiralsdinner für uns zusammenstellen, mit warmem und kaltem Buffet, tunesischen und Schweizer Spezialitäten.

„Wir wissen aber nicht, wie lange der Empfang im Regency Hotel dauert“, gab B. A. zu bedenken.

Sindbad erklärte lächelnd, das erfahre er schon von seinem Freund, dem Barkeeper im Hotel. Wenn der Minister die Getränkeausgabe stoppe, sei es das Signal für die Gäste, auszutrinken und langsam Abschied zu nehmen.

So war der Verlauf des Abends bestens geregelt.

Unsere Gruppe von dreißig lichtblau gekleideten Skippern und Skipperinnen erregte beim Einzug in die Hotelhalle nicht wenig Aufsehen. Theo übernahm die Vorstellung, und Seine Exzellenz drückte jedem brav die Hand und schenkte allen ein ministerielles Lächeln. Er wäre kein vollblütiger Tunesier gewesen, wenn ihn nicht die goldblonde Cleopatra, die ihn um mehrere Köpfe überragte und deren üppige Formen den Ring auf ihrem T-Shirt zur Ellipse verzerrten, sofort interessiert hätte.

Dann kamen die Cocktails. Ich bemerkte zufällig, wie sich Simon gleich mehrere Gläser vom Tablett des Kellners nahm. Aber statt sie hilfsbereit an die Umstehenden weiterzureichen, stellte er sie im Sichtschutz eines karthagischen Wandfrieses als Reserve ab.

Der Minister hielt eine kurze Ansprache auf deutsch, die österreichisch-tunesische Freundschaft beschwörend und ein paar Willkommensworte für alle Yachtsegler hinzufügend. Dann durften wir endlich die Gläser heben und trinken. Anschließend ergriff Feuerbill das Wort, erklärte den Gastgebern die Bedeutung der Zeremonie, die gleich folgen sollte, und flocht geschickt ein, wie belebend für den zukünftigen Yachttourismus sich die zwei Dutzend in tunesischen Gewässern getauften Schiffsführer auswirken würden. Weil man nämlich annehmen konnte, daß sie nächstes Jahr mit eigenen Crews vervielfältigt zurückkommen würden. Seine Exzellenz winkte sofort dem Manager des Hotels. Was er dazu beitragen könne, damit sich die Segler hier wohlfühlten, wolle er nicht versäumen. Die Kellner liefen um die Wette.

Jetzt schritt Feuerbill mit Barawitzka die Front der angetretenen Skipper ab und schüttelte jedem gratulierend die Hand. Wer seine gerade frei hatte, applaudierte kräftig, und das durch die marmorverkleidete Lobby hallende Klatschen lockte weitere Zuschauer herbei.

Ein Trio mit Baßgeige, Hammondorgel und Elektrogitarre spielte dann moderne arabische Unterhaltungsmusik. Kurz danach entdeckte ich Georg in blauem Leibchen unter den Hotelgästen, wie er mit an-

„Helft mir lieber, den Konvoi zu schützen!“

gelegten Ohren als böser Wolf der Fährte eines alleinreisenden brünetten Geißleins folgte. Auf ähnliche Art wie unser Seewolf hatte Seine Exzellenz inzwischen Cleopatra von der Herde getrennt und manövrierte sie sehr geschickt immer weiter zu einer in den Hintergrund führenden Säulenreihe.

Feuerbill dampfte mit seiner Pfeife in voller Fahrt vorbei. „He, steht nicht da wie die Ölgötzen, helft mir lieber, den Konvoi zu schützen!“ zischte er die selbstgefällig ihre Cocktails nippenden Skipper an. „Ich habe gerade Lorelei von den Enterhaken des Hafenkapitäns befreit, und jetzt schießt Cleo da hinten Rotfeuer! Bewegt euch und fahrt Geleitschutz für unsere Goldengel. Die Herren hier können ihre Abstammung von wilden Wüstenräubern nicht verleugnen.“

Ich half Simon, ein weiteres Tablett zu leeren und den Vorrat am Sims zu vergrößern, dann liefen wir eine Runde durch die Halle, ob noch eine christliche Galeone von Berberschebeken bedroht wurde. Dabei riet ich Sepp, seine Unterhaltung mit einem zufällig getroffenen Landsmann an der Bar abzubrechen und sich um Monika zu kümmern, und befreite dann Calypso von einem Tourismusexperten aus dem Gefolge des Ministers, der das mit dem Fremdenverkehr zu wörtlich nahm und gerade versuchte, sie durch die aufgehende Tür in einen Lift zu zerren.

„*Ana asif, ya sidhi!*" murmelte ich entschuldigend, als ich so tat, als wäre ich gestolpert. „Tut mir leid, mein Herr!" Der Rammstoß traf ihn voll, und da ich Calypso mit dem zweiten Arm in die andere Richtung schob, flog er allein in den Lift. Ich drückte fürsorglich aufs Knöpfchen des obersten Stockwerks.

„Pffff, danke!" rief Calypso erleichtert. „Der Kerl hatte ja sechs Hände. Wischte ich zwei von meinem Busen, hatte ich vier andere am Po oder weiß Gott wo!" Ich hielt sie noch immer fest. Sie strahlte mich eine Weile lagunenblau an, warf dann die Hände um meinen Hals und jubelte: „Wir haben's geschafft! Alle haben's geschafft! Die Prüfung ist endlich vorbei!" Sie lehnte ihren Kopf an meinen und flüsterte mir ins Ohr: „Jetzt sind Sie nicht mehr Prüfer, und ich bin nicht mehr Prüfling, also braucht keiner dem anderen was vorzuschwindeln. Können wir jetzt endlich wegräumen, was störend zwischen uns steht?"

In dem Moment wurde sie überraschend schwer. Sie rutschte an mir herunter, und meine Hand lag plötzlich unter ihrem Leibchen auf ihrer warmen Haut. Mir wurde ganz komisch. „Gleich hier?" fragte ich leise und griff zur Schließe ihres BH. „Oder lieber dort drüben hinter den Palmen?"

„Vom Regen in die Traufe!" lachte sie und versuchte sich zu befreien. „Hören Sie, Skipper, wir hatten ausgemacht, daß wir uns nach der Prüfung neu kennenlernen wollen. Aber doch nicht wie Römer und Punierin im brennenden Karthago!"

„Also gut, wo soll ich anfangen? Beim Brautpreis? Nehmen Sie auch ungültige Kreditkarten für die Anzahlung?"

„Einigen wir uns doch auf ganz normale abendländische Etikette. Zum Beispiel hätte ich nichts dagegen, von einem gewissen tüchtigen Skipper, der leider im Umgang mit Frauen überhaupt nicht versiert ist, zum Abendessen eingeladen, verwöhnt und ein wenig angehimmelt zu werden. Vielleicht lasse ich mich sogar überreden, mit ihm später im Mondlicht am Strand spazieren zu gehen. Aber versprechen kann ich nichts, das wird von ihm abhängen!"

Rebitschek unterbrach uns, ein Tablett mit vollen Gläsern balancierend. „Da seid ihr ja! Helft mir! B. A. hat langsames Austrinken und Verholen ins ‚Sindbad' signalisiert, und ich hab' noch einen beträchtlichen Vorrat. Wär' doch schade drum, oder?"

Trotz kräftiger Unterstützung von Laszlo, Felix und Willi mußten wir Simons Lager hastig kippen, denn Feuerbill begann schon mit dem strategischen Rückzug. Er evakuierte zuerst die Mädchen und sandte sie unter starker Eskorte voraus ins „Sindbad".

„Der Minister ist von unserer Flottille und der Segelprüfung sehr angetan", vertraute mir B. A. beim Hinausgehen an. „Er muß jetzt noch zu einer wichtigen Besprechung, wird aber versuchen, spät nachts unseren Yachten einen Besuch abzustatten. So gut geführte Schiffe imponieren ihm offensichtlich!"

Ich wollte seinen Stolz auf unsere Schiffe nicht verletzen, indem ich ihn aufklärte, daß es wahrscheinlich in erster Linie Cleopatra war, die seiner Exzellenz imponierte.

Beim Admiralsdinner herrschte von Anfang an Bombenstimmung. Gelockert dank der Cocktails des Ministers, erlöst vom Prüfungsstreß und aufgeblasen durch das Erfolgserlebnis, benahmen sich alle so ausgelassen wie eine siegreiche America's-Cup-Crew, die gerade gegen übermächtige Konkurrenz die Kanne gewonnen hat.

Tunesischer Rotwein floß in Strömen, und immer wieder brachen kleine Abordnungen auf, um einander an der Theke auf eine Runde Boucha einzuladen. Ich stellte für Calypso und mich ein Spezialmenü zusammen. Da am linken Ende des Buffets wie üblich ein beträchtlicher Stau entstand, wandte ich den Buffettrick Nummer eins an. Ich holte uns zunächst vom rechten Ende des Buffets, wo sich noch kein Mensch drängte, süße Nachspeisen und Käseaufschnitt. Dann brachte ich zweimal vom ausgezeichneten Zürcher Geschnetzelten und den Butterspätzle, dann vom Chakchouka, einer fürchterlich scharf gewürzten tunesischen Gulaschversion, dann vom Fisch, und erst beim Huhn traf ich auf die Hauptmasse der Buffetstürmer, die sich langsam nach rechts vorarbeitete. Also umging ich den Stau, und wir kosteten nun den Suppengang, Isaaks Linsenpüree und ein paar der noch verbliebenen Briks, bevor wir uns den wartenden Nachspeisen widmeten. Durch diesen Trick waren wir schon satt und zufrieden, als die anderen sich noch um die Spätzle rauften.

Als ich dann weiter unten am Tisch unseren Pfadfinder von 30 Meter hohen Brechern berichten hörte, neigte ich mich zu Calypso:

„Jetzt hätte ich wahnsinnige Lust, mit dir durch die Nacht zu laufen. Der Mond geht zwar erst später auf, aber auch die Lichterkulisse der Stadt ist recht romantisch.“

„Nun gut“, meinte sie, „Sie haben mich überredet, Skipper. Wir treffen uns in fünf Minuten draußen an der Treppe.“

Im Vorbeigehen kassierte ich noch einen Boucha von Simon, denn so ein Gläschen stärkt angeblich den Mut.

Am nächsten Morgen war, wie gesagt, die Luft aus dem Törn. Daß sich über Nacht etwas grundlegend verändert hatte, merkte B. A. zum ersten Mal, als wir vor der Cafeteria zusammentrafen. Ich kam mit Calypso vom Strand, wo wir zum Munterwerden ins Meer gesprungen waren. Er trabte mit Willi als Trainer, verschwitzt und schnaufend, aber sichtlich stolz auf seine beinharte Selbstüberwindung, auf der Seepromenade einher. Um einen Tisch hockten ein paar zerknitterte Segler bei schwarzem Kaffee und Mineralwasser. Sie schienen durchwegs an Lichtempfindlichkeit zu leiden, weil sie ihre dunklen Sonnenbrillen auch im Schatten der Sonnenschirme nicht abnahmen.

„Hojatoho! Ist das nicht ein Morgen zum Eierlegen, Freunde?“ rief B. A. gutgelaunt. „Los, schüttet einen Eimer Wasser über eure welken Häupter! Wir wollen nach El Kantaoui auslaufen! Willi, mein Leibtrainer und Masseur, sei so nett, bring mir eine Schüssel Vogelfutter her. Ich will mit den Effendis frühstücken.“

Schwungvoll rückte er einen Sessel zum Tisch der stummen Grauvögel und nahm Platz. Einer von ihnen mußte sich zweimal räuspern, bevor er krächzte: „Wieso auslaufen? Wir haben für Nachmittag den Rückflug gebucht!“

B. A. begriff nicht gleich. „Unsinn, heute ist Donnerstag. Euer Rückflug geht am Samstag. Bis dahin können wir die traumhafte Brise ausnützen und nach El Kantaoui segeln – oder wir ankern vor der Hammamet-Bucht und suchen uns ein nettes Restaurant in dem berühmten Ferienort . . .“

„Theo hat einen früheren Flug für uns besorgt“, krächzte die Krähe. Jetzt erkannte ich, daß es sich um Wendelin den Waldläufer handelte.

B. A. starrte ihn ungläubig an. „Du und Theo, ihr wollt heute schon aussteigen? Ihr habt doch bis Samstag die Chartergebühr bezahlt!“

Wendelin winkte müde ab. „Was soll das noch? Die Prüfung ist vorbei. Meinen Vermerk bekomme ich auch in den zwei Tagen nicht weg.“

B. A. schnitt ein Gesicht, brummte aber dann versöhnlich: „Gut, gut, wie du willst. Sag's deinem Skipper, er muß dich abmelden ..."

„Er ist mit den Papieren schon beim Hafenkapitän", sagte ein anderer. „Wir fliegen alle heute!"

„Wer ist ‚alle'?" grollte nun Barawitzka.

„Na, wir fünf! Dazu die Krankenschwestern und die Leute von der KLOSTERBOCK, auch die von der KAISERPILS und der HOPFENPERLE..."

B. A. quollen die Augen aus den Höhlen. Er setzte ein-, zweimal zum Sprechen an, preßte dann die Lippen aufeinander und erhob sich. „Guten Flug, meine Herren!" sagte er nur knapp und marschierte zum Kai.

Calypso und ich folgten ihm in unseren Bademänteln. Sie warf mir einen Blick zu, der besagte, daß sie B. A.s verletzte Gefühle verstand. Das nahm mich sehr für sie ein.

Barawitzka stand eine Weile wie unschlüssig vor der Gangway der HOPFENPERLE und schaute auf die Seesäcke und Tragetaschen, die schon fertig gepackt im Cockpit lagen. Dann machte er kehrt, nahm von einem Schaltkasten einen dort deponierten Waschbeutel und ein Handtuch und wandte sich an mich. „Ich gehe duschen. Karl, bitte frag die Leute und stell eine Liste darüber zusammen, wer heute abfliegt und wer bleibt. Ich sitze dann im ‚Sindbad'!" Er stieß rhythmisch die Luft durch die Nase wie eine Lokomotive und trabte in kurzen Laufschritten davon.

„Wenn alle heimfliegen, wer bringt dann die Schiffe zurück?" fragte Calypso.

„Ein paar Mann werden uns schon noch bleiben. Mit einem zweiten verläßlichen Mann segle ich die GOLDFASSL auch ohne Crew nach Malta zurück."

„Tut's auch eine verläßliche Frau, wenn sie sich bemüht?"

Ich starrte sie erstaunt an. „Ich dachte, du mußt Montag um Punkt sechs Uhr deinen Dienst im Spital antreten?"

„Ha!" schnaubte sie verächtlich. „Das wäre eine schöne Lady Barbara, die ihren Hornblower alleinläßt, wenn seine Mannschaft desertiert!" Sie lief zur KAISERPILS.

Eine halbe Stunde später erkannte B. A. den Umfang der Massendesertion. „Sepp, Monika, Laszlo, Theo, Viktor, Felix, Feuerbill, Cleo, Lorelei, Ali Baba, und, und, und ... Kazunga! Das ist ja beinahe die gesamte Crew!"

„B. A., ich fürchte, du mußt dich an den Gedanken gewöhnen, daß du seit gestern überhaupt keine Crew mehr hast. Es gibt nur mehr Skipper. Ein paar davon wollen noch bis Malta zurücksegeln. Und nach dem, was ich bei der Umfrage erlebte, kann ich dir noch eines sagen: Mach dich gefaßt auf härteste Konkurrenzkämpfe! Sie streiten jetzt schon darum, welcher der oberste Skipper ist und das Sagen an Bord hat!"

Er schloß ein paar Momente die Augen und preßte die Lippen zusammen. Dann fragte er: „Wer bleibt uns … Wer bleibt denn da noch?"

Ich zeigte ihm eine zweite Liste. „Am besten ist die HOPFENPERLE dran. Da wollen Janos, Jumbo und Simon bis zum bitteren Ende mitsegeln. Mit dir sind's vier Mann. Außerdem hat sich Willi freiwillig gemeldet. Als dein Diätkoch und Trainer will er bei dir bleiben."

B. A. nickte. Aber schimmerte da nicht eine Träne der Rührung in seinem Auge?

„Die GOLDFASSL bringe ich mit Calypso nach Malta. Auf der KAISERPILS sind Kung Fu und Hugo Weinmann. Da auch Ingenieur Westermayer uns verläßt – angeblich hat er ein tolles Angebot, in der Karibik zu skippern –, bleibt auf der KLOSTERBOCK Max Casarolli als Skipper. Der sagt allerdings, er hat einen Chartervertrag mit Kettering in der Tasche und erwartet am Samstag eine Partie Tauchfreunde, mit denen er zu eigenen Zielen segeln will. Jetzt verlangt er, daß Georg und Charly von Bord gehen. Ich habe ihnen gesagt, sie sollen auf die KAISERPILS umsteigen. Das also ist die Situation."

B. A. nickte ein paarmal und sagte dann mit belegter Stimme: „Damit hört die Flottille zu existieren auf. Sie gehört mir nicht mehr." Er seufzte. „Kettering wollte für die Rückfahrt nach Malta die freien Kojen an Chartergäste verkaufen, aber ich war dagegen. Ich hoffte, daß einige so begeistert sein würden, daß sie weiter … Nein! Vergessen wir das!" Er nahm sich sichtlich zusammen und bemerkte leichthin: „Die Leute wollen eben nach Hause, klar. Drei Wochen Prüfung sind hart und lang und verbrauchen kostbare Urlaubszeit. Dafür habe ich Verständnis." Er schüttelte sich wie ein Kampfstier in der Arena, der die lästigen Lanzen abwirft. „Unser Schweizer Tunesier bietet den Aussteigenden seine Gastfreundschaft und will außerdem den Transfer zum Flughafen Monastir arrangieren. Du bekommst einen Mann für die Überführung nach Malta …"

„Danke, eben das möchte ich nicht. Ich will Calypso zeigen, wie man's auch zu zweit schafft."

Er warf mir einen schnellen Blick zu. „Du hast alles schon sehr zufriedenstellend organisiert, Karl. Dann bleibe ich also auf der HOPFENPERLE ..." Er schaute über meine Schulter. „Simon!" Er winkte den Eintretenden heran und reichte ihm meine Liste. „Tu mir einen Gefallen, treib die Leute da –", er deutete auf eine Rubrik, „treib die ein wenig an, damit sie in einer Stunde mit ihrem Gepäck am Kai sind. Wir segeln, sobald sie fertig sind. Ich komme gleich nach, muß nur noch schnell was mit Vettermann besprechen."

„Mein Admiral!" Simon faßte an seine Messerscheide. „Zur Hölle mit den Aussteigern. Aber hab' ich euch's nicht gesagt, das wird ein Katastrophentörn?" Grimmig verließ er das Restaurant.

B. A. wandte sich an mich: „Nichts liegt mir ferner, als mich ins Privatleben meiner Freunde einzumischen. Nachdem mir aber etwas aufgefallen ist, muß ich es dir doch noch sagen, Karl. Ich kenne dich seit zwanzig Jahren, wahrscheinlich besser als du dich selber. Es ist an der Zeit, daß du aufhörst, den ewig Falschverstandenen, den Pechvogel, den Zyniker in punkto Frauen zu spielen. Die Kleine mit dem Zopf mag dich, und sie ist kein unübler Typ. Ihr zwei paßt recht gut zusammen. Nur mußt du langsam aus deiner Reserve gehen und deinen Harnisch ablegen. Denn irgendwann wird sie müde werden, dir nachzurennen, du Idiot! Und dann hast du allen Grund, ihr nachzuweinen. Halbwegs gut aussehende Frauen, die auch noch gern segeln, sind so selten wie echte Perlen in einem Teller Miesmuscheln! Nimm dich also endlich zusammen und vergiß Old Shatterhand, den Lonesome Ranger und Davy Crockett! Die sind bei den heutigen Frauen schon lange nicht mehr ‚in'!" Er stand auf und strich sich den Jogginganzug über dem Bauch glatt. „Nun mach daraus, was du willst! Aber das mußte ich dir mal sagen. *Amanillah, ya Raïs Effendi!*"

Er ging, und ich saß ziemlich begossen da.

Als die ersten Abgemusterten ihre Seesäcke in die Bar schleppten, kehrte ich zum Kai zurück. So schnell konnte ich mich von meinen lange verehrten Desperados, Revolverhelden und Jugendvorbildern natürlich nicht trennen. Aber einen Anfang zu machen, das war immerhin ein Schritt in Richtung Weisheit.

Als ich schon unter Deck verschwinden wollte, hörte ich auf der Nebenyacht ein Gespräch, das mich den Kopf wieder rausstecken und Hoffnung auf das Gute im Menschen schöpfen ließ.

„HOPFENPERLE ahoi!" preite Dick Feuerbill vom Kai herüber und stellte seinen Seesack ab. „Ist Barawitzka an Bord?"

Bin gleich an Deck!“ rief der Ex-Admiral eifrig von unten.

„Ich komme nicht, um mich zu verabschieden“, rief der Pinzgauer. „Ich will anheuern. Hab’ gehört, daß kräftige Hände in der Flottille Mangelware sind.“

B. A. kam mit verwundertem Gesicht herauf. „Was heißt das? Fliegst du heute nicht?“

„Meinst du, ich lasse meine Freunde im Stich? Da kennst du mich aber schlecht. Ich wußte nichts von dem Massenexodus. Flugzeuge gehen auch nächste Woche oder übernächste.“

Die beiden grinsten und schüttelten einander die Hände.

„Wie machen wir das jetzt beim Anlegen, *ya Habibi* – mein Liebling?“ fragte Calypso und bewies, daß sie recht rasch im Aufschnappen arabischer Brocken war.

„Ganz einfach – wie im Lehrbuch. Du bist Skipperin und ziehst die GOLDFASSL in elegantem Bogen mit dem Heck voran in eine Lücke zwischen zwei vertäute Yachten oder an einen leeren Kai. Ich angle derweil mit dem Bootshaken nach der Muringleine. Wenn du zirka zwei Meter vor der Mauer Gegenschub gibst, mache ich die Muring vorne fest, du wirfst die vorbereiteten Heckleinen irgend jemandem am Ufer zu, und – *voilà!* – wir liegen. Das ist alles. Du hast das schon tausendmal geübt.“

„Wenn aber ein Seitenwind …“

„Baaah! Vergiß den Seitenwind. Wenn Allah will, daß wir uns nicht blamieren, dann gibt es keinen Seitenwind. Ich weiß außerdem, daß du es trotzdem könntest. Halt, nicht zuviel Gas wegnehmen! Brause lieber forsch in den Hafen. Halte gute Fahrt im Schiff, dann läßt es sich besser manövrieren.“

Sie nickte tapfer. Wir glitten flott zwischen den Wellenbrechern und den Molenfeuern von Port El Kantaoui durch. Die Marina von Sousse war viel größer als die von Monastir, hier lagen viele hundert Yachten. Am Kai flanierten Scharen von Spaziergängern, hinter den Uferanlagen türmten sich Appartementhäuser und Hotelbauten. Es war noch immer so warm wie den ganzen Tag über. Wir passierten die erste Reihe nebeneinander aufgefädelter Yachten. Wo Crews an Bord waren, standen sie neugierig auf und kamen an die Reling. Ich kannte das. Wenn ein Boot anlegt, dann schaut jeder gern zu, denn manchmal gibt es dabei etwas zu lachen. Da sah ich Georg winken: Zwischen der HOPFENPERLE und der KAISERPILS war eine Bootsbreite Platz.

„Na, hab' ich's nicht gesagt?" rief ich Calypso zu. „Die erwarten uns. Also jetzt, elegante Kurve, Maschine achteraus und rückwärts hinein!"

Am Kai blieben Leute stehen, um unser Manöver zu beobachten.

Hamdullilah – Allah sei Dank! Es stand geschrieben, daß wir wie Profis anlegen sollten: achterlicher Anlauf, der beim ersten Mal paßte. Gegenschub, ich erwischte die Muring mit einem Griff, die Heckleinen flogen, wurden von einem breit grinsenden Georg aufgefangen und blitzschnell belegt. Wir waren fest.

„Super, ganz super, *Habibi!*" Ich stürzte zum Achterschiff und küßte Calypso. „Das hast du prima gemacht!"

„Seit wann seid ihr denn wieder per du?" fragte Simon vom Nebenschiff mit großen Augen.

„Siehst du das nicht?" heulte Georg belustigt auf.

„Ja, das war flott gefahren!" rief B. A. mit einer gewissen Ungeduld in der Stimme. „Aber jetzt solltet ihr euch endlich was überziehen! Man ist hier zwar Fremden gegenüber sehr tolerant, trotzdem ist das kein FKK-Hafen, sondern Nordafrika, bei Adam und Eva!"

Jetzt erst merkte ich, daß wir ... Huuuu! So schnell waren zwei Skipper noch nie unter Deck verschwunden. Und ich hatte geglaubt, es wäre eine gute Idee, wenn wir draußen auf See, allein mit Sonne und Meer, die Badehose und den Bikini vor Abnützung schützen würden ... Darum hatte Georg so dreckig gegrinst! Und deshalb waren die Zuschauer in Scharen herbeigeströmt!

Gegen Abend bezog sich der Himmel, und es begann leicht zu nieseln. Im Hafen herrschte trotzdem ein Leben und Treiben wie in St. Tropez. Es war gar nicht einfach, sich für ein bestimmtes Restaurant zu entscheiden, so viele gab es. Kaum hatten wir eines gefunden, das nicht überfüllt war und ganz nett aussah, da schlug uns entweder massiver Wiener Dialekt oder das markig gesungene Westerwaldlied entgegen. Es begann stärker zu tröpfeln. Wir stellten uns unter einen Torbogen, und B. A. meinte, es wäre unnütz, wenn wir uns alle durchnässen ließen. Es wäre vernünftiger, einen Quartiermacher vorauszuschicken, der ein geeignetes *Mat'aam* suchte, einen Tisch reservierte und dann signalisierte.

„Das mache ich!" sagte ich und sprintete los.

„Wie willst du uns denn verständigen?" rief mir Simon nach.

„Entweder kann ich mich bemerkbar machen und winken, oder ich laufe schlimmstenfalls zurück."

Es war ein verhältnismäßig weiter Weg um die vielen Hafenbecken herum bis ans andere Ende der Riesenmarina. Ich begutachtete ein weiteres Dutzend Tavernen, wollte aber eine endgültige Wahl erst treffen, nachdem ich alle gesehen hatte. Ganz am Ende, beim hinteren Wellenbrecher, glitzerten die Lichter eines Restaurantschiffes. Die bunten Lampengirlanden zwischen den Masten spiegelten sich im schwarzen Hafenwasser. Ein sehr romantisches Bild. Wenn das nicht das Passende war! Ich stieg aufs überdachte Oberdeck. Zwei große Tische waren frei. Ich setzte mich und überflog die Speisenkarte. Viele Fischspezialitäten, Kuskus, Steak, Lamm, Huhn, Tauben. Dazu sehr vernünftige Preise, und was die Gäste an den Nebentischen vorgesetzt bekamen, sah sehr appetitlich aus und roch verlockend.

„Monsieur?" Eine Prinzessin mit rabenschwarzen Locken und großen Gazellenaugen lächelte mich an. Jetzt war meine Wahl getroffen. Aber den ganzen weiten Rückweg durch den Regen wollte ich mir ersparen. „Mademoiselle ..." Ich kratzte mein Französisch zusammen und ersuchte sie, alle Außenlichter des Schiffes fünfmal ab- und wieder anzudrehen. Weil sie mich seltsam ansah, fügte ich erklärend hinzu: „Dann kommen noch ein Dutzend Freunde nach, die da drüben auf ein Zeichen von mir warten. Wir wollen alle hier essen."

„Ich muß fragen." Sie ging in die Küche, und der Chef kapierte sofort. Die komplette Decksbeleuchtung ging an und aus und signalisierte eine unmißverständliche Botschaft in die Nacht. Jetzt war ich gespannt, ob sie auch verstanden wurde.

Zehn Minuten später tauchte Feuerbill an Oberdeck auf, sah sich um und winkte den Untenstehenden zu. Er setzte sich grinsend zu mir. „Du kannst es aber, mein Lieber! Der ganze Hafen hat blöd geschaut, als das Riesenschiff da auf einmal Blinksignale gab. Calypso sagte sofort: ‚Das kann nur mein Skipper sein!'". Er blickte sich um. „Sehr nettes Lokal. Sapperlot! Buch der Könige 10, Vers 1: ‚Und die Königin von Saba serviert hier persönlich!'"

Am nächsten Morgen war es wieder sonnig, aber windstill. B. A. spazierte mit Feuerbill los, um mit Kettering wegen der neuen Segelcrews zu telefonieren und eventuell einen Wagen für einen Ausflug nach Kairouan, der Heiligen Stadt, zu mieten. Ich suchte nach Wetterberichten im Radio, da setzte sich Georg zu mir. „Karl, kannst du mir das ins Französische und ins Englische übersetzen?" Er reichte mir einen kleinen Zettel.

Ich las erstaunt: „Seine Exzellenz, der Minister für Seefahrtswesen, gibt sich die Ehre, Sie für heute abend um 19 Uhr zu einem Cocktail an Bord der Segelyacht KAISERPILS in der Marina El Kantaoui am Quai d' Honneur, Liegeplatz Nr. A 27, einzuladen." In der einen Ecke stand „Sommerkleidung" und in der anderen eine unleserliche Unterschrift.

„Georg, du Gauner, was soll das?"

Er hob die Schultern. „Warum sollen wir nicht auch mal eine nette Bordparty veranstalten? Das ist eine schöne Marina, wir haben ein großes Boot und jede Menge zollfreier Getränke unter den Bodenbrettern. Willi hilft mir, kleine Snacks vorzubereiten, die gereicht werden können. Da drüben im Supermarkt verkaufen sie bunte Lampengirlanden. Unter unser Sonnensegel gehängt, müßten sich die sehr nobel machen ..."

„Georg, das ist ja alles schön und gut, aber was soll das mit dem Minister?"

Er schaute drein wie ein Lausbub. „Zu einer ordentlichen Party gehören viele Gäste, in der Hauptsache fesche Girls. Hier in El Kantaoui wimmelt es davon. Wenn ich aber auf die Einladung schreibe: ‚Georg Hajduk, Tischler und lüsterner Yachtskipper, hätte mit Ihnen, Mademoiselle, gerne an Bord seiner Dschunke eine Fête veranstaltet', meinst du, daß auch nur eine käme? Aber der Einladung eines respektablen Ministers kann man sogar mit Erlaubnis der Frau Mama folgen, oder?"

„Du bist ein findiger Haderlump, Georg! Und darum willst du auch fremdsprachige Einladungen?"

„Ist doch vornehmer. Ich hab' auch schon eine arabische. Die nette Sekretärin im Marinabüro hat sie mir übersetzt und auf ihrer arabischen Maschine getippt. Ich brauche insgesamt vier Versionen für eine DIN-A4-Seite. Die kann ich dann hundertfach fotokopieren, zu handlichen Kärtchen zerschneiden und im ganzen Ort an alle Mädels verteilen. Das ist wie beim Fischen, du mußt nur ordentlich anfüttern und viele Leinen ausbringen. Dann sollte es doch mit dem Teufel zugehen, wenn von vierhundert verteilten Cocktailkärtchen nicht ein paar ihren Zweck erfüllten, nicht wahr?"

„Georg, was ist aber, wenn alle vierhundert kommen? *Bismillah,* das möchte ich miterleben!" Ich übersetzte ihm beide Texte, und wir schauten sogar im Wörterbuch nach, denn von der Einladung eines Ministers durfte man Sorgfalt erwarten.

B. A. kam mit neuen Informationen vom Vercharterer zurück. „Also, in Malta bekommen wir Verstärkung durch Segler, die noch Seemeilen, Über- und Nachtfahrten für irgendwelche Scheine sammeln müssen. Das mit Casarollis Charterauftrag stimmt, er muß die KLOSTERBOCK selber nach Dubrovnik zurückbringen. Der geht uns nichts mehr an. So!“ B. A. steckte seinen Notizzettel weg. „Wer kommt mit auf einen Ausflug nach Kairouan? Ich habe zwei kleine Autos.“

Georg wollte natürlich im Hafen bleiben. Willi und Kung Fu schlossen sich ihm mit Verschwörermienen an.

Wir kamen gegen 18 Uhr in die Marina zurück, müde, von Schlaglöchern durchgebeutelt, den Kopf voller Geschichtsdaten, Namen und Bildern, und mit einem Wagen voller Teppiche. Auch ich hatte einen schönen blau-weißen Berber erstanden. Weil die Verkäufer in der Teppichknüpferei so lästig waren, hatte ich den Kreditkartentrick angewandt – aber diesmal meine Meister gefunden. Ohne mit der Wimper zu zucken, holten sie so eine kleine Walzmaschine hervor, legten ein Scheckformular ein – und ritsch-ratsch! Schon bekam ich Karte und verschnürten Teppich in die Hand gedrückt. Nun ja, man kann nicht immer gewinnen.

„*Bismillah* – im Namen des Allmächtigen!“ stieß Barawitzka verblüfft hervor, als wir schwer beladen den Kai erreichten. „Was haben denn die vor?“

Die KAISERPILS wirkte wie eine Mischung aus schwimmendem Tanzpavillon und Heurigenlokal: über die Toppen geflaggt – ich hatte gar nicht gewußt, daß ein kompletter Satz Signalflaggen an Bord war –, das Deck von mehreren Petroleumlampen nostalgisch beleuchtet. Die bunten Christbaumgirlanden am Saum des Sonnensegels und am Achterstag gaben dem Ganzen einen Hauch von Prateratmosphäre. Georg, frisch vom Friseur, stand schick in blendendem Weiß gekleidet da und mimte den Gastgeber. Willi sah in tunesischer Pluderhose, einem rotledernen Gewichthebergürtel und einem Fez auf seinen Ringellöckchen aus wie ein Flaschengeist, dem jemand die Flasche zugestöpselt hat, ehe er ganz herausgeschwebt ist. Seine schwellenden Muskeln waren mit Öl eingerieben, und solange er sitzenblieb, stöhnten am Kai vorbeigehende Damen auf und maßen Taille und Schultern ihrer Wohlstandsgatten mit verächtlichem Blick.

Kung Fus Aufmachung überraschte mich, ich erkannte ihn nur an seinem blankpolierten Kopf. Er steckte in einem flotten dunkelblauen Blazer mit einem Mordswappen auf der Brust und in heller Flanellhose. Er trug Hemd und Krawatte – allerdings war er bloßfüßig. Dafür schmückte ihn eine riesige Sonnenbrille mit undurchsichtig verspiegelten Gläsern. Er sah sehr verrucht aus.

„Haben die Herren schon eine Einladung?“ erkundigte sich Georg lächelnd und hielt B. A. ein Kärtchen hin. „Ihr könnt gern mitmachen. Eure Sonnensegel haben wir schon aufgespannt, Lampen und Girlanden können wir euch leihen.“

B. A. gab ihm die Einladung mit bewunderndem Schmunzeln zurück. „Alle Achtung, Tischler! Blendende Idee und professionell ausgeführt. Wer von euch ist denn der Minister?“

„Der mußte leider absagen, weil Kung Fu nicht zu bewegen war, Schuhe anzuziehen. Und bloßfüßige Minister sind verdächtig.“

B. A. wandte sich an seine Crew: „Wie ist das, Kinder, wollen wir unsere Yacht rasch in ein Partyschiff verwandeln? Ich ...“ Er verstummte, weil Jumbo sich schon in die Kombüse stürzte und Konserven aus dem Schapp riß, Feuerbill Lampen aufhängte und Simon den Cockpittisch aus dem Achterschapp zog. „Na gut, das ist auch eine Antwort. Dann gehe ich duschen und mich fein machen.“

Ich habe immer bewundert, zu welch fieberhafter Aktivität Leute mit der Aussicht auf ein Fest zu motivieren sind. Eine halbe Stunde später präsentierten sich die drei nebeneinander vertäuten, festlich beleuchteten Decks aufsehenerregend im Hafen. Die abendlichen Spaziergänger blieben stehen und rätselten, welche Millionäre da wohl eine Party gaben. Jumbo werkte fieberhaft in der Kombüse und durfte wieder einmal voll zuschlagen mit Kaviar, Lachs und Mayonnaise. Simon rührte in der großen Plastikpütz einen Punsch an, der einem schon beim Schnuppern das Wasser in die Augen trieb, und Janos wechselte mit Kung Fu das Gewand, um den Minister zu spielen. Mit seinen grauen Schläfen, der Adlernase, dem Schnurrbart und den Krücken sah er äußerst repräsentativ aus. Ich half Calypso, die Stereolautsprecher der GOLDFASSL abzumontieren und in den Salingen der äußeren Boote anzubändseln. Charly besorgte in einem Zubehörshop die entsprechenden Verlängerungskabel, und dann dröhnte Rod Stewarts „*I Am Sailing*“ über den Kai.

Es wurde 19 Uhr und spannend. Hatte Georgs Aktion Erfolg oder nicht?

B. A., fast so dezent gekleidet wie der „Minister“, hatte sich aufs Kabinendach gesetzt und nahm Wetten entgegen über die Anzahl der zu erwartenden Gäste.

Auch Hugo war in Blazer, weißem Hemd und Krawatte kaum wiederzuerkennen.

Eine Viertelstunde später hatte sich noch niemand durch die Zuschauermenge am Kai gedrängt und eine Einladung vorgewiesen. Georg lächelte zwar noch immer siegessicher, aber doch schon leicht nervös, je weiter der Minutenzeiger wanderte.

„Ach was!" brummte Simon, der eine ganze Weile wartend den Schöpflöffel geschwungen hatte. „Ich brauche keine fremden Weiber, um ein Glas ‚Gabes Force Eight' zu kosten. Wer mag?" Er begann auszuschenken.

„Kazunga!" keuchte B. A. nach dem ersten Schluck. „Du bist ja wahnsinnig, Rebitschek! Das kannst du den Mädchen nicht antun, die fallen uns ja nach dem ersten Glas bewußtlos um. Rühr bei Allah einen zweiten Kübel an, mit maximal einem Fünftel deiner Höllenmischung, und schütte den Rest mit Fruchtsäften auf!"

„Meinst du?" Simon aber mußte selber husten und trug seinen Eimer rasch wieder unter Deck. Ich hörte ihn dort pritscheln.

„Na, Tischler?" Janos äugte auf seine Uhr. „Ich fürchte, dein ganzer Fleiß war für die Katz' …"

„Uuuh uh! Schorsch, *ya Habibi!*" Die Menge am Kai teilte sich, und die Königin von Saba stöckelte im Cocktailkleid näher, ihr Kärtchen schwenkend.

Georgs Gesicht spaltete ein strahlendes Lächeln, er sprang herzu, half der Kellnerin vom Restaurantschiff über die Gangway und bückte sich, um ihr die hochhackigen Schuhe auszuziehen. In diesem Moment wurde es am Kai lebendig. Etwa ein Dutzend jüngerer Damen drängte sich heran und hielt Willi und Kung Fu hilfesuchend die Hände am Fuß der Gangway entgegen.

„Hol mich der Teufel!" knurrte B. A. „Die haben nur gewartet, bis die erste mutig genug war. Das muß ich mir merken. Für solche und ähnliche Gelegenheiten darf man also nicht vergessen, einen Lockvogel einzubauen, der den ersten Schritt tut. Interessant!"

Es kamen zwar nicht alle vierhundert, aber genug. Und es kamen nicht nur Partygirls.

„Schön' juten Tach!" Ein beleibter Herr mit Strohhut, in blumenbedrucktem Hemd und kurzer Hose schlüpfte aus seinen Sandalen. „Meine Tochter ist leider auf einen Seeijel jetreten und liecht nu' mit Fieber im Bett. Damit Seine Exzellenz nich' jlaubt, wir wären unhöflich, komme ich in ihrer Vertretung. Ich hoffe, dat jeht in Ordnung?"

„Der Minister freut sich enorm", versicherte ich und drückte ihm ein Glas von Rebitscheks Unverdünntem in die Hand.

Zwei Klosterschwestern, hochgeschlossen mit Flügelhaube und großem Kreuz auf der Brust, wunderten mich schon mehr. Ich brachte sie in die Obhut Calypsos. Die erzählte mir später, die Bräute Jesu hätten eine Einladung erhalten, weil sie wie alle anderen im Badekostüm am Swimmingpool gelegen hätten. Ja, Georg, so kann man sich täuschen!

„Ich bin von Finnland!" vertraute mir eine strohblonde, sommersprossige Freistilringerin an. „Meine Freundin Illa kann nicht kommen, sie hat ein Rendezvous mit einem Araberprinzen. Haben Sie Wodka?"

Ich schätzte sie auf größte Trinkfestigkeit ein, und da Wodka nicht zu unserem Bestand zählte, erhielt auch sie „Gabes Force Eight". Sie schaute erst etwas verächtlich, aber nach dem ersten Schluck hob sie die Augenbrauen und gab sich zufrieden.

Das Gedränge auf allen drei Schiffen war inzwischen beängstigend geworden. Mich schauderte, wenn ich daran dachte, wie die Decks morgen aussehen würden.

„Haben Sie schon mal gesehen, wie Radar funktioniert?" fragte Georg Hajduk gerade eine schüchterne Kleine. „Nein? Das müssen Sie erlebt haben! Dabei können Sie gleich sehen, wie wir an Bord so leben. Ich zeige Ihnen meine Kajüte ..." Sie verschwanden nach unten.

„Mein Gott, haben Sie Muskeln!" wunderte sich eine schlanke Rothaarige. „Ist die Arbeit an Bord denn so schwer?"

„Nein, das ist vom Kornmühlendrehen", antwortete Willi. „Wir mahlen jeden Morgen frisches Korn und backen unser eigenes Brot. Sie müssen auch meine neueste Kreation, eine Dattelfeigen-Vollwerttorte, kosten. Kommen Sie, die wird Ihnen schmecken ..." Er nahm sie bei den Hüften und hob sie wie ein Federgewicht in die Kajüte hinunter.

„Sie sind Kung-Fu-Kämpfer?" fragte die Finnin den Skipper der KAISERPILS, der jetzt in einen gelben Judoanzug geschlüpft war. „Ich auch ... Uaaaah!" Und schon trat sie dem Verblüfften wie eine wild gewordene Kuh vor die Brust, so daß dieser in hohem Bogen rücklings einen Salto ins Hafenwasser machte.

Kung Fu war nicht der einzige, der an diesem Abend baden ging. Wir hatten in weiser Voraussicht unsere Waschräume versperrt und

Zettelchen mit der mehrsprachigen Aufschrift: „Benützen Sie bitte die Toiletten im Marinagebäude gegenüber!“ angebracht. Auf den Gangways kamen besonders zu später Stunde manche vom schmalen Pfad der Tugend ab und stürzten wie Ungläubige in die feuchte Dschehenna. Ein paar Araberjungen erfaßten schnell, daß sie hier zu Bakschisch kommen konnten, und etablierten sich als Personen- und Schuhwerkretter am Kai.

„Gelungene Party!“ freute sich B. A., als ich mich einmal mit einem Tablett Gläser an ihm vorbeidrängte. „Das gibt der Crew wieder Auftrieb für viele einsame Stunden am Ruder. Denn die Heimfahrt wird, fürchte ich, kalt und ungemütlich werden. Oh, schau, da steht ein biederes Landrattenpaar am Ufer, das den Schritt auf die Hühnertreppe nicht wagt. Geben wir ihnen eine stützende Hand!“

Er war weißhaarig und knorrig wie eine Eiche, sie steif wie ein alter Kirschbaum, aber gekleidet waren sie wie Familienmitglieder der Ewings aus Dallas.

„Kommen Sie!“ sagte B. A. und streckte ihnen die Hand entgegen. „Nicht hinunterschauen, nur geradeaus, und einen langen Schritt machen!“

Tapfer kamen sie über den Abgrund. „Grüaß Gott!“ sagte der Mann mit kräftigem ostösterreichischem Dialekt. „Mir ham a Einladung kriagt, vom Minister für …“ Er fischte eine Brille aus der Brusttasche und versuchte Georgs Kärtchen zu lesen.

„Ist schon in Ordnung!“ lachte B. A. „Kommen Sie nur weiter zur Bar!“

„Wou is'n Seine Exzellenz der Minister?“ fragte der Mann. „I muaß mi z'erscht bei ihm bedanken!“

„Kommen Sie hier herüber … *Your Excellency, may I present …*“ B. A. leierte einen englischen Text herunter, wurde aber unterbrochen. Denn der Neuankömmling rief plötzlich: „Jo mei, da Janos-Baci! Sag, wia kummst denn du auf des Schiff vom Minister?“ Zu seiner Frau gewandt, fuhr er fort: „Woaßt, Marie, des is da Janos Gludowatz aus Oggau, der was den schweren Unfall g'habt hat!“

„Jo mei!“ lachte Barawitzka auf. „Gegen einen solchen Zufall ist man nicht gewappnet! Janos, ich bringe dir Landsleute, wie es scheint, auch Burgenländer!“

Nach diesem Knalleffekt entlockte es uns dann nur mehr ein mattes Lächeln, daß noch mehrere Gäste beim Wechsel von Schiff zu Schiff daneben stiegen und einen Umweg über die Badeleitern am Heck machen mußten, oder daß wir am Morgen beim Saubermachen die Finnin im Vorschiff der KAISERPILS schlafend vorfanden.

Samstag vormittag fauchte wieder der kalte Atlaswind über die Küste und machte unseren Schlag nach Norden in Richtung Kap Bon zu einer ungemütlichen Sache. Abends liefen wir in Kelibia ein. Der Skipper einer französischen Yacht ersparte uns den weiten Weg in die Stadt, indem er uns mitteilte, daß es dort ohnehin kein vernünftiges Restaurant gäbe. Jumbo lud alle zu einem gemeinsamen Schinkenfleckerlessen ein. Bei der tiefen Nachttemperatur war es richtig angenehm, in einer überfüllten Kajüte zu sitzen, die auch noch das Backrohr heizte.

„Segelt ihr noch bis Tunis?" fragte Kung Fu. „Also, uns von der KAISERPILS ist das zu mühsam. Das wäre ja nur Aufkreuzen und Gegenanboxen. Außerdem ist für die nächste Zeit hier keine Wetterbesserung zu erwarten, sagt der Franzose. In Malta soll dagegen die Sonne scheinen . . ."

In dem verzweifelten Versuch, wenigstens bis Malta Admiral einer Flottille von drei Schiffen zu bleiben, machte B. A. rasch schnipp.

„Das wollte ich gerade vorschlagen", kam er Kung Fu zuvor. „Hier ist es ungemütlich geworden, und die schönsten und originellsten tunesischen Häfen haben wir kennengelernt. Wenden wir unsere Kiele, nützen wir den Westwind für eine schnelle Reise zurück in Sonne und blaue See! Was meint ihr dazu?"

Barawitzka strahlte, weil sich alle Skipper einig waren, gemeinsam in Malta einzulaufen. Wir sprachen noch eine Art Regatta für die Rückfahrt ab, in zwei Schlägen, einmal von Kelibia nach Lampedusa und dann nach La Valetta. Die Siegercrew sollte von den Verlierern im „Black Pearl" zu einem festlichen Abschiedsdinner eingeladen werden.

Da wir voraussichtlich spinnakern würden, heuerte ich Feuerbill für die GOLDFASSL an. Calypso und ich hatten dafür doch zu wenig Hände.

Barawitzkas Rechnung ging auf. Bei strahlendem Sonnenschein und warmer milder Brise lief er als erster über die fiktive Ziellinie zwischen Fort Elmo am Dragutt Point und Tigne Fort auf der Sliema-Halbinsel, zwanzig Minuten vor meiner GOLDFASSL und 45 Minuten vor der KAISERPILS. Das Abendessen im „Black Pearl", einem alten, vom Grund der See gehobenen und am Ta'xbiex-Pier auf einen Betonsockel gestellten Dreimaster, war die letzte gemeinsame Feier, denn nun hatten doch die meisten ihren Urlaub bis zum äußersten gedehnt oder schon überschritten und mußten zurück an Land, um neuen Anspruch fürs nächste Jahr zu sammeln.

Barawitzkas Flottille löste sich stückweise auf. In der „Britannia Bar", die wir zu unserer Schiffsagentur ernannt hatten, liefen Ketterings telefonische Meldungen ein, wie viele Kojen schon wieder verkauft wären und welche Skipper in den nächsten Tagen anreisen würden. B. A. mußte sich von der KAISERPILS trennen und ich die GOLDFASSL räumen.

Im „Anchor & Plough" in St. Julian stellte der Ex-Admiral die Crewliste der HOPFENPERLE für die letzte Etappe des Törns von Malta nach Dubrovnik zusammen. „Skipper B. A. Barawitzka", schrieb er oben auf ein Blatt Papier und unterstrich es zweimal, damit es von vornherein keine Diskussionen über die Hierarchie an Bord gab. „Ich bleibe mit Janos in der Steuerbord-Achterkabine. Da haben wir die Backbordkabine noch zu vergeben. Wer will rein?"

„Schreib hin Simon und Dick", lachte Feuerbill. „Ich hab' denen zu Hause gesagt, sie sollen sehen, wie sie mal ohne mich fertig werden. Ich komme mit!"

„Bestens!" freute sich B. A. „Im Vorschiff sind noch zwei Kojen frei . . ."

„Da schreibst du Karl und Calypso hin", sagte plötzlich die kleine Skipperin neben mir.

„Nanu?" wunderte ich mich. „Ich denke, dein Primarius hat jede weitere Urlaubsverlängerung strikt abgelehnt? Außerdem könnten wir saukaltes Wetter kriegen, mit Regen und Schnee in der Adria!"

„Na und?" Sie hielt Guy hinter der Bar ihr leeres Glas hin. „Was meinst du, wo ich bei Regen und Schnee lieber bin? Allein im Schwesternheim in St. Pölten – oder bei dir auf See in deinem Schlafsack? Zur Hölle mit dem Primarius und dem Verwaltungsdirektor!"

Diese mutige Aussage erschütterte unsere kleine Gruppe an der Theke. Aus den Augenwinkeln sah ich, wie Simon sich entsetzt an die Stirn griff, wie B. A. und Feuerbill sich halb abwandten und krampfhaft einen Lachanfall unterdrückten und wie Janos schmunzelnd seine Schnurrbartspitzen zwirbelte. Aber auch mich rüttelte Calypsos Entscheidung durch. Ein ganz komisches Gefühl von Zärtlichkeit – oder so etwas ähnliches – für meine Skipperin mit dem Zopf stieg in mir auf, und ich schloß sie ganz fest in die Arme.

„Ist das nicht wahnsinnig aufregend?" rief Willi. „Wie heißt das beim Schiller? Gewährt mir die Bitte, ihr Lieben, ich sei eure Nummer sieben!"

„Prächtig!" hörte ich B. A. sagen. „Du kriegst die Lotsenkoje an Steuerbord. Wir sind komplett, meine Herren. Auf unsere Fahrt!" Gläser klangen.

„Ich bin nicht betrunken", flüsterte Calypso. „Ich will nur einmal im Leben das machen, was ich will, und nicht immer nur, was die anderen wollen. Ich will dich und mit dir segeln!"

Ich holte schon Luft für die Antwort, da merkte ich, daß mich aus dem Spiegel hinter der Bar ein paar Schemen vorwurfsvoll anstarrten. Es waren Old Shatterhand, Perry Rhodan, Käptn Nemo und noch ein paar einsame Helden, die einhändig durch die Prärien, den Weltraum und die endlose See ritten, düsten oder tauchten und lieber einsam in ihrem Schlafsack froren, als sich küssen zu lassen.

Ich drückte die Wange an ihr Haar und sagte: „Du sollst alles haben, was du dir wünschst, *ya Habibi!* Ab sofort segeln wir nur noch zweihändig!"

Im Spiegel sah ich die gebeugten Rücken einiger einsamer Helden davonreiten, -düsen oder -tauchen. Ich hatte ein neues Vorbild: einen sonngebräunten und salzwasserfleckigen Käptn, der mir ziemlich ähnlich sah und im Spiegel gerade eine lagunenäugige Seenixe so küßte, daß die buschigen Augenbrauen des Wirts tanzten wie Raupen im Frühling.

„Es war ganz interessant da drüben in Afrika", sagte B. A., „aber der Teil der Reise, an den ich mich am liebsten erinnere, das ist die Heimreise nach Dubrovnik."

Draußen hinter den kleinen Fenstern der Skihütte fiel der Schnee in dicken Flocken. In der Wirtsstube war es heimelig warm. Ein großer Kachelofen in der Ecke strahlte fühlbare Wärme aus. Es roch nach frischen Schmalzkrapfen und Jagatee. B. A. hatte seinen schwarzgelben, mit allerlei Schnickschnack, sinnlosen Reißverschlüssen, Gurten und Taschen aufgeputzten Overall vorne aufgezogen und nur Handschuhe, Wollhaube und Schneebrille abgelegt. Wir wollten nicht lange bleiben, uns nur ein wenig aufwärmen vor der Abfahrt. Das lange Anstellen beim Skilift und die Bergfahrt im windigen Doppelsessel hatten uns unterkühlt. Auf den Prüfungstörn vom Herbst waren wir zu sprechen gekommen, weil B. A. mich einen Brief von Professor Weiss lesen ließ, in dem dieser von weiteren Ausgrabungen berichtete.

Sie hatten unter dem alten Panzer tatsächlich das römische Fort gefunden.

B. A. blies auf seinen Glühwein. „Das war die schönste Strecke. Wir waren eine unheimlich gute Crew von echten Spezialisten, die mit Freude und Begeisterung auch die unangenehmste Situation meisterte. Es gab keinen Zank und Hader, keine Eifersucht, und ich hatte nie das Gefühl, daß sich einer vor der Arbeit drückte. Im Gegenteil, wenn man nicht aufpaßte, ließen einen die Freunde schlafen und gingen die Wache weiter." Er schüttelte grinsend den Kopf. „Was haben wir alles für tolle Sachen gekocht und ganze Nächte ‚Groll und Ärger' gespielt. Jetzt weiß ich endlich, daß es diese Kameradschaft auf einem intakten, guten Schiff ist, die ich auf See suche. Was gibt es mir, Admiral einer Flotte von Querulanten und Besserwissern zu sein? Nichts! Absolut nichts!"

„Wird es also in diesem Jahr keine Prüfungsfahrten geben?" fragte ich.

„Oho, das schon. Natürlich unterhalten wir die Schule weiter, bilden neue Skipper aus, segeln praktische Prüfungstörns. Aber ich möchte trotzdem einmal im Jahr auf einen eigenen Törn gehen. Mit guten Freunden, alten Seebären und netten Kameraden. Dafür suche ich mir meine Crew dann sorgfältig aus."

Jetzt wurde es interessant. Er hatte das sicher nicht ohne Absicht dahergeplaudert. „Hast du schon Pläne für heuer?"

Er sah geheimnisvoll drein. „Kannst du dir den nächsten November freihalten? Ich brauche einen tüchtigen Navigator."

„Für Tunesien?"

„Nein", schmunzelte er. „Ein wenig weiter. Ich gedenke, an einer Regatta teilzunehmen."

„Welche Regatten werden denn noch im November gesegelt? Irgend etwas drüben in der Karibik?"

„Du liegst nicht weit daneben. Nicht in der Karibik, aber *in die* Karibik! Die ARC, die Transatlantik-Rallye für Kreuzeryachten, startet Mitte November von Las Palmas, und da gedenke ich, dabei zu sein!" Er setzte ein triumphierendes Lächeln auf.

„Kazunga!" Ich war wie erschlagen. Jetzt pokerte er aber recht hoch.

„Ein Schiff habe ich schon. Kettering will die HIPPODACKL II in Westindien verchartern. Den Überführungstörn hat er mir aus alter Freundschaft überlassen. Jetzt brauche ich nur noch eine gute Crew. Feuerbill möchte unbedingt dabei sein, Simon Rebitschek hat geschworen, daß er sich eher scheiden läßt, als darauf zu verzichten. Janos habe ich schon auf die Liste gesetzt, ich muß ihn aber erst wieder überreden, seine Minderwertigkeitsgefühle zu vergessen."

„Na, und von der alten Crew werden doch genügend mit Handkuß anheuern . . ."

Sein Gesicht wurde finster. „Wie Simon prophezeite, war das die letzte gemeinsame Fahrt der alten Mannschaft. Sie sind nun flügge und skippern alle selber. Laszlo chartert mit Geschäftsfreunden in Korsika, Felix wird im Mai mit einer Runde Klosterneuburger die Kornaten unsicher machen, Max Casarolli chartert wieder in der Türkei, Cleopatra und eine Frauencrew nimmt mit Professor Lullingers STRAWANZER am nächsten Murter-Cup teil . . ." Seine Augen leuchteten plötzlich auf. „Ich bin ungerecht. Nicht alle haben mich vergessen. Georg hat für den Atlantik zugesagt, und Poppenwimmer, unser Taschenformat-Herkules, hat sich jetzt schon angeboten, wieder mein Diätkoch zu sein . . . Übrigens, hast du bemerkt, wieviel ich abgenommen habe?" Er hob stolz die Brust, zog den Bauch ein und tastete seine Taille ab. „Ich gehe jetzt regelmäßig zu Poppenwimmer ins Fitneß-Center, und er stellt mir einen Trainings- und Diätplan zusammen. Außerdem brauche ich mich gar nicht mehr so unheimlich zu kasteien. Es war die Bewegung, die mir gefehlt hat. Jetzt kann ich ohne weiteres wieder . . . Hm!" Er schnupperte mit geblähten Nüstern zur Küche hinüber, wo es herrlich nach Knusperkruste, Bratensaft und Knoblauch duftete.

Calypso wehte mit einem eisigen Hauch und wirbelnden Flocken in die warme Stube. Während sie mit den klobigen Schischuhen in komisch tapsigem Gang zu unserem Tisch kam, zog sie ihren Overall auf und klopfte sich den Schnee ab.

„Wie ist das, *Habibi*, im kommenden November wäre eine halbe Vorschiffskoje auf einem Langtörn frei."

„Neben wem und wie lang?"

„Neben mir und etwa dreitausend Seemeilen."

Sie riß die blauen Augen auf. „Mit dir bis zum Mond! Aber wie lange soll das dauern? Auf meiner neuen Station kann ich nicht schon wieder unbezahlten Extraurlaub verlangen . . ."

„Von Dubrovnik über Gibraltar und Las Palmas nach Barbados. Und die sieben Glorreichen sind wieder mit dabei: B. A. Feuerbill, Simon, Janos, Willi . . ."

Sie zog zwei unsichtbare Revolver aus unsichtbaren Halftern, ließ sie ein paarmal um die Zeigefinger wirbeln und dann mit einem trickreichen Überschlag wieder in die Halfter zurückfliegen. „Mein armer neuer Chef!“ sagte sie mitleidig. „Er ist so nett und muß schon wieder allein schauen, wo er bleibt. Aber wenn das Abenteuer ruft, dann müssen die Verdammten seiner Lockung folgen.“

„Langsam komme ich mir so skrupellos vor wie ein Rauschgifthändler“, seufzte B. A. „Erst locke ich sie weg von Familie und gewohnter Umgebung, und dann gewöhne ich sie an die neue Sucht, bis sie Skipper sind, obwohl ich mir an den Fingern ausrechnen kann, daß sie unausweichlich ihre Gesundheit ruinieren, im Lauf der Zeit keiner geregelten Arbeit mehr nachgehen können und schließlich von Unterstützung leben müssen.“ Er schüttelte den Kopf. „Na, wenn die ersten hundert Segelsüchtigen beginnen, Banken zu überfallen, damit sie wieder auf Törn gehen können, dann können wir immer noch Psychologen anheuern und statt einer Segelschule ein Entziehungsheim aufmachen!“

P. S. zu Seite 203: Käptn Barawitzka hat inzwischen tatsächlich eine beschränkte Produktion von „Leichtsegelmützen“ nach Feuerbills historischem k.u.k.-Marinemodell aus dem Jahre 1848 begonnen. Wenn Sie, lieber Leser, an so einer Mütze interessiert sind, schreiben Sie B. A. über den Verlag, er schickt Ihnen dann einen Prospekt mit Preis, Liefermöglichkeit und anderem.

SIZILIEN
SIRACUSA
Bizerte
KAP BON
KELIBIA
TUNIS
HAMMAMET
Heimreise über Malta
GOZO
MALTA
Valletta
Sousse
MONASTIR
NORDWESTER
MAHDIA
LAMPEDUSA
SFAX
Kerkenna-Inseln
GOLF v. GABES
Aschtarte Oil Terminal
Ghannouché
GABES
HOMT SOUK
DJERBA
ZARZIS
TUNESIEN
TRIPOLI
MISURATA
Röm. Fort
LIBYEN